Beltz Taschenbuch 119

Über dieses Buch:
Hartmut von Hentig zeigt in diesem Buch auf, daß die heutige Schule ihre
Schüler von sich entfremdet hat, weshalb das so ist, welche Zwänge im bestehenden System dominieren und was geschehen muß, damit dieser Zustand beendet wird: die Schule neu denken. Er zeigt auf, wie auch und gerade nach den TIMSS- oder PISA-Studien wohlfeile Vorschläge, wie sie
jetzt von allen Seiten unterbreitet werden, an den bestehenden Grundlagen
nicht rütteln und keinesfalls zur Verbesserung des Ganzen beitragen. Das
bloße Schielen auf Ränge hilft jedenfalls wenig weiter, zumal mit diesen
über die Qualität von Unterricht in seinem jeweiligen Kontext wenig aus-
gesagt wird.

»Wenn die Autoren der PISA-Studie schon nicht vorhergesehen haben, wie
borniert man auf die Ergebnisse reagieren würde, so sollten sie sich jetzt
schnell daranmachen, die Öffentlichkeit über die Einseitigkeit des bisheri-
gen Unternehmens aufzuklären, sie zu warnen: PISA hat erst begonnen;
glaubt nicht, jetzt alles schon zu wissen; erspart euch nicht, die Schule neu
zu denken!«
Hartmut von Hentig

Der Autor:
Hartmut von Hentig, geb. 1925, Wissenschaftler, Lehrer und Publizist,
Professor emeritus für Pädagogik an der Universität Bielefeld, war bis 1987
Wissenschaftlicher Leiter der Laborschule und des Oberstufenkollegs des
Landes Nordrhein-Westfalen. Als Beltz Taschenbuch sind von Hartmut
von Hentig lieferbar: »Bildung – Ein Essay«; »Kreativität – Hohe Erwar-
tungen an einen schwachen Begriff«; »Ach, die Werte! – Über eine Erzie-
hung für das 21. Jahrhundert«; »Der technischen Zivilisation gewachsen
bleiben – Nachdenken über die Neuen Medien und das gar nicht mehr allmähliche Verschwinden der Wirklichkeit« und »Fahrten und Gefährten –
Reiseberichte aus einem halben Jahrhundert«. Hartmut von Hentig lebt in
Berlin.

Hartmut von Hentig

Die Schule neu denken

Eine Übung in pädagogischer Vernunft

Erweiterte Neuausgabe

Für Gerold Becker

Besuchen Sie uns im Internet:
www.beltz.de

Beltz Taschenbuch 119
2003 Beltz Verlag, Weinheim, Basel, Berlin

1 2 3 4 5   07 06 05 04 03

© 1993 Carl Hanser Verlag, München Wien
© Vorwort zur Taschenbuchausgabe:
2003 Beltz Verlag, Weinheim, Basel, Berlin
Umschlaggestaltung: Federico Luci, Köln
Umschlagabbildung: George Deem
Satz: Fotosatz Reinhard Amann, Aichstetten
Druck und Bindung: Druckhaus Beltz, Hemsbach
Printed in Germany

ISBN 3 407 22119 3

Inhalt

8. Notwendige Übergänge 233

9. Mögliche Einwände 260

10. Epilog: Civilitas 265

11. Zitierte Literatur 280

Vorwort zur Taschenbuchausgabe
»Die Schule neu denken«

Muß ich »Die Schule neu denken« neu denken – zehn Jahre nachdem ich diese Aufforderung in die Welt gesetzt habe? Kann ich eine »Antwort auf Hoyerswerda und Mölln, Rostock und Solingen« – und andere »schlechte Nachrichten« aus dem Jahre 1993 – heute unverändert wieder hinausschicken und erwarten, daß jemand sie als Antwort auf die gegenwärtigen Probleme ernst nimmt? Haben nicht neue Ereignisse die Gedanken der Menschen in ganz andere Richtungen gelenkt und die Antworten von damals, wenn nicht erledigt, so doch uninteressant gemacht? Ja, hat man nicht in dem vergangenen Jahrzehnt die Schule tatsächlich in mancher Hinsicht neu gedacht – soweit jedenfalls, daß man nun buchstäblich nur noch fortschreiten sollte?

Alle diese Fragen und ihre naheliegenden Varianten bescheide ich mit einem klaren Nein. Um mit der letzten zu beginnen: Man hat seither an und mit der Schule allerhand neu gemacht, wirklich neu gedacht hat man sie nicht. Die Vorstellung von ihrer Grundfunktion ist nach wie vor: den einzelnen mit den Kenntnissen und Fähigkeiten versehen, die die Gesellschaft »in Gang halten«. Zwar ist viel von der Selbständigkeit der Schüler die Rede, die gefördert, von der Autonomie der Schule, die gewährt werden solle, aber auch diese beiden Bemühungen dienen vor allem dazu, den einzelnen Schüler und die einzelne Schule brauchbarer für eine sich deregulierende Welt zu machen. Die Übung in »praktischer pädagogischer Vernunft« bleibt weiter notwendig; sie ist sowohl plausibler als auch schwerer geworden. Die Grundsätze, die sie anleiten sollten, sind weder durch die Zeitläufte überholt noch durch fleißige Erfüllung erschöpft. »Neue Ereignisse« haben zwar die öffentliche Erregung von den alten Schwierigkeiten abgezogen, aber diese bestehen fort und verbinden sich mit den nur scheinbar neuen zu einem um so deutlicheren Anlaß, unser Verständnis und unseren Gebrauch von der Schule zu überprüfen.

Ich rufe die »alten« Tatbestände in Erinnerung: Neofaschismus und Gewalt gegen Ausländer; Überforderung der Bürger durch die Politik und Abkehr von ihr; Ost-Enttäuschungen und West-Versäumnisse; die Folgen von Megalopolis, Migration und Globalisierung für das Zusammenleben der Menschen; die Veränderung des Grundverhältnisses von Wissen, Denken und Handeln durch die elektronische Datenverarbeitung, Telekommunikation und Virtualität.

Sie alle, so war die These, verlangen eine Stärkung des Menschen gegenüber den sich verselbständigenden Mittelsystemen, die Ermutigung des Individuums gegenüber den dickhäutigen Organisationen, die Bildung eines Bürgerbewußtseins, bevor der junge Mensch den Zwängen der anonymen »Entwicklungen«, den wirtschaftlichen Notwendigkeiten, den abstrakten Zusammenhängen ausgeliefert wird: Er muß einen eigenen Willen und Gemeinsinn, Vernunft und Verantwortung ausbilden, damit er der Herr der Verhältnisse sein kann, dies wenigstens zu sein strebt. Ihm dazu zu verhelfen ist Aufgabe der öffentlichen Pflichtschule. Das vermag sie, wenn sie sich als *polis* im kleinen versteht.

Neue Tatbestände

»Neue« Tatbestände und Ereignisse, die die öffentliche Aufmerksamkeit auf sich gezogen haben und diese wieder verstärkt mit Bildung und Erziehung, mit der Schule und dem Bildungssystem befassen, sind: das schlechte Abschneiden Deutschlands in internationalen Schulvergleichsuntersuchungen, vor allem TIMSS und PISA, die erste im Jahre 1997 von der IEA, die zweite im Jahre 2000 von der OECD vorgenommen; die darin mitgelieferte Erkenntnis, daß die jahrzehntelangen Bemühungen um Herstellung von (mehr) Chancengleichheit wenigstens innerhalb des Bildungssystems nicht gegriffen haben – nicht hinsichtlich der sozialen Herkunft der Schüler; die in der Mordtat eines Erfurter Gymnasiasten an seinen Lehrern und Mitschülern zum Ausdruck kommende Sehschwäche der Schule für den Seelenzustand ihrer Schüler; und nicht zuletzt der Terroranschlag vom 11. September 2001, der das Bedürfnis nach äußerer und innerer Sicherheit auf Kosten der bürgerlichen Freiheit gesteigert, die Achtung für internationales Recht und internationale Institutionen (the respect for the opinion of mankind) gemindert und einen zunächst nur behaupteten, nun wirklichen – unnötigen, unsinnigen, unwürdigen – *clash of cultures* voll entfacht hat.

Auch andere Tatbestände, die keineswegs neu sind, haben sich in den letzten zehn Jahren weiter in den Vordergrund der öffentlichen Besorgnis gedrängt: das Unvermögen der Weltgemeinschaft, den *Principles of Rio* die notwendige Geltung zu verschaffen, den Ausstoß von CO_2, dem Hauptverursacher des sogenannten Treibhauseffekts, zu drosseln (er steigt vielmehr weltweit kontinuierlich an), die Zunahme der Weltbevölkerung wesentlich zu verlangsamen, Armut, AIDS und Artensterben einzudämmen; sodann die hartnäckig anhaltende Konjunkturschwäche und die damit einhergehende Arbeitslosigkeit, die zugleich die Ohnmacht der Regierungen und die vielbeschworenen Selbstheilungskräfte des Marktes bloßstellen; das beschämende Versagen der Weltorganisation UN und der Weltmacht USA bei der Befriedung des Nahen Ostens; weiter die Anfälligkeit der politischen Klasse für Vorteilsnahme und Korruption – und ihre erschreckende Überlebensfähigkeit; und schließlich der sich stetig verschlechternde Altersaufbau unserer Gesellschaft, der uns fast nur in der Form der Rentenreform und der Alters- beziehungsweise Pflegeversicherung begegnet, jedoch nicht in seinen Auswirkungen auf die Kindheit und auf die Einstellung der Erwachsenen zur jungen und jüngsten Generation.

Diese Tatbestände scheinen zunächst wenig mit der Schule zu tun zu haben. Wenn aber der erwachsenen Bevölkerung das Zutrauen ausgeht, daß unsere geschichtlichen Einrichtungen für die Regelung der quirligen und unüberschaubaren Verhältnisse taugen; wenn in der Folge davon alle – jeder einzelne und jede private oder öffentliche Vereinigung – beginnen, ihr Heil ohne Rücksicht auf die anderen zu suchen; wenn also ein buchstäblich entfesselter Kampf ums Dasein als die Lösung und nicht mehr als ein Problem angesehen wird – dann muß eine Einrichtung, die auf das Leben vorbereitet, eben dies fördern: einen Leistungsdarwinismus. Ja, sie kann eigentlich gar nicht mehr als Veranstaltung des nur noch behaupteten Gemeinwesens geführt werden. Jede Interessengemeinschaft muß dann ihren jungen Mitgliedern – unter der Fahne der bürgerlichen und wirtschaftlichen Mündigkeit – ihre eigene Erfolgsanleitung geben. Längst gibt es in anderen Ländern Gesetze (»Unterrichtspflicht« statt »Schulpflicht«), Mechanismen (den *voucher*), Einrichtungen (TV-Akademien), die die öffentliche Schule überflüssig zu machen geeignet sind – und dies wohl auch sollen.

Von einem anderen Standpunkt aus kann man eben diesen »Horror« vermeiden wollen und einer öffentlichen Einrichtung den Auftrag erteilen, dem jungen Menschen überzeugende und befriedigende Erfahrungen mit der »gemeinsamen Regelung gemeinsamer Angelegenheiten« zu geben. »Gemeinsam« sind diese Angelegenheiten *de facto* und *ex origine*: Die Zivilisation – mit ihren Segnungen und Gefahren – ist ein Gemeinschaftsprodukt, kein Ergebnis jedenfalls von individueller Planung und Tüchtigkeit. Die haben nur innerhalb desselben ihren Platz und guten Sinn.

Mein entschiedenes Nein zu der Frage, ob neue Erkenntnisse oder Ereignisse das hier wiedervorgelegte Buch überflüssig machen, werde ich – eben weil der schon eingenommene Standpunkt alles entscheidet – nicht mit den allgemeinen Entwicklungen begründen. Das habe ich in meinem Buch »Der technischen Zivilisation gewachsen bleiben« (2002) getan und dabei erfahren, wie kompliziert die Argumente sind und wieviel Platz man dafür braucht. Ich begnüge mich hier mit den »schulnahen«, von vielen sogar für »schuleigen« gehaltenen Tatbeständen – mit den Ergebnissen der Vergleichsstudien. Die sind zwar weniger gewichtig, dafür aber unmittelbar einschlägig im doppelten Sinn des Wortes. Am Ende werde ich noch ein – vorsichtiges – Wort zu »Erfurt« sagen. Hier nur noch soviel über die anderen Phänomene, daß man sieht, in welcher Weise sie für das Neu-Denken der Schule wirksam sind.

Nehmen wir den mit dem »11.09.« zum Thema Nr. 1 der Weltinnenpolitik avancierten Terrorismus: Geiselnahmen, Selbstmordattentate und Bombenanschläge auf Kaufhäuser, Bussta-

tionen, Diskos, Parlamente, diplomatische Missionen, Kriegs-
schiffe und Zivilflugzeuge gibt es seit langem – und auch, daß
die Täter hierfür Stützpunkte außerhalb des Staatsgebietes haben, auf dem die Tat jeweils verübt wird, ist nicht neu. Das
Ausmaß der Zerstörung auf Ground Zero; die Tatsache, daß
die Vereinigten Staaten von Amerika betroffen waren; die tiefe
und beabsichtigte Kränkung der führenden, den Lebensstil des
Westens repräsentierenden Nation; die Wahrnehmung, daß ihre
geballte Macht sie nicht vor dem Akt entschlossener Einzeltä-
ter schützt und schon gar nicht hilft, feindliche Gesinnung
wirksam zu bekämpfen; kurz, die Einsicht in die Verwundbarkeit der technischen Zivilisation und die Notwendigkeit,»to
fight terror in the minds of men«, um einen Satz aus der Präambel der UNESCO abzuwandeln, – dies alles hat ein ganzes
Lehrgebäude zusammenstürzen lassen, das auf dem Satz errichtet war: daß mehr Technik, mehr Maßnahmen, mehr Mittel
auch mehr Sicherheit, mehr Freiheit, mehr Wohlstand und
Frieden schaffen. Man ahnt nun: Das schiere Ausmaß der Mittelsysteme kann die Bürger derart mit Sicherheit befassen, daß
diese zur Psychose und damit selber zur Gefahr wird; es kann
dazu führen, daß sie ihre Ausgaben für Überwachung, Geheim-
dienste, Gewahrsam und für Militär, Polizei, immer teurere
Waffensysteme ständig erhöhen – auf Kosten von Altersbetreu-
ung, guter Krankenversorgung, kinderfreundlichen Städten, sozialen Diensten Jugendlicher für andere, von Naturschutz und
Naturwiederherstellung und nicht zuletzt von fairen Handels-
bedingungen zwischen den reichen und den armen Ländern; es
kann Mißtrauen und Neid bei anderen Völkern wecken und
Angst, wenn die bloße Vermutung, es könnten bei ihnen
»Schläfer« auf den Terroreinsatz warten, genügt, um »bestraft«
zu werden; es kann die eigene demokratisch gewählte Regierung veranlassen, »unsere Nation« von den allgemein geltenden
Bedingungen auszunehmen: Unser Interesse gebietet, daß
»wir« keinem internationalen Gericht zustimmen, dem auch
unsere Soldaten unterworfen werden können; daß »wir« keine
Beschränkung der Genmanipulation an Pflanzen und Tieren
hinnehmen (die in die Nahrungskette gelangen); daß »wir« keinen Vertrag über Kohlendioxid-Emissionen unterschreiben,
der unsere Wirtschaft belastet; daß »wir« nicht auf ein Mandat

der Vereinten Nationen warten werden, wenn wir den Einsatz unserer Kriegsmacht für nötig halten. Was tritt an die Stelle dieses Irrtums? Wer pflanzt den Menschen die Zuversicht, die Geduld, die »Fehlerfreundlichkeit«, die Einsicht in die *conditions humaines* wieder ein – wann und wo? Weil wir die Verhältnisse so schnell nicht ändern können, tun wir gut, wenigstens die falschen Deutungen der Wirklichkeit von den noch jungen Menschen abzuhalten und ihnen bessere eigene Erfahrungen zu ermöglichen, die sich gegen die Wirklichkeit behaupten, Erfahrungen vor allem mit hilfreichen gemeinsamen Einrichtungen, vernünftigen, auch »meine« Interessen schützenden Regeln und ohne die Notwendigkeit, hier »das Böse« und dort den »unvermeidlichen Kampf« der Kulturen auszumachen und auszutragen.

Der Lebensabschnitt hierfür ist die Kindheit; der Ort ist die Schule; die Chancen stehen nicht schlechter für aufgeklärte menschenfreundliche Ideale als für irrationale menschenverachtende Ideologien, die es mit der Schule doch recht weit gebracht haben.

Nehmen wir ein anderes der ausgeschiedenen Themen. Es ist vielleicht weniger akut als der Terrorismus; es hält uns nicht mehr so in Spannung. Aber eben weil es keine Überraschungen mehr birgt, weil es so seßhaft ist, fordert es uns um so strenger heraus: die anhaltende Wirtschaftsschwäche und die Arbeitslosigkeit.

Auf einem Podium wirft ein Unternehmer der Regierung vor, die Faulheit in unserer Gesellschaft zu belohnen, den Leistungswillen zu bestrafen: Es komme bei soviel Sozialabgaben, Regulierungen (»Bürokratie«) und Steuern nicht zu den notwendigen und möglichen Innovationen in der Wirtschaft und also zu keinem Wachstum. Er habe in seinem Betrieb die geforderte Rationalisierung gerade noch durchführen können und produziere mit der neuen Ausstattung und nur einem Viertel der alten Belegschaft das Doppelte von einst: Faktor Acht, sozusagen. Gern wäre ich dabeigewesen, um zu fragen, was er produziere und ob wir das brauchen. Er hätte vermutlich geantwortet: Solange es gekauft wird, wird es gebraucht. Über mehr habe er nicht zu befinden – womit er recht hat, *er kann* sich diese Frage sparen. Unsere Gesellschaft kann es nicht, schon nicht mit Rücksicht auf die Rohstoffe, den Energieverbrauch, den Anfall von Müll und damit auf die übrige Welt und unsere Nachkommen. »Reichtum ist oft verbunden mit einem immensen Naturverbrauch«, sagt Ernst Ulrich von Weizsäcker (chrismon, September 2002): »Wenn alle so leben wollten wie die Deutschen, bräuchten wir zwei Planeten statt einen.« Ich hätte sodann weitergefragt: »Was machen die Arbeiter oder Mitarbeiter, die Sie entlassen haben, jetzt?« Er hätte vermutlich geantwortet: Das wisse er nicht. Und ich hätte mich bestätigt gefühlt: Unser System kümmert sich nicht um die Menschen – es kümmert sich um Wähler, Steuerzahler, Käufer, notwendige Spezialisten; es achtet nicht auf die Folgen – es achtet auf den Erfolg. Und dies wird der Menschheit nicht gut bekommen. Ich hätte schließlich noch gerne gefragt, ob die Entlassungen etwas mit der Ausbildung, den Fähigkeiten seiner Leute zu tun haben. Er hätte es – wie die vielen anderen Unternehmen, die heute ihre Mitarbeiter zu Zehntausenden in die Arbeitslosigkeit schicken – verneinen müssen. Er hat sie vorher ja alle gut gebrauchen können.

Mich selbst habe ich gefragt: Welche Hilfe eine anders verstandene Schule ihm und den Entlassenen hätte geben können. Davon, unter anderem, handelt das hier wiedervorgelegte Buch.

Bevor ich mich den internationalen Vergleichsuntersuchungen zuwende, die Deutschland mit einer Welle von Zerknirschung und Aktionismus überzogen haben, seien einige Vorkommnisse erwähnt, die uns einen gesunden Verstand attestieren: die stetige Unterstützung der europäischen Vereinigung durch die öffentliche Meinung in Deutschland; die bei der großen Flut im August 2002 gezeigte große Hilfsbereitschaft der deutschen Bevölkerung – der jungen Soldaten, der Nachbarn, der Behörden; die von der Shell-Studie 2002 festgestellte *matter-of-factness* der großen Mehrheit der jungen Menschen; und die Abfuhr, die die Rechtsparteien bei der Bundestagswahl erfahren haben. Sie zeigen, daß das Umdenken sich lohnen würde – der Same fiele auf fruchtbaren Boden.

TIMSS

Ich komme zu den internationalen Vergleichsuntersuchungen – zunächst zu TIMSS (The Third International Mathematics and Science Study) von 1997*. Über die Ergebnisse dieser sich auf 45 Länder erstreckenden Untersuchung von »basalen« Kenntnissen auf den Gebieten Mathematik und Naturwissenschaften bei Schülern des 7. und 8. Jahrgangs war ich weder erstaunt noch erhaben (»Das war doch alles zu erwarten!«). Ich war vor allem auf das Untersuchungsverfahren neugierig und – in der Tat – um die Folgen besorgt. Beides hängt zusammen: Halten die Methoden den Einwänden kundiger und kluger Laien nicht stand, ist die Sache erledigt: Das träge System macht sich diese Einwände zu eigen und bleibt, wie es ist. Sind die Untersuchungsverfahren überzeugend – erweisen sie sich als mit der Schulpraxis und mit heutigen Kindern vertraut, sind sie durch Pretests und Nebenuntersuchungen gut abgestützt, nehmen sie hinreichend auf die Verschiedenheit der Umstände Rücksicht – dann *müssen* es die Verantwortlichen mit den Ergebnissen aufnehmen, auch wenn sie den Zielen nicht zustimmen.

Mir scheint in der TIMSS die Aufgabe, wie man internationale Vergleiche von Schulleistungen anstellt, so, daß die Ergebnisse handhabbar (deutlich und nicht zu kompliziert), fair und aussagekräftig sind, im großen ganzen verständig gelöst. Diese Meinung wird vor allem teilen, wer selber Zugang zu den Videofilmen gehabt hat, die die Erhebung ergänzen und auf denen einige der besonders wirksamen Urteile der Autoren beruhen. Die divergierenden Leistungen schreien ja nach Erklärungen, die aus der Erhebung selbst nicht hervorgehen, und so haben die Autoren in den untersuchten Schulen gleichzeitig Videoaufnahmen vom Unterrichtshergang gemacht. Diese sollten ihnen dazu dienen, Hypothesen für die Ursachenanalyse und Indikatoren für die Beschreibung zu entwickeln.

* Jürgen Baumert / Rainer Lehmann u. a.: TIMSS – Mathematisch-naturwissenschaftlicher Unterricht im internationalen Vergleich. Deskriptive Befunde. Opladen 1997 (Leske + Budrich).

Im Rahmen einer Darstellung der TIMSS-Ergebnisse auf der Tagung der Deutschen Gesellschaft für Erziehungswissenschaft habe ich im Jahre 1998 zwei der über 200 Videos sehen können – je eines von einer Mathematikstunde in Japan und in Deutschland zum gleichen Unterrichtsgegenstand. Ich gebe in äußerst geraffter Form wieder, was ich wahrgenommen habe, bevor mir die TIMSS-Studie zugänglich war:

Die japanische Unterrichtsstunde wird von hinten – im Rükken der Schüler – aufgenommen und in der Totalen gezeigt (in der TIMSS-Studie heißt es: Die Kamera habe jeweils »die Sicht eines ›idealen‹ Schülers« – gemeint ist vermutlich: eines »gedachten«, für den Zweck günstig plazierten Schülers – eingenommen). Die Jungen und Mädchen tragen weiße Blusen und schwarze Hosen beziehungsweise Röcke. Sie begrüßen den Lehrer stehend und im Chor. Der begibt sich alsbald an die Tafel und schreibt die Aufgabe an – in der linken oberen Ecke beginnend. Die Tafel erstreckt sich über die gesamte Vorderwand. Beim Entwickeln der Probleme und Lösungen schreibt der Lehrer weiter; gelegentlich geht er auf schon Geschriebenes zurück. Wie der Subtext erläutert, bietet er dabei den Schülern nicht nur einen, sondern drei Lösungswege unterschiedlicher Länge und Komplikation an. Die Schüler wählen in einer Phase, die Gruppenarbeit heißt, in der aber nur die Sitzordnung verändert ist und völlige Stille herrscht, jeder für sich einen der Lösungswege. Jeder von diesen wird von einem Schüler an der Tafel vorgetragen. Am Schluß haben die Schüler den gesamten Text in ihre Hefte übernommen; niemand hat eine Frage gestellt; Störungen oder Kommunikation unter ihnen: keine; mit einem wiederum stehend ausgebrachten »Danke, Herr Lehrer« und beiderseitiger Verbeugung wird der Unterricht beendet.

Die deutsche Unterrichtsstunde wird aus der Mitte der Schüler heraus aufgenommen. Der Lehrer sitzt auf einem Tisch unter ihnen; auch hier gibt es eine Tafel, aber die Kamera verweilt bei ihr so wenig wie die Schüler. Diese kennen die Aufgabe und erörtern die (eine) Lösung. »Welchen Schritt müssen wir nun tun?« fragt der Lehrer. »Was meinst du, Tamara?« Tamara meint nichts, sie sieht sich verlegen um. Da Ellen sich eifrig meldet, wird sie gefragt: »Kannst du Tamara helfen?« Und ob!

Ihr Hilfsangebot ist nur leider falsch. Der freundliche Lehrer schaut in die Runde: »Na, Gem, was hat Ellen da verwechselt?« Gem sagt es, und was er sagt, ist richtig. Aber weiter kann er Tamara und Ellen auch nicht helfen. Nun nimmt der Lehrer Gesine dran, von der er offensichtlich weiß, daß sie's bringen wird. Er bestätigt ihre Antwort, räumt sie noch ein bißchen auf und schreibt sie dann an die Tafel.

So ungefähr habe ich das in Erinnerung. Die Erläuterung, die die TIMSS-Autoren damals gaben, lauteten: In Japan stehe die Klärung der Sache im Vordergrund; ihr würden Störungen durch die Verständnisschwierigkeiten einzelner erspart. Die auch von japanischen Lehrern ernstgenommene »soziale Kommunikation«, die Ansprache der individuellen Person, erfolge außerhalb des Unterrichts. Besonders wurde hervorgehoben, daß der japanische Unterricht mehrere Lösungswege zulasse. (Davon, daß diese ihrerseits vorgegeben und vorgeübt worden sind, also nicht vom Schüler gefunden, sondern nur gewählt werden, war nicht die Rede.)

Das deutsche Unterrichtsgespräch, der sogenannte fragende Unterricht verschmutze gleichsam die Sache. In ihm würden unnötigerweise alle Schüler mit dem Problem befaßt, das einer oder eine von ihnen damit habe (in unserem Falle Tamara), mit der Folge, daß die Mehrheit der übrigen Schüler »ausschere«. Dadurch würden das Interesse an der Sache und viel Zeit verloren, was den »Rückstand« gegenüber den Japanern erkläre. Im offiziellen Bericht lauten die Urteile:

»Japans Schüler nehmen ... denselben Stoff variationsreicher und mathematisch anspruchsvoller (durch). Im Vergleich zu Mathematikstunden in den USA und Deutschland sind japanische Mathematikstunden komplexer und zugleich in sich kohärenter aufgebaut. Japanischer Mathematikunterricht ist Problemlöseunterricht. ... Mathematikunterricht in Deutschland und in den USA ist eher Wissenserwerbsunterricht ... In Deutschland werden mathematische Konzepte im Unterrichtsgespräch, das auf eine einzige Lösung hinführt, entwickelt, in den USA vom Lehrer vorgestellt und von den Schülern angewandt.

Japanischer Mathematikunterricht zeichnet sich durch intelligente Formen des Anwendens und Übens aus ...
Die oftmals offenen Aufgabenstellungen im japanischen Mathematikunterricht lassen Lösungen unterschiedlicher Güte zu ...
... das Interaktionstempo ist im japanischen Unterricht langsamer ... Sozialformen wechseln häufiger. In Schülerarbeitsphasen ist Gruppen- oder Partnerarbeit öfter als in Deutschland anzutreffen.« (Baumert/Lehmann 1997, S. 215)

Wenn der japanische Unterricht wirklich so ist, wie hier behauptet wird, haben wir Grund, von ihm zu lernen: Offenheit, Lerndifferenzierung durch Sachdifferenzierung, Langsamkeit, Gruppen- und Partnerarbeit. Noch wissen wir – die Leser von TIMSS und die Betrachter der Videos – nicht, was tatsächlich und aus welchen Gründen geschieht, ja, es gibt berechtigte Zweifel an der Haltbarkeit des zitierten Befundes, vollends an seiner Übertragbarkeit auf unsere Verhältnisse.

Die Arbeit an den Aufzeichnungen ist seither fortgesetzt, erweitert und – wenn auch an abgelegener Stelle (in einer Zeitschrift für Lernforschung) – dokumentiert worden.* Die Forscherin Gundel Schümer kommt zu dem Ergebnis, daß sich der Lernvorsprung der Japaner nicht »in erster Linie« aus dem

* Gundel Schümer: Mathematikunterricht in Japan – Ein Überblick über den Unterricht in öffentlichen Grund- und Mittelschulen und privaten Ergänzungsschulen, in: Unterrichtswissenschaft, Zeitschrift für Lernforschung, Heft 3/1998. Diese Arbeit basiert ihrerseits auf einem Bericht von J. W. Stigler, P. Gonzales, T. Kawanaka, S. Knoll und A. Serrano: The TIMSS Videotape Classroom Study: Methods and Preliminary Findings. Unveröffentlichtes Manuskript der University of California Los Angeles, Psychology Department (1996); ebenfalls auf H. Shimizu: Individual Differences. Japan. Unveröffentlichtes Manuskript des MI Ann Arbor: TIMSS Case Studies Project (1996). Schümers Bericht schließt eine ausführliche Darstellung der privaten Ergänzungsschulen – juku – ein, die von 45 % der Grundschüler und 70 % der Mittelschüler besucht wird. Das Bundesministerium für Bildung und Forschung hat eine ausführliche Auswertung von TIMSS vorgelegt, dem eine CD-ROM mit ausgewähltem Videomaterial aus sechs Unterrichtsstunden beigefügt ist: TIMSS-Impulse für Schule und Unterricht / Forschungsbefunde, Reforminitiativen, Praxisberichte und Videodokumente / Stand 2001; beziehbar über das BMBF, Postfach 300235 / 53182 Bonn / Tel. 01805-262302.

»Niveau des Unterrichts« erklären lasse (S. 95); in Japan würden vor allem erheblich mehr Unterrichtszeit und mehr »außerschulisches Lernen« in die Mathematik investiert (S. 195 und S. 208–209).

Ich gebe zunächst einige Befunde aus vorangehenden Untersuchungen wieder, die alle bei Schümer zitiert werden: Die Didaktik und Methodik des Mathematikunterrichts entspreche auf der Grundschule häufig den deutschen und amerikanischen Vorstellungen. (S. 198) Auf der Mittelstufe werde der Stoff »weitgehend in Form von Lehrvorträgen« vermittelt. »In der Regel ist die verbale Beteiligung der Schüler hier tatsächlich sehr gering.« (S. 202) »In annähernd der Hälfte aller Unterrichtsstunden beträgt der Anteil des Lehrers an der gesamten Sprechzeit ... zwischen 90 % und 100 %.« (Ebenda)
Die im Rahmen von TIMSS aufgenommenen Stunden ergaben ein anderes Bild:

»Der Unterricht verlief ... häufig nach ein und demselben Muster: Nachdem der Lehrer das Problem ausführlich besprochen und den Eindruck gewonnen hatte, daß die Schüler es verstanden hatten, forderte er sie auf, nach Wegen zur Problemlösung zu suchen. Häufig sollten sie zunächst alleine über Lösungen nachdenken und dann in Gruppen arbeiten.« (S. 204)
»In Japan ... sind die Schüler auch in Stillarbeitsphasen kognitiv gefordert und verbringen im Schnitt mehr als die Hälfte ihrer Zeit mit der Anwendung von mathematischen Konzepten und der Bearbeitung von Problemen, die sich nicht mechanisch lösen lassen.« (S. 205)

Eine Erklärung für die Widersprüche zwischen den Wahrnehmungen und Urteilen gibt Schümer nicht. Ihre verklausulierte Bemerkung: »Wie häufig es sich bei dem Mathematikunterricht, der für die Video-Studie in Japan aufgezeichnet wurde, um problemlösenden Unterricht im engeren Sinne handelt, ist ohne Informationen zur Unterrichtsgeschichte der gefilmten Klassen nur schwer einzuschätzen« (S. 204), scheint Zweifel an der Repräsentativität auszudrücken. Schümer fügt unmittelbar hinzu: »Japanische Mathematikdidaktiker äußern die Befürchtung, daß in den Mittelschulen im allgemeinen nicht die Problemlösefähigkeiten der Schüler gefördert, sondern nur Routineprobleme behandelt werden.« (S. 207)

Bei aller Vieldeutigkeit der Befunde haben die Autoren von TIMSS eine Basis für ihr Urteil, ich habe das mit meiner »Stichprobe« gewiß nicht. Aber ich gewinne an ihr ein Muster für eine theoretische Entscheidung:

Wenn ich zwischen dem Unterrichtstyp, den das »japanische« Beispiel, und dem, den das »deutsche« Beispiel repräsentiert, zu wählen hätte, ich würde mich für den »deutschen« entscheiden, weil er das kognitive Lernen nicht vom sozialen abkoppelt, vielmehr beide bewußt verbindet. Die Schüler werden angehalten, aufeinander zu achten, die Schwierigkeiten, die ein Mitschüler mit der Sache hat, mitzudenken und dabei zu überlegen, wie ihm geholfen werden könnte. Vor 50 Jahren habe ich von Georg Picht gelernt, daß Bildung in der Moderne eine Gemeinschaftsleistung sei. Hier findet seine These ihre Anwendung. Wir sind durch die beschleunigte Erweiterung des Wissens, des Wissenswerten und Wissensnotwendigen, immer mehr auf Auskünfte anderer angewiesen; wir müssen ihnen unsere Probleme erklären können und umgekehrt ihren Fragen an uns gewachsen sein. Wir leben nicht nur in einer arbeitsteiligen, sondern in einer wissensteiligen Welt.

Auch mir ist klar, daß der japanische Unterricht durch das hohe Ansehen der Bildung, ihrer Institutionen und Vermittler gestützt, ja in der auf dem Video miterlebten Form überhaupt erst ermöglicht wird; auch ich erkenne, daß er »im Prinzip« eine klarere Sicht auf den Gegenstand gibt. Aber er tut das nicht für alle (und sollte es doch überall dort, wo es um die Beherrschung der Erkenntnismittel geht, die die »Teilnahme an zentralen Lebensbereichen« sichern; Baumert/Lehmann, S. 59f.) – und er tut es, nicht ohne einen hohen Preis zu fordern: Die Selbstmordrate ist unter japanischen Schülern extrem hoch; »Schulphobie« wird als normale Krankheit akzeptiert; die Absenzrate steigt dramatisch; kaum ein Schüler kommt ohne ständige Nachhilfe aus; 2 Millionen von 7,4 Millionen Grundschülern und 3 Millionen von 4,1 Millionen Mittelschülern sind in Juku-Paukschulen eingeschrieben; für Tätigkeiten und Erfahrungen, die nicht unmittelbar dem Lernen für die Schule dienen, bleibt fast keine Zeit.* Vor allem aber werden im Unterricht selber Zweifel, Fragen, Unruhe, Neugier einerseits und Spiel, Wagnis, Spontaneität, das Abenteuer der Verständigung, die Freuden der Geselligkeit andererseits der Systematik des Gegenstandes geopfert. Diese sind nicht nur mir wichtig, sie sind die Verhaltensformen, die unsere »Gesellschaft im Regelkreis« am meisten braucht.

Wer von der Schule in erster Linie erwartet, daß sie die jungen Menschen befähigt, »sich zu bilden«, wer in dem Wort »Bildung« das Verbalnomen zu »bilden« sieht, also einen individuellen Vorgang und nicht eine meßbare Substanz, der wird nicht unruhig, wenn 15 % der deutschen Schüler selbst die für »grundlegend« gehaltenen Wissensbestände in Mathematik nicht mit sich herumtragen und wenn das für elementar gehaltene Grundschulwissen in Physik am Ende der achten Klasse einem Fünftel der Schüler nur »mit erheblichen Defiziten« verfügbar ist. (Baumert/Lehmann 1997, S. 80 und S. 83) Es kommt ihm vielmehr darauf an, ob diese Achtklässler in der Lage sind, sich die Kenntnisse zu erwerben, wenn es nötig ist, und ob sie es dann auch wollen. Es kommt weiter darauf an, was sie statt dessen »können« und wollen. Es ist schließlich nicht unwichtig, ob sie den gefragten Gegenständen oder Problemen oder Wörtern überhaupt nie begegnet sind oder ob sie sie nur vergessen haben.

Ich selber gehöre seit meinem Abitur zu denen, die mit der schulischen Übung in Mathematik auch die Sicherheit ihrer Anwendung allmählich verloren haben; vollends gilt dies in der Physik und der Chemie, in denen ich vor allem gelernt habe, ihre Begriffe ernst zu nehmen. Wenn ich sie nicht »exakt« weiß, ziehe ich vor, sie gar nicht zu gebrauchen.

Es kann einer ein guter Rechner sein und gleichwohl vor der Aufgabe – »Welche der folgenden Ausdrücke ist gleich

---

* Die Angaben entnehme ich zwei Berichten in der Süddeutschen Zeitung von Florian Coulmas (22./23.12.01) und Henrik Bork (01.01.02), der einen japanischen Erziehungswissenschaftler zitiert: »Japanische Schüler … sind gut in Tests, aber sie haben keinen Spaß am Lernen.«

m + m + m + m, wenn *m* eine positive Zahl ist?«[Es werden die folgenden Lösungen angeboten: A: m + 4, B: 4m, C: m⁴, D: 4(m + 1)] – zurückschrecken, weil er nicht mehr genau weiß, was der Ausdruck »positive Zahl« bedeutet. Es kann einer mit gutem Verstand und ausreichender physikalischer Grundbildung an der Aufgabe scheitern, in der die »Masse eines Gegenstandes« und das »Volumen eines Gegenstandes« unterschieden werden und er nicht mehr weiß, was was ist. (Vergleiche die Aufgaben Baumert/Lehmann 1997, S. 70 und S. 77)

Obwohl ich in der Schule als guter Mathematiker galt und in den oberen Klassen Ehrgeiz in und Freude an diesem Fach hatte (den wahrscheinlich dürftigen Unterricht in Physik und Chemie habe ich wenigstens nicht verachtet), blieben »M & S« in meinem Leben unerheblich.

Und doch habe ich mich seither nie von naturwissenschaftlichen und mathematischen Themen ausgeschlossen gefühlt, sofern sie den Bürger oder den Zeitgenossen oder den »Philosophen« angingen; ich konnte mitdenken und mitreden, weil ich mir das Wissen, das ich zum Verstehen brauchte, vom Gesprächspartner oder dem jeweiligen Medium erfragen oder aus dem Kontext erschließen konnte. Ich mußte dazu eines gelernt haben: Sprache zu gebrauchen – und ich mußte denken. Ja, hätte TIMSS das geprüft und deutsche Schüler hätten deutlich schlechter dabei abgeschnitten als die anderen Nationen, ich hätte Grund zu großer Besorgnis.

Einen solchen Grund hätte ich auch in einer schon angedeuteten anderen Hinsicht: Es möchte ein schwacher Begriff von »Bildung« (als kanonisiertes Basiswissen) in den Schulen und in der öffentlichen Erwartung durch solche materialisierten und wiederholten Untersuchungen verfestigt werden. Die Autoren der TIMSS-Studie widersetzen sich einer solchen Bestimmung von Bildung ausdrücklich. Sie nehmen in ihrer theoretischen Begründung die Vorstellungen vorweg, die später in PISA zugrunde gelegt werden – die von einer »mathematical literacy«, einer »scientific literacy« und natürlich einer »reading literacy«. Es komme auf »Erschließung und Rekonstruktion« der Wirklichkeit an, nicht auf deren Abbildung und Speicherung. Für die Mathematik heißt das zum Beispiel, es gehe vor allem um »mathematisches Problemlösen« und den »verständigen Umgang mit mathematischen Symbolen, Begriffen und Modellen« sowie um »mathematisches Denken, und zwar – das ist entscheidend – sowohl in inner- als auch außermathematischen Kontexten«. (Baumert/Lehmann 1997, S. 60) Andererseits folgt die Studie schon deshalb einer quantitativen Bildungsvorstellung, weil hier ja gemessen werden soll – etwa im Maß von Jahren, die die Schüler der einen Nation denen der anderen voraus sind (Baumert/Lehmann 1997, S. 55), oder durch die Zuweisung von Rangplätzen an die einzelnen Systeme.

Vollends hätte ich Grund zu Besorgnis, wenn es einen Nachweis gäbe, daß alle Mitglieder einer Gesellschaft über Kenntnisse und Fähigkeiten der gefragten Art verfügen müßten, um das wirtschaftliche Gedeihen, das politische Funktionieren, die kulturelle Vitalität einer Nation zu sichern. Einen solchen Nachweis gibt es nicht. Es besteht, wie in der TIMSS mehrfach wiederholt wird, »weitgehend Konsens« über die »erforderlichen Kompetenzen« – mehr nicht. Umgekehrt erlebt man, daß eine Nation mit schlechten TIMSS-Noten erfolgreich exportiert, treffliche technische Erfindungen macht, ein Maß an Lebensqualität und -sicherheit, an politischer und sozialer Stabilität hat, um das andere sie beneiden. Mit anderen Worten: TIMSS allein wäre weder ein Grund, die deutsche Schule, noch mein so genanntes Buch neu zu denken.

Wie hat man in Deutschland auf TIMSS reagiert? Mit »Schock«, »Betroffenheit« und viel publizistischer Erregung – aber vor allem mit bemerkenswert wenig sachlicher Entschlossenheit. Die Systemkorrekturen, die die Verbände, die Schulverwaltungen, die Hochschulen der Öffentlichkeit alsbald vorschlugen und die angesichts der allgemeinen Beschämung über den Platz Nummer 23, den Deutschland in der Rangliste der beteiligten Nationen einnahm – im unteren Mittelfeld –, spürbare Veränderung hätten bringen können, sanken in sich zusammen, bevor man sie verwirklichte: Es standen keine Ideen hinter ihnen. Die Kultusminister verteilten Handreichungen an die Lehrer in Mathematik und Naturwissenschaften, die aus den freigegebenen Aufgabenresten der TIMSS-II-Studie zusammengestellt waren (und an denen sie sich üben sollten); sie

forderten »Mut zu Mathe und zum wissenschaftlichen Aufga-
benfeld« (Schriftenreihe Schule in NRW, Nr. 9026, Düsseldorf
1988) und bastelten im übrigen weiter an ihrem komplexen
Oberstufensystem. Die Erziehungswissenschaftler entwarfen
neue Designs für die Evaluationsforschung. Das Publikum
lernte die Wörter »benchmarking« und »ranking« zu benutzen.* Der Bundespräsident schließlich hielt seine berühmte
Ruck-Rede, mit der er die »Kuschelpädagogik« aus Deutschland zu vertreiben hoffte. Vielleicht hielt er dies für eine Art
Neu-Denken, jedenfalls für Um-Denken.

Statt eines solchen trat Lähmung ein, weil TIMSS auf eigentümliche Weise die alten Kampffronten entwertete: Wer mehr
Leistung befürwortet hatte, hatte dies mit der Abkehr von der
»Gleichmacherei« durch die Gesamtschulen, mit der Notwendigkeit schärferer Auslese, also auch mit der Wiedereinführung
der Benotung auf allen Stufen verbunden. Nun hatten aber
Länder mit durchgehendem Gesamtschulsystem in TIMSS am
besten abgeschnitten und unter ihnen die nordischen ohne
Benotung bis zum Jahrgang 8. Umgekehrt trugen die Schulre-
former der letzten Jahrzehnte schwer an der Vorstellung, ihre
Pädagogik könne das Ausbleiben elementarer Kenntnisse ver-
schuldet haben, war doch ihr Vorwurf gegen die alte Schule: Sie
langweile die Kinder und nehme ihnen die ursprüngliche Neugier und Leistungsbereitschaft durch Angst vor dem Sitzenbleiben, vor dem Abstieg, vor der Aussonderung. Im Ergebnis hat
TIMSS eine trotzige Gemeinschaft von Bildungskonservativen
und Bildungsreformern in Deutschland gestiftet: *So* kann man
das deutsche Schulwesen nicht kritisieren; diese Art von Dia-
gnostik ist selbst ein Teil der »Krankheit«, die sie aufdeckt; wir
sagen Nein zu einer quantifizierten, materialisierten »Bildung«
im Dienst der Ökonomie, zu einer Leistung *à la japonaise.* Da
PISA schon angekündigt war und anderes herauszufinden vor-

* Es lernte die hinter diesen Wörtern stehenden Vorgänge auch zu kritisieren und konnte seine Argumente dazu in der TIMSS selbst finden (Bau-
mert/Lehmann 1987, S. 88). Zu dem Widerspruch zwischen Absicht und
Wirkung von TIMSS habe ich mich, wie zu anderen Folgen der Studie, ausführlicher in einem anderen Buch geäußert: Rückblick nach vorn / Pädagogische Hoffnungen der Gegenwart auf dem Prüfstand der Erfahrung, Seelze 1999 (Kallmeyersche Verlagsbuchhandlung), S. 80–97.

hatte – Schlüsselqualifikationen und die Fähigkeit, sie anzuwenden –, blickte man halb bang, halb hoffnungsvoll nach vorn.

PISA

Mit PISA* verändert sich die Szene, kommt es zur Tatentschlossenheit. Das »Programme for International Student Assessment« ist zwar, wie TIMSS, eine »*Schulleistungs*-Studie«, untersucht aber nicht nur, was die beteiligten Schulsysteme im gegenseitigen Vergleich hervorbringen, es (wegen »Programm« behandele ich PISA als Neutrum) unterwirft die Schulen einem Maßstab, den es vorgibt. Es folgt einer (wenn auch rudimentären) Bildungstheorie. Diese kommt schon in der Auswahl und Bezeichnung der drei »Dimensionen« zum Ausdruck, in denen PISA die Schulleistungen prüft: Lese*kompetenz*, mathematische *Grund*bildung und naturwissenschaftliche *Grund*bildung. Die Schulleistungen wiederum werden nicht an bestimmten, im Curriculum vorkommenden »Kenntnissen« festgemacht, sondern an allgemeinen (früher sagte man formalen) Fähigkeiten, die von solchen Kenntnissen (einem »rasch veraltenden Wissen«) unabhängig sind. Sie mögen an diesen eingeführt worden sein, sollen aber über den jeweiligen Gegenstand hinaus verwendet werden können. Das ist möglich, wenn die Gegenstände schon unter dem Gesichtspunkt ausgewählt worden sind, daß das *an* ihnen Gelernte auch anderwärts, möglichst universell gilt.

Aus der Notwendigkeit, bestimmte »Kulturwerkzeuge« zu beherrschen, wenn man heute verständig und verantwortlich am gesellschaftlichen Leben teilnehmen will (PISA 2000, S. 20 und S. 70), leiten die Konstrukteure von PISA die grundlegende Funktion der »literacy« ab. Diese Fähigkeit wird im PISA als

---

* Deutsches PISA-Konsortium (Hrsg.): PISA 2000, Basiskompetenzen von Schülerinnen und Schülern im internationalen Vergleich, Opladen 2001, Leske + Budrich.

Voraussetzung für Verständigung und für (fortgesetztes) Lernen angesehen. (PISA 2000, S. 20)»literacy« bezeichnet zunächst die Fähigkeit, mit *litterae* umzugehen: Man kann von anderen Geschriebenes lesen und man kann selber schreiben. (In den USA hat man einen »literacy test« bei der Einberufung oder bei der Erteilung des Wahlrechts zu bestehen.) Die von PISA so genannte »reading literacy« (ebenda) ist eigentlich eine Tautologie. Der Ausdruck ermöglicht jedoch erstens, auch nichtsprachliches »Lesen« darunter zu verstehen – von Bildern, Graphiken, Tabellen, Diagrammen; er liefert auch eine gewollte und brauchbare Analogie für die beiden anderen Kompetenzen »mathematical literacy« und »science literacy«. »mathematical literacy« heißt: die Abbildungen der Welt in mathematischen Verhältnissen (Zahlen und Symbolen), Begriffen und Modellen »lesen« (entziffern) können; und »science literacy« heißt: das »Alphabet« der Naturwissenschaften beherrschen, mit dessen Hilfe diese die Welt erschließen. PISAs etwas ausführlichere Liste der *elementa* (lateinisch für Buchstaben) fasse ich stabreimend als die Prinzipien, Probleme und Prozeduren der Naturwissenschaften zusammen.

Wer an einer Erläuterung der »literacy« und der beiden Analogien – und damit der von PISA zugrunde gelegten Bildungstheorie – interessiert ist, muß sie sich in den einzelnen, unterschiedlich organisierten Kapiteln (1 bis 4) zusammensuchen; er wird dann meist mit Verweisen auf nur dem Wissenschaftler zugängliche Theorien abgespeist und muß sich mit Sätzen wie diesem abgeben: »Selbst auf der Ebene der Worterkennung stehen dem Lesenden mehrere Wege offen: der direkte visuelle Zugang über eine Aktivationsausbreitung der Wörter, die bereits im mentalen Lexikon gespeichert sind, der indirekte Zugang über eine phonologische Vermittlung und bei neuen und komplexen Wörtern die morphologische Struktur.« (PISA 2000, S. 71) Mit anderen Worten, die Darstellung ihrer Bildungstheorie war den Autoren offenbar nicht so wichtig wie der Zweck, dem sie dient.

Ich gebe hier einige Formulierungen wieder, die diesen Zweck verdeutlichen; sie beweisen zugleich, daß die Testaufgaben *dafür* gut gewählt sind:

Zur Lesekompetenz:

»Eine Vielzahl von Informationen, die wir im täglichen Leben aufnehmen und verarbeiten, basiert auf Geschriebenem. Über die Schrift werden neben Informationen und Fakten aber auch Ideen, Wertvorstellungen und kulturelle Inhalte vermittelt.«

»Gezieltes Informationslesen kann etwa darin bestehen, ein Möbelstück gemäß einer schriftlichen Anleitung zusammenzubauen oder die politischen Mehrheitsverhältnisse nach einer Wahl aus einer Tageszeitung zu entnehmen.«

»Lesen hat hier den Charakter des Denkens bzw. Nachdenkens über die im Text vermittelten Ideen und Inhalte.«

»In PISA wurde deshalb eine große Bandbreite an Texttypen, die für Jugendliche als praktisch relevant eingeschätzt wurden, verwendet.« (PISA 2000, S. 69 und S. 80)

Zur mathematischen Grundbildung:

»PISA richtet sich dezidiert *nicht* auf die Beherrschung von mathematischen Verfahren und Faktenwissen und auch nicht auf ein nur schematisches Anwenden von Mathematik zur Lösung ›eingekleideter‹ Aufgabenstellungen. Vielmehr untersucht der PISA-Mathematiktest, inwieweit mathematisches Wissen funktional, flexibel und mit Einsicht zur Bearbeitung vielfältiger kontextbezogener Probleme eingesetzt werden kann.«

»Mathematik wird als ein wesentlicher Inhalt unserer Kultur angesehen, gewissermaßen als eine Art von Sprache …«

»Die Schülerinnen und Schüler sollen befähigt werden, die Anwendbarkeit mathematischer Konzepte und Modelle auf alltägliche – vor allem auch offene, nicht gut definierte – Problemstellungen zu erkennen, die einem Problem zugrundeliegende mathematische Struktur zu sehen und Aufgabenstellungen in mathematische Operationen zu übersetzen.« (PISA 2000, S. 139 und S. 141f.)

Zur naturwissenschaftlichen Grundbildung:

»Naturwissenschaftliche Kompetenz ist eine Voraussetzung für die Teilhabe an der Wissenschaftsgesellschaft und für eine lebenslange Auseinandersetzung mit einer sich verändernden Welt.«

»... ein großer Teil aller Arbeitsplätze (z. B. in den Bereichen Gesundheit oder Neue Technologien) erfordert den Umgang mit Geräten, Aufgaben und Problemen, die naturwissenschaftliches Grundverständnis verlangen – für die Bewältigung des Berufsalltags, für das Anschlußhalten an neue Entwicklungen und für die Wahrung von Karrierechancen.«

»Die Kompetenzen sollen situations- und problemgerecht angewendet werden können und anschlußfähig für weiteres Lernen sein.«

»Demnach soll im naturwissenschaftlichen Unterricht an den Schulen ein generelles Verständnis entwickelt werden
– von wichtigen naturwissenschaftlichen Konzepten und Erklärungsmodellen,
– von Methoden, mit denen die Naturwissenschaften ihre Erkenntnisse erzeugen und stützen, und
– von den Möglichkeiten und Grenzen der Naturwissenschaften in der modernen Welt.« (PISA 2000, S. 192, 194, 195, 197)

Man erkennt mühelos das funktionale Verständnis von Bildung der PISA-Studie, das vollends in der Ausweitung der Untersuchungsgegenstände auf »fachübergreifende« Qualifikationen zum Ausdruck kommt (Kapitel 6 und 7). Mit diesen sind das sogenannte »selbstregulierende Lernen« und die »Kommunikations- und Kooperationsfähigkeit« gemeint. Sie werden als »komplexe *Handlungs*kompetenzen« verstanden (PISA 2000, S. 22). Zum ersteren gehören Planung, Überwachung und Bewertung des eigenen Lernens, die wiederum als »Strategien« – Disposition, Wiederholung, systematische Selbstkontrolle – operationalisiert werden. (PISA 2000, S. 272f.) Zum zweiten gehören eine Reihe von »Erziehungszielen« der Schule, wie sie »in pädagogischen Leitlinien und Präambeln von Lehrplänen thematisiert werden«. (PISA 2000, S. 301) Schon diese Formulierung verrät (was später eine Begründung erfährt), daß man nicht recht glaubt, ihre Verwirklichung dingfest machen zu können. Als Beispiele werden »Hilfsbereitschaft, Verständnis für andere Denkweisen, Verantwortungsübernahme, gemeinschaftliches Lernen und Arbeiten« genannt (ebenda) – Verhaltensweisen, die in der deutschen Mathematikstunde (s. o. S. 9ff. und 13) eine wichtige Rolle spielten. PISA hat hierfür nur geringe, jedenfalls keine den anderen Ergebnissen vergleichbare Unterschiede zwischen den Schulformen und -systemen ausmachen können. Einzelne Schulen weichen zwar voneinander ab, das aber wird in einer Untersuchung wie dieser nicht weiter verfolgt.

Die Studie scheint vor dem Problem, wie man so schwer isolierbare Merkmale empirisch erfaßt, kapituliert zu haben: Soziales Verhalten sei in hohem Maße »situationsabhängig«; es habe sich darum als »wenig fruchtbar erwiesen«, »Fähigkeiten im sozialen Bereich auf einer globalen Ebene definieren ... zu wollen«, und also erhebt man sie auch nicht weiter. (PISA 2000, S. 299)

Ich schließe daraus: PISA läßt zwar die Theorie der materialen Bildung hinter sich, es setzt auf teils formale Kompetenzen (Denken, Argumentieren, Übertragen), teils funktionale (Anwendung von Mathematik in verschiedenen Situationen), teils kategoriale (das »modelling« = das Ausmachen des für dieses Problem geeigneten Lösungsmodells; das Verständnis »von den Möglichkeiten und Grenzen der Naturwissenschaften«; »die Anschlußfähigkeit erworbener Kompetenzen«); es bleibt aber durch sein Verfahren auf die Erwartung an einzelne, vornehmlich »kognitive« Leistungen der herkömmlichen Schule beschränkt.

Die Untersuchungsteile, die – grob gesprochen – das »strategische« und das »soziale Lernen« beleuchten sollen, sind denn auch in der öffentlichen Diskussion unbeachtet geblieben, obwohl (oder weil?) Deutschlands Schüler jedenfalls hinsichtlich des »selbstregulierten Lernens« positiv abschneiden (PISA 2000, S. 280) – und hätten doch die beiden großen und ihrem Ergebnis besonders niederdrückenden Kapitel 8 (über »Familiäre Lebensverhältnisse, Bildungsbeteiligung und Kompetenzerwerb«) und 9 (»Lebens- und Lernbedingungen Jugendlicher«) mit der Hoffnung erhellt, die sich an einigen Reformschulen bestätigt: daß eine Schule als Lebensraum beides fördert – die verwertbare und die zwecksetzende, die lebenspraktische und die politische Bildung.* Ein Blick auf die noch immer mit »Bildung« und »Erziehung« gedachte Gesamtwirkung ist der PISA-Studie versagt – trotz des Wunsches, so etwas wie Bedingungen der aktiven Teilnahme am gesellschaftlichen Leben zu mustern, die die Schule zu sichern habe.

Man kann den alten Anspruch extrem formulieren, wie Manfred Fuhrmann das in seiner Kritik an PISA tut**: Bildung sei »bis zum Beginn des 20. Jahrhunderts« Allgemeinbildung und somit »Selbstzweck« gewesen (Fuhrmann, S. 15). Im PISA seien die Lesekompetenz und die mathematische Kompetenz die »unentbehrliche Voraussetzung« für die naturwissenschaftliche Kompetenz, die ihrerseits die Ökonomie der Gesellschaft in Gang hält.

Die Konzeption der PISA-Enquete sei nicht »enzyklopädisch«; der musische Bereich fehle völlig, bei den naturwissenschaftlichen Disziplinen suche man vergeblich nach der Astronomie, nach einer Disziplin, »die seit der Antike zum Kanon der Bildung« gehöre. (S. 23)

Wer Bildung als Selbstzweck versteht und ihr einen historischen Kanon zugrunde legt, muß sich fragen lassen: Mit welcher Begründung kann das *heutige* Gemeinwesen sie verpflichtend machen, betreiben und bezahlen? Manfred Fuhrmann antwortet, daß »die Alternative ›zweckfreie Bildung / nützliche Ausbildung‹« in der Tat zu kurz greife. Er greift selber also weiter und sagt: Diese Alternative beruhe auf der Annahme, daß das Allgemeine – der Staat, die Gesellschaft – sozusagen von selbst funktioniere,

»daß sich eine einmal vorhandene Normalität des bürgerlichen Lebens ohne Zutun des Individuums uneingeschränkt

---

* Die Untersuchung über »Kooperation und Kommunikation« ist offensichtlich in der Komplexität des Gegenstandes und der eigenen Methoden steckengeblieben (s. S. 300); sie beschränkt sich auf die Beschreibung der »Mehr-Ebenen-Analyse« und der Instrumente (S. 320) und die Ankündigung weiterer Vorhaben (s. S. 300).

** Manfred Fuhrmann: Bildung und PISA, in: Latein und Griechisch in Baden-Württemberg, Mitteilungen des Deutschen Altphilologenverbandes, Landesverband Baden-Württemberg, Heft 1/2002, S. 15–25.

zu perpetuieren vermag. Denn nur dann ist das Individuum in der Lage, sich ganz auf seinen persönlichen Nutzen, auf sein berufliches Fortkommen zu konzentrieren – inmitten einer von Korruption und Gewalt heimgesuchten, von innerer Auflösung bedrohten Gesellschaft wird es sinnlos, auf dem üblichen Weg nach beruflichen Erfolgen zu streben. Die Annahme, der einzelne könne sich, wenn er wolle, von der Sorge für das Allgemeine dispensieren, ist also falsch.« (S. 23f.)

Allgemeinbildung habe eine »transpersonale Funktion, einen Nutzen für die Gemeinschaft«, sie gebe »Orientierung ...«, sie bürgt dafür, daß über dem Vorteilsstreben einzelner Individuen oder Gruppen das Wohl des Ganzen nicht in die Brüche geht.« (S. 24) Dann wirft Manfred Fuhrmann der PISA-Studie vor: Sie kenne nur den Nutzen des einzelnen. (Ebenda)

Das widerspricht so gut wie allem, was PISA ausmacht: dem Auftrag, den die OECD (die Organisation for Economic Cooperation and Development) erteilt hat; dem internationalen Vergleich von Bildungssystemen; der Ausrichtung auf »Anforderungen des gegenwärtigen und künftigen Lebens einer Person als konstruktivem, engagiertem und reflektierendem *Bürger*« (PISA 2000, S. 23, Hervorhebung von HvH); der Bewertung der Naturwissenschaften als »gesellschaftlicher Kraft und als Wirtschaftsfaktor«, die Manfred Fuhrmann selber zitiert (Fuhrmann, S. 22).

Der Mangel von PISA liegt woanders – nicht bei der Zweckgebundenheit seines Bildungskonzepts und nicht beim »Individualismus«, sondern bei der Verengung des Blicks auf ein kleines, gut zu bezeichnendes, öffentlich hoch bewertetes Spektrum von drei Kompetenzen.

Ich komme hierauf noch zurück. An dieser Stelle geht es um die Frage, ob PISA die Absicht dieses Buches – unsere Gesellschaft solle die Rolle der Schule neu denken – nicht schon praktisch vollziehe, freilich mit einem anderen Ergebnis als ich.

Wieder antworte ich entschieden: PISA tut das nicht. Es mißt weder, was unsere Schulen wollen und sollen, noch was sie tun. Es mißt einen winzigen Ausschnitt ihrer Absichten, Tätigkeiten und Wirkungen; es blickt mit großer Intensität auf drei Einzelfunktionen, die erst im Zusammenspiel mit anderen Bildung ausmachen; es setzt die Leistungen, die in den verschiedenen nationalen Systemen hierbei erbracht werden, in Vergleich zueinander – und erzeugt so ungewollt den Eindruck, es stünde jeweils die Schule insgesamt auf dem Prüfstand. Dieser Eindruck würde nicht entstehen, wenn man vernehmlich und beharrlich sagte: »PISA 2000 ist ein erster Anfang – weitere Untersuchungen sind auf folgenden Gebieten ... vorgesehen«; wenn dabei unterschiedliche pädagogische Ziele berücksichtigt würden; wenn auch andere Untersuchungsmethoden zum Einsatz kämen. Daß das nicht geschehen ist, hebt die heilsame Wirkung der Untersuchung zum Teil wieder auf, die darin besteht, daß man verläßlich erfährt, ob man tatsächlich bewirkt, was man zu bewirken meint. Nun aber reagiert man auf den Teil und den Anfang so, als handele es sich um das Ganze und das Ende der wünschenswerten, ja notwendigen Evaluation. Die Bildungspolitiker verwenden große Energie und die letzten aus dem Haushalt zu pressenden Mittel darauf, festgestellte »Defizite« zu beheben; man trifft wieder einmal Maßnahmen zur Rettung von Maßnahmen; man handelt sofort, weil man ja »weiß«, was man zu tun hat; – und die Autoren der Studie schreien auf: *Das* haben wir so nicht gewollt!

Man möchte ihnen das glauben; man gesteht ihnen auch zu, daß es nicht ihre Aufgabe war, der Schule ein neues Selbstverständnis vorzuschreiben, den Lehrern und Schulbehörden den Weg zu weisen. Aber wenn sie schon nicht vorhergesehen haben, wie borniert man auf die Ergebnisse reagieren würde, so sollten sie sich jetzt schnell daranmachen, die Öffentlichkeit über die Einseitigkeit des bisherigen Unternehmens aufzuklären, sie zu warnen: PISA hat erst begonnen; glaubt nicht, jetzt alles schon zu wissen; erspart euch nicht, die Schule neu zu denken!

Der Ende Oktober 2002 vorgelegte OECD-Bericht »Auf einen Blick« lenkt die Aufmerksamkeit in die andere Richtung. In ihm werden die Strukturdaten nachgetragen: Zahl und Art der Schulabschlüsse, Hochschul-Absolventenrate, Frauenanteil, Verweildauer, Klassengröße, Unterrichtszeit (in Deutschland »verbringt ein Neunjähriger nur 752 Stunden im Klassenzimmer, während es im OECD-Durchschnitt 829 sind«), Anteil der Bildungsausgaben am Bruttosozialprodukt, Aufwand je Schüler, Betreuungsquote und Schulklima – und nicht zuletzt die Kosten-Nutzen-Rechnung für Bildung überhaupt (die Rendite der Investition in ein Studium beträgt in Großbritannien 15, in Deutschland nur 9 Prozent). Der federführende Bildungsforscher Andreas Schleicher nennt diesen Bericht eine »Gesamtschau des Bildungssystems« (Süddeutsche Zeitung vom 30.10.02), die den »Rückstand des deutschen Bildungssystems im Vergleich zu anderen Industriestaaten« bestätige. Er fügt hinzu: »Die Handlungsfelder sind klar.« – Sind sie das?

Ein Maßstab für Bildung

Es ist gut, wenn man seine Stärken und Schwächen erkennt; es ist gut, die Indikatoren zu sammeln, zu prüfen, ernst zu nehmen; es ist vor allem gut, wenn man danach handelt. Aber vorher muß man die Frage nach dem Maßstab beantworten. Die OECD ist kein Heiliges Offizium und keine Kulturphilosophische Akademie. Sie muß nicht – und kann nicht – sagen, was sein soll; aber daß die von den Mitgliedstaaten erbrachten wirtschaftlichen, wissenschaftlichen und schulischen Leistungen, die aufgezählten Strukturdaten und die »Trends«, die sie ermittelt, der geforderte Maßstab nicht sind, das muß sie wissen und zu verhindern suchen, daß sie dafür genommen werden.

Hätte ich ein »assessment« der Leistungen von heutigen Schulen/Schülern zu machen, ich würde meinen Bemühungen die folgenden Überlegungen vorausschicken:
»Bildung« hat drei Bestimmungen. Sie ist *erstens* das, was »der sich bildende Mensch« aus sich zu machen sucht, ein Vorgang mehr als ein Besitz. Diesem Streben folgt er auch unabhängig von der Gesellschaft. Selbst Robinson gibt sich Rechenschaft über die vergehende Zeit; er pflegt seine Erinnerungen; er macht sich Gesetze/Regeln; er beobachtet und erklärt die Natur; er liest, dichtet, singt – und vervollkommnet sich darin;

er bildet Vorstellungen aus – Hoffnungen auf Rettung und einen »Sinn« für den Fall, daß sie ausbleibt. Das ist die *persönliche Bildung*, die, wie man sieht, stark von der Kultur bestimmt wird, in der einer aufgewachsen ist, die aber auch ohne sie Geltung hat.

Bildung ist *zweitens* das, was dem Menschen ermöglicht, in seiner geschichtlichen Welt, im *état civil*, wie Rousseau das nennt, zu überleben: das Wissen und die Fertigkeiten, die Einstellungen und Verhaltensweisen, die ihm ermöglichen, sich in der von seinesgleichen ausgefüllten Welt zu orientieren und in der arbeitsteiligen Gesellschaft zu überleben. Das ist die *praktische* Bildung. »Technai« hätten die Griechen dazu gesagt.

Bildung ist *drittens* das, was der Gemeinschaft erlaubt, gesittet und friedlich, in Freiheit und mit einem Anspruch auf Glück zu bestehen: Sie richtet den Blick des einzelnen auf das Gemeinwohl, auf die Existenz, Kenntnis und Einhaltung von Rechten und Pflichten, auf die Verteidigung der Freiheit und die Achtung für Ordnungen und Anstand. Sie ist für die *dikaiosyne*, die richtige Balance, in der Gesellschaft zuständig. Sie hält zur Prüfung der Ziele, der Mittel und ihrer beider Verhältnis an. Sie befähigt zur Entscheidung angesichts von Macht und begrenzten Ressourcen in begrenzter Zeit. Das ist die *politische* Bildung.

Alle drei Bildungsaufgaben haben wir der Schule übertragen. Keine ist der anderen zu opfern. Der Schule freilich fällt es nicht leicht, sie in Einklang und Balance zu halten. Es gibt – meist durch äußere Umstände und Entwicklungen begünstigt – mal ein Übergewicht der einen, mal der anderen Aufgabe. Dann müssen die Verantwortlichen korrigierend eingreifen.

Am geschichtlichen Beispiel ist das leicht zu verstehen: In agrarischen und manufakturellen Gesellschaften brauchte man keine Schule für die Ausbildung der praktischen Tüchtigkeit – das geschah im Arbeitsprozeß selber; auch die Fähigkeit zum *politeuein*, zur gemeinsamen Regelung gemeinsamer Angelegenheiten, bildete sich an diesen selber aus; die Anlässe waren gering und überschaubar. Für die Bildung des Geistes und der Seele hingegen waren damals Schulen erwünscht und nötig. Im Industriezeitalter nahmen die Erwartungen an die praktische und wissenschaftliche Tüchtigkeit der Menschen zu und wurden zunehmend von Schulen befriedigt, ja, sie wurden deren Hauptaufgabe. Zugleich brachte die Industrialisierung die modernen Demokratien hervor. In der Klassengesellschaft, in Einwanderungsländern, in Zeiten politischen Umbruchs (nach dem Ersten Weltkrieg oder nach Hitler) und in Orientierungskrisen (aufgrund radikaler Glaubenserschütterung oder neuer Völkerwanderungen oder von »Tschernobyl«) werden auch Schulen mehr für die politische und philosophische Bildung gebraucht. Der Anspruch an diese hat sich angesichts der sich verselbständigenden Mittelsysteme, also in der technischen Zivilisation, unverkennbar erhöht – und wird *nicht* eingelöst.

PISA untersucht, in welchem Maß an heutigen Schulen bestimmte formale Kompetenzen erworben werden, die für alle drei Bildungsaufgaben wichtig, ja unentbehrlich sind. Aber sie sind es für die unterschiedlichen Bildungsaufgaben in unterschiedlichem Maß. Ja, die getesteten »literacies« sind auf Grund ihres instrumentellen Charakters heute die eigentliche Erfüllung der »praktischen Bildung.« Wissenschaft und Technik, Herstellung und Handel, Verwaltung, Verkehr, Vermittlung von Information sind so komplex, sie expandieren und wandeln sich so schnell, daß man die nötigen materialen Kenntnisse ständig »neu« erwerben muß, wozu man sich dann der drei formalen Schlüssel – der drei »Sprachen« – bedient. In der persönlichen und in der politischen Bildung spielen die »mathematical literacy« und die »scientific literacy« eine recht geringe, Anschauung, Erfahrung, Begegnung, Wissen hingegen – also die materialen Momente – eine größere Rolle und sind auch konstanter.

Die Aufgabenbeispiele von PISA bezeugen dies. Nirgends geht es in ihnen um die für die persönliche und die politische Bildung kennzeichnenden Anforderungen: Zusammenhang herstellen, Sinn geben, bewerten (nicht nur begründen), etwas Tradiertes aneignen und bewahren, etwas auf sich beziehen, etwas genießen können, Vergangenes rekonstruieren, Künftiges entwerfen, Einzigartiges verstehen, Ambiguität oder Aporie aushalten. Das ist PISA nicht vorzuwerfen; es liegt unter anderem in der Natur des Testverfahrens. Aber es mahnt zur Wachsamkeit gegenüber den Folgen: Wenn die durch PISA angeregte

Beschäftigung mit den Ursachen und der Behebung der anerkannten Schwächen dazu führt, daß die Schularbeit insgesamt
an den Lesetechniken und Anwendungsstrategien Maß nimmt,
dann kommen die persönliche und politische Bildung noch
mehr ins Hintertreffen, als sie es schon sind.

Daß PISA sich von den neuen didaktischen Entwürfen der
American Association for the Advancement of Science, der National Science Foundation, des Kieler Instituts für die Pädagogik der Naturwissenschaften hat anregen lassen, daß es die
Fachsystematik und die Wissenspyramiden, die man in den
deutschen Lehrplänen aufgebaut hat, verläßt, also einen didaktischen Paradigmenwechsel nahelegt, ist die zu begrüßende
Folge. Daß man die drei formalen Kompetenzen für die eigentliche und insofern ausreichende »Basis« halten könne – für *das*
Kerncurriculum –, ist die zu befürchtende Folge.

Würde die deutsche Erziehungswissenschaft und Bildungspolitik von einer deutlichen Wahrnehmung des gesamten Auftrags der veranstalteten Bildung ausgehen, es wäre schwer vorstellbar, daß sie beim bisherigen Forschungsplan bleiben, der
nur eine »periodische Wiederholung der Untersuchungen« (in
2003 und 2006) vorsieht und keine Erweiterung. (PISA 2000,
S. 11) Man würde nach den Hilfen fragen, die die Schule den
jungen Menschen in den beiden anderen Aufgaben, der Bildung
der Person und der Bildung des Bürgers, des *polites*, zu geben
hat: in der Entfaltung und Verfeinerung ihres Wahrnehmungsund Gestaltungsvermögens; in der Beobachtung und Beachtung ihrer Mitmenschen, der zwischen ihnen waltenden bekömmlichen Regeln, ihres eigenen politischen Verhaltens, des
Gemeinwohls; in der Ausbildung eines Bewußtseins ihrer Herkunft, der Bedingungen und Bedingtheit ihrer Lebensweise;
beim Vordringen zu und beim verständigen Umgang mit »letzten Fragen«. Gerade in Deutschland darf die Schule sich nicht
auf die Ausbildung von formalen Kompetenzen beschränken.
Die Auseinandersetzung mit der Vergangenheit – dem Nationalsozialismus –, die Einübung in die übernommene Demokratie und die entstehende Zivilgesellschaft, der offene Umgang
miteinander im Pluralismus waren Jahrzehnte hindurch ein
Hauptpensum an den Schulen der Bundesrepublik. Unabhängig, ob man es richtig gemacht hat, – das alles hat die deutschen

Schüler mehr beschäftigt als finnische, kanadische, neuseeländische, die ihnen laut PISA so »überlegen« sind.

Die PISA-Autoren wissen natürlich, von wieviel Gegenständen, Erfahrungen, Hilfen sie absehen, die die Schule vermittelt. Sie werden meine Forderung nach dem »Blick auf das Ganze«, nach Bildung als dem, was Zusammenhang stiftet, an dieser Stelle romantisch, möglicherweise polemisch und jedenfalls »unprofessionell« finden. Sie sollten jedoch bedenken, daß einem uralten Gesetz gehorchend Schüler und Studenten vornehmlich lernen, was geprüft wird. In Schweden hat man das Schulsystem vor zehn Jahren vollständig dezentralisiert und dereguliert, sind alle Schulen angehalten worden, sich ein eigenes Profil zu geben, und werden seither die Testergebnisse der Abschlußprüfungen (am Ende der 9. Klasse) in Schwedisch, Englisch und Mathematik publiziert – als Orientierung für die Eltern. Die Folge ist, daß sich Schweden auf eine Drei-Fächer-Schule zubewegt. Da die Eltern die Schule wählen können, auf die sie ihr Kind schicken, und da der Test der eigentliche Ausweis für die von der Schule erwartete Leistung ist, legt dieser das Curriculum fest; er wird aus einem Beobachtungsmittel zu der entscheidenden bildungspolitischen Instanz der Nation. Geschichte und Geschichten, die Künste und die Religion, Politik und sogar »science« werden zu Begleiterscheinungen im Ganztags-Schulbetrieb.

Da nicht nur gelernt wird, *was* geprüft/getestet wird, sondern auch *in der Weise*, in der geprüft/getestet wird, trifft man in Schwedens – zum Teil radikal individualisierenden – Schulen allenthalben statt auf Bücher, Lehrervortrag und Unterrichtsgespräch auf Arbeitsbögen, die wie Testbögen angeordnet sind: Sätze, die man um das richtige Wort ergänzen muß, »multiple-choice«-Fragen, Listen mit »Daten« zu dem jeweiligen Tatbestand.

Ich bin nicht besorgt, daß es in Deutschland dahin kommen wird. Aber die Ähnlichkeit der »philosophy of education« der schwedischen Schule und der PISA-Studie ist offensichtlich und wird nicht ohne Folgen bleiben. Es geht um »Sprache« als Voraussetzung allen Lernens und damit als Ausweis von Bildung. (Daß PISA die naturwissenschaftliche Grundbildung als »Sprache« ansieht, ist sachlich gut begründet, und daß es Leistungen in einer Fremdsprache/in Englisch nicht erhebt, wird mit dem Untersuchungsauftrag, also mit der Vergleichsmöglichkeit zu tun haben.) – Sprache ist *das* Mittel der Erfassung, Deutung und Ordnung der Welt, ist also eine starke Bildungskategorie. Aber warum wird dann im PISA von dieser nur ein Sektor untersucht – die Lesefähigkeit? Warum nicht die in unserer Gesellschaft ebenso wichtige Rede- und Gesprächsfähigkeit – die lern- und übbare Fähigkeit, sich klar, sachangemessen, wirksam auszudrücken, sich Auskunft zu erfragen, mit Worten Verständigung, Versöhnung, Vertrauen, Verläßlichkeit herzustellen, eine Auseinandersetzung zu führen, die einem erspart, tätlich zu werden? Warum nicht auch die Schreibfähigkeit – eine Fähigkeit, deren Wichtigkeit mit den elektronischen Mitteln eher zu- als abnimmt und in deren Ausübung zugleich das Denken angeregt, diszipliniert, verselbständigt wird? Die Antwort lautet, weil das methodisch zu schwierig ist. Dann freilich hätte man diese Lücke deutlich ausweisen sollen. (Nur im Vorwort der Präsidentin der Kultusministerkonferenz wird eine »komplementäre« Untersuchung zur »aktiven Sprachbeherrschung und Fremdsprachenkompetenz« – DESI – erwähnt, PISA 2000, S. 11.)

Da das Lesen in der deutschen Bildungstradition immer auch dessen Gegenstand – das »gute Buch«, die Literatur, die Welt des Geistes – einschließt und allenfalls in den ersten Grundschuljahren die kahle Bedeutung einer »Kulturtechnik« hat, war die öffentliche Enttäuschung besonders groß, als man durch PISA erfuhr, wie viele Schüler in Deutschland angeben, »nicht zum Vergnügen zu lesen«: doppelt so viele wie in Finnland; und umgekehrt, wie wenige angeben, »täglich mindestens eine Stunde zum Vergnügen zu lesen«: halb so viele wie in Lettland, Brasilien, Griechenland oder gar in der Russischen Föderation, die hierin den Spitzenreiter stellt. Deutschland, einst das Land der Dichter und Denker, heute ein Land von Nichtlesern! Ich sehe davon ab, daß im PISA der »Zusammenhang« zwischen Leseleistung und freiwillig mit Lesen verbrachter Zeit nur statistisch hergestellt und nicht weiter untersucht wird (PISA 2000, S. 113); den Versuch, »Lesen« im überhöhten deut-

schen Verständnis in den Blick zu nehmen, hat man in der internationalen Vergleichsstudie richtigerweise gar nicht erst unternommen. Es geht in ihr um »verstehenden Umgang« mit Texten und wird im deutschen PISA-Test um »Lernen aus Texten« ergänzt. (PISA 2000, S. 79) Die Gegenstände sind sämtlich funktionaler, »unliterarischer«, unphilosophischer Art: Eigenschaften des Wassers, Entstehung des Mondes oder der Erde, Computerspiele und AIDS. Im internationalen Test müssen die Schüler eine Seite aus Anouilhs Stück »Léocadia« lesen, dann aber nur sagen können, an welcher Stelle auf der Bühne die zwei redenden Personen gestanden haben müssen – was doch eher ihre Aufmerksamkeit fordert als ein Verstehen der Szene. Nichts überlesen und seinen Verstand walten lassen – das ist der vornehmliche Anspruch auf allen drei Aufgabengebieten, auch der mathematischen und naturwissenschaftlichen Kompetenz. Wie sich diese »zusammensetzt«, wird in schematischer Darstellung erklärt (Kognitive Grundfähigkeit + Decodierfähigkeit + Lernstrategiewissen + Inhaltliches Vorwissen + Inhaltliches Interesse ergeben die »Situative Textrepräsentation«, das meint die Fähigkeit, aus dem vorliegenden Text die gemeinte Vorstellung zu entnehmen = zu lernen). (PISA 2000, S. 129f.) Wolle man die Lesekompetenz in Deutschland fördern, heißt es, sei die »Informationsverarbeitungskompetenz durch Vermittlung von Textverarbeitungsstrategien« der richtige »Ansatzpunkt«. (PISA 2000, S. 134)
Ich zitiere dies nicht nur wegen des in der Tat hohe Lesefähigkeit heischenden Bandwurmwortes, sondern weil die ganze Denkfigur ein dem Test inhärentes Problem verdeutlicht: Wie prüft man »sinnentnehmendes Lesen«? Ich nehme mich selbst als Beispiel. Ich habe meine Lesekompetenz an drei mit den PISA-Ergebnissen gleichzeitig veröffentlichten Testaufgaben alsbald erprobt – und bin »gescheitert«: Zwei meiner Lösungen waren falsch – die Lösung der dritten habe ich verweigert. Bei dieser sollte man sagen, welcher von zwei Meinungen man zustimme, und dies begründen. Ich habe mich über beide geärgert – vor allem über die Oberflächlichkeit einzelner Argumente und die Falschheit der verwendeten Analogien. Und das sollte ich nun alles hinschreiben? Ich weiß, daß ich das kann; ich weiß, daß sich keine »Person« für diese meine Fähigkeit inter-

essiert; ich weiß also, daß ich meine Kritik gegen niemanden behaupten muß. Darum: Strich durch die Aufgabe!

Mit den richtigen Lösungen der beiden anderen Aufgaben konfrontiert, habe ich mich gefragt, warum ich sie wohl verfehlt habe. Ich gebe vornehmlich drei Erklärungen: (1) Die Aufgabe war zu leicht – ich habe Schwierigkeiten in sie hineingelesen, um die es gar nicht ging. (2) Ich habe die Aufgabe zu schnell gelöst – »auf Anhieb« aus einer Art Mißachtung. Diese hing (3) damit zusammen, daß die Aufgabe *für mich* keinen »Sinn« enthielt, den zu entnehmen Sorgfalt und Anstrengung lohnte. Die Erschließung der Form einer Autorennbahn aus der Geschwindigkeitskurve und den zurückgelegten Kilometern liegt mir fern, kommt mir künstlich vor, ist purer Denksport. Die Beurteilung von Graffiti als Kunst oder Unfug, die Qualität von Turnschuhen oder die Frage, ob Pflanzen »schwitzen« können, mögen 15jährigen näher liegen als mir, sie bleiben abstrakt, ein typischer, sich gefällig anbiedernder Schulgegenstand, ein Gebilde zum Zweck einer Schulleistungsprüfung. Wer sich in der Schule an dergleichen gewöhnt hat, wird darin besser bestehen als einer, der in Zusammenhängen zu denken angehalten.worden ist und darin den Sinn zu suchen. Daß die Probanden die Aufgaben ernst genommen haben, weisen die Forscher nach (PISA 2000, S. 56ff.), berührt aber die unterschiedliche Sicherheit des Zugriffs nicht.

Die Fernsehsendung »Panorama« gab kurz nach der Veröffentlichung von PISA einen authentischen Einblick in eine Hamburger Hauptschulklasse: eine Stunde gutwilliger Hinnahme eines nach den Regeln der Zunft gehaltenen, die 14jährigen Jungen in *keiner* Weise interessierenden Deutschunterrichts. »Sinnentnehmendes Lesen« ist hier ein sinnloses Ziel. Diese Schüler (der größte Teil abwesend, der anwesende meist aus nicht deutschen Familien stammend) sind vermutlich das, was die Studie »schwache Leser« nennt und dadurch definiert, daß ihre »Lesefähigkeit so gering ausgeprägt ist, daß sich dies als ernsthaftes Problem beim Übergang ins Berufsleben erweisen wird«. (PISA 2000, S. 119) Sie bilden eine »Risikogruppe« (S. 120) und werden in der Mehrzahl von den Lehrern nicht einmal als solche erkannt: 10 % der 15jährigen Deutschen. Diesen schuldet die deutsche Gesellschaft zunächst etwas ganz anderes, etwas was im englischen »a sense of purpose« heißt: Wissen, wozu man da ist. Es scheint mir pädagogisch wenig sinnvoll zu sein, ihnen als erstes »Informationsverarbeitungskompetenz durch Textverarbeitungsstrategien« vermitteln zu wollen. Dabei verfehlt man mit dem Mittel den Zweck. Der Maßstab für die Maßnahmen sollte sein: daß deutsche Schulen in allen ihren Schülern Interesse an wichtigen Phänomenen und Aufgaben wecken – auch solchen, die nur über das Lesen von Texten erreichbar sind. Ein guter Rangplatz in der »reading literacy« kann die Folge davon sein, er ist nicht das Ziel.

Reaktionen

Woher dieser Pessimismus hinsichtlich der öffentlichen, der gesellschaftlichen Reaktion? Nach PISA sind die Erkenntnisse davon, was falsch gemacht worden sei, die Vorschläge dazu, was die deutsche Bildung wieder in Ordnung bringen könne, wie ein Platzregen auf uns niedergegangen: eine wundersame Fülle sich heftig widersprechender einzelner Maßnahmen, fast alle bekannt und *prêt-à-porter*, fast keine einer weiteren Erkundung und Erprobung bedürftig.

Ich gebe eine kleine Auswahl, damit man versteht, wovon ich rede: Die Verlängerung der Unterrichtszeit / Die Beendigung des auf eine Million bezifferten Stundenausfalls / »Inhalte statt Strukturen« / Einführung eines festen Kanons / Die Entscheidungsbefugnis der Direktoren vermehren / Nachrüsten mit »interaktivem *equipment*« / Früheinschulung / Sprachförderung im Kindergarten / Engere Verknüpfung von Kindergärten, Vorschulen und Grundschulen / Keine Aufnahme von Ausländerkindern, die die deutsche Sprache »nicht beherrschen« (ich selber konnte kein Englisch, als ich in San Francisco eingeschult wurde) / Ganztagsschule »flächendeckend« / »Mut zu strenger Benotung« / »Weniger Staat, mehr Familie« / »Das Berufsbild des Lehrers korrigieren« / Deutliche Maßstäbe für die erwartete Leistung (benchmarking) / Eine größere

»Abnehmerorientierung« (»Schulen und Schüler, die sich als Kunden auf dem Bildungsmarkt begegnen«) / »Mehr Wettbewerb unter den Bundesländern« ...

Das Institut für Schulentwicklung/IFS in Dortmund hat zwei Monate nach Bekanntgabe der PISA-Ergebnisse ermittelt, daß die Eltern »mehr Leistung und mehr Erziehung« verlangen (wobei sie unter dem letzteren Maßnahmen zur Sicherung des Unterrichts im Sinn haben: die Ausschaltung von Störungen, die Behebung von Verhaltensschwierigkeiten, Selbstdisziplin, Einhaltung von Regeln, Durchhaltevermögen) und daß sie »integrierte Schulen« ablehnen.* Selbst das gewerkschaftsnahe Netzwerk Europäische LernProzesse (NELP) setzt sich – nach PISA – für eine »flexible, dezentrale Steuerung« der Schule, für Qualitätsmanagement, für freie Schulwahl und entsprechende Bildungskonten der einzelnen Schüler ein – also für einen neuen ökonomischen Pragmatismus. Man münzt die Feststellungen von PISA in eine »Niederlage« um und diese in eine radikale Wende: Wettbewerb nicht nur unter den Bundesländern und Schularten, sondern unter allen möglichen Einrichtungen, an denen sich »Bildung« erwerben läßt. So würden die besten Leistungen erzielt, weiß der ehemalige Arbeitgebervertreter Hans-Olaf Henkel in der Süddeutschen Zeitung.

Der verstörendsten Enthüllung von PISA weicht man aus: der in Deutschland fortbestehenden »Koppelung von sozialer Lage der Herkunftsfamilie und dem Kompetenzerwerb der nachwachsenden Generation« – altmodisch gesprochen von Milieu und erreichter/erreichbarer Schulleistung. Diese »Koppelung« sei in Deutschland »ungewöhnlich straff« (PISA 2000, S. 393). Zwar ist sie in allen Ländern nachweisbar, aber in vielen gelingt es – bei ähnlicher Sozialstruktur –, deren Auswirkung zu begrenzen, ohne das Niveau der Anforderung zu senken: indem den Kindern und Jugendlichen aus den schwächeren Schichten besondere Förderung zuteil wird.

Unsere Politiker und Verbandsfürsten sehen unseren schlechten Platz in der Rangliste; sie sehen, daß bei uns die Schere zwi-

---

* 12. Repräsentativumfrage des Instituts für Schulentwicklung/IFS in Dortmund, Süddeutsche Zeitung vom 13.06.02.

schen den Schulen auf dem niedrigsten und denen auf dem höchsten Leistungsniveau am weitesten auseinanderklafft – also zwischen »Ghettoschulen« und Eliteschulen, zwischen slums und suburbs (was schon die LAU-Studie offenbart hatte*); sie wissen, daß es vor allem die Sprachkompetenz ihrer Schüler ist, die diese Schulen zurückwirft (PISA 2000, S. 379 und 397), – und so folgern sie, daß die sprachliche Schulung von Migranten und bildungsfernen Gruppen forciert werden müsse. Aber die Sprach- und Lesefähigkeit ist nicht allein eine Sache von früher systematischer Unterweisung und Überprüfung – sie ist in viel höherem Maße eine Sache der Beheimatung der Kinder und Jugendlichen, ihrer sogenannten »sozialen Integration« in ihrer Stadt und in einer Schule, die für sie auch Lebensraum und nicht nur Unterrichtsanstalt ist. Die Mischung der Kinder verschiedener Herkunft muß pädagogisch und psychologisch gut bedacht sein und nicht dem »Zufall« überlassen bleiben, der ja keiner ist, sondern die Wohnverhältnisse widerspiegelt und eine »Selbstauslese« nach sich zieht.

So wichtig und richtig das ist, was wir aus den Unterstützungsprogrammen der »erfolgreichen« Länder lernen können – ihre historischen und kulturellen Lebensbedingungen werden wir nicht übernehmen können (die geographischen und demographischen Verhältnisse Finnlands**, die ethnische Homogenität und die Traditionsverbundenheit Japans, die größere soziale Durchlässigkeit der Gesellschaft in Schweden und Norwegen, PISA 2000, S. 396f.). Aber wir können den Schülern eine »deutsche« Schule bieten, die ihnen etwas bedeutet und gleichzeitig den Lebensnotwendigkeiten Rechnung trägt, eine Lern- und Lebensgemeinschaft auf Zeit, ein freundliches, vielseitig forderndes Feld der Selbsterprobung, *a decent place to grow up in.*

Unter den Maßnahmen, auf die sich die Kultusminister geeinigt haben, ist darum sicher die Vermehrung von Ganztagsschulen

---

* Rainer Lehmann und Rainer Peek: Aspekte der Lernausgangslage von Schülerinnen und Schülern der fünften Klasse an Hamburger Schulen, hg. von der Behörde für Schule, Jugend und Berufsbildung, Amt für Schule, Hamburg 1997.
**Thelma von Freymann: Ein anderes Land, eine andere Schule, Zu den finnischen PISA-Ergebnissen, in: Neue Sammlung Heft 2/2003.

die wichtigste: Sie erlaubt die Umwandlung der wirkungslosen Schule als Anstalt konzentrierter Belehrung in eine Schule als geordneten Lebens- und Erfahrungsraum. Aber das scheint nicht das zu sein, was die Kultusminister wollen. Sie müßten ja sonst für die durchgehende Versorgung aller Gemeinden mit Ganztagsschulen eintreten – handelt es sich dabei doch um einen ganz anderen Auftrag, den Auftrag einer neu gedachten Schule. Wenn die Ganztagsschule nur die Ausdehnung des (heute geläufigen) Unterrichts von fünf auf acht Stunden bedeutet und nicht ein verändertes Lernen, ist sie ein Unglück für die Kinder und vermutlich auch für die Schulleistung: Woher kämen die Erfahrungen, die die Schule auslegen und ordnen soll? Und woher die Beweggründe für das Lernen? Alles aus der Retorte der Lehrpläne und der Lehrerseminare, aus dem Internet und den Arbeitsbögen? Die Ganztagsschule müßte, um ihre gedachte Funktion zu erfüllen, die größte Veränderung der Schule seit Comenius sein – oder sie ist ein Selbstbetrug.

Wer hat die richtigen Vorstellungen von den in ihr bekömmlichen Umgangsformen, von den möglichen Einteilungen der Lern- und Arbeitsgruppen, von der benötigten Zeiteinteilung, von der richtigen Abfolge und Anordnung der Gegenstände, von den tauglichen Räumen und ihrer Ausstattung? Daß die vorhandenen Ganztagsschulen weit hinter dem zurückbleiben, was hier zu fordern ist, kann man sich in Deutschland und im Ausland mühelos bestätigen. Im Ganztagsschulparadies Schweden seufzte unser zwölfjähriger kleiner Führer aus tiefer Brust: »Never alone!«; die Mahlzeiten waren eine unappetitliche Abfütterung; die unmittelbar anschließenden Lernveranstaltungen (»Unterricht« sollte das nicht sein) wurden friedlich verdöst – teils in Kuschelecken, teils am Computer; das Gebäude glich nicht nur äußerlich einem Gewächshaus.

Wer bereitet, wenn man die richtigen Vorstellungen von der Ganztagsschule hat, die Lehrer darauf vor, sie richtig zu nutzen? Unsere Hochschulen? Die sind mit ihrer Theorie und Evaluation beschäftigt.

Neben dem »Ausbau der Ganztagsschule« haben die Kultusminister beschlossen, die »Maßnahmen zur Förderung von Lesefreude und Lesefähigkeit schon im vorschulischen Bereich« anzusetzen; insbesondere sollen Programme für Schüler nicht-deutscher Abkunft in Kindergärten und in der Grundschule deren Sprachproblem zuleibe gehen. Auch das ist löblich – und hat seine Haken. Wie bringt man einem Türkenkind Deutsch bei? Und gleichzeitig noch einem kleinen Griechen, einer kleinen Bosnierin, einem Vietnamesen? Das sind hohe Künste, für die die Erzieherinnen nicht ausgebildet sind und für die es auf Jahre hinaus keine Lehrgänge oder Lehrwerke geben wird. Den Grundschullehrern geht es nicht besser. Ja, man muß darauf achten, daß nicht ihnen die ganze Last der Schadensbehebung aufgehalst wird: Leistungsrückstände aufholen, Sprachfähigkeit sichern, Lesekompetenz anheben, mit den Eltern zusammenarbeiten und selber lernen, wie man die schwachen und die starken Schüler erkennt und ihre Bedürfnisse befriedigt.

Hinzu kommt die PISA-Feststellung, daß gemischte Lerngruppen und gezielte Maßnahmen für bestimmte Schüler sich nicht ausschließen, sondern ergänzen. Jeder deutsche Gesamtschullehrer weiß, wie schwer allein das erste und wie rar die Möglichkeit zum zweiten ist. Wer ihre Kombination an die Stelle der Selektion setzt, dem stellt sich nicht nur die alte Gewohnheit entgegen, sondern auch die neue Leistungspädagogik.

Durch sie sollen der Schlendrian und die Selbsttäuschung der Schulen beendet werden. Besondere Erwartungen setzt man dabei auf »verbindliche – bundesweit gemeinsame – Standards«. Nicht immer wird man diese so deutlich von Wissensbeständen trennen können, wie man das im PISA getan hat. Man wird also den Unterricht – seine Gegenstände und Verfahren – vereinheitlichen, um bei standardisierten Abschlußtests nicht schlechter abzuschneiden als andere. Das steht im Widerspruch zur Dezentralisation, die man sonst betreibt, zur Unterschiedlichkeit der örtlichen und landschaftlichen Verhältnisse, zur Rücksicht auf die Gegebenheiten in den Mitgliedsstaaten der Europäischen Union, ja, es bringt, wie man im September 2002 in England erleben konnte, nicht unerhebliche politische Eingriffsmöglichkeiten ins Spiel: Dort hatten das Oxford-Cambridge-Examination-Board und das Schulministerium die Standards kurzerhand heraufgesetzt, um die Zahl der Hochschulberechtigten zu drosseln. Den Irak-Krieg konnten die Politiker über der hierdurch ausgelösten Erregung vergessen.

Daß die »Qualitätssicherung« genannten Bemühungen um Auslöschung der PISA-Schmach vornehmlich durch permanente interne und externe Evaluation gelingen werde, ist die vierte große Hoffnung der Kultusminister. Aber diese Maßnahme wird nichts als Panik oder Abstumpfung bewirken, wenn nicht tatsächlich große Veränderungen im System statthaben. Überprüfungen und die Angst vor ihnen tragen in der Regel zur Verbunkerung, nicht zum Wandel bei.

Hilfreich ist die »Evaluation« – die objektivierende systematische Beobachtung der Schulwirklichkeit, ihrer Veränderungen und ihrer Resultate –, wenn die Auswertungsberichte selber verständlich sind: ihre Absichten, ihr Vorgehen, ihre Folgerungen. Die 548 Seiten, die das Deutsche PISA-Konsortium vorgelegt hat, strapazieren das »sinnentnehmende« Lesevermögen der Lehrerinnen und Lehrer, der Politikerinnen und Politiker, der allgemeinen Öffentlichkeit, an die sie sich richten. Zahlreiche Zahlennachweise – beispielsweise Tabelle 8.22: »Sozioökonomischer Status (HISEI) und Lesekompetenz von 15jährigen nach Staaten (Mittelwerte, Standardabweichungen sowie unstandardisierte und standardisierte Regressionskoeffizienten)«, S. 391, mit vierstelligen Angaben für 31 Länder – und komplizierte Grafiken – beispielsweise Abbildung 8.14, in der vier Quadranten unterschiedliche Kombinationen unter- und überdurchschnittlicher Ausprägung der mittleren Leistung und der sozialen Gradienten der Lesekompetenz zeigen – sind nur für die Forscher aufschlußreich und wichtig. Die Zusammenfassungen in den Kästen – wie die auf 50 Seiten komprimierte Ausgabe des Berichts für die Presse – basieren aber darauf wie auch der sie umgebende Text. Der spricht die opake Sprache der Spezialisten, die die Laien von den Begründungen abschneidet, die doch die eigentliche Aufklärung der Sachverhalte enthalten. Der Nichtspezialist muß sich mit Urteilssätzen wie diesem abfinden: »Eine starke Entkoppelung von sozialer Herkunft und Kompetenzerwerb muß nicht mit einer Absenkung des Niveaus verbunden sein. Im Gegenteil: Eher deutet sich eine Tendenz an, daß bei einer Verminderung sozialer Disparitäten auch das Gesamtniveau steigt, ohne daß an der Leistungsspitze Einbußen zu verzeichnen wären.« (PISA 2000, S. 393) Welch gute Botschaft! Und wie gern wüßte man nun, woran sich das »muß nicht« und das »im Gegenteil« und das »eher deutet sich an« festmachen. Man hat den Eindruck, es werde *ex cathedra* verkündet, was hier zu lernen sei. So etwas weckt Widerstand und macht evaluationsresistent.

Vor allem aber vermag der Lehrer, der den PISA-Bericht liest, nicht mehr zu glauben, daß er, wie ihm und seinesgleichen angesonnen wird, je so etwas wie Selbstevaluation zustande bringen könne, wenn es dabei so viel zu bedenken und zu berechnen gilt – wie er ja auch nicht nach Japan oder Finnland oder Schweden reisen wird.

Das schwedische Modell

Das letztere wenigstens habe ich getan – im Mai 2002, 35 Jahre nach meinem ersten Besuch mit einer Unterkommission des Deutschen Bildungsrates zum Studium der schwedischen Gesamtschule. Von Schwedens neuen Wunderschulen hatten Bildungsforscher und Bildungsjournalisten nach der Bekanntgabe der PISA-Ergebnisse enthusiastisch berichtet.* Meine Eindrücke am gleichen und an ähnlichem Ort waren zwiespältig. Niemand kann auf einer einzigen einwöchigen Reise ein fremdes Schulsystem beurteilen – auch nicht, wenn er auf der schmalen, von der PISA-Untersuchung vorgezeichneten Bahn geht, also vornehmlich sehen will, wie Schwedens Schulen es auf allen drei Prüfungsgebieten ins obere Drittel gebracht haben – beim Lesevermögen auf den 9., in der mathematische Grundbildung auf den 15., in den Naturwissenschaften auf den 10. Platz und stets bis zu einem Dutzend Plätze vor Deutschland! Da jedoch alles mit allem zusammenhängt und Schwächen oft nur die Kehrseiten von Stärken sind (und umgekehrt), müßte er aufs Ganze sehen.

Ich werde mich mit drei skeptischen Beobachtungen begnügen, die immerhin auf ihre Weise das Ganze betreffen:

---

* Siehe die Berichte von Hans Günther Rolff und Reinhard Kahl in DIE ZEIT vom 01.02.02 und vom 07.02.02.

(1) Schwedens Schulen werden ganz in den Dienst des gesellschaftlichen Bedarfs genommen; (2) Schwedens Schulbildung wird durchgehend materialisiert; (3) einer radikalen Individualisierung der Lernvorgänge steht nichts mehr im Wege – und das könnte so falsch sein wie die radikale Kollektivierung des Unterrichts seit der Erfindung der Jahrgangsklasse durch Johann Sturm im 16. Jahrhundert.

Zu (1): Nach dem fast ein halbes Jahrhundert herrschenden Zentralismus im schwedischen Schulwesen ist man vor zehn Jahren zu einer weitgehenden Autonomisierung der Schulgemeinden übergegangen: Jede Gemeinde macht sich ihren eigenen Schulplan sowohl für die Grundschule, die eine neunjährige Gesamtschule ist, wie für das dreijährige Gymnasium, das von fast allen Grundschülern besucht und wiederum von fast allen abgeschlossen wird. Aufgrund der vom Reichstag beschlossenen Rahmenpläne und Ziele erstellt der Rektor »in Abstimmung mit den Lehrern« den »Arbeitsplan« seiner Schule. Lauter gute Nachrichten, denkt man. Aber dann erfährt man, daß der Rahmenplan für das Gymnasium siebzehn mögliche Bildungsgänge vorsieht – mit folgenden Profilen: Sozialwesen und Freizeitpädagogik, Bauwesen, Elektrotechnik, Energiewesen, Kunst/Ästhetik, Fahrzeugtechnik, Wirtschaft und Verwaltung, Handwerk, Hotel- und Restaurationswesen, Industrie, Lebensmittel, Medien, Agrarwirtschaft, Naturwissenschaften, Gesundheitswissenschaften, Gesundheitspflege, Gesellschaftswissenschaften, Technik. Allen Bildungsgängen gemeinsam sind acht sogenannte »Hauptfächer«: Englisch, Kunst, Sport, Mathematik, Naturwissenschaft, Gesellschaftswissenschaft, Schwedisch und Religion. Sie umfassen – trotz ihres Namens und trotz ihrer Zahl! – nur ein Drittel des gesamten Curriculums. »Zur Befriedigung des lokalen Bedarfs können Gemeinden auch eigene Bildungsgänge anbieten«* – also über die 17 Fachschulbildungsgänge, wie wir sie nennen würden, hinaus, sagen wir: für Gärtnerei oder Textilverarbeitung, weil es ein örtliches Großtreibhaus oder eine Unterwäschefabrik gibt. Je-

---

* Die Angaben über das schwedische Schulsystem entnehme ich Darstellungen (handouts) des Skoleverket (Zentralamt für Schule und Erwachsenenbildung) in Stockholm.

der Schüler kann außerdem einzelne Kurse, die zum Bildungsgang gehören, in denen er aber nicht erfolgreich war, gegen andere austauschen. Das ist konsequent, hat doch die vom
Reichstag beschlossene und von der Schule vermittelte Bildung
keinen eigenen Maßstab. Gemeinde und Schüler »versorgen
sich« mit ihr. Vor dem Übergang der Schüler auf das Gymnasium stellen die drei Fächer Schwedisch, Englisch und Mathematik, in denen sie den landesweiten Test ablegen, den letzten
gemeinsamen Anspruch an alle. Zwei von ihnen sind Gegenstand der PISA-Untersuchung gewesen.

Zu (2): Das, was ich die Materialisierung der Bildung in
Schweden nenne, ist einerseits eine Folge der eben umrissenen
pragmatischen Auffassung von der Aufgabe der Schule, andererseits eine Voraussetzung für die eingeleitete Individualisierung der Lernvorgänge. An der Schule FUTURUM im Land-
kreis Håbo 40 Kilometer südlich von Stockholm arbeitet jeder
Schüler in jedem Kurs eine bestimmte Folge von Arbeitsbögen
und Lernanweisungen ab – schriftlich oder am Computer, im
Labor oder am Projekt – in eigener Regie; die Lernschritte sind
sorgfältig vorgedacht und abgesichert; die Lehrerin kontrolliert
die Ergebnisse und signiert sie; der Schüler sammelt die Belege.
Das Lernen in der Schule ist auf Erledigung und Abrechnung
von Leistungen angelegt, nicht auf geistige Entdeckung, *trial-
and-error*, einprägsame Erlebnisse; der »Stoff« ist immer auch
diagnostisches Mittel; in Schwedisch, Englisch und Mathematik
führt er in gerader Linie zu den Abschlußtests am Ende des 9.
Grundschuljahrs; für diesen gibt es Probematerial und Probe-
übungen; der Lehrer ist im Besitz von Kriterien für die Noten,
die er vom 8. Schuljahr an erteilt: »in ausgewiesener Relation
zu den landesweit gültigen Zielen«.

Zu (3): Dieses alles – zusammen mit Computern und Inter-
netanschlüssen (im FUTURUM waren deren 600 installiert)
und einer großen Lehrerdichte (auf 1000 Schüler 180 Lehrer,
die 35 Zeitstunden in der Schule anwesend sind) – ermöglicht
den Schweden heute, der Einheitlichkeit zu entrinnen, die die
Gesamtschul*struktur* (»Alle Kinder unter einem Dach«) mit
sich bringt. Im FUTURUM hat man die Gesamtschul*idee*
durch die Aufhebung der Altersklassen zu Ende gedacht. Die
Schüler gehen in dem Gehege vorgeordneter Möglichkeiten ih-

ren eigenen Weg, teilen ihre Arbeit selber ein, erreichen ihr Ziel nach ihrem Maß. Im FUTURUM führt jeder sein eigenes »Logbuch«, in dem er täglich die Wahrnehmung des erzielten Fortschritts festhält: »Alle Aufgaben heute einigermaßen befriedigend erledigt« / »Englisch-Text war doof« / »Karen und ich haben heute eine Gruppe von deutschen Besuchern geführt«. Die Erfahrung gemeinsamen Lernens und Zweifelns, von Bildung als Mittel der Auseinandersetzung und Verständigung, von Wissen, Erinnern, Imaginieren als Anlaß für die Frage, was »wir« wollen, bekommt wenig Unterstützung durch die Schule, deren Namen »Zukunft« heißt.

»Skeptisch« habe ich meine Beobachtungen genannt – das ist mehr als »zweifelnd« und weniger als »ablehnend«. Wie könnte ich ablehnen, was ich in diesem Buch (S. 244f.) selber zum Maßstab der Selbsterneuerung der Schule gemacht habe: Die Lehrer zum Erforschen ihrer eigenen Tätigkeit veranlassen / Den Unterricht individualisieren, differenzieren und liberalisieren / Die Autonomie der einzelnen Schule erhöhen! – dies freilich in unserem eingeengten, oft das Gegenteil erzwingenden Rahmen. Daß wir in Deutschland Grund zu ernster Prüfung unserer Begeisterung für das »schwedische Modell« haben, das allerdings wollte ich zum Ausdruck bringen. Die Reformen der schwedischen Schule dürften den Wertvorstellungen und dem Bedürfnis des Landes entsprechen, ihre gegenwärtigen pädagogischen Nöte befriedigend beantworten. Die Gefahren und Gebrechen des deutschen Schulwesens könnten sie verschlimmern, zum Beispiel aus der ungewollten »sozialen Koppelung« eine gewollte, durch Berufung auf hehre liberale Prinzipien – freie Entfaltung der Person, freie Wahl der Bildung, freie Wahl des Wohnorts – legitimierte machen. Daß Eltern die Schule für ihr Kind wählen können, wird, wenn man dies mit der Autonomie der Schulgemeinden und mit der periodischen Publikation von Evaluationsergebnissen verbindet, zu einem Schicksalsspruch über die Schulen in den Armen- und Ausländervierteln. Hier häufen sich dann »schlechte Leistungen«, dürftige Ausstattung, Sprachschwierigkeiten, Motivationsmangel, Entfremdung, Gewalt – und also noch schlechtere Ergebnisse.

Eine ähnliche Skepsis befällt mich, wenn man Finnland als Modell für uns empfiehlt. Ich habe Finnland nicht besucht und weiß wenig mehr über seine Schulen, als aus PISA zu entnehmen ist. Eine Kennerin der finnischen wie der deutschen Schule gibt mir fünf einfache Gründe dafür an, warum die deutsche von der finnischen in PISA so abgeschlagen wurde: (1) Kinder, deren Muttersprache nicht Finnisch ist, sitzen (außerhalb der Region Helsinki) in keiner normalen Klasse, während bei uns zum Beispiel Aussiedlerkinder als Deutsche zählen und statistisch voll zu Buche schlagen; (2) Finnisch »wirt föllig foneetisch geschriiben«; (3) der finnische Satzbau fordert nicht, daß man den Satz bis zum letzten Wort gelesen hat, bevor man ihn versteht; (4) alle ausländischen Fernsehbeiträge laufen unsynchronisiert mit Untertiteln: ein tägliches Training im schnellen »sinnerfassenden Lesen«; (5) jede Schule (es gibt nur öffentliche Gesamtschulen) hat für je drei Tage in den »schweren« Fächern eine Speziallehrerin für die schwachen Lerner: Das Förderkind wird während der regulären Fachstunde unterrichtet, die Fachlehrerin darf unterdessen nichts Neues durchnehmen. In unserem dreigliedrigen Schulsystem kann die höhere Schulart die schlechteren Schüler an die niedrigere abgeben – eine besondere pädagogische Anstrengung muß sie für diese nicht machen.

Das heißt nicht, daß wir nichts von den Finnen lernen können. Aber einzelne Maßnahmen können das nicht sein. In Finnland sind sie als Konfiguration wirksam. Eindrücklich schildert meine Gewährsfrau, daß die finnische Kultur keine Gesprächskultur ist: »Wären den PISA-Probanden mündliche Kommentare zu den Texten abverlangt worden, hätten die finnischen vermutlich den letzten Platz der Welt belegt.«*

Es lohnt sehr, Thelma von Freymanns Darstellung und Analyse zu lesen – man versteht daran zwei Gemeinplätze: (1) Die jeweilige Gesellschaft »erzieht«, die Schule folgt ihr darin. Und: (2) Ihre Wirksamkeit bezieht die Schule aus der Didaktik, der Lehrkunst. Diese muß heute anders verstanden werden als zu Zeiten eines Comenius oder Herbart oder auch Copei – nicht nur weil die Welt durch die neuen Medien verändert worden ist, sondern weil sich auch die Aufgabe der Schule selbst

---

* Siehe den oben S. V36 zitierten Bericht von Thelma von Freymann.

gewandelt hat. Gerade wenn sie ein Lebens- und Erfahrungsraum ist, bedarf sie einer ganz anderen, neuen Didaktik. Von
ihr vor allem hängt es ab, ob wir den beschämenden 23. Platz
verlassen, nicht von den vier Milliarden, die McKinsey – mit
welcher pädagogischen Kompetenz eigentlich? – auszugeben
empfiehlt, nicht von der Entfesselung des Wettbewerbs – um
welche Leistung eigentlich? Die Didaktik sollte zeigen, wie
man die gewünschten, also vorher festgelegten Fähigkeiten
lehrbar macht. Dies dürfte häufiger, als uns lieb ist, eine Mathetik sein, die zeigt, wie man sie *lernbar* macht. Hierüber wäre in
der Tat neu zu denken, ein neues Buch zu schreiben – was ich
nicht mehr tun werde.

Reformschulen in Deutschland

Es gibt auch in Deutschland Schulen, von denen das gesamte
deutsche Bildungssystem lernen kann. Fünf von ihnen haben
an der Internationalen Vergleichsstudie TIMSS teilgenommen,
eine weitere, die vielgerühmte Helene-Lange-Schule in Wiesbaden hat sich auch am PISA beteiligt. Im Jahr 2002 schließlich
hat sich auch die Bielefelder Laborschule dem PISA-Test unterworfen, der in ihrem Fall um den Civic-Education-Test erweitert wurde, um damit ihrem besonderen Ziel – der Erziehung
zum Bürger – gerecht zu werden. All diese Schulen haben sich
aus eigenem Wunsch und Willen der Überprüfung gestellt; alle
sind Gesamtschulen; und alle haben gute Ergebnisse, einige sogar herausragende Ergebnisse erzielt. Die Helene-Lange-Schule
lag mit den ihren weit über den gemittelten Ergebnissen
Deutschlands (also einschließlich aller Gymnasien) und in der
Lesefähigkeit sogar über dem Weltspitzenreiter Finnland, in
den Naturwissenschaften über dem Weltspitzenland Korea.*

* Siehe Olaf Köller und Ulrich Trautwein: Schulqualität und Schülerleistung / Evaluationsstudie über innovative Entwicklungsprozesse an fünf
hessischen Gesamtschulen. Weinheim und München 2003 (Juventa); für die
Helene-Lange-Schule: DER SPIEGEL 45/2002; für die Bielefelder Laborschule: Frankfurter Rundschau vom 14.11.2002.

Daß es sich um »Versuchsschulen« handelt, mag ihnen den Hawthorne-Effekt zugezogen haben (es tritt eine Leistungssteigerung ein, wenn man sich beachtet fühlt). Aber selbst, wenn man den sehr hoch veranschlagt und in Abzug bringt, muß man zugeben, daß die vom deutschen Regelschulsystem behaupteten Bedingungen für erfolgreiches Lernen nicht notwendig sind: Die Schüler kommen ohne Selektion und Sortierung, ohne äußere Differenzierung (A-, B-, C-Kurse oder Lateinkurse für die einen, Kochkurse für die anderen), ohne Sitzenbleiben, ja ohne Noten zu guten Ergebnissen.

Für die Bielefelder Laborschule liegen die Verhältnisse noch etwas anders: Sie ist von vornherein als »Versuchsschule« und Projekt der Universität gegründet worden – mit dem Auftrag, neue Strukturen und Verfahren zu erproben und damit auch eine andere Form von Schulforschung zu entwickeln, die es mit sich wandelnden Aufgaben und Zielen der Schule aufnimmt. Die Laborschule ist als »Wissenschaftliche Einrichtung« einer pädagogischen Fakultät gleichsam das institutionalisierte Neu-Denken der zu Routine neigenden Schule.

Das erste Ziel, das sie sich als *Schule* Anfang der siebziger Jahre gesetzt hat, ist die erwähnte »Erziehung zum Bürger«, eine Formulierung, die sich mühelos in die »Befähigung zur Teilnahme an den wichtigen gesellschaftlichen Prozessen« übersetzen läßt, der man im PISA begegnet. Die wichtigste Hypothese zur Erreichung dieses Zieles war: Die Schule ist als eine Polis zu organisieren; in ihr sind auf horizontalen Stufen altersgemäße Erfahrungen und Lerngelegenheiten bereitzustellen; sie hat sich um ein Höchstmaß an Zustimmung und Beteiligung der Schüler am Lernvorgang zu bemühen; weil alle Menschen verschieden sind und verschieden lernen, sind keine Sortierungen vorzunehmen (Hauptschüler, Realschüler, Gymnasiasten) – die Schule ist eine Gesamtschule, und die in ihr auftretenden Unterschiede sind ihrerseits ein wichtiges Lernpensum für alle.

Das Ziel, das sie sich als *Curriculum-Werkstatt* gesetzt hat, beruhte erstens auf der Überzeugung, daß die entscheidende Verbesserung der Schule/der Schulen von einer neuen Lehr- und Lernkunst zu leisten sei, und zweitens auf einem weiten Begriff von »Curriculum« als einem didaktischen System, das alle im »Lebens- und Erfahrungsraum Schule« gegebenen Wirkungsmöglichkeiten einschließt.

Diese Ziele hat die Laborschule in einem hohen Maß erreicht (siehe den Bericht der Mitarbeiter des Forschungsbereichs Erziehungswissenschaft und Bildungssysteme am Berliner Max-Planck-Institut für Bildungsforschung, die unter Jürgen Baumert die PISA-Untersuchung in Bielefeld durchgeführt und in der Frankfurter Rundschau vom 14.11. auf einer ganzen Seite dokumentiert haben). Gestützt durch die guten Ergebnisse kann die Laborschule die Entwicklung der Lehr- und Lernkunst fortführen. Sie kann die geschaffenen günstigen Voraussetzungen systematisch nutzen, um die »Bildung für alle« zu verwirklichen, die sie als Gesamtschule im Sinn hat. Zu den »sich wandelnden Aufgaben von Schulen« wird sie die Neuen Medien, die Migrantenschicksale und nicht zuletzt das unterschiedliche Lernverhalten von Mädchen und Jungen zählen – und natürlich das auch durch PISA gewandelte Problembewußtsein der Deutschen. Politik und Wissenschaft müssen ihr dabei zur Seite stehen.

Erfurt

Ein neues Buch nach »Erfurt«, nach der schwer faßbaren Un-Tat des Gymnasiasten Robert Steinhäuser an seinen Mitschülern und Lehrern, vermag ich mir nicht vorzustellen. »Neu« muß ja heißen: Darin steht etwas, was bisher nicht gedacht, gewußt, gesagt worden sei – auch nicht in dem vorliegenden Buch. Wer in der Schule nicht den Generator der Gesellschaft und in der Gesellschaft nicht den alleinigen Auftraggeber der Schule sieht, weil er vielmehr die Schule für ein notwendiges, aber begrenztes Mittel hält, Kindern beim Erwachsenwerden in der Welt zu helfen, wie sie ist, der wird der Schule nicht empfehlen, sich dabei an Ausnahmeerscheinungen zu orientieren. Sie ist nicht für Unvorhersehbares gedacht; sie hat es schwer genug, den gewöhnlichen Schicksalen, Schwierigkeiten und Chancen der Zeit gerecht zu werden. Brutale Computerspiele,

Gewaltdarstellung in Film und Fernsehen, Konkurrenzkampf und Karriere, Schützenverein und Schulverweis sind Bestandteil des normalen Lebens – das alles muß die Schule im Blick und im Sinn haben. Ob Robert Steinhäuser und seine Seelenlage den Ausnahmefall bilden, weiß bisher keiner. Dazu bedarf es sehr gründlicher, möglicherweise jahrelanger Nachforschungen. An den Taten des Jürgen Bartsch und der Studenten Loeb und Leopold rätselt man noch nach Jahrzehnten. Auch Statistiken, Täterprofile, Typologien der sogenannten Amokläufer machen aus ihren Nöten keine »erwartbaren« Aufgaben für die Schule.

Die Aussage »Wir wollen eine Schule, in der sich ›Erfurt‹ nicht ereignet!«, ist unbrauchbar, weil es selbstverständlich ist, daß wir das wollen, und weil wir diese Schule ja haben: An mehr als 30.000 Einrichtungen des deutschen Bildungswesens greifen rund 9 Millionen junge Menschen an 365 Tagen im Jahr nicht zur Waffe und töten nicht.

Die Antwort ist auch dann unbrauchbar, wenn die Bedingungen aufgezählt werden, die dies sichern sollen. Drei Viertel der hierzu gemachten Vorschläge liegen richtigerweise außerhalb der Schule. Der Rest, der die Schule betrifft, ist so widersprüchlich wie hilflos: »Diskussion über Werte« und Metalldetektoren am Eingang, »Thematisierung der Gewalt« und Rückzug auf »reine Wissensvermittlung«, das Lernen von »konstruktiver Frustrationsbewältigung genau wie Mathematik und Englisch« und Videoüberwachung im ganzen Schulgebäude.

Es ist gut, wenn uns ein Vorfall wie der Erfurter nachdenklich macht – die aufgezählten Reaktionen hingegen muten vorlaut an. Lese ich sie, möchte ich es bei dem im vorliegenden Buch Gesagten belassen und nur hinzufügen: Achtet alle besser aufeinander! Keine Einrichtung, keine Belehrung, kein Verbot oder Gebot kann die Wirkung dieser Mühe ersetzen.

Berlin, im November 2002
Hartmut von Hentig

Vorwort

Als ich 1976 im Titel eines Buches in der Reihe Hanser fragte:
»Was ist eine humane Schule?«*, ging es mir darum, zu zeigen,
daß die moderne Schule das Leiden der Kinder und Jugendlichen
an ihr zwar gemindert, aber ihre elementare Unbekömmlichkeit
für den Menschen nicht überwunden hat. Sie konstituiere ein un-
entrinnbares und unheimliches, ein entfremdendes und entmün-
digendes Verhältnis – »gleich, ob sie reformiert oder antiquiert
ist«. Es gehe nicht mehr um die Aufdeckung von Mißbräuchen
und Fehlentwicklungen. Die Schule müsse anders werden, weil
die Kinder anders geworden seien. Deren Lebensprobleme über-
lagerten ihre Lernprobleme; wenn die Schule es nicht erst mit
jenen aufnehme, werde sie an diese gar nicht herankommen.

Ich habe damals meine Vorstellungen davon, wie die Menschlichkeit der Schule (wieder)hergestellt werden könne, einer politischen Partei und den mit ihr verbündeten Reformern vorgetragen, Reformern, die an ihrer eigenen Wirksamkeit zu zweifeln
begannen, und – mich selbst beruhigend – gesagt: Nur indem die
Reform weitergeht und weiter geht, sich beharrlich selbst an der
Erfahrung korrigierend, wird sie ihrem Ziel näherkommen –
einer befreiten und befreienden »Schule für heutige Menschen-
Kinder« in unserer komplexen technisch-industriellen Zivilisation und in unserer immer gefährdeten Demokratie.

Das Buch, das die Erfahrungen und Gedanken, die mich vor
zwanzig Jahren bewegten, zusammenfaßte, stimmt auf eine erschreckende Weise noch immer: Auch heute sind unsere Schulen
nicht ein Lebens- und Erfahrungsraum, nicht *a place for kids to
grow up in*, nicht die *polis*, an deren Idealen, Aufgaben und Problemen die jungen Menschen lernen und sich bewähren, sondern
Bewahranstalt oder Treibhaus oder Schonraum oder *cooling-out
institution* oder Sortieranstalt oder Startmaschine oder Nach-
wuchsproduzent oder Sozialstation oder alles auf einmal. Und
sie sind dies heute unter härteren Bedingungen und mit geringe-
rem »Erfolg« als einst.

Die Unordnung und Unzufriedenheit haben zugenommen, die

---

* Aktualisierte Neuausgabe 1987.

9

Merkfähigkeit und Konzentration haben nachgelassen, an vielen Schulen verbindet sich Gewalt mit Gleichgültigkeit – und draußen machen sich die Jugendlichen »stark« gegen Ausländer, Schwache, die rechtsstaatlich gehemmten Ordnungshüter. Sie bringen unsere Republik an die Grenzen ihrer Fassung. Vor allem die Jungen in den Ländern der ehemaligen DDR offenbaren, was ihnen Elternhaus, Gesellschaft und Schule an Lebenssinn, an Vorstellungen von einem guten Leben und Erfahrungen mit ihm schuldig geblieben sind.

Die Schule stellt die größte gesellschaftliche Veranstaltung unserer Kultur dar. Sie beansprucht die lernfähigsten und vitalsten Jahre im Leben der Menschen. Sie verbraucht – schließt man Studium und Ausbildung mit ein – oft zwanzig Jahre, die Hälfte der dann folgenden vierzig Berufsjahre; sie frißt nicht die Kinder, wohl aber die Kindheit und Jugend. Sie entläßt die jungen Menschen kenntnisreich, aber erfahrungsarm, erwartungsvoll, aber orientierungslos, ungebunden, aber auch unselbständig – und einen erschreckend hohen Anteil unter ihnen ohne jede Beziehung zum Gemeinwesen, entfremdet und feindlich bis zur Barbarei. Das Mißverhältnis von Aufwand und Erfolg, von Absicht und Ergebnis ist so groß und jetzt so offensichtlich, daß allenthalben die Menschen bereit zu sein scheinen, zunächst einmal die hier vorgeschlagene Denk-Übung mitzumachen.

Darum dieses neue Buch zum alten Thema – einem Thema, dessen Brisanz in den letzten drei Jahren ungeheuer zugenommen hat. Mit der Schärfung des Bewußtseins hiervon beginnt das Buch. Es leitet sodann die Leser in der jetzt notwendigen Anstrengung der Phantasie an. Es macht klar, daß wir zur Beschreibung der wiederzugewinnenden pädagogischen Schule eine andere Sprache brauchen. Es führt Beispiele gelungener Wandlungen vor. Es zeigt schließlich Übergänge: wie man von hier nach da kommt – daß es sich also nicht um idealistische Spinnereien handelt.

I.
Schlechte Nachrichten

Gewalt unter Jugendlichen

Die Beunruhigung ist groß, wirksam, nicht mehr zu beschwichtigen – und das ist eine Chance. Es könnte sein, daß die Schlechten Nachrichten uns zu einer besseren Einsicht verhelfen als alle Heilsbotschaften und kritischen Alternativen, alle Analysen und Prognosen, alle Schulversuche und Reformpläne der letzten drei Jahrzehnte zusammen. Die großen populären Magazine Der Spiegel und *stern* haben berichtet und berichten weiter von Gewalt unter Jugendlichen, von Kindermord durch Kinder, von kaltblütigen Strangulierungen, Folterungen, Erpressungen Schwächerer durch Stärkere, einzelner durch Banden, von barbarischen Zerstörungsakten, von Waffenbesitz und Waffengebrauch, von Vergewaltigungen, Raub, Drogen, Alkohol in Schulen. Die Fernsehanstalten sind ihnen mit eindrücklichen Darstellungen gefolgt. Trotz des großen Geräuschs kann niemand behaupten, die Medien erzeugten so erst den Alptraum, den sie beklagen; sie bestätigen vielmehr, was jeder schon kennt – aus der eigenen Verwandtschaft, Bekanntschaft, Nachbarschaft –, bisher freilich hoffend, dies sei ein Einzelfall. Nun erzählt man sich freimütig, was in der eigenen Schule geschieht: Störungen, Unflätigkeit, Bedrohung, Chaos, Nervenzusammenbrüche, Kapitulation. Auch die Nobelinstitute bleiben von der Zeitkrankheit nicht verschont. Die Fachzeitschriften haben sich der Sache erst pauschal angenommen: Gewalt in der Schule, Aggressionstheorien, Gewaltbereitschaft heutiger Jugendlicher – dann alsbald zerlegt in Einzelerscheinungen und -themen: Gewalt als Lebensgefühl, Gewalt aus der Sicht der Schüler, Gewalt im Fernsehen, Horrorvideos, Unterschiede zwischen den neuen und alten Bundesländern, Jugendgewalt in aller Welt von Los Angeles über London und Warschau bis Tokio. Die Wissenschaften, die sich mit den Problemen Jugendlicher und mit »Jugend als Problem« (H. Griese) befassen – mit Sozialisation, Prävention,

Intervention –, haben Hochkonjunktur. Ihre Forschungsergebnisse und Thesen sind nicht anders – aufschlußreicher, origineller, besser erhärtet – als früher, aber die Ratlosigkeit der Laien- und Amtspädagogen ist so groß, daß sie die Erklärungen mit ganz neuem Ernst aufnehmen, sich schon wohler zu fühlen meinen, wenn das Ungeheuer in die Fesseln der Fachsprache gelegt ist.

Ausschreitungen gegen Minderheiten

Neben dem »Kampfplatz Schule« (Überschrift im *stern*) alarmieren vor allem die Ausschreitungen gegen Ausländer, Behinderte, Obdachlose, Homosexuelle – erkennbare und wehrlose Minderheiten also, zu denen natürlich auch deutsche Juden gehören, die freilich gering an Zahl und schwer auszumachen sind, so daß man sich mit der Schändung ihrer Friedhöfe oder mit Anschlägen auf Gedenkstätten begnügt. Brennende Asylantenheime, dabei getötete oder verletzte Menschen, Steinwürfe auf Busse mit einreisenden Polen, Drohungen gegen jüdische Mitbürger – das ist in unserem Land beunruhigend genug. Aber man hätte sich nach einer Aufwallung von Bürgersinn, nach den üblich gewordenen Lichterketten und mit dem immer schon üblichen Ruf nach Verschärfung der Gesetze und härterem Durchgreifen der Sicherheitsorgane in den ärgerlichen Sachverhalt gefügt. Daß diese Taten von Jugendlichen zwischen 12 und 18 begangen werden und diese ungeniert, nein, stolz mit Nazi-Emblemen und -Parolen auftreten, verstört die Öffentlichkeit tiefer und nachhaltiger, nicht nur, weil es so wenig zur Vorstellung paßt, die man sich von »Jugend« macht – sie sollte sorglos und also großzügig, neugierig und also dem Fremden zugewandt, tatbereit und also »positiv«, aufmüpfig und also nicht reaktionär sein –, sondern vor allem, weil man nicht weiß, was man tun soll, genauer: weil man ahnt, daß es sich um die »psychosozialen Kosten« (K. Hurrelmann) einer von uns gewollten und jedenfalls zu verantwortenden Lebensweise handelt. Wir müßten unser Leben ändern – mit verbessertem Unterricht und mehr Sozialpädagogik ist dem nicht beizukommen.

Eine gelähmte Bürgerschaft

Vielen Menschen ist jedenfalls aufgegangen, daß die 50 jungen Täter, die Molotow-Cocktails in die Unterkünfte von Ausländern werfen, eine schwere Anfechtung unseres Gemeinwesens sind, daß jedoch die 500 erwachsenen Zuschauer, die selber nichts »tun«, aber offen oder geheim applaudieren, die größere Gefahr darstellen, nicht nur weil sie zahlreicher sind. Sie verschaffen den Tätern ein gutes Gewissen und werden, wenn die 5 000 oder 50 000 oder 500 000, die ihnen wiederum zusehen und die Tat mißbilligen, auch nichts tun, selber mit Hand anlegen. Böse Gelüste und skrupellose Gesellen gibt es immer und überall; daß sie eingeschüchtert werden, dafür sorgen die Inhaber der Macht (oder gestatten ihnen, gegen den bezeichneten Feind zu wüten); in einer Demokratie wird die Gesittung durch das Verhalten und die Wachsamkeit der Mehrheit gesichert. Wenn diese nicht weiß, wie man das macht, wenn sie gelähmt abwartet, ob der Spuk nicht von allein vorübergehe, ist die Demokratie schon verloren.

Was unsere Mehrheit meint und vermag, ist noch ungewiß, trotz der erfreulich großen Beteiligung an Demonstrationen für die Unantastbarkeit der Menschenwürde und gegen Ausländerfeindlichkeit – vom großen Berlin bis zu ganz kleinen Gemeinden. Wieviele werden es sein, wenn der Terror oder auch nur die verlautbarte Meinung sich gegen sie richtet? Und: Wie wird aus dem sympathischen sonntäglichen Protest gegen Barbarei ein normaler, nicht nur gewaltfreier, sondern rücksichtsvoller Alltagsumgang? Der spontanen Reaktion auf ein unerwartetes Ereignis muß Politik folgen – Nichtspontanes auf Erwartbares. Statt dessen scheinen sich immer mehr Menschen von den Mitteln und Möglichkeiten unserer *polis* abzuwenden. Einerseits politisieren jugendliche Desperados ihre Unmutsaktionen, andererseits ziehen sich die enttäuschten Bürger aus der *res publica* zurück ins Privatleben, dessen politische Gefährdung sie nicht wahrhaben wollen. Die »Politikverdrossenheit« hat man als Gefahr für die Demokratie ausgemacht: Die großen Parteien werden durch die Nichtwähler um die Mehrheit gebracht, die sie zum Handeln brauchen.

Abkehr und Überforderung

Es ist gut, wenn die Politiker erkennen, zu welchem Teil und wie fahrlässig sie selber die Abkehr der Bürger von der Politik verschulden. Aber ihr Teil wird durch etwas anderes weit übertroffen. Und wiederum weiß dies im Grunde jeder einzelne – vor aller Aufklärung durch die Medien, durch die Wissenschaft, durch die Schulen. Er weiß, daß ihn die Demokratie mit der ihm zugedachten Rolle – in der heutigen Welt – hoffnungslos überfordert, und eben diese Überforderung vermag er nicht zum Gegenstand demokratischer Politik zu machen, was er jetzt doch tun müßte. Mit dem Gebaren fester Überzeugung und des Besserwissens, mit der Bekundung moralischer Empörung beschönigt er die eigene Ohnmacht, begründet er die schon vollzogene Resignation. Jetzt, da der Kalte Krieg aufgehört hat, jetzt, da der Feind nicht mehr in bösen Geheimdiensten, bösen Armeen, bösen Ideologien und Herrschaftsplänen böser Fremdmächte auszumachen ist, jetzt, da wir den Moloch Rüstung nicht mehr mit sinnlosen Opfern füttern müssen, sondern normale Politik auf normale Probleme anwenden könnten, ist den Menschen der Glaube an die Politik ausgegangen. Und einige vermuten, daß er nie angelegt worden ist, jedenfalls nicht in den ersten entscheidenden zwei Jahrzehnten des Lebens, weil man sie nicht in der *polis* verbracht hat, sondern in einem Ghetto, in dem ganz andere Ordnungen und Verhältnisse walten als im Leben »draußen« und vor allem eine (sicher auch nützliche) Tätigkeit alle anderen verdrängt, so daß man in ihnen ein Analphabet bleibt: Man lernt vor allem Antworten anderer kennen und hersagen auf Probleme, die man selber noch nicht erfahren hat, oder auf Probleme, die man ohne die Schule gar nicht hätte. Die *polis* aber, die die Schule selber sein könnte und sollte – das einfache und kleine Abbild der gemeinten großen –, ist sie nicht. Die Zuständigen – erschrocken über die Ergebnisse einer zehn- bis dreizehnjährigen Schulbildung ohne Lebenserziehung – haben jetzt eine Gelegenheit umzudenken.

Versäumnisse in den neuen Bundesländern

Diese Gelegenheit hatten sie vor allem im »anderen Teil Deutschlands«. Dort war 1989 ein ganzes politisches System, das totalste, das wir in der Geschichte kennen, total zusammengebrochen.* Dort konnte und mußte man von Grund auf neu über das Aufwachsen von Kindern und Jugendlichen in der Gesellschaft nachdenken – wie über fast alles andere auch. Es war so sehr eine Chance wie eine Notwendigkeit. Im westlichen Teil Deutschlands fehlte dazu der Anlaß. Hier funktioniert ja alles; selbst unsere Fehler laufen »wie geschmiert«. Wer sie beseitigen will, erzeugt unnötige Schwierigkeiten, stört das kunstvolle Gleichgewicht aller Maßnahmen, setzt Arbeitsplätze aufs Spiel. Reformer werden bekämpft, nicht so sehr weil sie X wollen oder Y, sondern weil sie mit der lieben Gewohnheit brechen, – *das* ist lästig. Im Osten war dieser Bruch gründlich durch die Ereignisse besorgt. Dort fehlte auf einmal alles, worauf eine gute Schule angewiesen ist:
– eine die Gesellschaft bestimmende und zusammenhaltende Idee,
– die Glaubwürdigkeit der Erwachsenen, die dem alten System gedient hatten und sich nun dem neuen andienten,
– die Überzeugung der Lehrer, daß sie gewollt und am richtigen Platz sind,
– die gewohnte Verknüpfung von Bildungswesen und Beschäftigungswesen,
von vielem anderen für unentbehrlich Gehaltenen abgesehen: Schulbüchern, Richtlinien, Dienstordnungen, Vorgesetzten, wenn es denn nicht mehr die alten sein durften.

Als ich im Jahre 1990 mehrfach in die Noch-DDR gereist bin, habe ich mich von dieser Herausforderung packen lassen. Hier galt es, grundsätzlich über Schule und Erziehung in der heutigen Welt nachzudenken – philosophischer und politischer, als wir das sonst tun, weniger verkrallt in die einzelnen Maßnahmen und

---

* Die Nazis, die »total« sein wollten, haben das hinsichtlich des Krieges, der Vernichtung der Juden und anderer Verbrechen geschafft. Hinsichtlich der Beherrschung des eigenen Volkes blieben sie – wohl wegen der Kürze der Zeit – weit hinter der DDR zurück.

deren wiederum einzelne Folgen, unbekümmert um die Gegebenheiten, ganz auf die richtig zu beschreibende, richtig zu lösende Aufgabe hin. Meine Hörer sind meinen Gedanken geduldig und wohl auch mit Zustimmung gefolgt; es war ja auch nicht von den Monstrositäten der Pädagogik Margot Honeckers die Rede und nicht von irgendwelchen Herrlichkeiten »bei uns«, die ich ihnen hätte aufdrücken wollen. Es ging um intelligente Hypothesen, um Übungen der Phantasie und der Selbstwahrnehmung: Wenn das unsere Probleme sind, was wären die besten Lösungen – und zu welchen Anstrengungen, gar Opfern sind wir bereit? Aber ihr Interesse war ein anderes: Sie wollten wissen, was man jetzt wie machen müsse, um den Anschluß nicht zu verpassen. Im Laufe der etwa achtzig Vortrags- und Diskussionsstunden, die ich an verschiedenen Orten absolviert habe, wurden aus meinen das Publikum erstaunenden, aber auch entmutigenden Einladungen nach Utopia – aus einer angenehm gruseligen Unterhaltung – therapeutische Sitzungen, in denen ich mir die Verletzungen, die Mühsal, die Zweifel, die Rechtfertigungen von Eltern, Lehrern, Erziehungswissenschaftlern anhörte und Zuspruch zu geben versuchte. Drei Jahre später ist die Chance nicht nur verpaßt, es ist vielmehr deutlich, daß es sie ernstlich nie gegeben hat. Die Verhältnisse sind nicht immer stärker als die Ideen. Aber hier waren und sind sie es. Die allgemeine Entwicklung begünstigt die falsche Bildungspolitik, die falsche pädagogische Philosophie. Weil die Pädagogik keine eigene politische Kraft entfaltet, weil man der sozialistischen Gesinnungs- und Betreuungsschule entrinnen will, weil man die Klassenstärke und das Lehrdeputat heraufsetzt, um Stellen einzusparen, weil die Eltern ihrem Kind einen guten Startplatz im Wettlauf um die drastisch verknappten und veränderten Arbeitsplätze zu sichern suchen, weil es also ein Abitur haben soll und man dafür Gymnasien braucht, bekommt man in den neuen Ländern – statt der Schule mit der Möglichkeit und dem Mut zur Erziehung – eine Karriereanstalt; ist die Zeit knapp; erhöht sich der Leistungsdruck; muß Leistung gemessen werden; objektiviert man die Bewertungsmittel; standardisiert man folglich das Lernpensum und das Lehrverfahren, statt den Lehrer die Gegenstände wählen zu lassen und sein Urteil (und damit seine Verantwortung) ins Spiel zu bringen – seine besonderen Fähigkeiten, die örtlichen Verhältnisse, die Wünsche der Schüler. »Kollektiv« und »Autorität« sind verschwunden, aber »Gemeinschaft« und »Autonomie« können sich wegen der zuerst genannten Umstände nicht einstellen. Und so geben sich die neuen Bundesländer just die Schule nicht, die sie am meisten brauchen und die, weil sie sie haben könnten, nun auch den alten Bundesländern abgeht als Beispiel für einen geordneten Wandel »aus dem Geist«, als Widerlegung der permanenten Anpassung durch Maßnahmen zur Rettung von Maßnahmen zur Rettung von Maßnahmen. Bei der Wiedervereinigung der beiden deutschen Teile hat man vieles versäumt, meist aus Mangel an Mitteln, Personen, Zeit. Das Versäumnis, die Schule für die neue Aufgabe neu zu denken und allmählich zu ihr hinzuführen, ist schmerzlicher, weil es ein Versäumnis aus Mangel an Bewußtsein, Vorstellungskraft und Mut zur Selbständigkeit ist.

Selbstzweifel der Pädagogen

Angesichts dieser schlechten Nachrichten befallen manche Pädagogen solche Zweifel an der Fähigkeit des öffentlichen Schulwesens, seinen Auftrag noch zu erfüllen, daß sie empfehlen, es solle sich auf die Vermittlung von Kulturtechniken und Basiswissen beschränken und nur noch einen Bruchteil der bisherigen Wochenstundenzahl damit füllen. Auf diese Weise werde bedeutet, daß die öffentliche Schule, die wir haben, nicht erzieht, daß niemand dies von ihr erwarten möge, daß man andere dafür geeignete Einrichtungen schaffen müsse. Doch der Auftrag der öffentlichen Schule in einer Demokratie ist nicht die Ausbildung von Persönlichkeiten, Gelehrten, Facharbeitern und Kulturträgern, der Auftrag lautet vielmehr: Kinder und junge Menschen zu politikfähigen, politikbereiten und verantwortungsbewußten Bürgern zu machen und die Kultur weiterzugeben – zusammen: der nächsten Generation zu helfen, in der Welt, in der sie leben, erwachsen zu werden. Die meisten Dinge, die an einer Schule geschehen: Unterricht in Latein und Mathematik, in Religion und Informatik, Fußballspiel und Nadelarbeit, Verkehrserziehung und Berufsberatung etc., *können* diesem Ziel dienen – wenn sie in *der* Absicht veranstaltet werden und sie irgendwann einmal ausdrücklich auf die Erfüllung dieser Absicht überprüft werden. Das ist so gut wie nie der Fall. Vielmehr haben sich all diese Aktivitäten verselbständigt oder in den Dienst eines anderen Zweckes gestellt – der Vorlieben eines gesellschaftlichen Standes, der Versorgung eines Wirtschaftszweiges und einer Berufsgruppe mit Nachwuchs, der Entlastung der Eltern, des nationalen Prestiges, der Beschwichtigung eines mächtigen Lehrerverbandes, der Befriedigung eines öffentlichen Sentiments, der Erfüllung eines Staatsvertrages mit einer Religionsgemeinschaft. Warum sind Bildung und Ausbildung Sache des Gemeinwesens? Weil *und sofern* sie den einzelnen in den Stand setzen, ein guter Bürger zu sein. Dreiviertel der Gegenstände und Vorgänge in unseren Schulen erfüllen dieses Kriterium nicht. Es ist nicht schwer zu erklären, wie die nun einmal eingerichtete staatliche Pflichtanstalt dazu gekommen ist, all diese Gegenstände und Vorgänge in sich aufzunehmen; und wenn man etwas für alle tut, kann man es mühelos auch als gemeinnützig ausgeben. Es ist viel schwerer zu erklären, warum bei der häufigen Aufstellung neuer Richtlinien, der Verabschiedung neuer Schulgesetze, den heftigen Grundsatzdebatten über das Bildungswesen und nicht zuletzt angesichts der Notwendigkeit, die öffentlichen Ausgaben zu kürzen, an diese Inkonsequenz der Staatsschule, an diese ungeheure Aufblähung mit Nebenzwecken auf Kosten des Hauptzweckes nie gerührt wird.

Ein »guter Bürger«, das ist keine absolute Eigenschaft – isolierbar von dem Leben, in dem er gut sein soll. In *unserer Demokratie* gehört dazu: Selbstbewußtsein, so daß man seine Meinung sagen und an der Bestimmung des Gemeinwohls mitwirken kann; in *unserer Leistungsgesellschaft*: Sachkenntnis, so daß man nicht überflüssig, eine Last wird; in *unserer* amorphen und anonymen *Massengesellschaft*: die Fähigkeit zum pursuit of happiness; in der *Einen Welt*: die Bereitschaft, andere Sprachen zu lernen etc. Im »Rockefeller Report« von 1958 (Die Schule zwischen Bewahrung und Bewährung, hg. von Hartmut von Hentig, Stuttgart 1960, Ernst Klett Verlag) heißt es angesichts der modernen Lebensverhältnisse: Man sei in ein Stadium der Entwicklungen getreten, in der »die ganze Gesellschaft ... dem einzelnen zu Hilfe kommen (muß)«, indem sie ihm seine Unersetzbarkeit bewußtmacht, ihn seine Gaben entfalten läßt, seine Individualität in der Gemeinschaft achtet. Aber auch das tut sie nicht aus Sorge um den einzelnen, vielmehr weil *sie* sonst willenlos, kritiklos, steuerungslos würde. Auch hier geht es ihr um den »guten Bürger«, nicht um den guten, tüchtigen, glücklichen Menschen.

Aber nun ist etwas eingetreten, was die Erfüllung des Ur-Auftrags gebieterisch einfordert, was seine Vernachlässigung plötzlich und peinlich sichtbar macht. Da liegt die Alternative nahe: *Entweder* man widmet sich ihm und ihm allein, bis man ihm gerecht wird, und streift alles ab, was dies behindert oder sich privat aneignen läßt, wenn man es braucht und meint. *Oder* man gibt ihn zurück, man lehnt beispielsweise ab, dem schon bis zur Funktionsuntüchtigkeit überlasteten Vehikel Schule auch noch ein Fach mit dem Lernziel »Verantwortung« aufzupacken (s. u. S. 151); womit man die Schule auch offiziell zu dem macht, was sie geworden ist: zu einem Gemischtwarenladen für nützlich erscheinende Kenntnisse und Fertigkeiten.

»Lebenslügen«

Gewalt unter Jugendlichen und an Schulen, Ausschreitungen von jungen Menschen gegen Ausländer und andere Minderheiten, die Lähmung der erwachsenen Bürger angesichts solcher Erscheinungen, die behauptete Politikverdrossenheit, die – viel schlimmer – eine prinzipielle Überforderung der Menschen durch die Politik bezeichnet, und die Resignation der Schulleute, nicht vor dem täglichen »Überlebenskampf«, sondern vor der Unmöglichkeit, die Schule zu halten, die sie meinen, sei es die Schule der Bürger, sei es die Unterrichtsschule – dies alles sind schwierige und ungewöhnliche Nachrichten, von denen ich mir eine Wirkung erhoffe: Sie mögen uns bereit machen zu einem neuen Verhältnis zwischen Erwachsenen, Kindern und Jugendlichen in unserer Gesellschaft und zu einer anderen Vorstellung vom Auftrag der Schule.

Dies geht nicht nur Pädagogen, die zuständigen Behörden und Bildungspolitiker an. Ich weiß, nicht jeder hat Kinder, und wessen Kinder erwachsen sind, der will das meist unerfreuliche Kapitel

Schule nicht immer wieder aufschlagen müssen; der meint, jetzt andere Probleme zu haben. Das will ihm niemand bestreiten, aber seine Probleme hängen mit diesem zusammen. Es ist wichtig, sich des Zusammenhangs zu vergewissern.

Ich spreche nicht von dem Offensichtlichen: davon, daß die Älteren irgendwann einmal von den Jüngeren abhängen – von ihrer Leistung, ihrer Rücksicht, ihrer Hilfe und Zuwendung; oder daß Gewalttaten, von wem auch immer in unserem Land verübt, uns allen angerechnet werden; oder daß *government by consent* das Mitdenken und die Zustimmung oder Kritik aller verlangt; daß Oligarchien nur erträglich sind, wenn sie sich offen als solche bekennen; daß, wenn die Jungen sich abwenden oder gar weigern, öffentliche Verantwortung zu übernehmen, sie die Politik nicht lernen und dereinst aus schierer Unerfahrenheit Schlimmes anrichten oder hinnehmen können; daß Greisenherrschaft in einer Welt des raschen Wandels nicht taugt ...

Ich spreche auch nicht umgekehrt davon, daß Erwachsene den Jungen die Weitergabe ihrer Erfahrung, die Muster für die Bewältigung von Aufgaben, eine Erklärung und Beglaubigung der von ihnen hinterlassenen Welt schulden.

Ich spreche vielmehr hiervon: Was Erwachsene tun, was in ihnen vor sich geht, was sie sich auferlegen oder durchgehen lassen, worauf sie sich freuen oder stolz sind, worin sie versagen und wessen sie sich schämen – das nehmen die Kinder und Jugendlichen unabhängig davon wahr, ob sie es ihnen mitteilen. Ja, was die Alten verheimlichen wollen oder unterdrücken müssen, wird von den Jungen schon darum mit doppelter Aufmerksamkeit ausgespäht oder ausgedacht. Es ist mir gewiß, daß der machtvollste Miterzieher unserer Kinder nicht das Fernsehen, nicht die Warenwelt und deren Verführer, nicht die Ideologien und nicht die organisierte Apolitie vom Sport bis zur Disco sind, sondern die Lebenslügen der Erwachsenen, für deren schlimmste ich die Verleugnung ihrer Ratlosigkeit und für deren zweitschlimmste den Zynismus halte. Lügen hängt mit Leugnen zusammen. Was man leugnet, kann man nicht bekämpfen, man kann es nicht einmal mit dem anderen bereden und bedenken. Man sitzt darauf fest.

»Lebenslüge« bezeichnet einen komplizierten Sachverhalt. Der Lebenslügner muß X behaupten, weil er X nicht hat, und er kann X nicht bekommen, weil er X zu haben behauptet. Mit anderen

Worten: er schützt sich vor den heilsamen Folgen einer unange-
nehmen Wahrheit. Lebenslügen sind nicht immer von vornherein
Selbsttäuschungen, aber sie werden es, je länger man sie begeht;
sie werden zu der Existenzform, die sie zunächst nur schützen
wollten. Was dies in unserem Fall ist, möchte ich nicht akade-
misch-abstrakt erörtern. Es geht ja nicht darum, daß man diesen
Gedanken besser versteht; es geht darum, daß man sich eine Anschauung vom Gemeinten macht. Ich erzähle eine Geschichte:

Megalopolis

Vor einem halben Jahr habe ich einen amerikanischen, auf der
Berlinale mit dem Goldenen Bären ausgezeichneten Film gesehen: »Grand Canyon«. Er beginnt so: Im Hintergrund der Ankündigung – Titel, Darsteller, Regisseur, Produzent – sieht man
ein Basket-Ball-Spiel in Schwarz-Weiß und Zeitlupe, wodurch die
Bewegung selbst zum Gegenstand der Aufmerksamkeit wird. Sie
ist einfach, natürlich, anmutig, wunderbar präzis – ihr Zweck
und seine jeweilige Erfüllung aber sind nicht erkennbar. Dann,
mit dem Einsetzen der Handlung, wird der Film farbig, die Bewegung verzehnfacht ihre Geschwindigkeit, der ohrenbetäubende
Lärm der Sporthalle bricht über uns herein. Wir sehen den Ball,
die Wechsel, die Tore, wir wissen, was geschieht – aber wir erkennen nicht mehr wie. Im Publikum macht die Kamera die Personen
aus, mit denen wir es unter anderem zu tun haben werden. Als
nach dem unerwarteten Sieg der roten Mannschaft die zwei Männer, begleitet von einer Frau, das Ereignis verlassen und ihre Wagen auf dem unbeleuchteten Parkplatz aufsuchen, hören wir ein
Bruchstück ihrer Unterhaltung, die damit endet, daß der eine
zum anderen sagt: »Versuch einmal zu hören, was du da sagst.
Du tust so, als hätte man das ›im Griff‹. Nichts haben wir ›im
Griff‹, nichts mehr ...« Der so Belehrte besteigt achselzuckend
seinen Wagen. Er fährt allein. Er hat es eilig, zu seiner Frau nach
Hause zu kommen. Nach einer Minute Fahrt steckt er im Stau.
Stop-and-go, stop-and-go. Wir erleben den entnervenden Ver-
kehr von Los Angeles, der sich nicht ändern wird auf dem end-

losen Lichtband, das sich vor uns erstreckt. Unser Mann verliert die Geduld und biegt irgendwo rechts ab in eine leere Straße, die ins Nichts führt. In ihm hat er sich bald verloren. Die Straßenbeleuchtung wird spärlich. Autowracks säumen die Bürgersteige. Gegenstände liegen auf der Fahrbahn. Und ständig kreisen Polizeihubschrauber über der nächtlichen Stadt und tasten die Straßen und Hinterhöfe mit ihren Scheinwerfern ab. Dann versagt der Motor – ein Kurzschluß. Als unser Mann das Autotelefon benutzen will, um einen Reparaturdienst und seine Frau anzurufen, ist auch dieses ausgefallen. Es hängt an der gleichen Stromquelle. Er muß zu Fuß ein öffentliches Telefon aufsuchen. Es gelingt ihm, einen Abschleppdienst zu erreichen, der aber erst in einer Stunde kommen wird. »Mein Gott, da kann ich schon tot sein!« sagt er. »Sollen wir die Polizei schicken?« fragt der Dienst zurück. »Nein, so schlimm ist es nicht.« – Noch nicht! Er ist kaum zu seinem Auto zurückgekehrt, da umkreist ihn ein anderes, dem eine Handvoll Schwarzer entsteigt. Sie umstellen seinen Wagen. Ihre Reden und Gesten sind kalte, schlaue Provokation. Unser Mann weiß: ein falsches Wort, eine falsche Bewegung, und sie schlagen dich nieder. Er weiß auch, er ist nicht nur ihr Opfer, er ist zugleich Klassen- und Rassenfeind. In dem Augenblick, in dem er bereit ist zu kapitulieren, seine Brieftasche und das Auto auszuliefern, trifft mit blitzendem Gelblicht der gewaltige Abschlepper ein. Der Kinobesucher, in Schweiß gebadet, entspannt seine verkrampften Glieder. Zu früh. Die Rettung ist noch nicht gesichert. Sie bedarf eines Glücksfalls – des Glücksfalls, daß ein Mensch im richtigen Augenblick das richtige Wort sagt: die Wahrheit über sie alle – unseren Mann, die Gang und sich selbst. – Der Abschlepper hat sich vor den havarierten Wagen gesetzt und fährt rückwärts auf ihn zu. Sein Scheinwerfer beleuchtet die Szene. Der Fahrer verläßt die laut brummende Maschine – ein Hüne und ebenfalls schwarz. Er hat einen gut 80 cm langen Schraubenschlüssel in der Hand und macht sich ohne weiteres ans Ankoppeln. Er spürt, in seinem Rücken braut sich etwas zusammen. Da dreht er sich um, richtet sich auf, läßt das Eisen fallen, blickt in die Runde, fragt, wer hier der Boß sei. Unser Mann sagt: er habe ihn kommen lassen – das sei sein Wagen. Der Hüne schüttelt der Kopf: das meine er nicht; und ohne erneut zu fragen faßt er den Anführer der Gang fest ins Auge: »Leute«, sagt er eindringlich, »ihr wißt, so sollte es nicht sein (this isn't the way it should be). Ich sollte meine Arbeit tun können; der Mann sollte zu seiner Familie nach Hause fahren dürfen; und ihr cleveren Burschen solltet einen Job haben, der euch Spaß macht und ernährt.« Dann nimmt er die Arbeit wieder auf. Aber der Gangführer weicht nicht. Er will wissen, ob der andere ihn respektiert. Der richtet sich wieder auf, dreht sich um, sieht ihn von oben bis unten an und sagt: »Ja, ich respektiere dich.« »Mich? – oder das hier?« Der Gangführer faßt dabei auf seine Hosentasche. Der Hüne, nach kurzem Zögern: »Ich habe deine Waffe gesehen.« Daraufhin gibt der Führer seinen Leuten ein Zeichen zum Rückzug.

Den ersten Teil dieser Episode habe ich erzählt, um das zu illustrieren, was ich unsere Lebenslüge, die Selbsttäuschung nenne: Wir sehen uns Kampf*spiele* an, und sehen von der Kampf*wirklichkeit* ab, in der wir uns selber befinden; wir fahren starke und bequeme Autos, die uns schnell heimbringen sollen, aber wir bleiben im Verkehr stecken; wir erleuchten die großen Straßen, auf denen sich jedermann befindet, gleich daneben beginnt die Finsternis; das Autotelefon taugt, wenn ich sagen will: »Darling, ich komme in zwanzig Minuten«; es taugt nicht, wenn ich sagen muß: »Darling, ich kann nicht kommen; ich bin in tödlicher Not«; die Polizei ist dauernd und überall präsent – im Hubschrauber –, sie täuscht vor, die brodelnde Stadt unter Kontrolle zu haben. Der zweite Teil zeigt, was Wahrhaftigkeit gepaart mit Klugheit ausrichten kann – die eigene Waffe fallen lassen und an die verleugnete Sehnsucht des anderen rühren.

Der gesamte Film besteht aus sechs oder sieben solcher Episoden. Zweieinhalb Stunden lang führt er uns vor Augen, läßt er uns erleben: daß wir nichts mehr im Griff haben, gar nichts. Megalopolis ist kein Ort, an dem wir leben wollen, aber wir sagen es nicht, weil es keine Alternative gibt, weil wir Megalopolis nicht verlassen können. Die Stadt, die *civitas*, die *polis* – das heißt Sicherheit durch Vertrauen, Gemeinsamkeit durch Umgang miteinander, Freiheit durch Beschränkung – nicht nur durch das für alle geltende Recht, sondern durch Vernunft, bejahte Selbstbescheidung, Gemeinsinn, ein empfindliches Gewissen, eine der Öffentlichkeit geschuldete Scham. Sie sind uns in der Geschichte abhanden gekommen – unwiderruflich und auf der ganzen Linie. Sie werden nicht mehr als nützlich erfahren. Das Vertrauen unter den Bürgern wird durch Versicherungen, Haftpflicht, Entschädigungsgarantien, Beschreitung des Rechtsweges und nicht selten die Auskunft vom »technischen Versagen« ersetzt, in das sich alle schicken müssen. Den Umgang miteinander haben die Bürger zugunsten von Fernsehen, Stellvertreter-Gesprächen (Talkshows), ewig dröhnendem Walkman und stummen Spielen am Heimcomputer beschnitten; einige beteiligen sich an Massenveranstaltungen; die »Einheiten«, zu denen wir »gehören«, sind ohnedies zu groß. Eine Freiheit durch Beschränkung klingt so lange widersinnig, wie man sie nicht erlebt hat; das aber geschieht nicht leicht in einer Welt, in der Freiheit mit Konsummöglichkeit identifiziert wird – nicht aus Torheit, sondern als Folge unseres Wirtschaftsprinzips.

Havarierende Öltanker, korrupte Abgeordnete und Minister, wachsende Ozonlöcher, Balkankrieg ohne Ende, RAF-, ETA-, IRA-Attentate, Flugzeugentführungen, illegale Giftmüllexporte, Kernkraftwerke ohne Endlagerung, Austritt von Chemikalien in die Luft oder in das Grundwasser, Massenarbeitslosigkeit – dies alles ist nicht nur die häßliche Wirklichkeit zur schönen Lüge unserer Regulative, Kontrollen, Planungen nach dem neuesten Stand der Wissenschaft, Vorsichtsmaßnahmen, Entsorgungsmaßnahmen, Gegenmaßnahmen; man mag es sogar für »normal« halten, da doch der Fortschritt so groß und so notwendig ist und der Mensch fehlbar. In der Tat, wir müssen unseren Preis zahlen; keinen der Mißstände haben wir ohne Grund; keinen werden wir schnell und folgenlos beseitigen – schon gar nicht durch Pädagogik. Aber wir dürfen uns nicht an sie gewöhnen, dürfen nicht zulassen, daß die unvermeidbare Unvollkommenheit (»such is human nature« und »that's the system«) zum Vorwand genommen wird, nichts zu tun. Wir müssen öfter den Satz hören und selber mit Überzeugung sagen: »Now, you know this isn't the way it should be!«

Realismus ist ein gefährliches Prinzip geworden. Pädagogik ist auf Idealismus angewiesen, ja, zu Idealismus verpflichtet: auf die Erwartung, daß die Erwachsenen ihren Kindern den besseren Teil ihrer Welt vermachen und den schlechteren einzudämmen sich bemühen. Sie hätten sonst kein Recht, Kinder in die Welt zu setzen. Dieser Gedanke erhebt die Resignation der Pädagogen – ihre Bescheidung mit einer nicht-pädagogischen Schule – zu so allgemeiner Bedeutung. Wer sich damit begnügt, daß der Unterricht gut funktioniert, daß die meßbare Leistung gehalten oder gesteigert wird, daß die »Abschlußprofile« vermarktbar, die »Lieferfristen von Absolventen« deutscher Hochschulen im europäischen Wettbewerb nicht zu lang sind (FAZ, 31. März 1993), der schadet der Gesellschaft und damit sich selbst.

2.
Schwierige Veränderungen

Mit den »schlechten Nachrichten« kann man zu Rande kommen, indem man sie zu melancholischen Anwandlungen erschöpfter alter Leute erklärt, zu Nachhutgefechten und Rechtfertigungsgebaren der »verkannten« Propheten. Es ist zwar meine erklärte Meinung, daß die aufgeführten Erscheinungen gerade keine Verharmlosung mehr zulassen, daß ihre brutale Härte und Allgemeinheit sie jeder ideologischen und pragmatischen Beschwichtigung entziehen; aber darauf allein will ich meine Erwartung nicht gründen, daß man die Schule neu denke, – und muß es auch nicht. Es gibt gewichtige andere Anlässe, die uns unabhängig hiervon zu grundsätzlicheren Überlegungen auffordern, als wir sie einstweilen anstellen. »Unabhängig hiervon« meint: sie täten es auch in freundlichen, ausgeruhten, zuversichtlichen Zeiten. Sie haben einen harten Kern. Sie werden ihrerseits durch die wissenschaftlichen, technischen Entwicklungen hervorgebracht, die kein einzelner und keine identifizierbare Gruppe beschließen und an deren Vermeidbarkeit darum nicht zu glauben ist. Die Anlässe hängen insofern auch alle miteinander zusammen, bedingen einander direkt oder indirekt und stellen gleichsam die positive, gewollte, normale Seite der im ersten Kapitel beschriebenen negativen, ungewollten, ungewöhnlichen Erscheinungen dar. Das macht sie nicht weniger schwierig. Aber der Zusammenhang des Ungewollten mit dem Gewollten gibt auch Mut. Man kann die Schwierigkeiten nicht beseitigen, wie man einen Drachen tötet; man wird lernen, sich der Vorteile in einem bekömmlichen Maß zu bedienen, die Gefahren einzudämmen, und an dieser Aufgabe selber klüger werden.

Das Fernsehen

Es fällt mir schwer, hier den schlagfertigen Witz des für derlei berühmten Robert Maynard Hutchins zu unterdrücken, nur weil ich ihn schon anderwärts erzählt habe. Er gewinnt durch sein Alter. Als sich Hutchins vor nun vierzig Jahren von seinem Präsidentenamt und der University of Chicago trennte, sagte er in seiner Abschiedsrede beiläufig: Die Astronomen der Universität hätten herausgefunden, daß der rötliche Schimmer des Mars von einer Art Moos herrühre, das den ganzen Planeten überziehe. Seine eigene Vermutung hierzu sei: daß die Marsmenschen vor, sagen wir 2 000 Jahren das Pech gehabt hätten, das Fernsehen zu erfinden. In dieser Vermutung drückte sich nicht nur seine Einschätzung der Folgen des »TV« aus, sondern auch die Überzeugung, daß die Entwicklung nicht aufzuhalten sei; wenn sie einmal begonnen habe, bringe sie dieses Ende mit Notwendigkeit hervor. Der aktive Pädagoge – anders als der nur betrachtende Kulturphilosoph – hofft, daß man den Schäden zuvorkommen kann, wenn man sie erkennt, und die Menschen gegen sie immunisieren, ja mobilisieren. Ist er bei Verstand, wird er nicht versuchen, die Vermoosung der Menschheit durch Verteufelung des Fernsehens zu verhindern, sondern die Menschen ihrer eigenen Erfindung gewachsen zu machen.

Die Gaben und Lüste, die uns diese Erfindung beschert, sind evident, aber wir sprechen nicht von ihnen. Die Gefahren benennen wir laut, aber wir tun nichts, um uns vor ihnen zu schützen. Denn das ist die mutwillige Ratio: Wer so genau Bescheid weiß, wird doch wohl alles im Griff haben. So denken die Schnellfahrer und die Alkoholiker. – Die in diesem Vergleich implizierte Gefahr der Süchtigkeit ist vor einem halben oder ganzen Jahrzehnt durch ein aufsehenerregendes Experiment bestätigt worden. Eine Familie hatte sich freiwillig – und zuversichtlich! – einer vollständigen Fernsehabstinenz von mehreren Monaten unterworfen und zugelassen, daß ein Beobachterteam ihr Leben während dieser Zeit aufzeichnete. Wenn ich mich recht erinnere, mußte der Versuch vor dem geplanten Ende abgebrochen werden; die Versuchspersonen hielten ihren fernsehlosen Zustand nicht mehr aus. Die zu erwartenden, ja notwendigen weiteren Experimente mit beschränkter Enthaltung und mit Personen unterschiedlichen Widerstandspotentials (das vorher zu definieren und festzustellen gewesen wäre) sind nicht gemacht worden, möglicherweise weil der Verlauf des ersten zu abschreckend war und sich niemand für ein weiteres bereit fand. Neben der Abhängigkeit vom Fernsehen, die das Wort »Süchtigkeit« ausdrückt, kam eine andere Komponente des Unglücks der Versuchspersonen besonders drastisch zur Geltung: Ohne Fernsehen waren sie – in einer Welt, in der alle Nachbarn, Berufskollegen, Verwandten, Schulkameraden fernsehen – vollständig isoliert.

Diese Abhängigkeit kann man freilich auch anders benennen und bewerten – und die Fernsehanstalten tun dies in ihren Programmansagen: »... sollten Sie nicht versäumen ...« »... informieren wir Sie über ...« »... sitzen Sie in der ersten Reihe ...« »... helfen Sie mit, indem Sie uns anrufen ...« Sie suggerieren, ohne Fernsehen verpasse man die wichtigsten Auskünfte, die beste Unterhaltung, eine Pflicht, die Chance zu einer guten Tat – man sei also gerade nicht frei, nicht fernzusehen. Mich wurmt schon die ungeheure Menge Zeit, die der Durchschnittsbürger vor dem Bildschirm verbringt und folglich nicht mehr für anderes übrig hat: Gespräch, Nachdenken, Zuwendung zu anderen, die Erziehung seiner Kinder – Tätigkeiten, die wir der Steuerung, dem Fortgang und der Menschlichkeit unserer Gesellschaft schulden. In welchem Maß dies ein jeder tut, ist freilich seine Sache.

Anders steht es mit drei weiteren (viel diskutierten) Wirkungen, die unsere Bürgerrolle und den Auftrag der Schule betreffen. Das Fernsehen verändert erstens das Verhältnis von Bürger und Öffentlichkeit; es verändert zweitens das Verhältnis von primärer zu sekundärer Erfahrung, von eigener Wahrnehmung und »Wirklichkeit aus zweiter Hand« (und damit die Fähigkeit, für etwas einzustehen); es verändert drittens das Verhältnis von Vorstellung und Handeln.

Ich habe diese Wirkungen – in anderer Sprache und Anordnung – vor neunzehn Jahren in einem Buch untersucht, dessen Thesen und Beobachtungen ich achtzehn Jahre später* nur wiederholen

* Hartmut von Hentig: Das allmähliche Verschwinden der Wirklichkeit. München/Wien 1984 (Carl Hanser), erweiterte Auflage 1987. Die Neufassung dieses Buches erschien 2002 unter dem Titel »Der technischen Zivilisation gewachsen bleiben« im Beltz Verlag.

konnte – und leider nicht widerrufen. Vor allem habe ich sie um eine eigentümliche Erfahrung ergänzt – um mein Erstaunen darüber, wie schnell sich alle mit allem abfinden. Liegt es daran, daß das Medium Fernsehen alles vermittelt, nur eines nicht, die s. v. v.»Vermitteltheit« dessen, was in ihm erscheint? Das Urteil wird unterbunden, kann gegen den sinnlichen Eindruck nur schwer an, hat durch die rasante Abfolge der Wahrnehmungen eigentlich keine Zeit, sich zu bilden. Da das Fernsehen vornehmlich wiedergibt, was es als Wunsch und Stimmung des Publikums erkannt hat, fehlt auch jeglicher Anlaß für Urteil, wenn Urteil denn der geistige Akt ist, mit dem man sich über das bloße Erleben der Geschehnisse erhebt. Anlässe für Urteile werden als besondere Programmpunkte angeboten – in den Talkshows. Auch da wird mehr Wert auf den Urteils-Ringkampf gelegt, mehr das hurtige Gegeneinander und Aneinandervorbei der Prominenz, der nervöse Schlagabtausch, die Not des Heißen Stuhls inszeniert als die *deliberatio* – das Abwägen der möglichen Erklärungen und Bewertungen dessen, was war oder ist. Da wird dann

»... gewissenreinigend die Ablehnung von Gewalt formuliert, obwohl diese Sorte Medien ohne ihre Gewalt feiernden Filme ihren Laden zumachen müßte. Um so günstiger natürlich, wenn Brutalität und Brand nach Hausmacherart auch noch in der täglichen Nachrichtensendung hochzujubeln bzw. zu verteufeln sind. Das ist ja dasselbe. Rüber kommt Gewalt. Fabelhaft, wenn man sich dabei noch als Demokratieschützer empfinden kann. Die Unterscheidung zwischen gut und böse ist da genauso simpel wie in der Serie aus Hollywood, die dabei der Bibel folgt.

Irgendwann wird man prüfen, wie es kam, daß eine so extremistische Bewegung wie die der Skinheads in so kurzer Zeit und ohne Organisation soviel Zulauf finden konnte. Ich halte das auch für einen Fernseh-Effekt. Und wenn sie dann marschieren, brüllen, schlagen, zünden und töten – dann erst recht drauf auf sie, mobil gemacht, Demokratie geschützt, jedes neue brutale Requisit in Großaufnahme vorgeführt, jeden Brand auf allen Kanälen 20mal wiederholt, der Bildschirm brennt, die Deutschen sind halt so. Das Ausland kann das dann auch nur noch schaudernd bestätigen.«

So schreibt Martin Walser (in Der Spiegel 26/93, S. 43) zu unserem engeren und weiteren Thema zugleich. Ich finde mich bestätigt selbst hinsichtlich des Teils des Fernsehens, den man für den kritischen, politischen und also auch pädagogischen halten möchte.

Allen aufgezählten Wirkungen ist dies gemeinsam: die Aufhebung einer nützlichen, das Nachdenken ermöglichenden Distanz. Das bringt Schule und Fernsehen in einen prinzipiellen Gegensatz.

Der *heimliche Unterricht* des Fernsehens hinterläßt das Bewußtsein:

– Ich habe es doch selber gesehen und weiß darum, wie es ist oder war.

– Was ich da miterlebe, ist enorm aufregend, enorm wichtig, enorm fürchterlich, enorm glanzvoll; mein Leben ist, daran gemessen, unbedeutend und langweilig; es hat eigentlich nur soviel Geltung, wie ich am Fernsehen teilnehme.

– Alles ist, wenn es auf dem Schirm erscheint, schon ohne mich geschehen; es läuft, auch wenn das Gerät abgestellt ist, weiter und kommt doch zu keinen Lösungen, sondern nur zu neuen Problemen. Was soll ich da noch!

Der *offene Unterrichtsauftrag* der Schule lautet: Auswahl und Schärfung der Wahrnehmung; Verstehen durch Vergleich, Unterscheidung, gegenseitige Mitteilung; Erkenntnis durch Ordnung der Vorstellungen; deren Prüfung, Begründung, Bewertung; Handeln lernen – allein und mit anderen; Verantwortung übernehmen; die allmähliche Zunahme von Öffentlichkeit; das Fortsetzen der Bemühungen, das Wiederaufstehen nach dem Straucheln; die Erfahrung: ich kann! Die These vom Zwang der Medien zur Unterhaltsamkeit halte ich für richtig, aber den Tatbestand selber nicht für so folgenreich wie die Scheinbeteiligung der Bürger an einer Scheinöffentlichkeit. Es ist jedenfalls heute sehr viel schwerer, junge Menschen auf die wahren Schwierigkeiten der Politik vorzubereiten als vor dreißig Jahren – nun, da diese mit fesselnden Bildern, fetzigen Fragen, fertigen Antworten und flinkem Wandel in der Wohnstube auftritt – und mit beliebig viel Bla-bla und ungenierter Formlosigkeit. Dies alles freilich scheint die Schule gar nicht wahrzunehmen.

Was sie statt dessen wahrnimmt, ist einer jener schlimmen Anlässe, die zu Gutem, zu pädagogischen Antworten der Schule auf das Problem führen könnten. Ich meine die Verwirrung, die die Kinder nach dem Wochenende in die Schule mitbringen und die weitgehend – gewiß nicht ganz! – auf das Fernsehen zurückzuführen ist. Auch diese Erscheinung hängt mit der Wirkungs*weise* des Fernsehens zusammen: mit der Besinnungslosigkeit, zu der es den Zuschauer verurteilt, und mit der Beliebigkeit des Schaukonsums, zu der es verführt. Wenn dann noch hinzukommt, was Hertha Sturms Medienforschung mit immer neuer *sophistication* analysiert: die bewußte Überwältigung der Zuschauer durch den Bildschnitt – durch das Fehlen der Halbsekunde, die normalerweise zwischen dem Ereignis und seiner Wahrnehmung liegt und uns erlaubt, die hier hilfreiche Erfahrung abzurufen –, dann ist nicht weiter verwunderlich, was jeder Lehrer am Montagmorgen mit den vielfernsehenden Kindern zwischen 10 und 14 erlebt.

In meinen Vorträgen veranschauliche ich dies gern an Ingo, einem zehnjährigen Schüler meines Lateinkurses. Wie gesagt, Montagmorgen, erste Stunde; die Präpositionen mit dem Ablativ sind dran; ich möchte anfangen; Ingo redet mit seinem Nachbarn. Ich rufe ihn auf – dreimal; er hört nicht, so heftig bewegt ihn, was er da dem Martin erzählen will. Ingo ist ein intelligentes, nervöses, gutwilliges Kind. Sofort geht er auf meine Aufforderung ein, uns doch allen zu erzählen, was ihm da so wichtig sei. »Gestern, im Fernsehen ...« platzt es aus ihm heraus. Die Klasse wendet sich ihm zu, sie wird mucksmäuschenstill, sie weiß offenbar, worum es jetzt geht. Ingo beginnt: »Also, da ging die Tür auf, und da kam der rein, und da sieht er den, und dann boing und bang und zzschsch ...« Er kann nicht erzählen; er kann nur diese Gesten machen, die *comic-sounds* ausstoßen. Das Chaos, das in ihm ist, wird er so nicht los. – Latein ist Sprachunterricht. Ich gebe guten Gewissens mein heutiges Pensum preis und helfe Ingo, für *sein* Erlebnis *seine* Sprache zu finden; später kann er dann für Cäsars Rheinbrücke und Ciceros »Pro Milone« die lateinische lernen. »Also, Ingo, jetzt einmal der Reihe nach: Wer kam da rein, wo kam er rein, wen hat er gesehen, was hat er gemacht ...« So buchstabieren wir uns durch seine Vorstellung hindurch – eine ganze Stunde lang. Alle Schüler helfen mit. Es gibt unterschiedliche Wahrnehmungen, unterschiedliche Bewertungen, unterschiedliche Ausdrucksformen dafür. Das Gespräch setzt viel Erregung frei. Mein Nachfolger in der zweiten Stunde wird normalen Unterricht halten können.

Ingo hat am Samstag drei, am Sonntag zwei Filme gesehen – allein an diesem Wochenende fünf möglicherweise aufwühlende Geschichten in sich aufgenommen: einen Krimi mit spannender Handlung und undurchschaubaren Typen, einen Science-fiction-Film mit phantastischen, das heißt die Phantasie beschäftigenden Weltraumkörpern, einen Historienschinken mit alten Römern (»den muß ich dem Hentig erzählen«), einen Horror-Comic, den er nicht sehen durfte und der ihm darum ein schlechtes Gewissen bereitet, und einen Film über eine kaputte Ehe mit Liebesverrat und einem verlassenen Kind, in dem er sich selbst erkennt. Die Wirkungen sind um so schlimmer, je besser der Film ist – Tutti Frutti und Donald Duck gleiten an einer fernsehgeübten Kinderseele ab wie Wasser am Gefieder der Ente. Gesprochen hat er darüber mit niemandem.

Wer den brodelnden Grund mit den vorfabrizierten Betonplatten des Unterrichts zudecken will, wird weder die Sache noch das Kind voranbringen. Die Apparate haben in den heutigen Kindern einen gesteigerten Hunger nach »Person« erzeugt. Wenn ich im Unterricht etwas erzähle, lauschen sie mit Lust, obwohl ich meine Geschichte – im Vergleich zum Fernsehen – herzlich unvollkommen darbiete. Sie genießen das Wunder, daß *sie* gemeint sind und nicht Millionen anderer Kinder. Dessen versichern sie sich durch Fragen, auf die sie eine individuelle Antwort bekommen. Die »Sache« läuft nicht weiter, als ob es Anke, Tobias und Semra nicht gäbe. Ich sehe sie an, wie sie mich ansehen. Verliere ich ihre Aufmerksamkeit, suche ich sie wiederzugewinnen – oder ich breche ab. – Die Schule aber ist eine ökonomische Anstalt. Ihr Befund lautet: Das Fernsehen erschwert die Konzentration der Kinder. Darum versucht sie dieser durch andere Mittel aufzuhelfen, den Verlust durch didaktische Straffung der Arbeit wieder aufzuholen, die »Sachlichkeit« unbedingt wiederherzustellen. Nur unwillig lernt sie, daß sie hier – unwiederbringliche – Zeit hergeben muß, um überhaupt etwas zu erreichen.

Ich halte für möglich, daß die Schule in zwanzig Jahren spätestens das Fernsehen in die Schule holt und ihm im Tagesplan einen festen Platz anweist; daß der TV-Unterricht in den Jahrgängen 5 bis 9 (bei den 10- bis 14jährigen) bis zur Hälfte der Unterrichtszeit einnehmen kann; daß Lehrer Videoaufzeichnungen von dem machen, was Kinder (a) vermutlich in der Woche sehen und (b) möglicherweise sehen sollten; daß dies die Fächerstruktur verändern, relativieren, vielleicht ganz auflösen wird; daß der neue Unterrichtsauftrag erheblich größere didaktische Kunst vom Lehrer fordert als der freie Gebrauch eines Lehrbuchs oder Lehrprogramms; daß der Lehrer damit zugleich systematische Medienpädagogik treiben wird, eine bisher aufwendig beredete, aber dürftig gehandhabte Teildisziplin, – indem er zeigt, was man vom Fernsehen haben kann, wenn man seinen Film sinnvoll auswählt, ihn aufmerksam (auf bestimmte Erwartungen hin) ansieht und mit anderen bespricht; er kann zugleich zeigen, wie schlecht wir informiert sind, wenn wir uns die Welt aus den Fernseh-Bildschnipseln zusammensetzen; er kann schließlich vor der Vorstellung warnen, so werde Politik gemacht, wie man's in den Nachrichten sieht: indem Politiker einander die vorgefertigten Meinungen um die Ohren hauen, vor ihrer eigenen Klientel den jeweiligen Gegner laut schreiend der Feigheit, Niedertracht, Dummheit bezichtigen und sich selber mit markigen Sprüchen empfehlen. Das ist die Oberfläche, die es gibt, weil die Mikrophone und Kameras auf sie gerichtet sind. In den eigentlichen Verhandlungen sieht es anders aus, und das geschieht hinter verschlossenen Türen. Freude macht mir diese Vision nicht.

Die geschilderten Wirkungen des ebenso beliebten wie nutzbringenden Mediums treffen besonders junge Leute, die keine andere Erfahrung haben, die sie der suggestiven Fernsehwelt entgegensetzen könnten. Aber auch bei den Erwachsenen engt sich das Feld ein – trotz Mallorca-Reise, Berufswelt und Hobby. Die heute 30jährigen sind mit dem Fernsehen groß geworden und sehen in ihm einen normalen Bestandteil des Lebens – nichts, worüber man sich besonders ereifert, aber auch nichts, wovor man sich in acht nimmt. Hier ist Verfremdung und Aneignung durch Unterricht zugleich notwendig und möglich. »Das Medium selbst ist die Botschaft« war eines der ersten und weisesten Worte über das Fernsehen. Da die Schule eine andere Botschaft hat, muß sie sehen, wie sie mit diesem Konkurrenten zurechtkommt. Bestimmt nicht durch Ignorieren. Bestimmt nicht durch Absorbieren oder Assimilieren. Als erstes muß sie über diesen Rivalen und Widerpart nachdenken – und über die eigene, durch ihn veränderte Rolle.

Der Computer

Der Computer wird die Schule und ihren Auftrag verändern, gleich ob sie sich auf ihn einläßt oder nicht. Sie wird sich vermutlich um so mehr ändern, je weniger sie sich mit ihm befaßt.

Diese Sätze sind in einer Hinsicht offenkundig überholt: Die Computer haben längst Einzug gehalten. Dreiviertel aller Mittelstufen und sämtliche Oberstufen sind mit Computern ausgestattet.* In einer anderen Hinsicht nicht: Die Schulen haben nicht verstanden, wie grundsätzlich der damit beginnende Wandel ist. Sie sehen im Computer so etwas wie einen neuen Unterrichtsgegenstand und in der ihn erklärenden Informatik nichts als ein weiteres Fach. Wo sie mehr darin sehen, merken sie nicht, daß sie den herkömmlichen Auftrag der allgemeinbildenden Schule aufgeben. Auch die Erziehungswissenschaft überläßt das Nachdenken über die Grundfragen dieses Mediums einigen sendungsbewußten Einzelgängern oder den Philosophen, Psychologen und Mathematikern; sie, die diesen Golem geschaffen haben, verstehen sich auf seine Schwächen und seine Gefahren und wollen seiner Herr bleiben. Die Pädagogik ist wieder einmal bereit, einem Unbekannten zu dienen, wenn er nur imponierend auftritt.

Die Grundsatzdebatte um Wesen und Unwesen des Computers kann hier nicht geführt werden. Für eine einfache Darstellung weiß man zuviel, für eine einfache Entscheidung weiß man zuwenig über dieses sich bisher mit unerhörter Virulenz entwickelnde Gerät. Ich beschränke mich auf die immer noch recht komplexe Frage, welchen Tatsachen, welchen Versprechungen, welchen Aufforderungen, welchen Befürchtungen die Schule durch den Computer ausgesetzt ist und zu welchen Überlegungen dieser sie nötigt. Die Beschränkung fällt mir insofern nicht schwer, als ich meine Gedanken über die Anfechtung unserer Kultur durch den Computer und seine Verbindung mit der Telekommunikation anderwärts niedergelegt habe, den Leser also bitten kann, dort

---

* Das berichtet die Zeitschrift PÄDAGOGIK in Heft 4/1992, S. 58.

nachzulesen.* Dennoch muß ich dieser Schwierigen Veränderung mehr Platz einräumen als den anderen: Sie ist die unheimlichste.

Ich gliedere meine Darstellung nach »Faktoren«, mit denen der Computer der Schule zusetzt:

(1) Der Computer schafft neue gesellschaftliche Verhältnisse.

(2) Der Computer begünstigt eine bestimmte Denkweise.

(3) Der Computer verspricht der Schule Hilfen im Unterricht.

Zu allen drei Feststellungen haben sich Meinungen gebildet, und diese wirken – schon in der Form »pädagogischer« Argumente – auf die Schule ein: sie müsse X vorbereiten, Y abwehren, Z berücksichtigen, wenn sie »ihren Auftrag« erfüllen wolle. In dieser Auseinandersetzung wird die Schule – auf allen drei »Ebenen« – klare Entscheidungen fällen müssen. Wenn sie unentschieden bleibt, wird sie den Entwicklungen anheimfallen, werden diese über sie entscheiden.

Eine neue Kulturtechnik

Das erste Argument wird stets das von der Zweiten Technisch-Industriellen Revolution sein, die die Erste potenziert hat, – sie hat die Kraft-Maschinen durch die Intelligenz-Maschinen vollendet. Die Rationalisierung durch Automatisierung folgt der Logik unseres Wirtschaftssystems. Arbeitskräfte werden eingespart, wenn sie teurer sind als die sie ersetzende Technik. In den hochentwickelten Industrienationen sind die Arbeitskräfte nicht nur »leider« teuer, sie müssen es sein, damit die Produkte der Arbeit auch gekauft werden. Die reichen Länder sind noch im-

* Hartmut von Hentig: in den oben S. 28 und 29 aufgeführten Büchern. Außerdem ders.: Sokrates hatte keinen Sklaven. Eine Stellungnahme zu Claus Eurich: Computerkultur – ein Begriff macht Karriere, in: Bildschirm, Faszination und Information, Friedrich Jahresheft III, Seelze 1985 (Friedrich Verlag). Ders.: Werden wir die Sprache der Computer sprechen? In: Neue Sammlung, Heft I, 1987. Ders.: Wir brauchen Leser. Wirklich? Konstanz 1990 (Faude Verlag).

mer die besten Kunden der anderen reichen Länder und ihrer Produktivität. Arbeiter, die wenig verdienen, konsumieren wenig. Umgekehrt sucht die Wirtschaft den Preis ihrer Produkte durch Minderung der Herstellungskosten dauernd zu senken. Wir haben gar nicht die Wahl zwischen Bescheidung und Rationalisierung. Wir müssen rationalisieren, ja dies zum Mittel unseres Vorsprungs vor anderen Industrienationen machen, uns jedenfalls nicht allzu weit von den USA, Japan, Hongkong und demnächst Korea, Singapur, Taiwan überholen lassen. Die rohstoffarme Nation Deutschland wird sich zunehmend durch elektronisches *Know-how* behaupten, so wie sie es im 19. Jahrhundert durch die Wissenschaft der Liebig und Helmholtz, der Ostwald und Röntgen, durch die Technik der Siemens und Borsig, der Krupp und Bunsen getan hat – und das heißt durch ihre Bildungsanstalten. Der Staat hat den Auftrag der Vorsorge – hier nimmt er ihn durch Schulen und Hochschulen wahr.

Die weiteren Argumente folgen auf dem Fuß: 40 Prozent aller Berufstätigen haben heute schon mit Computern zu tun – und die Zahl nimmt zu. Praktisch alle kaufmännischen, administrativen und wissenschaftlichen Tätigkeiten werden heute an Computern verrichtet, ein Großteil der Fertigung der Industrie und des Handwerks geschieht unter Verwendung von Computern. Nur etwa ein Drittel der Berufe gilt als langfristig gegen Algorithmisierung resistent – die Berufe des Pflegers, des Kraftfahrers, des Reinigers, des Tischlers, des Malers, des Installateurs, des Kochs ... In dieser Rubrik wird der Lehrer vorsichtigerweise nicht geführt.

Wenn der Computer »draußen« diese allgemeine Verbreitung und Bedeutung hat, dann, so ist zu hören, sei nicht einzusehen, warum seine Beherrschung nicht zu den Kulturtechniken gehöre, für deren Verbreitung und Sicherung die Schule zuständig ist – neben Rechnen, Schreiben, Lesen und in den USA seit Jahrzehnten dem Maschineschreiben, dem Autofahren und Erster Hilfe.

Das Argument zieht um so besser, wenn man die Meinung vertritt, daß die Schule an der Herstellung von Chancengleichheit oder -gerechtigkeit mitzuwirken habe. Alle sind sich einig, daß fundamentale = grundlegende Bildungsgüter allen jungen Menschen nach Maß ihrer Fähigkeit und ihres Leistungswillens zugänglich sein sollen. Kommt der Computer in der Schule nicht vor, haben diejenigen den Vorteil, die sich ihm schon »während der Schule außerhalb der Schule« zuwenden, weil sie dies wissen und weil sie sich einen leisten können.

Aber so einfach, so harmlos ist die Sache nicht. Die Befürchtung liegt nahe, daß sich eine Zweiteilung der Bevölkerung einstellen werde – in die Hersteller und Programmierer einerseits und die bloßen Anwender andererseits. Es entstehe eine Expertokratie, und zwar besonders rigoroser Art, weil sie ja nicht über einzelne Mittel, sondern über ganze Mittelsysteme verfüge – mit Konsequenzen für das Profil des Berufs, den Arbeitsplatz, die sachlichen Ergebnisse. Kann die öffentliche Schule davon absehen, daß, wie und wo sich eine solche Ungleichheit einstellt? Und wie wird sie mit dem Odium umgehen, *sie* habe den einen zum einen, den anderen zum anderen gemacht?

Ob diese Befürchtung zutrifft oder nicht, in beiden Fällen stellt der Computer der Schule ein Problem: Entweder er bringt zwei soziale Kasten hervor oder zwei Kulturen, nämlich zwei Formen von Bewußtsein.

Von der so erzeugten politisch-sozialen Ungleichheit ist die Verstärkung der vorhandenen kognitiven Ungleichheit durch den Computer zu unterscheiden, vornehmlich weil die beiden Feststellungen an ganz verschiedene Empfindlichkeiten rühren und ganz verschiedene Reaktionen hervorrufen. Mehrere Untersuchungen bestätigen eine Theorie, derzufolge Menschen mit einer besseren Bildung mehr von den Medien profitieren als die Menschen mit geringerer Bildung. Mit anderen Worten: Die schon Schlauen werden schneller noch schlauer als diejenigen, die – aus welchen Gründen auch immer – die schlechteren Startvoraussetzungen haben. Die Medien sind gerade nicht die großen Demokratisierer, als die sie erscheinen, – vollends wird es nicht der Computer sein, wenn er zu *dem* Instrument der Erkenntnisverarbeitung und Lebenssteuerung der Gesellschaft geworden ist. Wird er auch zum Mittel der Bildung, macht er in sich die Bemühung der Schule um Ausgleich zunichte. Es gibt nicht nur zwei Etagen in dieser Mediengesellschaft, die Treppe zwischen ihnen ist *topsy-turvy* und von Maurits Cornelis Escher entworfen: Man steigt auf und kommt unten an.

Hieran schließt sich die frühe und einschlägige Beobachtung an, daß Mädchen zu Hause in der Regel keine Computer besitzen und auch nicht bei Nachbarn oder in Clubs mit ihnen spielen, arbeiten oder sonstwie vertraut werden wie ein großer Prozentsatz der Jungen.

Ja, ein damit verbundenes Argument drängt sich alsbald in allen Diskussionen um Computer und Schule gebieterisch nach vorn: Seit es Computer gibt, interessieren sich Kinder und junge Menschen ganz besonders für sie, ähnlich wie für Autos, Raumfahrt und Dinosaurier, aber auch für Ökologie, Dritte Welt, Hilfe für Bosnien. Eine Schule, die diese Tatbestände unserer Gegenwart ignoriert, gar scheut, verliert ihren Anspruch auf Führung und Belehrung der Jugend.

Umgekehrt, wenn Erwachsene bestimmte Tätigkeiten nicht mehr tun (lesen, weil man »hört-und-sieht«; schreiben, weil man telefoniert oder auf Band spricht oder das Dokument faxt; rechnen, weil das der Computer besorgt), werden Kinder nicht einsehen, warum sie dies mühsam lernen sollen. Daß das, was sie als Mühsal empfinden, erstens dies nicht sein müßte (es kann erfreulich sein wie die Anstrengung im Fußballspiel oder die Übung am Skateboard) und zweitens das ist, was die Kulturtechniken pädagogisch so wichtig macht: ihre Wirkungen auf die Person mehr als ihr Nutzen oder ihre Notwendigkeit in unserem Leben, das wissen meist auch die Lehrer nicht. Mit Rechnen, Schreiben, Lesen (wenn man sie richtig lehrt) erwirbt das Kind Selbstvertrauen, genießt es die Beherrschung und Ausübung vielseitiger Zauberkünste, übt es sich in elementaren Methoden des Verstehens, lernt es die Unterscheidung von Wichtigem und Unwichtigem, die Bemühung um Sinn, die Gestaltung von Eigenart, die Entmystifizierung von »Zeichen und Wundern«, ein Stück verläßlicher, nämlich gelingender Selbstdisziplin. Die sogenannten Kulturtechniken sind beschwerlich, wenn man sie schlecht beherrscht. Vermeiden die Erwachsenen das Rechnen, Schreiben und Lesen, weil sie sie nicht gründlich gelernt haben und sie ihnen darum lästig sind, werden diese Künste in der Tat aus dem Alltag verschwinden, wird es Schrift nur noch auf Reklameschildern und dem Bildschirm des Computers geben. Gedrucktes wird unökonomisch. Die Bibel, der Brockhaus, das Telefonbuch kommen jetzt schon auf Diskette oder als CD – als Bücher werden sie irgendwann einmal nicht mehr zu haben, weil nicht mehr zu bezahlen sein. Das heißt: Die Schule kann aufgrund der voreiligen Theorie, daß man die drei klassischen Kulturtechniken nicht beherrschen, sondern nur kennen müsse, würden sie doch wirksam durch die eine neue – die Arbeit am Computer – ersetzt, unsere Kultur sehr viel schneller und gründlicher ändern, als die neuen Medien das von sich aus besorgen.

Ein sogenanntes Modellprojekt der Katholischen Erwachsenenbildung im Lande Niedersachsen, »Computerisierung des Alltags – Wirkungen und Folgen für die Familie«*, geht von einer »Entfremdung innerhalb und zwischen den Generationen« aus, die durch die »Neuen Informationstechnologien« verursacht oder doch verstärkt werde. Man wollte durch »Seminare«, in denen Jugendliche und Erwachsene zusammen an Computern spielen und über Computerspiele reden, erreichen, daß die Eltern ihre vom Computer-Bazillus infizierten Kinder besser verstehen und man in den Familien wenigstens das konfliktträchtige Thema nicht verbissen meidet. Das hat man offenbar erreicht. Nun spielen auch die Eltern und nehmen es gelassen hin, wenn ihr Kind vorübergehend ein Computer-Freak wird. Wie sehr wünschte man sich freilich umgekehrt, daß Jugendliche die Tätigkeiten ihrer Eltern kennenlernen und daran Interesse finden.

Die Verbindung von Datenverarbeitung mit Telekommunikation erlaubt, daß man das, was man mit Computern macht, von überall aus machen kann. Heute ist das Heim vieler Familien auch deren Arbeitsstätte – mit der Folge, daß die Erwachsenen immer da sind, wenn sie arbeiten, und nicht ansprechbar; daß sie dem Haus zu entrinnen suchen, wenn sie »frei« sind; und daß dies die Auffassung der Kinder von gesellschaftlicher Arbeit prägt: sie ist eine immer gleiche, seltsam unlebendige, dem Privatleben feindliche, die Freiheit einengende Angelegenheit. Der am Fließband stehende Vater, die im Krankenhaus arbeitende Mutter waren nicht besser dran, aber das Kind hat dies wenigstens nicht wahrgenommen und konnte sich einen Beruf als ernste Tätigkeit vorstellen, der Opfer zu bringen sich lohnt. »Zu Hause« aber hieß der Ort, an dem man gern und befreit zusammenkommt.

* Der Bundesminister für Bildung und Wissenschaft (Hg.): Informationen 10/1992, S. 131.

Die Flucht aus dem Denken ins Wissen

Kenner des Computerwesens machen sich Gedanken über seine Wirkungen auf unsere Mentalität, so wie man sich einst Gedanken gemacht hat, wie die Vermehrung der Mobilität durch Eisenbahn und Auto oder die Fließbandarbeit oder die Bilderflut unsere Konstitution beeinflussen werden. Ein Kenner, der sowohl mit der Theorie als auch mit der Praxis dieses Gerätes vertrauter ist als ich, Joachim Metzner, argumentiert für mich einleuchtend*: Der Computer sei nicht wie andere Instrumente – Fernglas, Photoapparat, Filmkamera, Videogerät – eine physikalische Ergänzung irgendeines unserer Organe, die er nun seinerseits verdränge. Er sei »eine Materialisierung ursprünglich geistiger Arbeit«; in ihm steckten Merkmale (heute heißt das »Strukturen«) des menschlichen Denkens und Verhaltens. Die im Computer angelegten menschlichen Strukturen wirkten auf die Benutzer zurück. Durch sie und durch diesen Vorgang verwischen sich die Grenze zwischen Person und Gerät, der Gegensatz von Mensch und Sache. Indem nur bestimmte Eigenschaften des menschlichen Geistes in den Computer eingehen, in ihm arbeiten und wieder auf unseren Gebrauch antworten, kumulieren sich deren Wirkungen, während andere Eigenschaften ungenutzt ruhen, vernachlässigt werden, am Ende verlorengehen.

Metzner nennt drei Figuren, die für die Computeroperationen charakteristisch seien und einem bestimmten Typus menschlicher Wirklichkeitsverarbeitung entstammten; der verselbständigt, ja verabsolutiert sich hier:

– Modularisierung, das heißt, man teilt ein Ganzes in austauschbare Teile (Module) auf, die man auch zur Herstellung anderer Ganzheiten verwenden kann (Beispiel: LEGO)
– Algorithmisierung, das heißt, der Vorgang (im Computer: ein Programm) ist nach einer absolut eindeutig formulierten Schrittfolge aufgebaut (Beispiel: das Abheben von Geld am Geldautomaten)

---

* Joachim Metzner: Der Computer – eine sozialpädagogische Herausforderung? in: Jürgen Fritz (Hg.): Computer in der Jugendarbeit, Mainz 1987 (Matthias-Grünewald-Verlag), S. 144 ff.

- Simulation, das heißt, ein Geschehen wird nur repräsentiert (Beispiel: Star-Wars-Filme).

Sie verstärken eine Seite unserer allgemeinen Menschennatur, diejenige, mit der wir uns die Welt in linearen Abläufen, logischen Verhältnissen, gleichförmigen und gleichbleibenden Regeln verfügbar zu machen suchen. Eine ähnliche Feststellung findet sich schon bei Joseph Weizenbaum, der sie dann, wie der Titel seines Buches ahnen läßt – Computer Power and Human Reason* –, zum Ausgangspunkt einer Kritik an unserer Verwendung des Computers macht: Der Computer als Produkt der instrumentellen Rationalität steigert – in tausendfachem Rücklauf – deren Geltung in unserer Gesellschaft, die Urteil scheue und sich in Berechnung flüchte. An der Weise, wie seine Kollegen das Programm ELIZA als Ersatz für das psychotherapeutische Gespräch mißverstanden, demonstrierte Weizenbaum, wie empfänglich wir für die eigenen Rationalisierungen der Wirklichkeit sind – auf Kosten von *common sense*, tatsächlicher Wahrnehmung und skeptischer Vernunft.

In bezug auf die drei von Metzner hervorgehobenen *mental habits* spielt sich das gleiche ab. Sie kommen nicht erst im Computer vor. Sie sind Bestandteil der industriell gefertigten Welt, in der wir leben und in der unsere Kinder groß werden. Aber der Computer sanktioniert die Macht des Baustein-Prinzips, des Abfolge-Prinzips, des Repräsentations-Prinzips, denen wir auch sonst huldigen: Er funktioniert nur mit ihnen und entbehrt des Korrektivs, des Spielraums, der Zweifel, die unsere Menschennatur sonst dafür bereitstellt.

Andere haben andere Befürchtungen. Die häufigste ist: Indem wir den Computer wie einen Menschen behandeln (er wünscht mir doch als erstes »Guten Morgen, lieber Hartmut«, wenn ich ihn anstelle), werden wir den Menschen am Ende für einen Computer halten (mein Schüler Fritz ist halt »falsch programmiert«, wenn er mir nicht folgt). Der Computer »denkt«, hat eine »Sprache«, »entscheidet«, »irrt sich« – sagen wir und vergessen allmählich, daß dies nur Metaphern, bestenfalls Analo-

---

* San Francisco 1976 (W. H. Freeman and Company); Deutsche Ausgabe: Die Macht der Computer und die Ohnmacht der Vernunft, Frankfurt am Main 1978 (Suhrkamp).

gien sind. Wer ihm dies alles wirklich zutraut, der werde sich, meint man, seinen »Urteilen« unterwerfen: weil diese erstens geprüft, zweitens nachprüfbar, drittens unbestechlich seien – an jedermann in gleicher Weise ergingen und ohne Rücksicht auf die Folgen. Abgesehen davon, daß nicht alles geprüft worden ist, was der Computer von sich gibt, und abgesehen davon, daß der Computer weder »urteilt« noch »entscheidet« (er kann auf die gleiche Frage zu jeder Zeit nur *eine* Antwort geben; »eine andere Antwort« kommt nur, wenn er durch diesen Befehl auf eine andere Programmspur geschaltet worden ist; er vermag nicht, was zum Urteilen gehört, zu erwägen, zu räsonieren; er kann darum auch nicht irren – wenn er es tut, muß er es auch; er ist so unbestechlich, wie er illoyal ist: nämlich Knecht von jedem, der den Strom eingeschaltet hat und die Taste drückt), wird um die Frage, ob er »denkt«, unnütz heftig gestritten. Die Antwort »ja« ist so berechtigt wie die Antwort »nein« und hängt davon ab, welche Definition von Denken man zugrunde legt. Die Antwort »ja« ist in Ordnung, wenn man die Definition eng faßt; dann muß man freilich weiterreden und sagen, der Mensch tue gleichzeitig und in bezug auf dieselbe Sache immer noch anderes, er denke nie schlechthin. Und das hat seine Vorteile und manche Nachteile auch. Die Antwort »nein« ist schon deshalb in Ordnung, weil der Satz »er denkt« ein Subjekt hat; der Computer aber ist keines, höchstens ein grammatisches. Vollends ist die Antwort »nein« zutreffend, insofern zum Denken auch das Verstehen und Zweifeln und Fragen und Nachdenken gehören: das Denken über das Denken. Hieran wird nicht nur klar, daß der Computer das nicht kann, sondern daß er es auch nicht soll. Täte er es, wäre er in der Tat der gefürchtete Golem.

Das Bedenklichste, was uns der Computer meines Erachtens antut, ist die Vorstellung, die wir uns von »Wissen« machen. Unter seinem Einfluß wird daraus endgültig eine beliebig anhäufbare »Sache«. Darum auch kann man »Wissen« mit »Information« gleichsetzen – und es quantifizieren. Für Platon hieß Wissen: Erkennen-was-eine-Sache-ist, und »Was« hieß dabei immer: »Wozu bestimmt«. Er konnte beispielsweise sagen »Ich ›weiß‹ die Zahl sieben« und meinte dann damit: Ich habe in mir ein Bild – von der Stelle, die nach der sechs kommt, die aus drei und vier oder fünf und zwei zusammengesetzt ist, im übrigen bezeichnet ›sieben‹ die vierte Primzahl und ist sowohl etwas aus der Reihe jener Zeichen, mit deren Hilfe man zählt, als auch ein Zeichen mit einer einmaligen (wie wir sagen würden) mystischen Bedeutung. »Wissen«, so legte er seinen Sprachgebrauch fest, kann man nur Allgemeines, also Form, Verhältnis, Sinn, etwas, was man in Sätze bringen kann. Das Besondere, Einzelne ist nur »erfahrbar«. Wissen ist immer mit einer philosophischen Anstrengung verbunden – unpraktischerweise und, wie die Positivisten sagen, unnötigerweise.

Die Reduktion von »Wissen« auf Information, die man einfach übernimmt oder übermittelt, und auf deren Zusammensetzung aus kleinsten unterscheidbaren Einheiten, genannt Bits, die der Computer durch Ja/Nein-Entscheidung auswählt und zu Bytes, Zeichen mit Bedeutung, kombiniert, löst den Satz-Charakter von Wissen auf und mit ihm die Erwartung, es müsse da etwas verstanden werden, was nur ein Subjekt kann. Allein in einem solchen Verständnis von Information/Wissen läßt sich sagen: »Dieses Buch von 700 Seiten enthält eine Informationsmenge von 18 Millionen Bits und rund 2 1/2 Millionen Bytes«; oder: »Wir können heute das gesamte Wissen der Welt auf einem Chip von der und der Größe unterbringen«. Das heißt, man kann jetzt von Wissen reden und dabei vom Kontext (Ort und Zeit), von der Sache und von dem Bewußtsein, in dem es aufzugehen hätte, absehen. Wissen hört damit auf, die Aufhebung von Unwissen zu bezeichnen. Das Wissen, daß die Erde rund ist, ist nun kein anderes, wenn ich es habe oder Platon es gehabt hätte; und es ist gleich gewichtig oder gleich ungewichtig wie mein Wissen, daß mein Bankkonto leer ist. Wissen hat fortan nichts mehr mit Qualität zu tun, kann etwas zum Inhalt haben, was keiner wissen will und muß – etwas so Überflüssiges wie die Zahl der Haare, die Salambo mehr auf dem Kopf hatte als vielleicht Semiramis –, und doch »Wissen« heißen. Wissen ist nichts mehr, was eine Person verändert. Wissen ist vor allem kein Ganzes.

Ein nicht gelesenes Buch war zu allen Zeiten etwas Totes, das erst durch Lesen-und-Mitdenken (lebendiges) Wissen wurde. Das gesamte in Büchern abgelagerte (tote) Wissen konnte schon zu Cäsars Zeiten nicht mehr von einem Menschen erfaßt werden, erst recht nicht in der Zeit Galileis. Die Enzyklopädie des 18. Jahrhunderts stellte sich als »dictionnaire raisonné« vor und enthielt gerade nicht alles Wissen der Zeit, sondern das von den Autoren in Vernunftsätze gebrachte. Mit dem 19. Jahrhundert war längst die Wissensintflut über die zivilisierte Welt gekommen, so daß die Wunder- oder Horrorkunde, die man jüngst im Spiegel* las, heute eigentlich niemanden aus der Fassung bringen sollte: Die Menschen litten an einer »nicht mehr kontrollierbaren Flut von Information«, »Immer weniger sind der Wissensflut gewachsen«, »Schon jetzt vermag kein Wissenschaftler mehr zu sagen, wieviele Daten der unaufhörlich forschende Homo sapiens bis dato erschaffen hat, ganz (davon) zu schweigen, daß irgendein Individuum dieses Wissen auch noch aufnehmen könnte«, »Rund 600 000 Laborberichte, Doktorarbeiten und Fachartikel müßte ein Chemiker im Jahr lesen, um in seinem Fach à jour zu sein ...« Nein, müßte und muß er *nicht!* Aber die mit dem Computer einhergehende und von ihm forcierte Vorstellung, Wissen sei subjektlos verfügbar gehaltene Information statt je meine begründete Erkenntnis-zum-Zweck-von**, drängt den Menschen diese absurde Erwartung auf: Was irgendwer über irgendwas weiß, ist »kommunizierbar«, liegt vermutlich irgendwo schon in einer Datenbank und muß darum von mir irgendwie berücksichtigt werden. *Das* macht uns zu »Wissenszwergen unter Druck« und führt zu »Depressionen durch Überinformation«, wie es in dem genannten Magazin heißt. Folgerichtig tadeln die Autoren des Spiegel-Artikels, daß in unseren Kultusbürokratien und Schulen noch »Buchfundamentalisten« herrschen, die »am Wissensbegriff vergangener Generationen kleben« statt »Medienkompetenz« zu vermitteln. Was Medien aufhäufen, sollte man auch mit Hilfe von Medien wegbaggern können.

Was sollte die Schule angesichts hiervon tun? Seit Jahrhunderten hat sie Wissen als eine Kostbarkeit weiterzugeben versucht, als die einzige, die, wenn man sie sich wirklich angeeignet hat, einem nicht geraubt werden kann und die zudem Macht bedeutet: Verfügung über Mittel für noch nicht bekannte Gelegenheiten. Sie hat, vor allem in der Platonisch-Sokratischen Tradition, gelehrt,

---

* In der Ausgabe vom 5. April 1993, S. 150.
** Der Zweck muß nicht immer die Lösung eines praktischen Problems, sondern kann auch die Befriedigung von Neugier oder die Abrundung des Verständnisses von XY sein.

daß ungeprüftes Wissen gefährliches Scheinwissen ist, und hat also dazu angehalten, das Wissen dem Denken zu unterwerfen. Jetzt wird etwas Wissen genannt, das durch seine Überfülle unbrauchbar geworden ist und das man am besten irgendwo lagert (»speichert«), nicht mit sich trägt, weil man den Kopf sonst nicht frei hat für die *jeweils* geforderte Information. Zugleich hat man das Prüfen des Wissens objektiviert. Es gibt nun, was Sokrates nicht hinzunehmen bereit war, Wissen, das als solches »richtig« ist und als solches lehrbar – mit der Folge, daß man die standardisierte Erkenntnis dem immer riskanten eigenen Urteil vorzieht. Das Computerwissen verspricht Gewißheit und Konsens. Es wird darum die Neigung der Menschen, aus dem Denken ins Wissen zu fliehen, gewaltig steigern.*

Soll die Schule sich diese Einstellung zu eigen machen? Soll sie mit der Zeit gehen, heutiges Wissen im heutigen Verständnis lehren – so gut es geht auf dem neuesten Stand und doch allgemein, so solide wie möglich und doch auswechselbar gegen die allerneueste Erkenntnis? Soll sie dazu ihre Schüler im Gebrauch des hierfür geeignetsten Informationsträgers und -prozessors anleiten, des Inbegriffs der Berechenbarkeit, Umstellbarkeit, Nachprüfbarkeit, Verfügbarkeit? Soll dieses Gerät den jungen Menschen dann auch die Vorstellung eingeben, daß Wissen beliebig akkumulierbar ist; daß es – von jedermann abrufbar – auch jedermann das gleiche sagt; daß, wer den Computer beherrschen will, sich ihm anpassen muß? Soll die Schule ihre Schüler daran gewöhnen, ihre Fragen als einfache Kommandos zu formulieren, ihre Gedankengänge in eine strenge algorithmische Abfolge zu bringen, die Ergebnisse nur in der Form von »Auskunft« zu erwarten (nie auch als neue Frage, als ein Dilemma, als eine Hypothese); oder daran, daß Lesen nichts ist als eine möglichst schnelle Datenentnahme (und nicht auch ein Eindringen in den Sinn der Wörter, ein Gespräch mit dem Autor, eine Meditation, also ein Verweilen über dem Text); oder daran, daß alle Unregelmäßigkeiten in vorgegebenen, heute meist relativ feinen Rastern aufgehen (man also nicht versuchen solle, einen Kreis mit Delle oder einen natürlich unsymmetrischen Weihnachtsbaum zu

---

* Diesen Gedanken habe ich ausführlicher dargestellt in: Das allmähliche Verschwinden der Wirklichkeit, S. 124 f.

zeichnen); oder daran, daß alles jederzeit gelöscht, verbessert, anders formuliert werden kann (und an den Irrtum, dies mache für den Text gar nichts aus)? Wird sie selber glauben, daß man diesem Gerät, das einen Fehler sofort meldet (und den Fortgang stoppt), bevor man ihn an den Folgen hat wahrnehmen können, die jungen Menschen zu etwas wie »Weltmächtigkeit« erziehen kann, wie es Professor Dr. K. A. Wiederhold von der Arbeitsgruppe »Grundschulcomputer« an der Universität Dortmund verspricht*? Oder muß die Schule gegenhalten? Womit? Mit welcher Begründung, mit welcher Hoffnung, bis zu welchem Grad? Was wird die Folge sein, wenn sie das eine tut, was, wenn sie das andere tut, was, wenn sie – wie gegenwärtig – gar nichts tut?

Joachim Metzner läßt uns einige Folgen sehen, die in der Jugendarbeit auftreten, wo man sich der Herausforderung des Computers unbefangener und bewußter zugleich gestellt hat als in der Schule. Unter dem Stichwort »Modularisierung« hat er notiert:

»Größte Herausforderung bildet für Jugendliche die prinzipielle Unveränderbarkeit technischer wie kultureller Module. An den Bausteinen eines Computerequipments oder den Steckmodulen der Videospiele läßt sich so wenig manipulieren wie an den Teilen eines Fertighauses oder einer Hitparade. Mitwirken kann man nur bei der Zusammenstellung. Das provoziert die instrumentelle Phantasie ebenso wie das natürliche Bedürfnis nach persönlicher Aneignung durch individuelle Formung. Große Bereiche der Jugendkultur sind geprägt von dem Versuch, sich eine Veränderbarkeit zu erzwingen – und sei es um den Preis der Zerstörung. Sozialpädagogen und Sozialarbeiter kennen das Problem genau.

Das Wort ›Moby‹ – eine Anspielung auf Moby Dick – stammt aus der aktuellen Hackersprache. Man bezeichnet damit schwer zu öffnende elektronische Bauelemente, ebenso Software mit extrem starkem Kopierschutz, aber auch Verwaltungseinrichtungen, Arbeitsämter, Justizbehörden und der-

---

* Landesinstitut für Schule und Weiterbildung (Hg.): Computereinsatz in der Grundschule? Ein Symposion am 13. und 14. März 1989, Soest 1989 (Soester Verlagskontor) S. 18.

gleichen. Offenbar werden also in jugendlichem Verständnis auch gesellschaftliche und staatliche Institutionen als Module angesehen, da sich die Erfahrungen mit materiellen Produkten, medialen Angeboten und Institutionen decken: sie sind austauschbar, aber nicht veränderbar. Vielleicht liegt hier auch eine Wurzel für das starke Interesse jugendlicher Computernutzer am Durchbrechen des Kopierschutzes, auch wenn die Programme unbrauchbar sind. Die Zerstörung wird als Triumph über die Zwänge des technischen wie des juristischen Apparats gefeiert.« (a. a. O. S. 148 f.)

Können wir wirklich annehmen, dieses Gerät lasse sich in unsere Schulen holen – als neuer Unterrichtsgegenstand und als neues Unterrichtsmittel, ohne daß das Folgen für das Ganze, für den »Lehrplan des Abendlandes«, für unsere Auffassung von Bildung und Kultur hat?

Daß man den Menschen zu fast allem bringen kann, ist die antreibende oder verpflichtende oder betörende oder zynische Überzeugung der Pädagogen. »Menschen«, das heißt zumal die Kinder. Wir werden das Anwachsen des Ozonlochs vermutlich irgendwann stoppen und die höhere Strahlung überleben, indem wir Schutzkleidung tragen; wir werden den Dioxinausstoß allmählich verringern und uns an Gasmasken gewöhnen; wir werden das Fernsehen weiterwuchern lassen und uns mit Medienpädagogik rüsten; wir werden die Kinder mit der gleichen Unbedenklichkeit an den Computer setzen und »zum Ausgleich« Fitneßcenter, Aquadrome, Erlebnis-Training, Abenteuerparks (mit Steilwand und Bungee-Jumping) einführen ... Spätestens angesichts dieser Fast-schon-Wirklichkeit ist die Schule zum Nachdenken über ihren Auftrag aufgefordert.

Bedenkliche Lernhilfen

Die von Jugend- und Medienforschern gemachte Feststellung, das gegenwärtige (deutsche) Bildungswesen sei »gänzlich unvorbereitet auf die Herausforderung der IuK-Techniken (Informations- und Kommunikationstechniken), auf die von ihnen bewirkten Veränderungen menschlicher Wissensproduktion (sic!), menschlicher Arbeit und des gesamten Alltagslebens«* – eine Feststellung, deren Inhalt mir recht und deren Sprache mir fremd ist –, kann offensichtlich zu ganz verschiedenen Folgerungen anregen. Ich stelle zwei einander entgegengesetzte und vernünftig begründbare Positionen hierzu auf:

Schule A: Kinder sind möglichst früh mit Computern vertraut zu machen – in der Absicht, den Computer zu entdramatisieren, die Neugier der Kinder auf ihn zu sättigen, eine Computer-Phobie gar nicht erst aufkommen zu lassen; die Kinder sollen seine Nützlichkeit, seine Verführungen und seine Borniertheit gleichermaßen erfahren; ihnen wird mit der Einübung in und Gewöhnung an den Computer zugleich ein Gegengewicht zu und ein Schutz vor ihm gegeben; er wird als vierte Kulturtechnik eingeführt, eine andere als die drei ersten, denen er etwa im vierten Schuljahr, wenn diese wirklich beherrscht sind, folgt: als Ordner, Registrator, Verschönerer, Vervielfältiger von Texten (wofür das Wort »Textverarbeitung« gut gewählt ist) und als Rechner, der das, was ich kann (und verstehe), flinker und sicherer erledigt; sein Gebrauch als Textverarbeiter ist von da an stets zugelassen, wenn etwas zu schreiben ist, wird aber nicht gefordert; vom neunten Schuljahr an (im zweitletzten Jahr für viele Schüler) wird ein Computerlehrgang eingerichtet, der praktische Arbeit am Computer mit theoretischer Unterrichtung über ihn verbindet: was Algorithmisierung ist, lernt der Schüler verstehen, indem er programmiert, z.B. die Programmsprache LOGO auf einen Gegenstand anwendet, mit dem er sich aus anderen Gründen abgibt; Probleme, die man im Unterricht hat, werden so aufbereitet, daß ein Computer sie übernehmen kann – eine ernste Probe darauf, ob man das Problem verstanden hat, ja, ob es überhaupt eins ist und nicht vielmehr nur eine Mühe; die Aufgaben werden in der Nähe der anschließenden Laufbahnen gesucht: in

---

* Brigitte Armbruster, Dieter Baacke, Hans-Dieter Kübler, Manfred Stoffers: Neue Medien und Jugendhilfe, Analysen – Leitlinien – Maßnahmen, herausgegeben im Auftrag des Kinder- und Jugendfilmzentrums in der Bundesrepublik Deutschland, Neuwied und Darmstadt 1984 (Luchterhand), S.45.

der Verwaltung, im Handel, in der Technik, in den Naturwissenschaften, den Gesellschaftswissenschaften, den Geisteswissenschaften, in den Künsten; dies wird bis zum Abschluß des zehnten Schuljahres durchgehalten ohne jede berufsvorbereitende Ambition.

Schule B: Die Schule verbannt den Computer aus ihren Mauern und gibt den Kindern einen reichen Vorrat an geistigen und sinnlichen Primärerfahrungen auf den Weg; man führt auch die klassischen Kulturtechniken je als Mittel zur Bewältigung von Problemen – sachlichen und menschlichen – ein; man sorgt dafür, daß ihre (notwendige) Übung sich nie verabsolutiert; man läßt die Schüler im sechsten oder siebenten Schuljahr, wenn ihre Motorik noch »plastisch« ist, Schreibmaschine lernen, die modernerweise ein Textverarbeitungsgerät, also ein Computer ist; man nutzt ihn ausschließlich als Schreibgerät; im Mathematikunterricht führt man – vermutlich im selben Jahrgang – den Taschenrechner ein, wenn es darum geht, das Augenmerk auf die anspruchsvollen Probleme zu konzentrieren und die untergeordneten Rechnungen nebenbei zu absolvieren; im Fremdsprachenunterricht legt man Wert auf reichliche und fordernde Sprechgelegenheit, im Sach-Unterricht auf eigene Beobachtung und eine Form der sprachlichen Erklärung, die die Phänomene nicht vergewaltigt, kurz: auf einen Wagenscheinschen Unterricht, der einen Computer nicht gebrauchen kann, aber gut auf den Computer vorbereitet, weil man durch ihn vor allem das Problem zu verstehen gelernt hat; im vorletzten Halbjahr vor den jeweiligen Abschlüssen wird der Computer eingeführt, erklärt und zur Lösung typischer Aufgaben benutzt – in der Überzeugung, daß dies genügt, um seine ordentliche Anwendung im folgenden berufsnahen Ausbildungsabschnitt zu lernen, wo zugleich neue spezifische Anforderungen gelten, auf die man in der Schule nicht allgemein vorbereiten kann; diese Schule meint, daß es wichtiger ist, die Schüler mit den Gegenständen vertraut zu machen als mit der Rationalisierung der Verarbeitungs- und Darstellungsverfahren – das lernt man »vor Ort« schneller und mit dem dann gegebenen *sense of purpose.*

Beide Positionen antworten auf die unter (1) und (2) erörterten »Herausforderungen«, und beide tun es mit pädagogischen Argumenten. Sie unterscheiden sich eher durch ihr Temperament als durch eine Grundeinstellung, sei es zum Computer, sei es zum Kind, sei es zum Auftrag der Schule. Schule A ist optimistisch hinsichtlich der eigenen Einwirkungsmöglichkeiten; Schule B ist skeptisch abwehrend; Schule A dosiert das Problem und läßt die Kräfte des Kindes an ihm wachsen – in kontrollierter Annäherung; Schule B schirmt die Kinder gegen das Problem ab, baut deren Kräfte an anderen Aufgaben und Erfahrungen auf und leitet sie bei der Übertragung des Gelernten auch auf den Computer an. Beiden Schulen traut man zu, daß sie das tun, was Schule tun soll: den Kindern helfen, in ihrer Welt erwachsen zu werden.

Dieses Zutrauen hat eine harte Probe zu bestehen, wenn der Computer nicht mehr nur eine weitere Schwierigkeit des Lebens ist, der man entweder durch kontrollierte Annäherung oder durch Abschirmung begegnet, sondern selbst an der Bildungsarbeit der Schule beteiligt wird. Dies wird in vielen Ländern der Welt getan und bei uns von einer starken Gruppe gefordert, die eine »Lobby« zu nennen weder falsch noch kränkend ist: Sie trägt ihre Vorstellungen den Politikern und der Öffentlichkeit vor, die über den Einzug des Computers in die Schule, über die dafür zu wählende Schulstufe und Funktion entscheiden – in der Regel zunächst über Modellversuche. So etwa sehen ihre Argumente aus:
– Wenn man eine zeitgemäße Schule haben will, muß sie sich mit einem der folgenreichsten Veränderungsfaktoren unserer Kultur befassen, mit dem Computer.
– Wenn es nicht nur um Kenntnisse über ihn gehen soll, sondern um seine »existentielle Bewältigung«, dann muß diese in der Grundschule beginnen.
– Wenn man sich dafür entscheidet, muß sich die Arbeit mit dem Computer den Prinzipien der heutigen Grundschulpädagogik fügen: Ganzheitlichkeit/Individualisierung/soziales, entdeckendes, handlungsorientiertes, spielendes Lernen.
Die Befürworter dieser *policy* machen nun geltend, daß der Computer diese Prinzipien nicht nur nicht störe, sondern deutlich unterstütze. Ich entnehme die folgenden Behauptungen im Wortlaut (bei notwendiger Veränderung der Satzstruktur und Einsparung von Redundanzen) einer zusammenfassenden »Darstellung der Forschungsergebnisse« zur Frage »Computereinsatz

in der Grundschule?« aus dem Jahre 1989.* Die Hervorhebungen stammen von mir.

- Der Computer leistet mit geeigneter Software in bestimmten Phasen des Unterrichts einen *Beitrag zur Individualisierung* der Lehr- und Übungsstoffe; er erlaube eine »optimale Passung« (Heckhausen).
- Die Arbeit am Computer regt zur *Eigentätigkeit* und zur *selbständigen Auseinandersetzung mit der Umwelt* an; er dient dem *entdeckenden Lernen.*
- Der Computer ist ein *zeitgenössisches Werkzeug* in einer Werkstatt, als die die Reformpädagogen die Schule auffassen; *zur* »*Weltbemächtigung*« (ein Wort, das offenbar in den Grundschulrichtlinien des Landes Nordrhein-Westfalen vorkommt; H. v. H.) müssen die Kinder den Umgang mit vielen verschiedenen Werkzeugen lernen. Eines davon ist der Computer.
- Der Einsatz des Computers läßt sich somit bruchlos mit Konzepten der *internationalen Reformpädagogik* verbinden.
- Gute Übungsprogramme des Computers reagieren mit *gleichbleibender Geduld* auf Fehler des Schülers; so kann aus *Lernfreude* im Umgang mit dem Computer die Bereitschaft zu neuen Lernanstrengungen erwachsen.
- Der Computer erlaubt es, *zusätzliche Lernhilfen* in zusätzlichen Lernzeiten *(für schwer lernende Kinder)* zu geben.
- Der Computer *gibt den Kindern* viele *Möglichkeiten, sich* nach eigenen Gesichtspunkten zwischen den Angeboten *zu entscheiden.* Insofern hat die Arbeit am Computer eine *hohe Affinität zum organisatorischen Rahmen*, der von der internationalen Reformpädagogik inspiriert ist.
- Er stellt *dem Lehrer* ein *abwechslungsreiches Übungsmittel* zur Verfügung, d. h. er *entlastet* ihn.
- Der Computer erhöht die Effizienz der Trainingsprozesse, reduziert den Zeitdruck in der Schule und schafft dadurch *mehr Zeit für pädagogisch sinnvolle Alternativen* im Schulleben und in der Begegnung mit der Umwelt.

Manche Erwartungen werden noch an Bedingungen geknüpft. Damit der Computer sich in diese Grundschulpädagogik gut ein-

* Vgl. oben S. 46, Fußnote.

fügt, »sollte« alles Mögliche geschehen – die Zusammenarbeit und die Selbständigkeit organisiert, die Begrenztheit des neuen Werkzeugs erfahren, die einseitige Betonung kognitiver Leistung vermieden werden (was freilich auch ohne den Computer der Fall sein »sollte«). Die »kritische Einschätzung« und »sinnvolle Nutzung« werden durch »Auseinandersetzung mit phantasielosen Computerspielen und ihren aggressiven und destruktiven Handlungsmustern« erfüllt, denn: »Der Computer, seine Handhabung, seine Software und seine Probleme werden hier selbst zum Lerngegenstand.« (S. 20/21)

Wer so redet, hat nicht etwa vergessen, daß er von der Grundschule spricht. Er weiß, welche Sorgen er zu beschwichtigen, welches Problembewußtsein er zu zeigen hat. Ich bin sogar überzeugt, daß er glaubt, was er sagt, denn vermutlich hat er beides noch nicht selber getan: einem 8- oder 9jährigen die Bedeutung des Computers als »Lerninstrument« nahegebracht und durch einen »handlungsorientierten Zugang« (»nicht etwa eine theoretische Belehrung«!) »die Negation derartiger Produkte (gemeint sind die Computerspiele) durch den Schüler« (S. 25) erreicht.

Andere »problembewußte« Befürworter der Computerarbeit in der Grundschule setzen auf Kompensation. Sie rufen die musischen Fächer an die Front; das Körperbewußtsein müsse aktiviert, das Zusammenleben in der Schule intensiviert, die Freude an Festen, Feiern, Fahrten mobilisiert werden.

Die Gruppe der Befürworter insgesamt aber scheint sich mit den wissenschaftlichen Bestätigungen durch Modellversuche zu begnügen. Die Ergebnisse: Die überwiegende Mehrheit der Kinder »bewertet« die Arbeit am Computer mit »sehr gut«, »gut« oder »alles super«; sie zeigt eine »sehr hohe und ausdauernde Konzentration«; ihre Schreibmotivation hält an; die Kinder gehen rasch von der Einschätzung des Computers als eines neuartigen und besonderen Mediums zu der Einsicht über, daß er ein alltägliches Werkzeug sei. Wem das angesichts der aufgeblähten »Zielsetzungen« zu bescheiden ist, der wird sich freuen, daß in der Abschlußbefragung nur noch 10 Prozent der Kinder meinten, der Computer sei schlauer als der Mensch, während es bei der Eingangserhebung noch 54 Prozent waren. (S. 25 f.)

Ein weniger naiver Versuch* kommt zu charakteristisch anderen Einsichten:
– Nicht der Computer an sich, sondern spezifische Programme bestimmen die Umgangsweise mit dem Medium und die möglichen Wirkungen auf die Kinder. (S. 3)
– Kinder gehen mit Computern sehr unterschiedlich um. (S. 59)
– Der Computer hat die Beziehung zur Schrift, zum Lesen und Schreiben nicht grundlegend verändert; daß die Kinder jetzt lieber, sicherer, dauerhafter lesen, konnte nicht festgestellt werden.
– Für die gängigen Befürchtungen (Verdrängung anderer Aktivitäten, soziale Isolierung, »Passivierung« und »Maschinisierung«) »haben wir keine Belege gefunden«. (S. 2)

Ich meine: weil hier vernünftiger Unterricht gemacht worden ist – vielmehr: kein Unterricht; man hat den Schülern freien Zugang zum Computer verschafft und ihnen dort Anleitung gegeben; die Gruppen bestanden aus acht bis zwölf Kindern; man wollte mit diesem Versuch nichts beweisen, nichts Besonderes »leisten«. Die geschilderte »offene« Pädagogik ist freilich geeignet, meine Befürchtungen für den Einsatz von Computern im Normalunterricht nachdrücklich zu verstärken.

Kritische Fragen, die man ernst nehmen müßte, kommen nicht *aus* den Modellversuchen, sondern *zu* ihnen.** Sie richten sich sämtlich zunächst an die Untersuchungen und implizieren Forderungen an diese:
– Was bewirkt der systematische Umgang mit Computern langfristig bei den Kindern?
– Wird noch genug gesprochen – unter den Schülern, zwischen Lehrern und Schülern –, wenn die Individualisierung der Aufgaben und Verfahren »computergestützt« fortschreitet?
– Wie steht es mit dem Handeln der Schüler? (Die Bilder zeigen Sitzkinder vor weißen Apparaten mit graugetönten Bildschirmen, den Blick starr und stumm auf die hellgrünen

  * Hans Brügelmann und Albrecht Bohnenkamp: Computer in der Lernwerkstatt. Bericht Nr. 53 a/3. Fassung/ November 1989/Fachbereich 12 der Universität Bremen.
  ** z. B. von J. Geulen: Landesinstitut für Schule und Weiterbildung 1989, S. 44 bis 46.

Schriftzeichen gerichtet; ein Jugendarbeiter nennt das den
»Tunneleffekt«: alles andere ist ausgeschaltet. Sollte sich so
die gewünschte »Konzentration« ausdrücken?)
— Wohin stecken diese Kinder ihre Besorgnisse und Unklar-
heiten, ihre Subjektivität und die Widersprüche im eigenen
Denken?
— Was wird aus den Sprechakten, die nicht in »Befehl« umwan-
delbar sind und doch auch wichtig und wert, daß man sie übt:
danken, um Entschuldigung oder Geduld bitten, sich rechtfertigen, auf später vertrösten, Freude und Zustimmung zeigen
oder Unruhe und Zweifel?
— Wie sieht es mit dem Urteilen, Entscheiden, Verantworten aus,
die zu jeder nichtmediatisierten Auseinandersetzung selbstverständlich dazugehören?
— Was wird aus dem Interesse, wenn das Gerät zum schulischen
Alltag geworden ist? Kann es dem Midas-Effekt allen Pflicht-
pensums entgehen?
Ein Teilnehmer (H. D. Kübler) an der erwähnten Tagung
(s. Fußnote, S. 46), der sich mit Computerspielen beschäftigt,
teilte mit, daß die von ihm beobachteten und befragten Kinder
zwar sehr viel über Computerspiele wüßten, aber nur in seltenen
Fällen mit ihnen spielen könnten. Viele Kinder sammeln Spiele.
Sein eigener Neffe beispielsweise habe deren rund 4000 und
wisse, daß er die meisten von ihnen nie benutzen werde. Solche
Beobachtungen öffnen das Auge für Abgründe. Was Arbeit am
Computer wirklich bewirkt, *wissen* wir nicht und sollten es uns
nicht zu idyllisch *vorstellen*. *Ahnen* kann man immerhin, wie
überflüssig das meiste ist, was man mit ihm vorhat.
Für mich ist offenkundig, daß unsere Legitimationsforschung
die falschen Fragen stellt und daß man diesen dann auch noch in
der falschen Weise nachgeht. Die Kultusbehörde des Landes, in
dem ich lebe und arbeite, muß sich den Schuh nicht anziehen, den
ich in diesem Kapitel bereitstelle: die »Verantwortlichen« sähen
nicht, welche Herausforderungen die Neuen Medien für die
Schule bedeuteten. Sie hat in ihrem Rahmenkonzept für »Neue
Informations- und Kommunikationstechnologien in der Schule«
im Jahr 1985 die Überzeugung bekundet, daß »nahezu alle
bedeutsamen Bereiche menschlichen Lebens in der nahen und
weiterer Zukunft zunehmend von den Auswirkungen« dieser

Techniken »beeinflußt, verändert und geprägt werden«, und hat vernünftige allgemeine Grundsätze aufgestellt, die für ihre Bildungspolitik daraus folgen: Alle Schülerinnen und Schüler sollen sich das notwendige fachliche Grundwissen zu den neuen Technologien aneignen und sich kritisch mit ihnen auseinandersetzen – mit ihren Wirkungen auf die »Vernunftnatur des Menschen«, mit der Veränderung der »menschlichen Wahrnehmung und Erfahrung« durch zunehmende Mediatisierung und mit der Veränderung der »menschlichen Kommunikation«. Ein Rahmenkonzept wie dieses bekundet zunächst einen politischen Willen, dem dann die pädagogischen Richtlinien, die organisatorischen, rechtlichen und finanziellen Regelungen folgen. Hier lautet der Wille: Die neuen Lehrinhalte sollten in die vorhandenen Fächer integriert werden; die fachlichen Qualifikationen seien in Verbindung mit allgemeinen und sozialen Kompetenzen zu vermitteln; es dürfe eine breite Grundbildung und keine zu frühe Spezialisierung geben; das kreative Lernen solle gestärkt werden; man werde darauf achten, daß die gesellschaftlichen Zusammenhänge reflektiert und daß das Lernen am Computer nicht auf technische Fertigkeiten reduziert werde; die jungen Menschen seien auf Mitbestimmung bei der Entwicklung und Nutzung der Neuen Medien vorzubereiten.

Das sind naturgemäß neue Aufgaben – ungeklärt und pädagogisch schwierig. Es muß also die dafür einschlägige Erfahrung, das dafür notwendige Wissen zusammengetragen, geprüft und methodisch ergänzt werden, bevor man handelt. »Die systematische Erhebung von Ergebnissen, die der Umsetzung des Konzepts dienen, erfolgt über ein umfangreiches Modellversuchsprogramm.«[*] Dies gesagt, geht der Text von den Grundsätzen unmittelbar zu den »Zielvorstellungen und Maßnahmen« für die einzelnen Schulstufen über und formuliert nur noch Fragen, die der oben angesprochenen »Umsetzung« dienen. Für die Modellversuche in der Grundschule lauten sie:

– Auf welche Weise kann der Computer als Medium unter Be-

---

[*] Der Kultusminister des Landes Nordrhein-Westfalen (Hg.): Rahmenkonzept Neue Informations- und Kommunikationstechnologien in der Schule – Zielvorstellungen, Maßnahmen und Entwicklungsstand, Heft 43 der Schriftenreihe: Strukturförderung im Bildungswesen des Landes Nordrhein-Westfalen, Düsseldorf 1985 (Verlagsgesellschaft Ritterbach), S. 17.

achtung der pädagogischen Ziele der Grundschule im Unterricht eingesetzt werden?

- Auf welche Weise lassen sich Informations- und Kommunikationsmedien ... im Unterricht einsetzen?
- Welche stabilen (nicht nur kurzfristigen) Auswirkungen hat der Einsatz des Computers auf Lern-, Arbeits- und Organisationsformen im Unterricht der Grundschule?
- Welche Auswirkungen auf Kinder, Lehrer und Eltern lassen sich bei einem Einsatz von Informations- und Kommunikationstechnologien im Grundschulunterricht beobachten?

und so fort bis zu den Forderungen an die Ausstattung der Schule und an die Lehrerfortbildung, die sich daraus ergeben.

Wenn der Auftraggeber derartiges fragt, fragen auch die Wissenschaftler nichts anderes. Die Untersuchung des Instituts für Schulentwicklungsforschung des Landes Nordrhein-Westfalen hat »auftragsgemäß« eine exemplarische Bestandsaufnahme der Computernutzung durch Grundschulkinder vorgenommen und empirisch untersucht, »ob bereits Grundschulkinder zu einem reflektierten, kritischen und selbstbewußten Umgang mit den Neuen Medien befähigt werden können«.* Die Fragen, *ob* und *warum* es überhaupt Computer-Arbeit in der Schule geben solle, und die damit verbundene Frage, *was* dort insofern mit dem Computer zu treiben sei, waren damit übergangen; man war gleich bei den Fragen der dritten und vierten Ordnung: Welchen Stellenwert räumen die Kinder dem Computer ein? Wie stark ist ihre »Motivation«, und wie lange hält sie sich? Was ist auf die genannten und bekannten Befürchtungen zu antworten, der Computer isoliere die Kinder voneinander, verdränge das Spiel, vernichte die Kreativität, treibe der Grundschule die elementaren Erfahrungen aus? Gibt es in alledem Unterschiede zwischen Jungen und Mädchen?

Die Plattheit empirischer Untersuchungsfragen habe ich hinzunehmen gelernt. Über wissenschaftlichen Selbstbetrug freilich staune ich noch immer. Unter der Überschrift »Miteinander –

---

* Gerda Langenbuch, Karl-Oswald Bauer, Hans-Günter Rolff, Petra Runte: Computer in der Grundschule? Ergebnisse einer qualitativen Feldstudie an einer Dortmunder Grundschule, Institut für Schulentwicklungsforschung Werkheft 31, Dortmund 1989, S. 1.

nacheinander – gegeneinander?« berichten die Schulforscher über einige Versuche, aus denen sie »Anknüpfungspunkte für eine (medien-)pädagogische Weiterentwicklung des Grundschulunterrichts mit dem Computer zeigen« wollen. Eine dieser Situationen sieht so aus:

»Die Kinder einer zweiten Grundschulklasse, in der ein Computer zur Verfügung steht, haben die Aufgabe, einen selbstverfaßten Text in den Computer einzugeben und auszudrucken. Drei Mädchen werden ... an den Computer geschickt. Wie gehen die Kinder nun mit dem Problem um, daß sie nicht einzeln, sondern (nur) zu dritt an das Gerät dürfen?« (S. 29) Aufgrund dessen, was die Forscher in solchen Situationen beobachten, warten sie gegen die »Isolierungsthese« mit der Feststellung von drei Interaktionstypen auf: »Warteschlange«, »Kooperieren« und »Kinder als Tutoren«.

Mit »Warteschlange« bezeichnen sie die Tatsache, daß von den drei Mädchen das eine gleich mit Bestimmtheit sagt: »Ich schreibe zuerst« und ein anderes mit leiser Stimme hinzufügt: »Wir können uns ja abwechseln«. Die Forscher machen da eine »verborgene Struktur der gemeinsamen Arbeit am Computer« aus; diese »beinhaltet ... die Regel, daß die Kinder *nacheinander* jeweils für sich ihre Texte eintippen.« (Der Interaktionstyp »Kinder als Tutoren« »beinhaltet« *miteinander arbeiten* und der Typus »Kooperieren« *ein gemeinsames Ergebnis erzielen*.) Wer das für trivial hält und gar meint, das sei doch alles unabhängig vom Computer so, wird belehrt, daß »kulturelle Muster, die von Kindern aktualisiert werden, empirisch mannigfaltig sind und sich theoretisch schon deswegen nicht antizipieren lassen, weil jede Theorie kulturellen Vorstellungen folgt ... Die Arbeitsform ›Warteschlange‹ ist eher computerbedingt ... Der Computer ›wirkt‹ nur dann auf Kinder ein, wenn die Kinder die Arbeit am Computer in das kulturelle Muster des Reagierens und Abarbeitens einbetten. Das ist nicht notwendig der Fall ... Die praktische Relevanz dieser Ergebnisse liegt auf der Hand.« (S. 33) *Difficile est saturam non scribere.*

Wenn ich in einer beliebigen Grundschulklasse nur *einen* Bildband über unsere Stadt zur Verfügung stelle und den Kindern auftrage: Jedes von ihnen solle darin drei Stellen finden, die es kennt und über die es etwas sagen kann, werden sie zu einer ähnlichen

Lösung wie der »Warteschlange« kommen; gebe ich danach je vieren von ihnen den Auftrag, daraus einen Vorschlag für unseren ersten gemeinsamen Stadtbummel zu machen, werden sie miteinander diskutieren; gebe ich schließlich den Auftrag, einen dem Buch über die Stadt ähnlichen Bildbericht über unsere Schule zusammenzustellen, werden sie zur Arbeitsteilung und damit zur Kooperation schreiten: Der M. macht die Fotos, die N. denkt sich die Texte aus, der O. schreibt sie schön ab, die P. malt das Titelbild.

»Kooperieren« hat man – laut Protokoll – bei folgender Gelegenheit festgestellt:

»Zwei Mädchen sitzen vor dem Bildschirm und steuern mit dem Joystick einen Frosch vom unteren Rand des Bildschirms über verschiedene Hindernisse und Gefahren so hinweg, daß er am oberen Rand des Bildschirms in ein Loch gelangt. Sie wechseln sich dabei von Zeit zu Zeit ab. Wenn der Frosch ›überfahren‹ wird, erscheint ein Totenkopf, und es erklingt ein Musikzeichen. Wenn er ertrinkt, ertönt die gleiche Musik. Nach einer gewissen Zeit sind alle Frösche verbraucht, und das Spiel fängt von vorn an. Vorher wird noch ein Punktwert angezeigt, der von der Zahl der durchgebrachten ›lebenden‹ Frösche abhängt.« (S. 31)

Ein »wettbewerbsorientiertes Geschicklichkeitsspiel« soll dies nicht sein; sonst müßten sich die Mädchen regelmäßig abwechseln. Sie versuchen vielmehr gemeinsam ein gutes Ergebnis zu erzielen. In der Sprache der Forscher: Es entsteht eine kooperative Struktur.

An der Bielefelder Laborschule haben die Kinder des Jahrgangs 3 vom Wandern der Kröten gehört und daß diese selbst auf dem Zufahrtsweg zu meinem Kotten nicht vor den Autos sicher sind. Sie beschließen, die Kröten zu retten – am Abend eines warmen Apriltags; sie diskutieren, was sie dazu brauchen; die einen bringen Eimer mit, um die Tiere darin forttragen zu können; die anderen meinen, eine Müllschippe sei nützlich; andere haben an ein Einkaufsnetz gedacht, damit die Kröten nicht aus den Eimern herausspringen; und die Lehrerin hat zwei handliche Rollen grünen Plastikzaun gekauft. Zwei Jungen, die Messer dabeihaben, schneiden die Stöcke, aber natürlich dürfen die Mädchen auch. Immer vier sind nötig zum Aufstellen des Zauns: einer hält den letzten »Zaunpfahl« fest und senkrecht, einer rollt den Zaun aus, einer schlägt den neuen »Zaunpfahl« ein (mit einem Stein, weil man den Holzhammer vergessen hat), und einer bindet den Zaun daran fest. Und während sie dies tun, haben sie tausend Fragen, machen aufregende Beobachtungen, teilen sich X mit, wollen sich Y merken, werden Z nachschlagen.

Den Interaktionstyp »Kinder als Tutoren« haben die Forscher bei der Herstellung einer Schulzeitung mit Hilfe des Computers beobachtet. »Ein Schüler, der einen deutlichen Kompetenzvorsprung hat, übernimmt dabei die Rolle eines Lehrers, der den beiden anderen zeigt, wie es geht.« Es ist Klaus, der den beiden anderen gesagt hat, es müsse »STATT« eingegeben werden und nicht »STADT«. Die Forscher fahren fort: »Dieser Typ ist nun pädagogisch besonders interessant. Möglicherweise sind nämlich Kinder als Tutoren für andere Kinder bessere Lehrer als Erwachsene ... Basierend auf Wygotskys Theorie der ›Nächstmöglichen Entwicklungsstufen‹ hat Rubtsov hierzu bereits ein Untersuchungsdesign vorgeschlagen (1988).« (S. 31) – *No comment*!

Einer Schule, die den Computer braucht, um diese Interaktionstypen zu »entdecken« und die Kinder in ihnen zu üben, ist nicht zu helfen, schon gar nicht durch solche sehr deutsche Forschung.

Die Fragen der ersten und zweiten Ordnung werden in diesen Legitimierungs- und Untersuchungsprozessen nicht gestellt: *Warum* und *wozu* Computereinsatz in der Schule? Und, wenn darauf positive plausible pädagogische Antworten gegeben worden sind: *Was* ist auf welcher Stufe mit dem Computer zu tun, *was* muß an ihm und *was* über ihn gelernt werden? »Muß« soll heißen: »Ohne das geht es nicht«, enthält also eine dritte Frage: Was ist das Wichtigste? Man muß auch sie beantworten, weil jeder neue Gegenstand in der Schule einen alten Gegenstand verdrängt. Keine der drei Fragen ist empirisch zu beantworten. Zur zweiten läßt sich natürlich durch Versuche ermitteln, welche Anlässe und Gegenstände geeigneter sind als welche anderen. Aber zunächst muß sogar über sie durch vernünftige Argumente entschieden werden und nicht durch die Softwareangebote, die es zufällig schon gibt. Und es sollten dabei die alten Mängel des

Unterrichts nicht verschärft werden: das Vorherrschen der Belehrung, die sich an den Verstand wendet, oder die Vernachlässigung der subjektiven Sinnkonstruktion* oder die abstumpfende Kollektivität des Unterrichts oder seine Taylorisierung, die Ausrichtung auf meßbare und also standardisierte Leistung. Die alten Mängel sollten erst recht nicht mit lauter Neuigkeit zugeschüttet werden. Vollends darf man nicht die Kompensation, die man schon für die alten Mängel kaum ausreichend aufgebracht hat, nun auch noch für zu erwartende neue heranziehen: die Förderung von Kreativität und Körperlichkeit und Kommunikation gegen Programmierung, Abstraktion und Vereinzelung der Lernvorgänge – als wisse man, wie das zu bewerkstelligen sei.

Die Fragen »Warum?« und »Wozu?« sind mitnichten beantwortet durch die Rahmenüberlegungen in den Rahmenkonzepten, und die Antworten auf die Frage »Was?« setzen Antworten auf die Fragen »Warum?« und »Wozu?« voraus. Auch die diesem ganzen Essay zugrundeliegende Überlegung, daß die Neuen Medien unsere Gesellschaft gründlich verändern werden, reicht dafür nicht aus – wohl nicht einmal für eine Entscheidung zwischen den beiden fingierten Schulen A und B (siehe oben S. 48 f). Da kommen einem zu viele Einwände in die Quere. Wenn die Arbeit mit dem Computer »kinderleicht« ist, wie nicht nur die Reklame verheißt, sondern alle mir bekannten Untersuchungen bestätigen, dann kann man ihn entweder früh oder spät und beide Male kurz in den Unterricht holen und so den jeweilig gewünschten Zweck erreichen. *Das* muß dann weder zu einem neuen Fach noch zu einem anderen Unterrichtsprinzip führen. Geht es um eine Veränderung unserer Denk-, Wahrnehmungs- und Verhaltensformen durch den Computer (wie sie das Rahmenkonzept des Landes Nordrhein-Westfalen annimmt), dann sollten wir ihn überhaupt nicht in die Schule lassen, bevor wir selber (a) dieser Denk-, Wahrnehmungs- und Verhaltensformen sicher sind und (b) die Veränderungen einzuschätzen vermögen; wir sollten Erkennen, Verstehen, Urteilen, Handeln an den Phänomenen lehren, von denen der Computer eines ist; er hätte sich einzureihen

---

* H. Bauersfeld: Computer und Schule – Fragen zur humanen Diskussion. In: Neue Sammlung 2/1985, S.113.

unter andere menschliche Erfindungen, deren Prinzip, Geschichte, Wirklichkeit und Wirkung uns beschäftigen: Sprache und Schrift, Buchdruck und Verbrennungsmotor, Kapital und Arbeit, Recht und Staat, Wissenschaft und Kunst, Pädagogik und Politik – eine Reihe, die, wenn man sie ordnet, konsequent fortsetzt und hinreichend differenziert, von alleine deutlich macht, ein wie kleiner Teil dem Computer in ihr einzuräumen ist. Geht es darum, angesichts der weltweiten »Produkt- und Prozeßinnovation« durch die Neuen Technologien »wettbewerbsfähig« zu bleiben (Rahmenkonzept NRW S. 12), wird man zu völlig anderen Inhalten und Formen des Computereinsatzes in der Schule kommen, als wenn man darin einen Bestandteil der *general education* sieht, die den Menschen den Verhältnissen gegenüber mündig, wenn schon nicht unabhängig macht. »Kenntnisse und Verständnis der Neuen Technologien« setzen dann der Bildung kein Maß, sondern pflanzen ihr eine Schwierigkeit, ja einen Zwiespalt ein. Das ist in Ordnung, aber man muß es sich eingestehen. Geht es schließlich um eine Revolutionierung des Lehrens und Lernens: Der Computer nimmt dem Schüler die Mühsal des Handschreibens und die Ordnung des Geschriebenen ab; er erlöst die Schule von dem Alptraum des enzyklopädischen Wissens; er entthront die »Ideologie der Allgemeinbildung« und substituiert das in der Informationsgesellschaft wirksame »anpassende Lernen« einerseits und Reflexionsfähigkeit andererseits (von Cube); er macht den fehlbaren, subjektiven, ungeduldigen Unterrichtsdirigenten überflüssig, indem er selbst die Einzelbelehrung und -übung übernimmt; er setzt den Lehrer für die wichtigeren und auch anspruchsvolleren Funktionen frei: Anreger, Helfer, Gesprächspartner zu sein – dann hat man vollends den Ernst der Fragen »Warum?« und »Wozu?« noch vor sich! Denn kann es recht sein, daß die Schüler lernen: Die Sachen weiß, ordnet und präsentiert der Computer; die Lehrer plaudern darüber und fangen unsere Störungen auf? Gerade der Computer als Lerninstrument verlangt eine Begründung außerhalb des von der Schule organisierten Lernvorgangs, wenn er nicht dessen Anpassung an sich selbst leisten, sondern ihn verbessern will – verbessern gemessen an einem benennbaren Ziel.

Dies alles sind »Götterkämpfe« (Max Weber), die einstweilen hoch über der Wirklichkeit toben. Blicke ich auf die Schul-Wirklichkeit, bin ich geneigt zu sagen:

– Alles, was man pädagogisch erreichen will, erreicht man besser ohne den Computer.
– Alles, was man pädagogisch vermeiden will, vermeidet man besser ohne ihn.
– Alle Dummheiten, die die Schule macht, macht sie mit ihm verstärkt.
– Das, was man *nur* an und mit dem Computer lernen kann, ist herzlich wenig und kann kurz vor der Entlassung in die Arbeitswelt (zu der auch die Hochschule gehört) realistischer und wirksamer absolviert werden.

Eine Schule, die nur vermarktungsfähige Fertigkeiten hervorbringen will, wird dem schicksalhaften Unglück nicht entgehen, vor dem diese vier Sätze implizit warnen. Dies kann nur eine Schule, die den wiederholt genannten *pädagogischen* Auftrag im Sinn hat: jungen Menschen helfen, in ihrer Welt erwachsen zu werden.

So werden es freilich weder die Schulverwaltungen noch die Pädagogen noch die Arbeitgeber sehen: Sie werden den Computer einführen – eingekleidet in kritische Vorbehalte, denen zu genügen sie weder fähig noch ernstlich gesonnen sind. Die Schule wird der Knochenerweichung erliegen, gegen die sie immunisieren sollte: der Flucht aus dem Denken in die Algorithmisierung, aus dem Wissen in die abrufbare Information, aus der Wirklichkeit in die Graphik der Bildschirme, aus Erlebnis und Tat in das Drücken von Befehlstasten, aus Verantwortung in Automatik.

Ich wäre durch das Nachdenken über das Phänomen Computer und seine Verbindung mit unseren Schulen nicht zu dieser grämlichen Ansicht gekommen. Ich wäre skeptisch, aber nicht pessimistisch. Meine Melancholie beziehe ich aus den zahlreichen Renommierbeispielen für Computereinsatz in der Schule. Ich gebe hier zwei aus der Grundschule wieder, auf deren eines die Computerleute offenbar sehr stolz sind, denn sie haben es gleich zweimal veröffentlicht.*

Zwei Beispiele aus der Grundschule

---

* Landesinstitut für Schule und Weiterbildung 1989: S. 199 und 201; Ilse Nilshon: Eureka – Ich hab's gefunden! Zur Arbeit mit einer Lernsoftware im Mathematikunterricht, in: Die Grundschulzeitschrift 47/1991, S. 25 f.

1. »Piraten – Wir suchen einen Schatz.« Dieser ist auf dem 9 x 9 gerasterten Bildschirm irgendwo vergraben – unsichtbar. Der Schüler soll ihn – wie ihm gesagt wird – durch »Probebohrungen« finden. Eine Bohrung liegt jeweils auf dem Schnittpunkt einer senkrechten und einer waagerechten Rasterlinie – diese beiden kann er durch Kommando bewegen. (Später, sehr viel später! wird er auf freiem Bildschirm, außerhalb dieses Spielprogramms, auch über die Diagonale verfügen können.) Bei jeder »Bohrung« wird ihm ein weiterer Hinweis gegeben: »Gehe weiter nach Norden« oder »Gehe weiter nach Westen«. Der Schüler erreicht dies, indem er den Schnittpunkt in der angegebenen Richtung verschiebt. So nähert sich der Schüler/der Pirat dem Versteck angeblich »durch Raten und Kombinieren«. (Beides trifft nicht zu: Er probiert!)

Und dies ist es, was die Hersteller/Didaktiker dazu sagen:

»... die vom Computer an den Schatzsucher gegebenen Orientierungsmeldungen können in verschiedenen mathematischen Konzepten ausgedrückt werden: Angefangen bei Himmelsrichtungen, über das scheinbar so einfache ›Heiß‹ und ›Kalt‹, bis hin zu Entfernungs-, Winkel- und Vektorenangaben. Die Schüler lernen dabei, die entsprechenden mathematischen Konzepte anzuwenden ... Im Unterricht mit Viertkläßlern arbeitet man auf dem einfachsten Schwierigkeitsgrad: Kleines (gemeint ist grobes) Gitter und Himmelsrichtung als Rückmeldung des Computers. Als Lernvoraussetzung sollten sich die Schüler im Koordinatensystem orientieren können.

Im Umgang mit Piraten werden Schüler mit ungewöhnlichen mathematisch-logischen Aufgabenstellungen in Form von Spielen zu strategischem Denken angeregt. Die ITMA-Gruppe* verfolgt dabei primär das Ziel, die Schüler zu einer Vielzahl von mathematischen Aktivitäten anzuregen, sie anzuspornen, ihre Gedanken gegenseitig auszutauschen und Hypothesen zu entwickeln.« (S.199 f.)

Dies ist, mit Verlaub, ein dreifacher didaktischer Betrug. Erstens: Hier liegt keine »mathematisch-logische« Aufgabe vor, sondern es geht um die Einübung in eine bestimmte rechtwinklige Raum-

---

* ITMA = Investigations into Teaching with a Microcomputer as an Aid

einteilung: X liegt weiter oben und weiter links. Zweitens: Zu
»strategischem Denken« kommt der Schüler vielleicht – nämlich
wenn er gehalten ist, den Schatz mit möglichst wenig Bohrungen
zu finden, und wenn er oft spielt. Warum er das tun sollte, ist mir
nicht erfindlich. »Weil es angeordnet ist« und »weil es kein anderes Spiel gibt« wären herzlich schlechte Begründungen, eben Teil
des Betrugs. Zunächst kommt es vor allem auf Probierglück an:
Geht der Schüler zu weit in der empfohlenen Richtung, muß er
unter Umständen wieder zurück – und lernt, daß es gut gewesen
wäre, sich die Ausgangsbohrung gemerkt zu haben. Er beginnt,
sich das Feld, in dem der Schatz weiter zu suchen ist, als Rechteck
vorzustellen. Er entwickelt beim zweiten und dritten Spiel vielleicht eine Strategie, sofern jemand anderes es stets schneller
schafft als er. Er wird fortan entweder in der Mitte beginnen und
dann in dem ausgemachten Viertel der Gesamtfläche mit der
Einengung fortfahren, auch diese systematisch von deren Mitte
her aufteilen oder sie ebenfalls systematisch von oben nach unten, von rechts nach links »aufrollen«. Drittens: Es handelt sich
um die armseligste Verkleidung einer armseligen Schulaufgabe.
Es ist schlechterdings nicht zu verstehen, warum man Zehnjäh-
rige (Viertkläßler!) mit so etwas belästigt.

2. »Ein Bad nehmen«. Das Szenario: In der oberen Hälfte des
Bildschirms ein nach oben offenes Rechteck – die Badewanne mit
einem Hahn; in der unteren Hälfte ein (wie wir Erwachsenen
wissen) Koordinatensystem mit Zeitachse in der Waagerechten
und Wasserstandsachse in der Senkrechten. Indem das Bad sich
füllt, klettert unten eine Linie aus dem Nullpunkt schräg nach
oben. Die Badewanne ist voll, wenn, und bleibt voll, solange ein
Strichmann, der nun darin sitzt, singt: kleine Wellenlinien kommen aus seinem stilisierten Mund. Bei stillstehendem Wasser-
stand klettert die Linie im unteren Teil des Bildschirmes nicht,
sondern verharrt in der Waagerechten; sie fällt ab, wenn das
Wasser abgelassen wird. Lehrer und Schüler können die Abläufe
steuern: das Wasser schneller oder langsamer einlaufen lassen
(im unteren Teil des Bildschirms steigt dann die Linie in einem
flacheren Winkel und streckt sich), das Bad kann voller oder
weniger voll gelassen werden, das Wasser länger oder kürzer drin-
bleiben, gar in verschiedenen Stufen zu- oder abgelassen werden.
Je nachdem sieht die Linie im unteren Teil des Bildschirmes an-

ders aus. Die Kommandos werden durch Tastendruck gegeben: T (tap) Wasserhahn auf oder zu/F (freeze) fixieren oder weiterlaufen lassen/P (plug) Stöpsel raus oder rein/H (help) Hilfe erwünscht.

Und dies ist es, was die Hersteller/Didaktiker dazu sagen:

> »Mit Hilfe (dieser Software) kann der Lehrer mit seinen Schülern Grundlegendes zur Kurveninterpretation entwickeln. Lehrer und Schüler können den Programmablauf steuern. Die Bedeutung des Kurvenverlaufs ergibt sich aus der Erörterung unterschiedlicher Alltagssituationen, in denen der Wasserspiegel sich entsprechend der jeweiligen Umstände hebt und senkt. Die Schüler schreiben Geschichten zum Graph (dieser Aspekt ist den Entwicklern der Software besonders wichtig), diskutieren untereinander die inhaltliche Bedeutung verschiedener Prinzipien des Kurvenverlaufs, übersetzen die vom Mitschüler in einer Geschichte ausgedachten Alltagsereignisse in die zugehörige graphische Darstellung u. a.« (S. 201)

Das sind lauter *big words* für simple Tätigkeiten und Überlegungen, die der Einübung des Abbildens von zweidimensionalen Vorgängen in einer Kurve dienen. Was hat man aus Kindern in der Schule bis dahin gemacht, wenn sie miteinander über die »inhaltliche Bedeutung verschiedener Prinzipien des Kurvenverlaufs« sich füllender Badewannen diskutieren wollen oder Geschichten zu diesem schwachsinnigen Szenario schreiben? Und vor allem: Warum sollen sie mit neun oder zehn Jahren solche Kurvenverläufe von realen Vorgängen entwerfen? Das einzige, was hier mathematisch zu »lernen« wäre, ist das Koordinatensystem — und das ist in der Aufgabe vorausgesetzt. Diese Computer-Didaktik entlarvt, wie bescheiden unsere Erwartungen an den Unterricht, wie kläglich unsere Vorstellungen von Schule sind.

Für die höheren Klassen gibt es vernünftige Aufgaben von großer *sophistication*. Der Computer wird hier für etwas gebraucht, was dem menschlichen Denken mit seinem Hang zur Veranschaulichung schwerfällt: die gleichzeitige gegenseitige Beeinflussung verschiedener Faktoren, oft auch mit einem falschen Bild »Vernetzung« genannt. Ein solches Denken wird von uns in vielen Bereichen, insbesondere in der Ökologie verlangt. Das gleiche Landesinstitut für Schule und Weiterbildung hat vor Jahren einen Entwurf für einen Unterricht vorgelegt, in dem das Thema »Ökosystem See« im Pflichtbereich der Sekundarstufe I mit informations- und kommunikationstechnologischer Grundbildung verbunden wird. Man hat den Entwurf weiterbearbeitet und durch neue abgelöst. Zur Veranschaulichung des hier interessierenden Prinzips: die Verwendung des Computers »in Affinität« zu einem gegebenen Unterrichtsgegenstand, genügt der erste Entwurf vollauf. »Der Zustand eines Sees verändert sich: Er wird z. B. immer grüner, und es gibt mehr Enten auf dem Wasser, oder es leben Vögel am See, die vorher nicht zu sehen waren, oder er riecht faulig ...« (S. 30) Es geht darum, die verschiedenen Größen, die dies bewirken, in ihrem gegenseitigen Verhältnis zu erfassen: Einfluß von Licht, Temperatur und Sauerstoff, Wechselwirkungen der Pflanzen und Lebewesen in ihm und um ihn, Einwirkungen des Menschen. Die Aufzeichnungen der einzelnen Beobachtungen werden aufeinander abgebildet, beispielsweise die wechselseitige Zu- und Abnahme von Räuber und Beutetier, und aus beobachtbaren natürlichen Abhängigkeiten mathematische konstruiert. Der Begriff »Terme« wird eingeführt und für die Aufstellung von Graphen benutzt. Diese und der hinzugezogene Computer dienen nun der Simulierung verschiedener Entwicklungen unter verschiedenen Annahmen zur Frage: »Kippt der See um?« Die Algorithmisierung wird in diesem Beispiel freilich weitgehend vorgeschrieben, wodurch sich hier der Eindruck bestätigt: Die Aufgabe ist wenigstens zwei, wenn nicht drei oder vier Jahre zu früh angesetzt. Die Einübung in die Handhabung des Geräts ist von größter mechanischer Einfachheit, um nicht zu sagen Stupidität. Die Komplexität der Aufgabe dagegen ist größer als die Didaktiker (wegen des gedachten Alters der Schüler) zulassen: sie »gängeln« den Unterrichtsverlauf – auch wenn sie immer wieder den Schritt einlegen: »Besprecht dieses Problem in euren Gruppen.« Das Programmieren des Computers (die einzige kreative* Tätigkeit, die hier gefordert ist) wird einerseits durch die metaphorische Sprache mystifiziert (»Die DVA mit der

---

* H. K. G. Walter und J. Schäfer: Information als Bestandteil von Bildung, Typoskript des Instituts für Theoretische Informatik der Technischen Hochschule Darmstadt, o. J., S. 14.

eingelesenen Software [XY] kann nur beschränkt viele Worte
›verstehen‹«/»Übersetzt also euren Algorithmus in eine Sprache, die der Rechner ›versteht‹«), teils banalisiert (»Gebt das
Programm in den Rechner ein und bringt es zum Ablauf«/
»Macht euch gleichzeitig vertraut mit den Menüebenen und
den Menüs der Programmierumgebung HOCHRECHNUNG
und nutzt deren Systembefehle.«). Aber auch ohne die Funk-
tions*weise* immer verstanden zu haben, versteht man doch die
Funktion selbst. Die Schüler werden die Frage beantworten:
»Können wir aus diesen Meßergebnissen hochrechnen und vor-
hersagen, nach welcher Zeit soviel Wasserlinsen vorhanden sind,
daß der See beginnt umzukippen?« (S. 79) und in der Lage sein,
dies zu begründen. Vor allem aber kennen sie die Sache und
wissen, worin oder womit der Computer zu ihrer Lösung hilfreich ist.

Ich habe, wie angekündigt, unverhältnismäßig viel über den
Computer als möglichen Veränderer der Schule gesprochen. Ich
versuche meine »Ausschweifung« durch eine kurze Zusammenfassung wiedergutzumachen und benutze die Gelegenheit, in dieser Zusammenfassung meine eigene Position deutlich zum Ausdruck zu bringen:

1. Die Erfahrungen mit der gegenständlichen und, soweit erreichbar, natürlichen Welt müssen in der Kindheit vermehrt und
bestärkt werden, ich könnte auch sagen: wir müssen die Kindheit
nutzen, in der Computer keine Lebensfunktionen haben. Es geht
um die sinnliche Wahrnehmung der Welt, die Entfaltung der Ein-
bildungskraft, die Erprobung des Willens und seiner Grenzen,
um Sympathie/*sympatheia* und elementare Verantwortung (für
ein Tier z.B.) – und um die Wahrnehmung der Rätsel, Schwierigkeiten, Widerstände, die dabei aufkommen. (Hier müßte man sagen, daß schon das Schreiben und Lesen, wo sie zum Hauptinhalt
des Kinder-Schultages werden – das Stillsitzen und Kollektivsein
fordern –, diese ursprüngliche Erfahrungsmöglichkeit beein-
trächtigen.)

2. Dies heißt, daß wir die Medien, zum Beispiel den Computer,
spät einführen, nicht bevor man die Wagenscheinsche Erkennt-
nisweise eingeübt hat: am Phänomen.

3. Dies wiederum heißt: mit der vieldeutigen Wirklichkeit
lange vorlieb nehmen, keinen Verzicht auf die zweideutige Frage

und das vieldeutige Erlebnis leisten, sich dieser sokratischen Schwierigkeit auch sokratisch stellen.

4. Die Apparate von vornherein in streng dienstbarer Funktion heranziehen: keine Übungen um des Computers willen (so wie man einst die Grammatik um der Grammatik willen geübt hat). Dies gilt vor allem für die Funktion »Textverarbeitung«. Sie muß von anregenden Schreibaufgaben oder -anlässen ausgehen. Dann tut der Computer seine heilsame Wirkung »nebenbei«: das Schreiben macht nun Spaß, weil das Ergebnis nicht durch die verkrüppelte eigene Handschrift verdorben wird. Der bloß schön aussehende Text ist überflüssig; ja, das Mißverhältnis von Form (»wie gedruckt«) und Inhalt (»wie gespuckt«) beginnt eine Anfechtung in unseren Bildungsanstalten zu werden.

5. Dies heißt auch: die Mathematik in ihre alte Rolle einsetzen. Die Mathematik gibt uns ein strenges Verständnis von Verstehen (anders als die Technik, anders als die Geschichte, anders als die Biologie, anders als die Kunst). Mit anderen Worten: Mathematik ist als ein platonisches Erkenntnismittel einzusetzen und von der Mathematisierung (als Abstraktionsverfahren) zu trennen.

6. Beim Übergang zu den wissenschaftlichen Erkenntnisformen (deren Erlernen und Einübung eine der Aufgaben der Schule ist) kann und muß erfahren werden, welchen Preis man für die Exaktheit und Universalität wissenschaftlicher Erkenntnis bezahlt: ihre Anschaulichkeit und Bedeutung (»Evidenz und Relevanz«). Um so entschiedener kann man sich ihrer bedienen.

7. Die allgemeine Bildung, zumal wenn sie dazu dienen soll, auf wissenschaftliche Studien vorzubereiten, muß auch mit anderen Wahrnehmungs- und Erkenntnisformen vertraut machen und deren Vor- und Nachteile erfahren lassen.

8. Das »algorithmische Problemlösen« ohne Computer muß der Verwendung desselben voraufgehen. Das meint: Wer den jungen Menschen nicht nur auf den Computer abrichten will, sondern dazu befähigen, den Computer sinnvoll einzusetzen, muß in erster Linie guten herkömmlichen Unterricht geben: das Problem so durchschaubar machen, daß man weiß, in welche Rechenvorgänge man es in welcher Folge auflösen kann. Danach ist die Algorithmisierung eines Problems für den Computer eine geistige Übung *katexochen*.

9. Der Computer ist leicht zu bedienen; dazu bedarf es keiner langjährigen Unterweisung. (Die Kultusminister, die einen frühen und gründlichen Computer-Unterricht verlangen, verstehen die Sache nicht.) Weniger leicht ist es, das eigene Programm in den Bahnen der gegebenen Software unterzubringen. Dies aber ist eine Übergangserscheinung. Dem Benutzer wird die Sache immer leichter gemacht, z. B. durch »Windows«, Übersichten mit graphischen Abbildungen der Schritte, die als nächste Entscheidung fordern. Schwer schließlich ist das Programmieren – aber das müssen nicht sehr viele Leute in dieser Gesellschaft tun, es müssen sich nur alle einmal an einem Programm versucht haben, um zu verstehen, was da vor sich geht.

10. Dies kann in der 9. und 10. Klasse in elementarisierten Kursen vor sich gehen – möglichst an Gegenständen des Unterrichts, die man schon ohne Computer behandelt hat, so daß man an der Differenz das Spezifikum erkennen kann.

11. Die Computer werden nicht, wie oft behauptet oder einfach vorausgesetzt wird, die Lehrer der nächsten Generation sein. Noch weiß man nichts über ihre langfristige Wirkung. Es ist denkbar, daß sie, wie die anderen neuen Medien, den »Hunger nach Person«, nach unmittelbaren Beziehungen zwischen Menschen, aber auch nach leibhaftiger, sinnlicher, moralischer Erfahrung gewaltig steigern. Lehrer-Personen könnten dann eines Tages als eine bedeutende didaktische Erfindung gepriesen werden.

12. Wie der Computer das Lesen und Lernen der Kinder in der Schule unmittelbar beeinflussen wird, ist dagegen abzusehen. Es widerspricht elementaren Grundsätzen moderner Pädagogik, die ich hier nur in Schlagworten andeuten kann: Die Schule muß die Grunderfahrungen bereitstellen, die man gemacht haben muß, um in der Gesellschaft, in der Kultur zu bestehen: körperliche, sinnliche, intellektuelle, ästhetische, politische, sittliche. Sie muß für die Einseitigkeiten, die sie selbst verursacht, Ausgleich schaffen: fürs Stillsitzen und für die verordnete Kollektivität, fürs Drinnensein und für die vorherrschende Verbalität, für die fertigen, unveränderten Ordnungen und die Passivität. Sie muß Kindern Eigenverantwortung geben (für »meine Sache«), den Anlaß für Gemeinsinn (»unsere Sache«). Sie muß also gegen das eigene Belehren-und-Abfragen-Gesetz Schranken errichten, Bewegung,

Gesellung und Alleinsein zulassen und alles tun, was das Kind ermutigt, Subjekt seines Lebens zu sein – sich gegen die Welt der Apparate und Institutionen zu behaupten, von denen und mit denen es lebt. Der Computer dagegen hält es an seinem Stuhl fest, grenzt seine Lebensregungen auf das Feld zwischen Bildschirm und Taste ein, legt alle anderen Sinne lahm, schaltet anderen Kontakt aus, bannt den Geist des Kindes auf das Frage-und-Antwort-Schema des Programms oder der Programmierung. Sein Einsatz macht – im Prinzip – alles zunichte, was sich die moderne Pädagogik seit Beginn unseres Jahrhunderts ausgedacht hat – zum Wohl des Kindes wie der Gesellschaft. Er bestärkt die Schule in dem, was man an ihr zu kritisieren hat. Er macht sie unmodern im Zeichen der Modernisierung.

Die Computer-Kultur braucht etwas, was die Arbeit am Computer von sich aus nicht hervorbringt, ja, was wir mit ihm zu vernachlässigen geneigt sind: die Fähigkeit zum philosophischen Zweifel, die Kraft zum moralischen Handeln, die Bereitschaft zu politischer Verantwortung. Die an ihm zu lernende rationale Ordnung der Probleme ist verschwendet, wenn wir keine wichtigen oder die falschen Probleme haben. Mit dem Eintritt in die Computer-Kultur ist die Aufgabe des Pädagogen noch einmal um vieles schwerer geworden.

Akkumulation und Akzeleration

Der Computer ist eine unter vielen »technischen« Erfindungen, die ein bestimmtes Problem lösen sollten und unversehens das ganze menschliche Leben verändern, ja, die Menschen von sich abhängig machen und nicht mehr rückholbar sind. Was man für gewollten und verantworteten Fortschritt gehalten hat, wird zur unaufhaltsamen, subjektlosen Entwicklung. Diese zu beklagen nützt nichts; ihr zu entrinnen – auf die Spielwiesen des Neuen Bewußtseins, in das alte Einfache Leben, in postmoderne Spiritualität – ist Luxus und Illusion zugleich; sie direkt bekämpfen heißt Don Quichotte spielen. (Ich werde darauf im nächsten Kapitel »Untaugliche Deutungen« zurückkommen.) Aber man kann lernen, sich ihr gegenüber vernünftig zu verhalten, wenn man versteht, was da eigentlich passiert: warum unser Leben komplizierter und indirekter, dichter und hastiger wird. Mit den zwei Fremdwörtern Akkumulation und Akzeleration habe ich zwei Grundmerkmale der technischen Zivilisation bezeichnet. Deren Ursache und Zusammenhang läßt sich folgendermaßen erklären:

Technik ist ein Verfahren, bei dem man sich eines Werkzeugs bedient. Dieses kann schon als solches – als Instrument – »technisch« genannt werden. Es ist technisch um so tauglicher, je genauer es auf die Erfüllung seines Zweckes ausgerichtet ist. Eine Vogelfeder konnte der Zierde, der Erzeugung von Tönen, dem Reinigen von Körperteilen und Sachen, dem Schreiben, dem Warmhalten, der Führung beispielsweise eines Pfeiles dienen. Eine Zahnbürste oder ein Füllfederhalter dienen nur einem Zweck, aber diesem ungleich wirksamer. Ein australischer Ureinwohner besitzt ein einziges Gerät – eine längliche Holzwanne: zum Sammeln der Gräser, zum Dreschen, Worfeln, Mahlen des Grassamens, zum Schöpfen von Wasser, zum Kneten des Teiges, zum Aufbewahren und Tragen, zum Musizieren und als Kopfkissen. Dieses Stück Holz ist ganz und gar dienstbares Mittel, erfordert keine Wartung, bindet seinen Herrn nicht (schon die Mahlsteine läßt er an bestimmten Stellen zurück, weil er sie nicht tragen will). Mit anderen Worten, dieses Gerät schafft keine anderen Ordnungen und Abhängigkeiten, es hat keine Folgen über sich hinaus, bleibt aber auch die vollständige Erfüllung seiner Zwecke schuldig. Die Differenz zahlt der Mensch durch Aufwendung von Kraft und Zeit.

Immer hat sich der Mensch zur Lösung seiner Probleme der Hilfe von Werkzeug bedient. Das zeichnet ihn aus. Immer ist ihm etwas Neues eingefallen. Immer hat dieses Neue auch neue Folgen gehabt, die um so weniger zu erkennen waren, je heftiger er die Lösung seines Problems suchte und je treffender diese war. Wurden die Folgen oder Nebenwirkungen sichtbar, hatte er zumeist Zeit, es mit ihnen aufzunehmen: Auf die Erosion, die beim Pflügen des Landes eintrat, reagierte er mit Terrassenbau, geeigneter Bepflanzung und einer besonderen Führung des Pfluges; auf die Auszehrung des Bodens mit Düngung und wechselnder Fruchtfolge; auf den im 17. Jahrhundert durch Schiffsbau entstandenen Holzmangel mit systematischer Wiederaufforstung und strengen Gesetzen über den Holzverbrauch. Fast immer ergab sich die Möglichkeit, den einen Mangel oder Schaden durch eine andere Maßnahme innerhalb der gegebenen Lebensordnung auszugleichen. Fast nie mochte und mußte man auf eine Errungenschaft verzichten. Ja, was man als »Fortschritt« erfuhr, war in der Regel ein gelungener und überschießender Ausgleich zu einer irgendwann selbst verursachten und nicht vorhergesehenen Not. Als der Mensch die Buchdruckerkunst ersann, um der Mühsal des Abschreibens zu entgehen, konnte er nicht ahnen, daß diese Erfindung alle Menschen dereinst zwingen würde, Lesen und Schreiben zu lernen. Als er die Chemie ersann, um sich der mühseligen Suche nach Gold (und anderen wertvollen Stoffen) zu entheben, ahnte er nicht, daß sie dereinst die gewöhnlichsten natürlichen Stoffe ersetzen würde – das Holz und die Tonerde, die Wolle und die Milch. Als er das Auto erfand, um die Fortbewegung zu beschleunigen und sich der Mühsal des Tragens zu entledigen, war nicht zu erkennen, daß er dereinst täglich für ein bis zwei Stunden in die neue Blechkutsche eingesperrt sein und einen Tag in der Woche für diese arbeiten würde. In unserem Jahrhundert und vollends in seinen letzten Jahrzehnten sind die langfristigen Folgen der voraufgegangenen Erfindungen zusammengetroffen, den Menschen allgemein bewußt und – wie schon früher, nun aber mit der konzentrierten Kraft eines Systems – durch weitere Erfindungen beantwortet worden, die ihrerseits dem gleichen Muster folgen: genaue Zweckerfüllung und diffuse, außerhalb davon liegende Folgen. Und nun kommt etwas auf unschuldig-tückische Weise zur Wirkung – der Umstand, daß alle Erfindungen und Maßnahmen buchstäblich »eines Geistes« sind. Gleich gedacht, auf gleiche Weise hergestellt, gleich gerichtet, eindimensional, wie sie sind, fängt keines zufällig die Folgen des anderen auf, sondern steigert sie vielmehr. Ihre mechanische Konstruktion, die sie einzeln zu griffigen Werkzeugen macht, macht sie insgesamt zu einem herrischen und unangreifbaren System: Beliebige Teilbarkeit, beliebige Kombinierbarkeit, beliebige Abstrahierbarkeit, unendliche Verkleinerung oder Vergrößerung oder Ballung, Ausrichtung am Standard, an der Statistik, an der Sicherheit wirken zusammen – auf Kosten von Individuation und Variation, von Schönheit und Originalität, von Wagnis und Kontinuität, von Autonomie und Solidarität. *Wie* sie sind – ihre

Struktur – ist der »Schadstoff«. Aus isolierten Dingen wird eine umfassende Be-Dingung.

Das Ganze hält sich eine Zeitlang in Spannung. Eines Tages, wenn genug zusammengekommen ist, stirbt der Wald, bricht die Immunisierungskraft des Körpers zusammen, ist das Zutrauen der öffentlichen Vernunft nicht mehr da und nicht wieder herzustellen. Die Tatsache, daß immer mehr Gegenstände und Apparate unsere Aufmerksamkeit beanspruchen – also die Akkumulation –, trägt ihrerseits zur Verdichtung des Lebens bei, also zur Beschleunigung der einzelnen Akte. Da die Technik in einem Wirtschaftssystem wirksam ist, das in erster Linie die Wünsche der individuellen Käufer bedient (ein Wirtschaftssystem *kann* auch anderes bedienen: die Entfaltung und Stabilisierung des Gemeinwesens durch gemeinnützige öffentliche Einrichtungen – Schulen und Sportanlagen, Museen und Max-Planck-Institute, Theater und Thermen, Krankenhäuser und Kasernen – oder die Versorgung aller Menschen auf dieser Erde mit den notwendigen Grundgütern oder den menschlichen Titanismus – den Bau von Domen, Pyramiden, Chinesischen Mauern und Weltraumstationen), werden diejenigen Tätigkeiten prämiiert, die eine möglichst schnelle Befriedigung versprechen und die Einsparung des einen unvermehrbaren Gutes: Zeit.

Kann eine Schule, die ihrerseits immer mehr Gegenstände unterrichtet, die sich der immer schnelleren Aneignung von immer leichter lernbar Gemachtem verschreibt, in der immer mehr Systemkonformität herrscht (zentral erstellte Examina, genormte Lernzeiten, termingerechte Abschlüsse, lineare Leistungsmessung, Richtig-Falsch-Unterscheidung, neuester Informationsstand, »vernetztes Denken«) dazu beitragen, daß die Menschen der folgenden Generation sich besser gegen die Herrschaft der »sekundären Systeme« behaupten, sich diese dienstbar machen und selber wieder zum – moralisch urteilenden – Subjekt der Vorgänge werden? Die konservativen Kulturkritiker haben diese Frage früher gefragt als die New-Age-Propheten und Kulturanarchisten einerseits und allemal als die inzwischen auch vorsichtig gewordenen Fortschrittsplaner und Kulturverteiler andererseits. Vielleicht gibt es jetzt einen gemeinsamen Boden der Vernunft für alle, vielleicht können sie sich hierauf einigen: Wenn »Beherrschung« der Verhältnisse und Entwicklungen das Ziel einer heu-

tigen Erziehung des Menschengeschlechts ist, dann sollte die
Schule ihre natürlichen Gegebenheiten nutzen und bejahen dürfen – daß sie kleiner ist als die jeweilige Gesellschaft, langsamer
und individueller vorgeht und der mörderischen Ökonomie der
größeren Stückzahl und der kürzeren Produktionszeit nicht unterworfen ist. Diese Freiheit von dem unerbittlichen Gesetz der
Akkumulation und Akzeleration ist die Voraussetzung dafür, daß
wir seine Erfüllung nicht für seine Beherrschung halten, daß wir
also die allmähliche Umwandlung unserer Zivilisation bewußt in
die Hand nehmen, statt sie unbewußt immer weiter zu perfektio-
nieren. Bescheidung, Verkleinerung, Verlangsamung, Verselbständigung zur Erhaltung und Verbesserung unserer Welt fordern
eine höhere Leistung, nicht eine geringere. – Wer sich in unseren
Tagen Gedanken über die Schule macht, wird von solchen Überlegungen kaum weniger bedrängt als von den »schlechten Nachrichten«, denen ich mich zuerst gewidmet habe.

Europa

Daß Europa die Schule in Deutschland und anderswo verändern
werde, daran scheint niemand zu zweifeln, und da man Europa
begrüßt – ein guter Deutscher ist ein guter Europäer –, kann man
nicht gleichzeitig die Folgen seiner Entstehung für das Bildungswesen beklagen und abwehren. Anfang des Jahres 1993 sind
die Grenzen innerhalb der Europäischen Gemeinschaft gefallen. Die Bürger der Mitgliedstaaten können ihren Aufenthalts-
und Arbeitsort innerhalb des Vertragsgebietes frei wählen,
Waren und Währungen frei handeln, Dienstleistungen überall
gleichermaßen anbieten und in Anspruch nehmen. Der neu
geschaffene große Binnenmarkt stärkt Europa gegenüber den
USA, Japan und den dynamischen ostasiatischen Schwellen-
ländern und kann die Staaten des ehemaligen Ostblocks und der
zerfallenen Sowjetunion schrittweise zur Beteiligung einladen,
sich langfristig Vorteile sichern, indem er sich jetzt »gutnachbar-
lich« verhält, also sich beispielsweise gegen eine Einwanderung
von dort nicht prinzipiell absperrt und zugleich Investitionen

im Osten vornimmt, die dafür sorgen, daß die Menschen dort bleiben.

Dieses Europa beginnt realistisch mit der Entgrenzung und Entfesselung der Wirtschaft, zu deren Faktoren richtigerweise der Bildungs- und Ausbildungsstand, die Weltoffenheit, der Veränderungsmut, das geistige Selbstbewußtsein der Menschen gezählt werden, die hier leben. Durch welche politischen Organe und Strukturen die ökonomischen Entwicklungen gestaltet und kontrolliert werden, liegt noch im ungewissen. Ob die europäische (in Straßburg keimende) Demokratie die europäische (in Brüssel wuchernde) Bürokratie je einholen kann, beurteilen viele mit Skepsis. Ohne ein Bewußtsein von Europa als einer geschichtlich begründeten, politisch sinnvollen und moralisch legitimierten Gemeinschaft dürfte ein europäisches Parlament jedenfalls stets nur ein Abbild der nationalen Machtverhältnisse auf diesem Kontinent sein: der Wirtschaftskraft, der Bevölkerungszahl, der politischen Koalitionen der einzelnen Völker – und ständig vor einem europäischen Verfassungsgericht weitere Verwaltungsnormen einklagen müssen, weil es ein von allen erkennbares und anerkanntes europäisches Gemeinwohl nicht gibt.

In den voraufgehenden zehn Sätzen sind die zu erwartenden Herausforderungen an die europäische Schule enthalten:

– Die Dienstleistung Bildung, die in den einzelnen Mitgliedstaaten geltenden Berechtigungssysteme, die Standards für Qualifikationen zumindest der Lehrer und Ausbilder müssen verhandelt und einander angeglichen werden, sonst ist die ganze »Freizügigkeit« für die Katz; dies wird die Strukturen der Schule verändern.

– Die neue Gemeinschaft wird eine große geistige Anstrengung machen müssen, um die europäische Zusammengehörigkeit auf mehr als nur den wirtschaftlichen Vorteil zu gründen, der obendrein aus Mangel an einer Vergleichsmöglichkeit (wie es wohl ohne die Vereinigung weitergegangen wäre) nicht wahrgenommen werden wird; man wird dabei auf etwas sehr Anfechtbares und Altmodisches zurückgreifen (müssen): auf »Tradition« – das ist ausgewählte Geschichte – und »Mythos« – das ist verbildlichtes Bewußtsein –, weil bloße Erinnerung alles zu lehren vermag, auch den Stolz auf die Nation, den Anspruch auf Territorium, die Segnung von Dominium und

Imperium, und weil Geschichtswissenschaft die geforderte »Identität« nicht stiftet. Europa muß sich zugleich in acht nehmen, daß es diese Identität nicht um den Preis eines verschärften Antagonismus gegen Nordamerika und Asien und einer Gleichgültigkeit gegenüber Afrika und Lateinamerika erkauft; dies wird die Inhalte der Schule verändern.

— Eine größere ethnische und kulturelle Vielfalt wird gerade in den reicheren und entwickelteren Regionen Europas unvermeidlich sein; auch wer die multikulturelle Gesellschaft nicht ausdrücklich erstrebt, wird mit ihr leben müssen – in der Schule wie im Wohnblock wie am Arbeitsplatz; dies wird die Funktion der Schule verändern.

Das alles ist schon im Gang, »Europa« wird längst auch von Schulleuten diskutiert und dabei kaum als »schwieriger Anlaß« für Veränderung wahrgenommen. Ich fürchte, daß man sich dabei täuscht, sich nicht klarmacht, wie weitreichend die Folgen der Verwirklichung Europas für die Schulen der Mitgliedstaaten sein werden. Auf einer Tagung mit dem Titel »Bildung in Europa: Bildung für Europa«, die im Juni 1993 in Regensburg stattfand, hat man sich folgende Themen vorgenommen:

— Unterschiedliche Bildungs- und Ausbildungsmodelle in den europäischen Ländern – eine Musterung, um die »bewährtesten« zu ermitteln,

— die Leistung der berufsbildenden Schulen und Ausbildungseinrichtungen – weil sie wirtschaftlich am unmittelbarsten ins Spiel kommen,

— die Modernisierung der Bildung – weil man weiß, daß die Übereinstimmung mit dem jeweiligen arbeitsteiligen Industriesystem für den »Erfolg« viel entscheidender ist als andere Faktoren: staatliche oder private Trägerschaft, sozialistische oder kapitalistische Ideologie, zentrale oder dezentrale Organisationsform*,

— die Wechselwirkung von Schule und Identität, von Schulbil-

* Klaus-Jürgen Tillmann: Staatlicher Zusammenbruch und schulischer Wandel. Schultheoretische Reflexionen zum deutsch-deutschen Einigungsprozeß, aus: 30. Beiheft der Zeitschrift für Pädagogik: Transformationen der deutschen Bildungslandschaft, hg. von P. Dudek und H.E. Tenorth, Weinheim/Basel 1993 (Beltz).

dung und Chancen auf dem Arbeitsmarkt, von öffentlichem »Wertewandel« und Schulpensum,

— die Notwendigkeit von einheitlicher und gemeinsamer Bildungspolitik.

So sehen es die Wissenschaftler. Die Lehrerverbände, Parteien und Kultusverwaltungen suchen in der europäischen Vereinigung neue Argumente zu ihren alten Positionen – für oder wider eine Kürzung der *secondary education* auf zwölf Jahre, für oder wider die Trennung der Schüler nach homogenen Lerngruppen, für oder wider zwei Fremdsprachen im Abitur. Wieviel man wovon wisse und wie dies nachgewiesen werde – das scheint über Europa, über den europäischen Bürger in ihm zu entscheiden.

Eine Kultusministerin regt gleich zu Projekten an:

— »Parallelklassen könnten großformatige Europa-Puzzles mit thematisch ausgeführten Europakarten (Topographie, Verkehrswege, Wirtschaftsstrukturen, Besiedlungsstrukturen) erstellen und eventuell im Schulhof oder auf einem öffentlichen Platz aufbauen.«

— »Es könnten auch große Collagen mit Abbildungen von Themenbereichen angefertigt werden, die Gleichartiges in der jeweiligen nationalen Ausprägung zeigen.«

— »Themen könnten beispielsweise sein: Eisenbahnmotive, Autotypen, wichtige nationale Gebäude (Kirchen, Parlamente).«[*]

Nichts gegen konkrete Ratschläge! Aber diese zeigen mir, daß die Schwierigkeiten der Aufgabe nicht erkannt und ernst genommen werden, die die Autorin selber so formuliert: *erstens* das Wissen (für das die Schule zuständig ist) »unter einem europäischen Aspekt darbieten« und *zweitens* »bewußtmachen, daß bei der Einigung Europas jede Nation und sogar jede Region ihre Eigenständigkeit weitgehend behalten soll«, denn »Ziel ist die Wahrung der Vielfalt in der Einheit«.

Die Anpassung aller europäischen Bildungssysteme an ein bestimmtes Strukturmodell widerspricht der allgemeinen Absicht, der bisherigen Geschichte der einzelnen Länder und Kulturen und der Eigenart pädagogischer Verantwortung. Die Absicht

---

[*] Marianne Schultz-Hector: Vielfalt in der Einheit wahren, in: Deutsche Lehrerzeitung (dlz) 1/5/93.

kann nicht »Gleichschaltung« sein. Die Benennung, die Einteilung, die Gegenstände zu verändern – das wäre nicht schwer, aber es wäre auch unwirksam, weil und solange die Menschen ihre Ansichten, Denkgewohnheiten und Bewertungen beibehalten. Eben diese zu öffnen muß die Absicht sein, und das erreicht man durch Liberalität eher als durch Zwang. Konkret: In einer längeren Anfangsphase sollte es möglich sein, mit 5 oder 6 oder 7 Jahren eingeschult zu werden, die Hochschulberechtigung sowohl nach 12 wie auch nach 13 Jahren zu bekommen, mit einer oder zwei oder drei oder vier Fremdsprachen ins Abitur zu gehen, und sollten die Länder Europas zwei- oder drei- oder viergliedrige Systeme haben dürfen oder ein einheitliches horizontal gestuftes. Das Aufgehen eines nationalen Bildungswesens im europäischen wird paradoxerweise durch die Autonomisierung der einzelnen Schulgemeinden erleichtert. Die deutsche Länderhoheit ist dem französischen Zentralismus auf dem Weg zur Schule Europas voraus.

Die Europäische Gemeinschaft stellt die Schule überall erneut vor die alte Wahl:

Entweder standardisierte Abschlußprüfungen machen die Reproduktion von Wissen zum obersten Maßstab des Erziehungs- und Bildungsvorgangs; die Schule wird, ob sie will oder nicht, zur Auslese- und Paukanstalt nach einem Maßstab, der nur für den administrativen, nicht aber für den sachlichen Zweck taugt.

Oder jeder wird nach seinen Möglichkeiten gefordert und gefördert; die Verfahren und Ergebnisse der Schule entziehen sich der Standardisierung; die Bewährung der Absolventen geschieht an den Anforderungen der Sache, der Lebenslage, der weiterführenden Einrichtung.

Da der Staat aus anderen Gründen fast überall zum Träger der allgemeinbildenden Schulen geworden ist, ist er auch zum Notar der Leistungen geworden, die die Fähigkeit zum Besuch der ebenfalls von ihm getragenen Hochschulen ausweisen. Aber die Einheitlichkeit seiner Prüfungen verdirbt nicht nur den pädagogischen Prozeß, sie ist auch eine Illusion. *Das* könnte und sollte jetzt an der Schwelle zur europäischen Einheit offenbar werden, und die Zunft der Erziehungswissenschaftler sollte sich weigern, an der Übertünchung der Brüche und Risse mitzuwirken. Sie sollte vielmehr helfen, eine überschaubare Zahl von sinnvollen

Bewährungsmustern aufzustellen, deren sich die Absolventen der Schule wie ihre »Abnehmer« frei bedienen. Die natürliche – gewachsene und gewohnte – Verschiedenheit der europäischen Systeme wäre eine Chance dazu.

Die Richtlinien und Lehrpläne der allgemeinbildenden Schulen dürften in den folgenden vier Punkten eine bewußte Intensivierung oder Veränderung erfahren:

(1) Dem Fremdsprachenunterricht wird ein deutlich höherer Rang eingeräumt; er nimmt mehr Zeit in Anspruch und bekommt größere Zuwendungen; alle Schüler lernen außer Englisch eine Fremdsprache aus einer Liste, die die Sprachen sämtlicher europäischer Länder, auch der kleinen, enthält; bei Zugewanderten zählt Deutsch als eine der geforderten Fremdsprachen. Jeder Schüler hält sich im Laufe der Schulzeit einmal für wenigstens drei Monate in dem Land auf, dessen Sprache er lernt. Schulen tauschen in den dafür geeigneten Jahrgängen ihre Schüler mit Partnerschulen im Ausland aus und werden dabei von den Behörden unterstützt.

(2) Wer ins Ausland reist, muß vor allem das eigene Land kennen, um seinen Gastgebern davon berichten zu können. Auf diese Weise hat solches Wissen einen guten Sinn – und auch die oben zitierten Projekte könnten ihn haben, wenn man sie dafür einsetzt.

(3) Die Schule muß an geeigneter Stelle die besonderen Merkmale – Leistungen, Ideale und Probleme – Europas vor Augen führen und durch besondere Unternehmungen erfahrbar machen. Dabei wird sie sich der Gegenüberstellung von europäischer Kultur mit nicht-europäischen Kulturen bedienen und dadurch zugleich einem ungewollten und schädlichen Eurozentrismus vorbeugen.

(4) Vergleich, die Wahrnehmung und Bejahung von Unterschieden, die Achtung vor dem Fremden werden vor allem im Umgang miteinander – im Schulleben – geübt. Dem muß die Unterrichtsanstalt stattgeben.

Für die Erfüllung der beiden letzten unter diesen Erwartungen muß nach meinem Urteil noch am meisten getan werden. In den Mitgliedsländern dieses Kontinents haben der Geschichts- und der Geographieunterricht die Umrisse Europas in den Köpfen der jungen Menschen entstehen lassen, die dann im Laufe der Zeit durch die politischen Ereignisse, durch die Bilder des Fernsehens, durch eigene Reisen und Begegnungen ausgefüllt werden. Aber um so etwas wie ein Zusammengehörigkeitsgefühl, ein Bewußtsein von und eine Loyalität zu Europa auszubilden, dürfte das nicht reichen. Was man von den anderen Nationen wahrnimmt, ist durch den Gesichtswinkel der Geschichte des eigenen Volkes, durch die eigenen ökonomischen und sozialen Verhältnisse, durch die eigenen kulturellen Vorurteile, durch die jeweiligen Interessen und Erfahrungen bestimmt. In vielen Ländern fixieren eine leidvolle Erinnerung oder eine leidvolle Gegenwart die Menschen auf bestimmte Feinde und Freunde und eine bestimmte eigene Rolle. Die Rolle von Gebern und Nehmern, von Vermittlern und Dolmetschern, von Partnern und Herausforderern in den Vereinigten Staaten von Europa lernt man nicht durch Tourismus, nicht durch Filme, in denen das Leben in einer Satellitenstadt von Paris oder Barcelona dem in St. Louis oder Hongkong oder Kapstadt vollkommen gleicht, und nicht durch die Abendnachrichten vom Bombenanschlag in London, von einer Straßenschlacht in Los Angeles und einer Asylantendebatte in Bonn.

Der Anfang ist immer schon gemacht – er muß nun geprüft und bewußt werden: in einer europäischen Bildung. Der deutsche Gymnasiast hat soviel Shakespeare gelesen wie Schiller, eine Schülerin einer britischen Grammar School soviel Alphonse Daudet wie Charles Lamb; ein skandinavisches Kind ist mit Pinocchio aufgewachsen wie das italienische mit Rotkäppchen oder Andersens Märchen; in den europäischen Konzerthallen erklingen gleichermaßen Tschaikowsky und Bartók, Vivaldi und de Falla; unsere Welt legen wir Europäer mit Hilfe von Aristoteles und Rousseau, von Marx und Freud aus. Aber wissen wir, was daran europäisch ist? Was macht Philosophie, Wissenschaft, Technik, Geschichte, Politik, Republik, Demokratie, Humanismus, Aufklärung, Moderne, Tragödie und Sonett, Sinfonie und Sonate zu europäischen Erfindungen? Ist Europa denkbar ohne sokratische Selbstprüfung, ohne christliche Selbstüberwindung, ohne neuzeitlich-faustische Selbstbefreiung? Wer denkt das wo zusammen? Wie wird daraus eine Grunderfahrung – die geistige Muttermilch, die die Mythen und Märchen einmal für die Völker waren? Wie wird daraus die Ideenheimat, die die bürgerliche Bildung vielen noch vor einem Jahrhundert bot?

Wer diese Fragen stellt, spürt, wie oberflächlich die heutige europäische, an den Disziplinen der Wissenschaft orientierte Schulbildung angelegt ist – und wie die immer neuen Stundentafelkompromisse verhindern, was sie ermöglichen wollen: die Einsicht in eine geistige Ordnung, in eine Konfiguration von bedeutenden Vorstellungen.

Wer widmet sich dieser Aufgabe? Wer wagt es, sie überhaupt zu stellen? Wer oder was zwingt sie uns auf?

Wenn nicht wir spezialisierten, funktionalisierten, sozialisierten Pädagogen, dann vielleicht unsere Lage – die geographische, die historische, die welt- und umweltpolitische. Was einst Barrieren waren: Weichsel und Rhein, Alpen und Pyrenäen, Nordsee und Adria, sind heute Nahtstellen geworden, Ziel von Reisen, Gelegenheiten für Austausch und Begegnung – aber auch tödliche Verbindungen! Die Flüsse tragen das Gift vom einen Land ins andere; alle Anlieger eines Meeres erleiden dessen Verseuchung; die Windseite der Gebirge fängt den sauren Regen auf, der Hunderte von Kilometern entfernt entstanden ist; radioaktive Wolken kennen ohnedies keine Hindernisse. Kriege – die Erblast vergangener Jahrhunderte – und die Beschädigung der gemeinsamen Natur, die Flucht der Armen aus Regionen ohne Zukunft in Regionen ohne Raum – das alles wird uns nötigen, kontinental zu denken, uns auf ein Kerncurriculum europäischer Überzeugungen zu einigen, ohne die die Völker die Opfer und Kompromisse nicht aufbringen werden, die die Lage von ihnen fordert.

Daß Europa kein oder nur ein schwaches Bewußtsein von einem ihm eigenen Gemeinwohl, einer es auszeichnenden und verbindenden Gesinnung hat, beweist der politische Alltag: wenn Kernkraftabfall vom einen Land ins andere verschoben wird; wenn Einheitsgesetze benutzt werden, um den Import zu regulieren; vollends wenn die Staatengemeinschaft so gut wie tatenlos dem jugoslawischen Völkermorden zusieht. Ich richte nicht; ich habe keine schlüssige Vorstellung, was hier hätte geschehen können; ich stelle nur den Mangel fest. Aber daß das europäische Bewußtsein hätte aufschreien müssen, als der amerikanische Präsident 23 Tomahawk-Raketen auf Bagdad abschoß zur Vergeltung für einen zwei Monate vorher in Kuwait versuchten Mordanschlag auf den Privatmann und Expräsidenten Bush unter Berufung auf Artikel 51 der UN-Charta, der einem Staat erlaubt, zur Selbstverteidigung (!) Kriegsmaßnahmen zu treffen, – darüber muß ich richten dürfen, wenn ich als Pädagoge glaubhaft für Europa eintreten soll. Der amerikanische Akt widerspricht allem, was Moral und politische Klugheit von einem Staat erwarten lassen. Staaten sind strenger an den gegebenen Prinzipien und Ordnungen zu messen als der einzelne, dem man nachsehen mag, wenn er sich von seinen Emotionen hinreißen läßt; Staaten haben – um mit der europäisch gedachten amerikanischen Unabhängigkeitserklärung zu sprechen – »a decent respect to the opinions of mankind« zu bezeugen und sich aller Freibeuterei zu enthalten, auch wenn sie dem anderen eine Schuld geheimdienstlich nachweisen können; Staaten dürfen nicht willkürlich festsetzen, welche Rache sie wann für welche Tat an wem nehmen. Diese Überzeugung hätten die Staatsmänner Europas zum Ausdruck bringen können, indem sie zu dem ganzen Vorgang schwiegen und nicht sofort – noch vor der amerikanischen Rechtfertigung vor dem Sicherheitsrat – ihre Zustimmung zu ihm erklärten. Amerika hat eine andere Tradition; das Leben an der »frontier« hat es in der Selbstjustiz geübt; die Geschichte der eigenen Nation legt ihm noch heute eine andere Vorstellung vom Verhältnis des einzelnen und der zivilisierten Gesellschaft nahe.

Daß solche Gedanken die gegenwärtigen Bildungspolitiker wirklich beschäftigen, glaube ich nicht. Sie müßten sonst Vorsorge tragen, zum Beispiel jetzt mit der Ausbildung der Lehrer für den vorherzusehenden »Europabedarf« beginnen. Wo das Gesagte bei irgendwem eine Beunruhigung auslöst, werden sich schnell die Einwände und Ausreden einstellen, mit deren Hilfe man alles beim alten lassen kann:

– unsere Demokratie, der ihr zugrunde liegende Pluralismus, die weltanschauliche Neutralität des Staates erlaubt der öffentlichen Schule keine solche Einflußnahme; wer den Schulen den Nationalismus als doktrinär und unwissenschaftlich ausgetrieben habe, habe sich der Möglichkeit begeben, Europäismus zu lehren;

– umgekehrt: eine Schule, die die Welt von einer festgelegten Position aus zu sehen lehre – einer christlich-katholischen, einer protestantisch-fundamentalistischen, einer marxistischen –, könne nicht zu Europa führen;

– dies also müsse man der Gesellschaft überlassen; es müsse sich im Lauf der Zeit eine Tradition bilden; die könne dann Gegenstand der Schule werden;

— die politischen und wirtschaftlichen, die sozialen und ökologischen Probleme aber seien technische Probleme, Probleme für Fachleute; Lehrer seien diesen in der Regel nicht gewachsen.

Damit kann ich mich abfinden, wenn man von Stund an die europäische Schule aus dem Programm streicht und alle Anstrengungen uneingeschränkt der Behebung dessen zuführt, was die Schule überall schlecht macht: daß sie die Kinder langweilt, daß sie nicht auf die Probleme der Gegenwart und Zukunft vorbereitet, daß sie nicht einmal ihre herkömmlichen Unterrichtsaufgaben erfüllt, daß sie sich mit zahllosem Allotria beschäftigt, daß sie den Kindern kostbare Zeit stiehlt – von 1993 an auch noch durch das Anfertigen von Collagen mit europäischen Eisenbahnmotiven, Autotypen und Parlamentsgebäuden und durch viel Eurorhetorik.

Die für das Werden Europas zuständige Kommission der Europäischen Gemeinschaft ignoriert die Bildung im Unterschied zur Ausbildung vollkommen. In ihren Informationen erscheinen die Schulen und Hochschulen als Teile einer ökonomisch-technischen »Förderungsstruktur« – als »Bedarfsträger« und »Empfänger« von Hilfen neben dem Umweltschutz, der Energieversorgung, dem Gesundheitswesen, den Versicherungsdiensten. Europa – keine Idee, sondern eine Krippe, an der die Futterplätze neu verteilt werden. Umgekehrt: Könnte es in unseren Schulen einen plausibleren Anlaß für die Prüfung gedankenlos verwendeter Begriffe geben als den Übergang von Deutschland zu Europa – der Begriffe Volk, Nation, Land, Staat, Bundesstaat, Staatenbund, Autonomie, Region? Europa, das ist immer auch eine Gelegenheit, uns selbst zu mustern.

Die multikulturelle Gesellschaft

Ob man sie bejaht oder fürchtet: sie ist da – die gemischte Gesellschaft. Rund sechs Millionen Ausländer leben unter rund 80 Millionen Deutschen – 7,5 Prozent der gesamten Bevölkerung der

Bundesrepublik. Aber weder die absolute noch die relative Zahl machen das Problem oder umgekehrt das Phänomen der »multikulturellen Gesellschaft« aus, sondern das Bewußtsein davon – auf beiden Seiten. Dieses wird durch eine Reihe von Faktoren bestimmt:

– die Funktion der Einwanderer
– ihre Verteilung
– ihre Dynamik
– ihre äußere Erscheinung
– ihr ethnisches, kulturelles, religiöses, politisches Selbstbewußtsein wie das des Gastlandes.

Die USA, Kanada, Australien, Brasilien, Israel sind erklärte Einwanderungsländer; Deutschland, Rußland, die Niederlande, Frankreich, England waren es für bestimmte Zeiten, wenn sie Zuzug brauchten oder ihre Schützlinge aus aufgelassenen Kolonien aufnehmen mußten. Asylanten in großer Zahl hat es auch gegeben: Hugenotten, Mährische Brüder, portugiesische Juden – aber dann hat man sie Flüchtlinge/*réfugiés* genannt. Für diese unterscheiden sich die deklarierten von den nicht deklarierten Einwanderungsländern erheblich: In den ersten fühlen sich die Zugewanderten meist schon in der ersten Generation als Bürger, die nun ihrerseits Neuankömmlinge aufnehmen oder es mit ihnen aufnehmen. Vor allem aber wissen sie, daß sie hierbleiben wollen, daß dies nun ihr Land ist, wie schwer auch immer es ihnen das Vorankommen macht. In den letzteren wissen das die Gastarbeiter, die Flüchtlinge und Schutzbefohlenen nicht; nur selten gelingt es ihnen, den Status der *underdogs*, der gesellschaftlichen Hilfstruppen zu verlassen; und wenn sie es tun, wenn sie erfolgreich aufsteigen, werden sie als Bedrohung empfunden. Bedrohlich wirken sie auch, wenn sie geballt auftreten, wenn sie sich im Lande stark vermehren oder Verwandte aus dem Heimatland nachziehen, wenn sie eine andere Religion haben und durch Haut- und Haarfarbe, Lebensgewohnheiten und Kleidung stark auffallen – und sich durch Bescheidung, Fleiß, Geschick unentbehrlich gemacht haben, so daß man von ihren Diensten abhängt. Vor allem beunruhigt es die Bewohner des Gastlandes, wenn völlig unabsehbar ist, wieviele noch Einlaß begehren werden. Schon darum sind Einwandererquoten beruhigend.

Dieses Einmaleins der Multikulturalität sich zu vergegenwärtigen ist nützlich, weil man daran erkennt, wie sehr unsere Kultur und unser Wirtschaftssystem den Zuwanderern entgegenkommen und wie wenig unsere politischen Ordnungen und Institutionen dazu taugen, sie zu integrieren. Unsere Kultur ist weitgehend säkularisiert und pluralistisch, bewertet Vielfalt und Abwechslung hoch, gebietet Toleranz, verpönt Rassismus, ja, sofern sie sich als christlich versteht, ist ihr Barmherzigkeit aufgetragen: Fürsorge für Schwache, Arme und Fremde. Unser Wirtschaftssystem ist auf Wachstum und »Aufstieg« angelegt, braucht immer neuen Nachschub von unten, läßt immer mehr sture und schmutzige Arbeit übrig, die nicht von Maschinen oder nicht während normaler Arbeitszeiten besorgt werden kann; sie bietet gerade den Anspruchslosen eine Chance.

Aber unsere politische Struktur – die Demokratie – ist auf ein ganz anderes Problem ausgerichtet und in Europa nur am Rande mit ethnischen Minderheiten befaßt gewesen. Folglich hat auch unsere politische Erziehung sich damit nicht beschäftigt. Ein Thema wie das eines großen Kongresses in Jerusalem im Sommer 1993 spricht ein in Israel, in den USA, in Südafrika geläufiges, bei uns aber noch zu erschließendes Problem an: Education for Democracy in a Multicultural Society. »Erziehung zur Demokratie« umfaßt nicht automatisch auch das Miteinanderauskommen in der gemischten Gesellschaft.

Im Griechischen hatte das Wort *demos* zwei Bedeutungen. Es bezeichnete erstens »die Menschen, die im gleichen Distrikt oder in der gleichen *polis* oder im gleichen Land leben,« – Menschen von gleicher Herkunft, Sprache und Lebensart – und zweitens »das gemeine Volk« im Gegensatz zu den Mächtigen, den *dynatoi*.

Als die Demokratie erfunden und eingerichtet wurde, hieß das: Von nun an nehmen alle gleichberechtigt an der Regierung und an den öffentlichen Angelegenheiten teil. Die antike Demokratie regelte in erster Linie das Problem der Macht (*kratos*), das Zusammenleben in der *vertikalen* Dimension: Wie läßt sich die Befolgung der Gesetze und Regierungsakte durch die Bevölkerung sichern? Wie können Machthaber (die hinfort »Regierung« heißen) unblutig abgelöst werden?

Die neuzeitlichen europäischen Staaten und Amerika waren – von vornherein – mit einem anderen, ebenso fundamentalen Problem konfrontiert. Aufgrund ihrer Größe und ihres imperialen Charakters vereinigten sie fast immer Völker verschiedenen Ursprungs mit unterschiedlicher Sprache und Kultur. Dies konstituiert ein Problem in der *horizontalen* Dimension: Wie können solche Bevölkerungsgruppen friedlich zusammenleben?

Die Lösung hierfür sah man, wenn nicht in brutaler Unterdrückkung, zunächst in der Ausübung von Herrschaft über die geteilten und getrennten Gruppen: *divide et impera*, unterstützt durch den Stolz der Untertanen auf Glanz und Glorie der imperialen oder königlichen Macht, durch Loyalität zur übernationalen Dynastie oder zur Verfassung und durch Kriege, die man gemeinsam gegen äußere Feinde führte. Dieses Lösungsmuster wurde unhaltbar, als sich der Nationalstaat durchsetzte und der Nationalismus sich zur stärksten politischen Bewegkraft entwickelte.

Dann – zwei Jahrhunderte hindurch seit der Amerikanischen und der Französischen Revolution – verfolgte man ein anderes Prinzip: Integration. Man versuchte, die verschiedenen Bestandteile eines Staatsgebildes zu einer nationalen Einheit mit einer gemeinsamen Identität zu verschmelzen, also nicht mehr nur mit gemeinsamer »Zugehörigkeit«: Wir Völker der Habsburger Monarchie, Wir Bürger der Vereinigten Staaten von Amerika, Wir Brasilianer, Wir Franzosen (unter Einschluß von Nordafrikanern), Wir Briten (unter Einschluß von Kanadiern, Australiern, Indern) und schließlich Wir Deutschen (zu denen nun so verschiedene, ja gegensätzliche Stämme wie die Bayern und die Preußen gehörten) – so hieß es fortan. Das Integrationsprinzip war freilich selten erfolgreich, und die Einführung der Demokratie (dem Namen nach fast überall auf der Welt) hat die Lösung nicht erleichtert, vielmehr haben sich durch Vermischung des vertikalen und des horizontalen Problems beide verschärft. Die ethnischen Mehrheiten nutzen den natürlichen Vorteil ihrer Sprache, ihrer Bildung, der auf sie zugeschnittenen Institutionen, der vertrauten Verhältnisse, ihrer schieren Zahl und üben damit Herrschaft – auf ganz und gar »demokratische Weise« – über die anderen aus. Die ethnischen Minderheiten erkennen ihre Chance im Zusammenhalt und in der Absonderung, in bewußter Belebung ihrer kulturellen Eigenart und mißtrauen der Eingliederung in die nicht für sie gemachte Ordnung, in die abstrakte neue Nation. Amerika ist heute ein Musterbeispiel dafür, was geschieht, wenn man Multikulturalität vornehmlich durch Demokratisierung zu erreichen sucht: Sie schlägt in militante Sonderkulturalität der einzelnen Bindestrich-Amerikaner um – der Chinese-Americans, der African-Americans, der American Indians, der Hispanics. Sie wollen ihre eigenen Schulen mit ethnozentrischem Curriculum, lehnen es ab, über *Western Culture* belehrt zu werden und verbitten sich jede Begegnung mit den Leistungen anderer Kulturen, die die ihren als minderwertig erscheinen lassen könnten.*

In Los Angeles von 1992, in den Vorstädten von Paris und London, im kleinen Israel mit seinen Arabern und wenigstens drei grundverschiedenen Arten von Juden, im vereinigten, direkt an Polen grenzenden Deutschland mit einem Zustrom von täglich 1500 Zuwanderern, Flüchtlingen, Rückkehrern ist die Aufgabe der Schule – jene Uraufgabe: jungen Menschen zu helfen, mündige Bürger in ihrer Gesellschaft zu werden – schwieriger geworden, als sie je war. Die Schule muß lehren, wie man in der vertikalen *und* in der horizontalen Dimension Frieden, Gerechtigkeit und Vernunft wahrt. Erziehung zur Demokratie muß mit einer doppelten Forderung fertigwerden: die Beteiligung an der Verantwortung und Chancengleichheit zu ermöglichen – ohne das Selbstbewußtsein und die Verschiedenheit der einzelnen Gruppen zu beschädigen.

Meine These ist, daß dies nur in einer anderen, einer neu zu denkenden Schule geschehen kann; wie, werde ich in den Kapiteln 7 und 8 wenigstens andeuten. Eins ist gewiß: daß die hektischen Maßnahmen, die die Politiker angesichts der anhaltenden Ausländerfeindlichkeit nun doch treffen – Beauftragung von Forschern, Bewilligung von Geldern für Jugendfreizeitheime und Antigewaltkurse und schon gar die Bewahrung der Deutschen vor weiteren Asylanten – das Problem nicht lösen.

---

* Arthur M. Schlesinger, Jr.: The Disuniting of America. Reflections on a Multicultural Society. New York 1992 (W. W. Norton).

Irrationalismus und Fundamentalismus

Wiederum: Ob es einen mit Genugtuung oder mit Skepsis erfüllt – unsere Zivilisation ist auf Rationalität und ihre methodisierte Form, auf Wissenschaft gegründet. Wir haben uns damit einen gewaltigen, vielgliedrigen, funktionsteiligen Lebensapparat aufgebaut, der uns – eine Menschheit von 5 Milliarden – zu ernähren, vor Krankheit, Krieg und Katastrophen zu schützen und die Zukunft zu sichern vermag, wenn wir ihn richtig handhaben. Gerade seinen Schwächen und Fehlern können wir nur durch mehr Vernunft und nicht durch Rückzug in archaische Denk- und Lebensformen, durch irrationale Heilserwartungen, durch Flucht aus der Aufklärung beikommen. Der Apparat ist da – die Nationalstaaten, die Rechts- und Vertragssysteme, die Energieversorgung, die Wissenschaft, das Verkehrssystem, die Weltwirtschaft, die Weltmacht Television, das noch immer vorhandene Weltvernichtungspotential ... Das muß besser kontrolliert werden, nicht schlechter. Und einfach abschaffen kann man es nicht, und die heutige Menschenzahl auf die eine Milliarde vom Jahre 1800 oder die zwei Milliarden vom Jahre 1930 zurücknehmen auch nicht.

Die Menschen ahnen, daß sie dem nicht gewachsen sind, und weil der Gedanke nicht gut zu ertragen ist, mogeln sie sich heraus: philosophisch in postmodernen Subjektivismus, die Ablösung der Ethik durch Ästhetik, die Ersetzung von Verantwortung durch Spiel; religiös durch Unterwerfung unter die verabsolutierte Offenbarung, unter charismatische Führer, unter okkulte Weisheitslehren, durch Erwartung der Apokalypse und durch ihre Verzögerung mit Hilfe von Summchören und anderen kollektiven Beschwörungsakten; politisch durch Extremismus – linken und rechten Terror, autonomes Chaotentum, totale Apolitie; im Lebensalltag durch Körnerdiät, Meditationsübungen, Horoskope.

Das Fernsehen steigert diese Unarten, indem es suggeriert, *so* sei die Welt und gehe doch weiter: mit sinnloser Gewalt, sinnlosem Luxus, sinnlosem Geschwätz, sinnlosem Theater, sinnlos teurer Sinnlosigkeit genannt Kunst oder Weltmeisterschaft oder die kommende Herbstmode.

Eine große, fast 200 Forscher in der ganzen Welt einbezie-
hende Studie der Universität Chicago über Fundamentalismus,
genauer: über die verschiedenen Fundamentalismen in der heutigen Gesellschaft* behauptet und belegt, daß es zwar in der
Geschichte Vorläufer zu diesen Bewegungen gegeben hat, daß sie
aber in ihrer gegenwärtigen Form, Ausrichtung und Mächtigkeit
ein Phänomen des 20. Jahrhunderts sind. Die Auffassung, es handele sich um überholte Vorstellungsweisen, die schwänden, wenn
nur die Aufklärung fortschreite, wird durch die Schilderungen
auf beunruhigende Weise widerlegt. Der »Rückfall« in primitive
Weltdeutungen ist gewiß keine Kleinigkeit, ihm ist jedoch leichter beizukommen, schon weil niemand gerne für primitiv und
rückständig gehalten wird; es genügt beinahe, Fossiles als fossil
kenntlich zu machen, um den Glauben oder das Bekenntnis zu
ihm zu beenden. Aber die modernen Fundamentalismen haben
ein deutliches Bewußtsein von Moderne und Modernität. Sie
schlagen modern zurück. Bekannt ist die *creation science*; sie behauptet nicht mehr die Schöpfungsgeschichte, sie »beweist« sie
»wissenschaftlich«; sie argumentiert nicht mehr gegen die Evolution, sondern macht diese zu einem Instrument von Gottes Schöpfung. Die Verkünder der einen und reinen Wahrheit bemächtigen
sich zuerst der Kinder und nutzen deren Streben nach Eindeutigkeit, nach Zugehörigkeit, nach Erwachsensein und Stärke, um
ihnen Kompromiß und Zweifel, Verständigung mit dem »Feind«
und das Eingeständnis von Schwäche für alle Zeit verächtlich zu
machen, und ernten – anders als die moderne Pädagogik – le-
benslänglichen Dank und lebenslängliche Anhänglichkeit. Es gelingt ihnen, die Moderne als einen Anschlag auf den Kern ihrer
persönlichen und kollektiven Identität hinzustellen. Man muß
sich schützen, Mauern ziehen, den Feind buchstäblich aus dem
Feld schlagen. Wir dagegen haben gelernt, uns zu öffnen, tolerant
zu sein, zu überzeugen oder uns überzeugen zu lassen, und das ergibt eine schiefe Front. An der werden die Entschlosseneren siegen, und das sind die, die sich für die Angegriffenen halten, sich

---

* Martin Marty/R. Scott Appleby (Hg.): Fundamentalisms Observed,
Chicago 1991 – erster von sechs Bänden. Dieselben: The Glory and the Power:
The Fundamentalist Challenge to the Modern World, Boston 1992 (Beacon
Press).

zu den Opfern erklären, nicht Leute wie ich, die sogar verstehen, warum es Fundamentalisten gibt, die dem Rationalismus schuld geben und die zugleich darauf bestehen, daß allein Rationalität uns helfen kann, die Welt in Ordnung zu bringen, – daß Aufklärung unvermeidlich ist.

Nicht erst wenn sich diese Erscheinungen zu »Schlechten Nachrichten« verdichten: zu Waco und Solingen, schon in der Form von Alltagsnachrichten wären sie ein Grund, aufzumerken und – für die Schulleute – Bildung entschlossen als eine Antwort dagegen zu mobilisieren: Bildung als ein Mittel, die Menschen gegen die Korruption des Denkens und Wollens zu stärken, sie die Anstrengung und den Lohn der Vernunft zu lehren, ihnen beim Ordnen ihrer Vorstellungen und Gefühle zu helfen – und beim Erkennen der Grenzen, die der *ratio* gesetzt sind, nein, die diese sich selbst setzt, sofern sie *ratio* ist, nämlich sich prüfender Verstand. Denn der mutwillig scheinende, sich selbst als mutwillig wahrnehmende Irrationalismus ist seinerseits eine Folge »metaphysischer Auszehrung«, die ich anderswo genauer analysiert habe* und hier nur benenne: die Abfindung der ja unabweisbaren (metaphysischen) Fragen – nach dem Sinn, nach Ursprung und Ende, nach der Einmaligkeit von »mir« und »dir« – durch wissenschaftliche Abstraktion oder theologischen Singsang.

Es gibt Stimmen, die sagen, das gehe die säkulare Schule nichts an – das sei Sache der Religionsgemeinschaften. Wer so argumentiert, verfehlt das weltliche Problem, das in der Sache steckt. In der arbeitsteiligen, republikanischen, vergesellschafteten Welt kann es verantwortliches Handeln nur durch Gemeinverständlichkeit – der Sprache wie der Taten – geben. Die Kluft zwischen einer auf Rationalität beruhenden, aber durch *ratio* allein nicht anleitbaren Zivilisation einerseits und der massenhaften Abkehr vom aufgeklärten Diskurs in die Geborgenheit transzendentaler »Wahrheiten« andererseits wird damit selber zu einer Gefahr für den geordneten Bestand und den Frieden der Gesellschaft. Daß der junge Mensch und künftige Mitbürger wissen muß, was *das gute Leben* ist, damit er sein eigenes danach ausrichten kann,

---

* Hartmut von Hentig: Glaube. Fluchten aus der Aufklärung, Essen 1992 (Patmos Verlag).

90

und was *die gute Gesellschaft* ist, damit er ihr und nicht einer schlechten diene, ist ein notwendiger Bestandteil des Auftrags der öffentlichen Schule: zum Bürger zu erziehen. Die Fragen, was das gute Leben und was die gute Gesellschaft seien, sind abgründig. Eben darum muß man sie ständig miteinander erörtern. Nicht daß es keine positive, auf Übereinkunft gründende Antwort darauf gäbe! Vielmehr: Die Menschen ertragen eine solche nicht. Die Glückseligkeit und das Seelenheil verlangen hier nach der Wahrheit selbst. Radikale Nominalisten, Positivisten, Instrumentalisten (ohne es zu wissen, dürfte die Mehrheit der abendländischen Menschen zu einer dieser drei Kategorien zählen) stehen dann vor dem Dilemma – entweder die Bedürfnisse und Erfahrungen aller Menschen unter ihre Konventionen zu subsumieren oder auf Gemeinsamkeit in dieser Angelegenheit zu verzichten. Und beides verträgt sich nicht mit dem Streben, die gute Gemeinschaft zu verwirklichen und in ihr das gute Leben zu ermöglichen. Der Glaube (der das Dilemma aufhebt) ist nicht lehrbar. Die Religionen (die in der Regel eine Antwort hierauf geben) sind nicht Sache unseres Staates und seiner Schulen. Darin war die ehemalige DDR konsequenter als die Bundesrepublik. Wie auch immer die Lösung aussieht, sie muß dieses Dilemma ausdrücklich in sich aufnehmen, darf nicht irgendwo neben ihm etabliert werden. Auch hier stellt die Verschärfung des Problems durch den Zulauf zu den Sekten, durch die vielen unter uns lebenden Moslems und durch den Beitritt der neuen Bundesländer eine Chance dar – eine Chance, die verweigerte Verständigung wiederzugewinnen. In beidem, in der Esoterik wie im Rationalismus (dem zum Prinzip erhobenen Erklärmuster der Logik), liegt eine latente Gewalt. Sie kann nur durch eine früh angelegte Gewohnheit gegenseitiger Neugier und Aufmerksamkeit unter Menschen mit verschiedener »Wahrheit« aufgelöst werden. Hierzu bietet die Schule eine Gelegenheit – die Schule als der Ort, an dem alle Kinder der Gemeinschaft zusammenkommen.

Kann die Schule ernstlich an einer Aufgabe mitwirken, die einerseits Teil der internationalen Politik, andererseits – in der Form eines geforderten »Weltethos« (Hans Küng) – Gegenstand kulturphilosophischer Tagungen, Seminare und Abhandlungen ist? – Sie kann zunächst eines tun: die junge Generation zu größerer Klarheit und Bewußtheit ihrer eigenen Position anleiten. Das

Ausklammern der Religionen aus dem Zusammenhang der Bildung, d. i. der Tatsachen und Vorstellungen, über die wir miteinander reden können sollten, macht sie zu einem gefährlichen Sprengstoff in der Welt. Kein Attentat geht so leicht von der Hand wie das, in dem mir mein Gott, mein Glaube, meine Religionsgemeinschaft zur Seite stehen.

Damit die Schule Bildung wieder – oder überhaupt erst – auch für diese Aufgabe vorhält und nicht als »Bescheid wissen über ...« und »Eingangsvoraussetzung für ...« und »allgemeine Kenntnis in ...«, muß ihr dieser Auftrag erteilt und die Lehrerschaft auch *darauf* vorbereitet werden. Die Schule muß selber »philosophisch«, ich könnte auch sagen »sokratisch« werden.

Arbeitslosigkeit und Freizeit

Dieses große, obendrein ständig wachsende Problem führe ich an dieser Stelle als Erinnerungsposten an. Angemessen analysieren kann ich es hier nicht. Die Arbeitslosigkeit gehört zu den Phänomenen, an denen Veränderungen in der Gesellschaft erkennbar werden, die Veränderungen ihrer Schule nahelegen, Veränderungen zugleich, die nicht in Einzelmaßnahmen bestehen können, sondern das verlangen, was Thema dieses Buches ist: die Bereitschaft, den Auftrag der Schule neu zu denken. »Denken« und erst recht »neu denken« heißt gerade nicht »schon wissen, wie es zu sein hat«. Es bezeichnet einen Vorgang, auf den man sich einlassen muß und der zunächst eine negative Konsequenz hat: daß man nicht weiter unbedacht handelt – fortfährt aus purer Gewohnheit. Wenn man das nun trotzdem tut, dann weil man es sich überlegt und möglicherweise nur »für den Augenblick« beschlossen hat. »Neu denken« heißt: einige Schritte zurücktreten und das Ganze ins Auge fassen; sehen, was die Schulen bedrängt oder leider gar nicht berührt; prüfen, ob das zu ihrem (welchem? von wem erteilten?) Auftrag paßt, den man ebenfalls prüft: ob er für den Zweck tauglich, in sich stimmig und überhaupt oder unter welchen Bedingungen erfüllbar ist; und die sich dazu einstellenden Antworten klugen Einwänden aussetzen.

Wer das in dieser Sache tut, stößt auf elementare Fragen und Widersprüche, die in die geforderte Denkbewegung aufzunehmen sind. Zum Beispiel die Frage, ob es sich tatsächlich – wie gerade unterstellt – um eine Veränderung handelt und nicht vielmehr um ein altes, gegenwärtig allenfalls verschärftes Problem. Oder die Frage, ob man nicht gut daran tut, es dezidiert der Politik zu überlassen, die Schule also vor einer Aufgabe zu bewahren, deren Erörterung sie nicht einmal gewachsen ist.

Die Veränderung hat sich, man hat es tausendmal gesagt, aus der Zweiten Industriellen Revolution, aus der Automatisierung und Computerisierung, ergeben: Durch sie kann menschliche Arbeit in einem ungeheuren, bisher nur in der *science fiction* vorgestellten Umfang eingespart werden. »Kann«, wenn man nicht anders beschließt – nicht andere Prioritäten setzt, wie man das beispielsweise in den sozialistischen Ländern getan hat: um die Menschen zu beschäftigen. Aber die fünf Garderobefrauen, wo eine genügt, der sprichwörtliche Heizer, der in den elektrifizierten englischen Eisenbahnen mitfuhr, sind eine schlechte Lösung, schlecht nicht nur weil unwirtschaftlich, sondern vor allem weil politisch gefährlich und moralisch ungesund. Da ist die Lebensrente, das *minimal income**, das man jedem Menschen zahlt; wer arbeiten will und Arbeit hat, die ihm jemand bezahlt, der mag ihr dann nach Belieben nachgehen. Das ist eine eindeutige, ehrliche Lösung, die vor allem eine ärgerliche Unwahrheit aus der Welt schafft, die Gleichsetzung von Arbeit mit Erwerbstätigkeit. (Nebenbei: Ein Recht auf die letztere, nicht auf die erstere müßte man in das Grundgesetz aufnehmen, wenn man die Absicht der Antragsteller erfüllen will. Arbeit gibt es genug in der Welt: beim Wiederaufbau der durch den Sozialismus ruinierten Länder, in der Dritten Welt, auf der Schattenseite unseres reichen Lebens, aber niemand gibt einem Geld dafür.) Wir freilich haben anders oder einstweilen nichts beschlossen. Und so wird es weiter heißen, der Gesellschaft gehe die Arbeit aus; man wird weiter die Betriebe rationalisieren und die Menschen entlassen, nachdem man sie zu Spezialisten aus- oder herangebildet, in ein bestimm-

---

* Robert Theobald: The Garanteed Income, Next Step in Socioeconomic Evolution?, Garden City, New York 1967 (Doubleday Anchor Book).

tes Revier gelockt und ihnen tariflich einen hohen Lohnanspruch erstritten hat, – was alles entfällt, wenn, so die tägliche Nachricht, der Standort X oder Y nicht zu halten ist, die Kohle, der Stahl, die Textilien, die Theateraufführungen, die man hier herstellen kann, nicht verkäuflich sind; man wird weiter vielen, vor allem jungen Menschen das Gut verwehren, das die Gesellschaft neben Gesundheit und Frieden am höchsten schätzt. Und die Entlassenen werden lernen, daß sie trotz ihrer Ausbildung, ja, nun eigentlich wegen dieser keinen Arbeitsplatz mehr bekommen – sie sind ja Hemdennäherinnen oder Russischlehrer, wie sollten sie jetzt am Computer arbeiten oder in einem Werbebüro nützlich sein?

Daß das alles der Politik und der Bundesanstalt für Arbeit überlassen und der Schule das Nachdenken hierüber erspart werde – das werden die besorgten Eltern schon nicht zulassen. Sie werden es mit Lewis J. Perelman, einem Forscher am Discovery Institute in Washington halten, der dem amerikanischen Schulwesen (das wir für extrem pragmatisch halten) vorwirft, es leiste der Armut Vorschub, weil es sich auf »liberal education« versteife – eine nicht nutzbare, nicht auf den Markt zu tragende Bildung: »Ich sehe nicht, wie jemand, der sein Leben nicht *bestreiten* kann, sein Leben *gestalten* könne«, antwortet er erbost dem Schulkritiker Neil Postman, der im Gespräch* gerade wiederholt hatte, was er *mutatis mutandis* seit langem sagt: »Wenn Kinder in Somalia verhungern oder in Bosnien sterben, wenn das Verbrechen unsere Städte terrorisiert und wenn Familien auseinanderbrechen, dann nicht, weil wir zu wenig mit Daten, Information oder ... Wissen versorgt werden.« Es fehle an etwas anderem, an einer überzeugenden Antwort auf die Frage, wofür Schulen da seien. »Die einzige Antwort, die die Leute in letzter Zeit parat haben, ist: ›Geh‹ zur Schule, damit du einen besseren Job bekommst – oder überhaupt einen.‹« Postmans eigene Antwort auf die Frage, wozu Lernen gut sei, lautet: beispielsweise um Geschichten zu hören, die Sinn stiften; das sei auch zur Lösung der genannten Probleme nützlicher als *marketable*

* Lewis J. Perelman und Neil Postman im Gespräch, wiedergegeben in der Beilage Unterricht und Bildung der Süddeutschen Zeitung Nr. 141 vom 23. Juni 1993.

skills. Menschen müßten lernen, ihr Leben zu verstehen und selber zu gestalten, – das könne in der Schule geschehen, das habe deren Auftrag zu sein. Wie man sein Leben bestreitet, lerne man woanders.

Wir sind bei den Widersprüchen: Arbeitslosigkeit ist ein Umstand oder Unglück, auf das Schule nicht vorbereiten kann. Und doch bestimmt diese Erscheinung ihre Funktion und ihr Funktionieren fundamental. Die Schule der Leistungsgesellschaft ist die Leistungsschule. Angesichts der Arbeitslosigkeit kann sie diese Bestimmung nur unter Berufung auf zwei Behauptungen glaubhaft übernehmen:

(a) Wer in der Schule mehr leistet und einen höheren Abschluß erreicht, hat statistisch nach wie vor die größere Chance, einen Arbeitsplatz zu bekommen. Die Anstrengung lohnt sich in jedem Fall.

(b) Die Leistungsfähigkeit, die in der Schule bewiesen wird, ist die am Arbeitsplatz geforderte.

Zu (a): Diese Behauptung trifft zwar zu – bis auf: »in jedem Fall«. Sie taugte und ließe sich ehrlich verwenden, wenn sich mit der Zunahme der Qualifikationen auch die Arbeitsstellen vermehrten, wenn man diese Auskunft also allen, die nach dem Sinn ihrer Anstrengung fragen, gleichzeitig erteilen könnte. Immer aber bedeutet sie für zwei von dreien: Für euch freilich wird sie umsonst sein.

Zu (b): Um so wichtiger wäre, daß das Argument von der, sagen wir bescheiden, »Ähnlichkeit« und also Nutzbarkeit der in der Schule erworbenen Leistungen am Arbeitsplatz wenigstens für den glücklichen Dritten stimmte. Aber es sagt weniger als die halbe Wahrheit, weil und wo die Schule auf »Leistung« setzt. Denn diese ist in ihr immer durch Lehrpläne und Prüfungen definiert – meßbar gemacht, standardisiert, in der Sache festgelegt und also weit von der besonderen Realität des noch unbekannten Arbeitsplatzes entfernt.

Leistung ist ein wichtiger Maßstab für Leistungsfähigkeit. Das soll überhaupt nicht bestritten werden. Und schon gar nicht, daß, wo sie erbracht wird, sie eine große Befriedigung hinterläßt, vor allem bei dem, der sie erbringt. Aber eben darum sollte die Aufgabe individuell angelegt und erfüllt werden; die Merkmale der Leistung, also das, was die Schüler dafür gelernt und eingesetzt haben, sollten allgemein, und das heißt in diesem Fall verallgemeinerbar sein: Selbständigkeit, Kooperationsfähigkeit, Verläßlichkeit, Sorgfalt, Urteilskraft, Phantasie, Entscheidungsmut, Verantwortungsbereitschaft...; und das alles sollte sich an Gegenständen vollziehen, die den Kindern hier und jetzt einleuchten, zugänglich und verständlich sind, so daß sie nicht als »Pensum«, etwas Zugeteiltes, gelernt werden, sondern als »meine Sache«.

Dies läßt die Schule in der Regel nur für den kleinen Teil ihrer Arbeit zu, der Erziehung zur Gestaltung der Freizeit heißt, der Freizeit, die sich parallel zur Arbeitslosigkeit vermehrt und mit dieser nichts zu tun haben darf. Die Freizeitpädagogik, ein Geschöpf des gesellschaftskritischen Jahrzehnts, will die jungen Menschen vor der Freizeitindustrie, den Glücksautomaten, der Fernsehpassivität, den Drogen und der Kriminalität bewahren – und darum sollen sie lernen, Hobbys zu treiben: Sport und Theater, Batik und Computer, Rockband und Fahrt ins Ausland. Dem stimmt man gerne zu. Aber in der Schule kann das alles nur stattfinden, wenn es nicht stört – nicht die Ordnungen, nicht das Leistungsprinzip, nicht die *accountability*, die Abrechenbarkeit von Lehrer- und Schüleraufwand. Und so wird es unterlassen – oder ebenjenen Normen unterworfen: Die Tätigkeiten stehen nun im Stundenplan; ihre Auswahl ist beschränkt, weil sie von den vorhandenen und spezialisiert ausgebildeten Lehrern betreut werden; die Schüler werden auch hier, nicht zuletzt um der Unterrichts- und Arbeitsdisziplin willen, benotet.

Ich vertrete seit langem* eine andere Auffassung von Freizeit. Die bisher so genannte – nämlich die in unser Belieben gestellte, die es zu bewältigen, ja, totzuschlagen gilt – gibt es recht gesehen gar nicht. Wir haben in der Zeit, die wir nicht der Erwerbstätigkeit nachgehen (müssen) und die ja nicht von uns individuell erwirtschaftet worden ist, wichtige gesellschaftliche Aufgaben zu erfüllen, die sich aus eben dem rationalisierten und kunstvoll ver-

---

* Hartmut von Hentig: Freizeit als Befreiungszeit in: MERKUR 255 und 256 (Juli und August 1969); derselbe: Die Wiederherstellung der Politik, Cuernavaca revisited, München und Stuttgart 1973 (Kösel und Ernst Klett), hier im Abschnitt II, 3 »Mehr Selbstbestimmung durch mehr Freizeit?«, S. 83–101.

schränkten System der Produktion, der Kommunikation, der Administration ergeben, das uns die Freizeit beschert. Wir müssen dieses System steuern, und da es komplex ist und schwer überschaubar, kostet dies viel Zeit. Wir sind alle daran zu beteiligen, und das auf allen Ebenen – nicht nur auf der der Regierung und des Parlaments. Dazu braucht der Bürger die drei großen P – Politik, Philosophie und Pädagogik, die Einmischung in die gemeinsamen Angelegenheiten, das Nachdenken über das Gemeinwohl, die richtige Weitergabe des für gut Befundenen. Es fehlt eine Instanz, die die Menschen in deren Wahrnehmung anleitet. Dies könnte und müßte die Schule tun. Darüber wenigstens sollte sie jetzt nachdenken.

Der Altersaufbau der Gesellschaft

Im Jahre 2030 wird jeder dritte Einwohner Deutschlands 60 Jahre und älter sein; gleichzeitig wird der Anteil der Jugend, also der Menschen bis zum Alter von 19, auf weniger als 20 Prozent schrumpfen. Aus der einstigen Bevölkerungspyramide, die wie ein einfaches Sinnbild göttlicher Weisheit anmutet, ist ein Bevölkerungspilz geworden, freilich einer, der sich zum Bevölkerungszylinder auswachsen wird.

Über die Folgen dieser Entwicklung für die Volkswirtschaft ist viel geredet und geschrieben worden, und es ist ja auch eindrucksvoll zu vernehmen, daß in 40 Jahren auf 100 Erwerbstätige 74 Rentner kommen, während es heute 36 sind. Über die Folgen für das geistige und politische Klima, über die sich unter solchen Verhältnissen herausbildenden Ideale (was selten ist, steigt in der Wertschätzung, was in der Mehrheit ist, setzt die Norm), über (neu) gemischte oder getrennte Lebensformen, über den Aufwand an Medizin, Pflege, Vorbeugungs- und Fitneß-Arbeit und über die sich daraus ergebenden Präokkupationen der Menschen, über das Verhältnis zu den dann benötigten jungen Menschen aus anderen Ländern und nicht zuletzt über die Auswirkungen auf Wissenschaft und Kunst denkt man in Amerika seit etwa 25 Jahren*, in Europa seit weniger als 10 Jahren nach. So gut wie keine Gedanken hat man sich bei uns und anderswo darüber gemacht, was der eigentümliche, um nicht zu sagen unnatürliche Altersaufbau für das Aufwachsen von Kindern in ihrer Gesellschaft bedeutet.

Hier ist die Auskunft von Experten gefordert. Aber wer wäre ein solcher? Wer ist für solche Phantasien zuständig? Einer Wissenschaft wie der Jugendsoziologie sind sie versagt; sie hat zu beschreiben, was ist, darf Modelle zu vorhandenen Formen des Aufwachsens aufstellen und kommt mit Notwendigkeit für eine Prävention zu spät: Kinder aufzuziehen ist eine langsame, langwierige und schwer korrigierbare Angelegenheit. Das Problem müßten wir *jetzt* angehen, da wir es kennen. Man kann die Historiker und die Ethnologen befragen, Forscher wie Philippe Ariès zum Beispiel oder Margaret Mead, und hoffen, daß sich in ihrem Material zufällig etwas für uns Aufschlußreiches findet. Die Auslegung und Anwendung bliebe in jedem Fall denen überlassen, die ein unmittelbares Interesse daran haben – den Pädagogen.

Margaret Mead hat ein hellsichtiges schmales Alterswerk** über das Verhältnis der Generationen in der traditionellen, in einer Übergangs- und in einer nun anbrechenden Gesellschaft ge-

---

* Immer mit interessanten, oft mit erschreckenden und gelegentlich falschen Ergebnissen, solchen, die *nicht* eingetroffen sind. In ihrem gescheiten Roman »They« (New York 1968, Doubleday) stellt sich Marya Mannes vor: Die Jungen, They, verbannen in einer nicht sehr fernen Zukunft die Alten über 50 Jahren, weil diese sich besserwisserisch und unfruchtbar aller Neuerung entgegenstellen; sie werden in ihrem Exil mit allem, was sie zum Leben brauchen, versorgt, jedoch nicht mit Büchern und Zeitungen und leben ohne Berührung mit der »eigentlichen« Welt. Die Jungen sind kultur- und vergangenheitsfeindlich, hedonistisch und gereizt gegenüber allem, was ihnen Disziplin und Rücksicht abfordert. Darum sind ihnen die Alten unerträglich. Diesen bekommt ihre Verbannung unerwartet gut: Sie messen sich nun nicht mehr an den Jüngeren, nehmen sich selbst als jung wahr, üben sich in den ihnen möglichen leisen Künsten – und leben ein reiches Leben. Aber so wird es nicht kommen. Die Alten bauen überall ihre Macht aus – mit der Stimmenmehrheit und aus den Machtpositionen heraus, über die sie verfügen – und haben die Jungen längst in »Quarantäne« gesteckt: in Schulen, Hochschulen, Berufsschulen, in Arbeitslosigkeit.

** Margaret Mead: Culture and Commitment. A Study of the Generation Gap, Garden City, New York 1970 (Doubleday); deutsch: Konflikt der Generationen. Jugend ohne Vorbild. Freiburg 1971 (Walter).

schrieben; im Deutschen trägt es den falschen Titel »Konflikt der Generationen«. Der englische Titel »Culture and Commitment«, drückt aus, daß den Generationen in den unterschiedlichen Kulturentwicklungen ein unterschiedlicher Einstand (commitment) zukommt – ein unterschiedliches Gefühl der Zuständigkeit, ein unterschiedlicher Grad der Verantwortung für deren Zustand und Zukunft. Es ist noch immer das wichtigste Buch zum Verhältnis der Generationen, aber von unserer Frage nach den Folgen der künftigen Altersverteilung in der Gesellschaft für das Aufwachsen in ihr handelt es nicht.

Ich meine, die Pädagogen müßten sich in der Vorwegnahme jener Folgen üben, damit sie sie auch erkennen, wenn sie eintreten, – als Folgen *hiervon* und nicht von einer dann sicher auch umgehenden törichten Ideologie oder falscher Rahmenrichtlinien oder mangelnder Geldmittel.

Dies etwa wären die Fragen, die uns Pädagogen dabei anleiten können:

— Welche Wirkung hat es, wenn die jungen Menschen von der Aufnahme in den Kindergarten bis zum Abschluß ihrer Ausbildung stets unter Altersgenossen, ja, Jahrgangsgenossen sind und sich immer als in der Mehrzahl gegenüber den Erwachsenen wahrnehmen, die gleichwohl über alles verfügen?

— Wie kompensieren die Erwachsenen die Tatsache, daß es in der Wirklichkeit eigentlich umgekehrt ist: die Erwachsenen vier Fünftel der Bevölkerung ausmachen?

— Welche Erfahrungen fehlen der überwiegenden Mehrzahl der Kinder dadurch, daß sie ohne Geschwister leben?

— Welche Erziehungshilfen, -erfahrungen und -korrektive gehen den Eltern ab, die nur ein Kind haben?

— Welche Vorstellung von »Gemeinschaft« bilden sich dadurch bei den Jugendlichen, und welche kommen gar nicht in den Blick?

— Was lehrt der Vergleich mit ja in großer Zahl und Vielfalt vorhandenen Gesellschaften, die ihre Kinder in ganz anderen sozialen Gruppierungen aufwachsen lassen?

— Welche Mischungen von Kindern, Jugendlichen und Erwachsenen wären wofür zuträglich?

— Welche Anzeichen gibt es, daß die »schlechten Nachrichten« (Gewalt von Jugendlichen, Fremdenhaß, Gleichgültigkeit, Fanatismus) schon hiermit zu tun haben – mit dem großen Überhang von Kindern im Erziehungsprozeß und dem großen Überhang von Erwachsenen im Leben?

Die »Familie« mit nur einem Elternteil ist gewiß ein ernstes Problem und eine Ursache für individuelle Störungen, die, wenn sie sich summieren, zu gesellschaftlichen Störungen werden. Aber die Unempfindlichkeit, mit der diese selbe Gesellschaft Kinder in den Schulen kaserniert und in den Lebenseinheiten isoliert, scheint mir nicht weniger beunruhigend, verdiente ebenso ernstes Nachdenken und ließe sich, anders als der Zerfall der Familie, mit den Mitteln der Gesellschaft korrigieren.

3.
Untaugliche Deutungen

»Die 68er sind schuld«

Daß 25 Jahre nach der Revolte von 1968 die nächste Generation wieder rebellieren könnte, war jedem vorstellbar, der einmal einen Generationenkonflikt selber erfahren hat. Daß junge Leute heute nicht rebellieren und eine bessere Welt einfordern, sondern nächtens brandstiften, Schwächere terrorisieren, sich privaten Barbareien hingeben und die Welt schlechter machen, kam unerwartet. Die Öffentlichkeit war so erschrocken, daß die ersten Reflexionen über einen möglichen Zusammenhang zwischen 1968 und 1992 erst viele Monate später erschienen. Dann freilich kamen sie gleich zuhauf: Botho Strauß im Spiegel (6. Februar 1993), Konrad Adam in der Frankfurter Allgemeinen Zeitung (5. März 1993), Claus Leggewie in Die Zeit (5. März 1993), Karlheinz Weissmann in Welt am Sonntag (14. März 1993). Am schlichtesten zog Weissmann die Verbindung zwischen Gewalt von rechts und Aufklärung von links: »Wie den progressiven unter den Erziehern der Spott vergangen ist« – da sie die Folgen des *laissez-faire* gewahr werden. Am unbestimmtesten tat dies Botho Strauß: »Die Schamverletzungen, die die anarchofidele Erst-Jugend um 1968 herum beging, sind nun von rechts beerbt worden. Die neuen Jugendlichen tun zunächst nichts anderes als die ihr vorausgegangene Generation – sich großtun, Initiation betreiben durch Tabuzertrümmerung.« Mit Weissmann zu rechten macht keine Freude. Mit Botho Strauß fällt die Auseinandersetzung schwer. Ich möchte ihm doch nicht bestreiten, die Welt so zu sehen, wie er es tut, ihm, dem einsamen Rechten, der sich einen »Sinn für Verhängnis« bewahrt hat, der sich gegen die »Totalherrschaft der Gegenwart« auflehnt, der die Tätigkeiten meines Berufs für einen Teil der »widerwärtigen Vergesellschaftung« des Leidens und Glücks halten muß und die öffentliche Sorge um die Zustände in unseren Schulen für eine geheime Lustbarkeit des Publikums, das er »mainstream« nennt. Botho Strauß ist unangreifbar durch die gewollte Irrationalität seiner Anklagen wie seiner Hoffnungen. Folgerichtig hat sich die FAZ nicht mit seinen Gedanken, sondern mit seiner Sprache auseinandergesetzt.

Da ich mit der rechten Einmütigkeit über die Schuld der Aufklärung an dem Zustand der heutigen Jugend streiten möchte und dazu einen Zeugen dieser Position brauche, wähle ich mir Konrad Adam. Er gibt die wesentlichen Stichworte dafür her. – Sein Leitartikel »Erziehung mit Nebenfolgen« ist keine wissenschaftliche Analyse. Er stellt eine Meinung heraus. Die des Konrad Adam kennen die Leser der FAZ. Die Hauptabsichten der in den späten 60er Jahren aufkommenden »progressiven Erziehungslehren« hält er seit langem für das Verderben unseres Bildungswesens. Er kann diese nun erneut belasten – mit Parallelen (die »sich von selbst ergeben«), mit einer Vermutung (die »an Gewicht gewonnen hat«), mit einem Verdacht (den die Umstände »bestätigen«): daß die zunehmenden Gewalttaten von Jugendlichen, ihre Fühllosigkeit, ihre Abwendung von der *civitas*, ihre »Lernverweigerung«, ihr Egoismus die Folge jener Irrlehren seien. Ausgelöst hat seinen Artikel eine Auseinandersetzung unter Abgeordneten der Grünen im Nordrhein-Westfälischen Landtag, in die bald auch Abgeordnete anderer Parteien eingegriffen haben. Beate Scheffler, MdL, hatte – aufgeschreckt durch die in den Medien verbreiteten Nachrichten vom »Kampfplatz Schule«, von Terror, Erpressung, kaltblütiger Menschenquälerei, sinnlosem Niedermetzeln von Tieren, Vergewaltigungen unter Jugendlichen und nicht zuletzt durch deren Zulauf zu rechtsradikalen Gruppen – in einem offenen Brief gefragt, was da schiefgelaufen sei. Die Frage war an die jetzt 40- bis 50-jährigen gerichtet, die vor 25 Jahren die offene oder antiautoritäre Erziehung entdeckten, für richtig hielten und vielleicht falsch gehandhabt haben. Ihre Kollegen hatten sich daraufhin (so kann man die Reaktion zusammenfassen) gegen das vereinnahmende »wir« verwahrt, mit dem Beate Scheffler ihre Selbstbezichtigung versehen hatte: *Wir* haben jede Autorität in Frage gestellt; *wir* haben gegen alle Normen gekämpft; *wir* wollten die Familie am liebsten auflösen und so fort. Zur Verdeutlichung ihres Abstands zu diesen Kennzeichnungen der von ihnen einst und noch immer vertretenen Pädagogik beriefen sie sich auf ihre »wissenschaftlichen Mütter und Väter von Alexander S. Neill über Erich Fromm bis zu Hartmut von Hentig« (Der Spiegel 4/1993).

Da hatte also wieder einmal eine »Stunde der Wahrheit« geschlagen. Ich wurde um eine Stellungnahme gebeten: Bekenne dich – oder schwöre ab! Ich fand, in eine solche ganz normale politische Auseinandersetzung, in der so gut wie alle Sachfragen ungeklärt sind und wichtiger als die Zeugenfrage, müsse ich mich nicht einmischen. Nun aber hat Konrad Adam durch die Übernahme der Formulierungen von Beate Scheffler in seine Vermutung, durch die politische Grundsätzlichkeit seiner eigenen Argumentation und durch die Plazierung seines Artikels auf der Frontseite der FAZ deutlich gemacht, wie ernst dies für uns alle werden kann. Auch darauf *müßte* ich nicht reagieren, aber ich *möchte* es. Es scheint mir wichtig, daß die deutsche Öffentlichkeit zu den folgenden drei Fragen einigermaßen klare und redliche Antworten findet, und das heißt u. a., sich von den falschen Fragen löst:

(1) Was waren der Hauptanlaß und die jetzt inkriminierte Hauptabsicht jener »antiautoritären« Pädagogik, die mit dem sogenannten Jugendprotest von 1968 einherging?

(2) Ist es erweisbar oder auch nur wahrscheinlich, daß die Verrohung heutiger (Kinder und) Jugendlicher auf die sogenannte emanzipatorische Erziehungslehre jener Jahre zurückzuführen ist?

(3) Welches sind die von Konrad Adam so bezeichneten »verhängnisvollen Miterzieher«, die man folgerichtig ins Auge fassen müßte, wenn man die Folgen abstellen und nicht nur Schuldige bezeichnen will?

Diese drei Fragen haben ihrerseits vornehmlich mit »historischer Gerechtigkeit« zu tun. Die Antworten, die sich auf sie geben lassen, – dies sei vorweggesagt – werden allenfalls andeuten, in welcher Richtung man die Lösung zu suchen hat, können aber selber noch kein Handlungsprogramm enthalten. Und: Auch ich schreibe einen »Artikel«, keine wissenschaftliche Abhandlung, nicht zuletzt, weil ich in eigener Sache zu argumentieren gehalten bin.

Zu (1): Der Hauptanlaß und die Hauptabsicht der »68er«

Konrad Adam beginnt mit dem »Nie wieder«, dem Motto aller Lichterketten, Protestmärsche und Anti-Anti-Veranstaltungen, die wir seit den Ausschreitungen in Rostock und anderwärts erleben: Nie wieder Nationalsozialismus! Hierin sieht er das Leitmotiv eines ganzen Berufsstandes, der eine Gesellschaft durch Umerziehung habe läutern wollen. Umerziehung aber verspreche mehr, als Pädagogik halten könne. Wenn die Lehrer (sie sind der gemeinte Berufsstand) Weltverbesserung treiben, statt Kinder zu erziehen und zu unterrichten, wird dabei die Perversion herauskommen, die wir jetzt erleben – so führe ich seinen unfertig gelassenen Gedanken zu Ende.

»Nie wieder« habe auch ich gesagt, als ich Lehrer wurde: Ziel einer Pädagogik nach 1945 müsse es sein, ein zweites 1933 zu verhindern. (Daß ein zweites 1933 anders aussehen werde als das erste, war mir von vornherein klar.) Das ist das Ziel des Pädagogen Hentig geblieben. Ich wüßte nicht, welche Tatsache oder welches Argument es mir nehmen, es in Unfug oder gar Unrecht verwandeln könne. Die Erfahrungen der 6oer Jahre haben mich darin bestärkt und zugleich bedächtiger gemacht. Als Lehrer hatte ich vor allem Erzieher zu sein, meinen Unterricht in den Dienst des Sokratischen Auftrags zu stellen: die Menschen durch Selbsterforschung, Selbstkritik, Selbstdisziplin besser zu machen – und wachsam gegen Routine, Verführung und Korruption. »Zu hoch gegriffen« für einen Pädagogen? Sollte ich mich auf die Vermittlung von Kulturtechniken, Bildungsgütern und Berufsvorbereitung beschränken? Wer sollte dann das tun, was ich mir und meinem Stand zumutete, nämlich dem möglichen zweiten 1933 zu wehren? Die Familien? Die Politiker? Die Philosophen? Die Medien? Die Gesetze?

»Da Kriege im Geist des Menschen ihren Ursprung haben, müssen auch im Geist des Menschen die Werke zur Verteidigung des Friedens errichtet werden.« Was der erste Satz der Präambel der UNESCO über den Krieg sagt, trifft im gleichen Maß auf die Gewalt, den Fremdenhaß, die Herrschsucht, den Faschismus, die zynische Gleichgültigkeit gegenüber den Leiden anderer zu. »Im Geist der Menschen die Werke zur Verteidigung« diesen oder jenen Gutes »zu errichten« – diese Bemühung nennt man Erziehung. Daß sie immer nur unvollkommen gelingen wird, rechtfertigt nicht, daß man sie von vornherein zugunsten von Abrichtung einerseits oder *laisser-faire* andererseits aufgibt.

Konrad Adams Skepsis gilt der Neigung »aller Pädagogik«, sich die Welt »idealistisch aufzuputzen«, also Vernunftfähigkeit und Verantwortungsbereitschaft anzunehmen, wo Trieb und Egoismus herrschen. Aber ein guter Pädagoge tut das nicht. Er beobachtet (»weiß« also nicht schon, daß dieses Kind verständig handeln wird oder daß in ihm »das Tier zum Sprung bereit liegt«) und rechnet mit dem, was ist. Die Kinder, die der Lehrer in die Schule geschickt bekommt, sind schon stark geprägt und grundverschieden. Will und soll er das nächste 1933 – im Kleinen wie im Großen – verhindern, kann er gar nicht nach einem Modell und einer Methode verfahren. Er wird viele kennen müssen – unter ihnen diejenigen, die die deutsche Pädagogik nach dem Dritten Reich erst wieder neu entdeckt hat.

Nach 1945 hatte man zunächst nur restauriert, war zu den Strukturen und Inhalten der Weimarer Zeit zurückgekehrt. Die behauptete »Reeducation« hat nicht stattgefunden. Eine Anschauung von der amerikanischen Weise, Schule zu halten, hatte nur eine kleine Auswahl von Lehrern und Wissenschaftlern, die im Laufe der Jahre in die USA gereist waren. Die Frage, wie es möglich war, daß deutsche Menschen mit der Bildung von einst den Nationalsozialismus so blind hatten bejahen können und später nur ohnmächtig zu erdulden vermocht hatten, wurde weitgehend verdrängt. »Weitgehend« – nicht ganz! Das wäre aufgefallen und hätte schon früher zu Reaktionen geführt.

1968 holte die erste Nachkriegsgeneration die Frage mit Vehemenz nach und gab auch gleich die eigene gnadenlose Antwort. Sie hatte eindrucksvolle und ungeheuer verschiedene, ja gegensätzliche Mentoren: Freud und Marx, Margaret Mead und Alexander Mitscherlich, Georg Picht und Ralf Dahrendorf, Alexander S. Neill und James B. Conant, Mao und Che Guevara, Ivan Illich und Herbert Marcuse, Siegfried Bernfeld und Heinrich Roth ... Jeder hatte seine eigene Auswahl zu treffen, jeder stellte seine eigene Mixtur her. Unter sich schwer vereinbar, konnten sich Tiefenpsychologie, Sozialstatistik, Entfremdungstheorie und postindustrieller Hedonismus in den Köpfen der einzelnen jungen Leute zu einem neuen, lebendigen Gedankenstoff vereinigen. Sie hatten weniger die Botschaft als die Wirkung gemeinsam: die Wahrnehmung, daß die Verhältnisse, Systeme, psychischen und sozialen Grundmechanismen unterhalb unseres Bewußtseins herrschen; daß wir uns mit unserer Fixierung auf Taten, Entscheidungen, Bekenntnisse, Personen täuschen; daß nicht wir Geschichte machen, sondern Geschichte uns – es sei denn wir begreifen auch, wodurch wir uns vereinnahmen lassen, wie das *hidden curriculum* heißt, wem das Ganze zum Vorteil gereicht. Die großen Stichwörter der Zeit waren Ausbeutung, strukturelle Gewalt, Verdrängung, Manipulationen und repressive Toleranz. Gegen all dies half auch radikale Aufklärung nur in Verbindung mit radikalem Handeln.

Die kritischen Lehren taten eine um so größere Wirkung auf die nun erwachsen gewordene erste Nachkriegsgeneration, als die ihr voraufgehende sie – aus durchsichtigen Gründen – gemieden hatte. In die Keller des braunen Schlachthauses wollte niemand hinabsteigen; man hatte die Entnazifizierung mit Fragebogen, Spruchkammer und einer meist folgenlosen »Einstufung« überstanden*; der Wiederaufbau und das Wirtschaftswunder nahmen die Menschen voll in Anspruch; für »Wie war das doch?« und »Nie wieder« gab es keinen oder doch immer weniger Anlaß. Die ersten Geschichtsbücher über die Hitlerzeit behandelten Versailles und die Demütigung Deutschlands durch die Siegermächte des Ersten Weltkriegs, die Inflation und die Weltwirtschaftskrise, den kommunistischen Terror und die Harzburger Front, den Reichstagsbrand und das Ermächtigungsgesetz, die Olympischen Spiele und den Anschluß Österreichs, das Münchner Abkommen und den Hitler-Stalin-Pakt, die Judenverfolgung und die KZs – eine Folge von »Tatsachen«, von *causae*, nicht von *rationes*, von Determinanten, nicht von Beweggründen. Das Buch von Hermann Mau und Helmut Krausnik, das im Jahre 1953 die NS-Zeit für uns zusammenfaßte, das Buch von Wilhelm Cornides, das im selben Verlag vier Jahre später die Nachkriegs-Geschichte Deutschlands verarbeitete, hatten beide – in gepflegtem Deutsch und aus akademischer Distanz zum Gegenstand geschrieben – nur Namenregister. Die Ereignisse, Maßnahmen, Gesetze, Reden, von denen sie handelten, ließen sich in der Tat am einfachsten unter dem Namen der Personen aufsuchen, die sie veranstaltet hatten. Wieso unsere Eltern, Lehrer, Pfarrer, Gemeindemitglieder, Bürgermeister Auschwitz hatten geschehen lassen können, darüber gaben sie so wenig Auskunft wie diese selber.

* 8,5 Millionen Parteimitglieder allein und über doppelt soviel in den angeschlossenen Organisationen!

Diese Zurückhaltung empfahl sich, weil inzwischen eine andere Gefahr ausgemacht und wirksam war: der (Welt-)Kommunismus, der zudem die andere Hälfte des eigenen Landes im Griff hatte. Daß die Siegermächte zwar die Nürnberger Prozesse durchführten, aber als Besatzungsmacht die alten Nazis duldeten, ja, nicht ungern zu ihren Mitarbeitern machten, hatte höchst praktische Gründe (diese waren einerseits expert und andererseits den neuen Machthabern ausgeliefert), aber auch eine höchst bedenkliche Folge: daß man der großen Schuld- und Schicksalsfrage unseres Volkes nicht energisch nachging.

Brauchte man die Deutschen im Kalten Krieg – zog sich doch der Eiserne Vorhang mitten durch ihr Land, hatten sie doch gegen den Bolschewismus gekämpft, hatten sie ihm doch einen Teil ihrer Heimat geopfert, »kannten sie doch den Russen« –, so durfte man sie nicht zu hart anfassen, ihnen nicht das Härteste zumuten: Wahrheits- und Trauerarbeit.

Nicht minder inopportun waren einige Vorstellungen, die uns die amerikanische Gesellschaft bescherte: *equality of opportunity*, die in den USA ja auf dem Satz gründet: »All men are born equal«, der seinerseits für das Überleben des Vielvölkerstaates Amerika notwendig ist. Wir setzten auf Leistung, Auslese, ein gegliedertes, hierarchisches, die Schüler früh voneinander trennendes, sie gegeneinander absetzendes Schulsystem. Die Forderung nach Chancengleichheit kam spät und wurde als Gleichmacherei abgetan. Die Tatsache, daß in der erst SBZ, dann DDR die Einheitsschule eingerichtet wurde, bestätigte, daß man recht tat, die Gesamtschule abzuwehren, obwohl sie die vorherrschende Schulform der Siegermächte Amerika und England war und durch die gemischte Klientel zu Differenzierung, also dem Gegenteil von Einheitlichkeit, gezwungen ist. Sodann: »Speak your mind« – »Sag, was du denkst« wurden wir in der amerikanischen Grundschule freundlich und hartnäckig aufgefordert. Das hat sich nicht nur mir stärker eingeprägt als das nicht weniger häufig gehörte: »Try to be as the others« »Versuch zu sein wie die anderen«, was man ohnedies tat. Das unveräußerliche Recht auf »pursuit of happiness«, auf Verfolgung des eigenen Glücks, das Jefferson in der Unabhängigkeitserklärung an die Stelle von John Lockes' »property« gesetzt hat, bedeutet: Laß dir die Bestimmung darüber, was du für dein Glück hältst, nicht nehmen, nicht abkaufen, nicht wegerziehen – von niemandem, auch vom Staat nicht! In diesem erstaunlichen Dokument heißt es weiter: »Whenever any form of government becomes destructive of these ends, it is the right of the people to alter or abolish it...« »Wenn eine Regierung diesen Zielen abträglich zu werden beginnt, hat das Volk das Recht, diese Regierung zu ändern oder abzuschaffen«. Wir aber wollten damals der Zerstörung und Armut entrinnen und hielten dafür mit Recht Arbeitsfleiß, Ordnung, Disziplin in der Schule wie im Betrieb wie in der Partei für geeigneter als Kritik, Selbstbestimmung und gar ein Widerstandsrecht gegen die Obrigkeit. Unser Schulsystem blieb, was es gewesen war: ein Objekt staatlicher Anordnung und Verwaltung – und autoritär. Das sage ich nicht nur so daher. In einer »Negativen Dokumentation« habe ich im Anhang meines Buches »Systemzwang und Selbstbestimmung« (1968) seitenweise Beispiele für den pädagogischen Wilhelminismus der späten 50er, der frühen 60er Jahre in der Bundesrepublik zusammengestellt. Umgekehrt habe ich in den Jahren 1957 bis 1963 im Auftrag verschiedener Amerikahäuser unzählige Vorträge über *progressive education* gehalten, also darüber, wie anders man Schule halten kann: ohne das Kind zu beugen, seine Neugier und Lebensfreude wahrend, seine jeweiligen Gaben entfaltend, zivilisierten Umgang und hohe Leistung fördernd – und dies, indem man alle Kinder des Wohnbezirks unter einem Dach vereint. Ich habe damals auf meine Erfahrung als Schüler und Student in den USA zurückgegriffen. Ich halte noch heute solche Vorträge und führe nun meine Erfahrungen als Lehrer an der Bielefelder Laborschule ins Feld – in der Überzeugung, daß dies in der Tat dem nächsten 1933 vorbeugen hilft.

»Antiautoritär« habe ich das alles nie genannt. Alexander S. Neills Schule – schien mir – konnte nur dem Gründer gelingen; in der Hand eines anderen mußte dogmatischer Unfug daraus werden. Erich Fromms Theorien waren einerseits meinem pädagogischen Alltag zu fern, für den ich Gedankenhilfe brauche; andererseits meinte ich beim Lesen seiner Bücher immer schon nach wenigen Seiten zu wissen, worauf seine Gedanken hinauslaufen. Die Probleme haben die Griechen für uns formuliert; das Prinzip der Hinterfragung des Bewußtseins (hier erfüllt dieses viel mißbrauchte Wort seine eigentümliche Funktion) und die Grundfiguren der Psychoanalyse finden wir / finde ich in der gewünschten Klarheit bei Sigmund Freud; den jeweiligen Anlaß für ihre Anwendung muß und kann ich mir mit Hilfe der Journale sichern – wie es Ivan Illich in Cuernavaca ja auch getan hat. Fromms sorgfältig-umständliche, kritische (oft rechthaberische) Weiterentwicklung der Lehren Freuds kann ich meist bejahen, aber für meine Pädagogik entbehren.

Die Grünen-Abgeordneten werden mich neben Neill und Fromm auch nicht genannt haben, weil wir eine Reihe bilden, sondern einen bunten Haufen. Wir – und die vielen nichtgenannten anderen – haben ihnen unterschiedliche Anstöße in unterschiedlichen Fragen gegeben. Neill zum Beispiel für eine *non-directive education*, eine moderne Auslegung der Maxime Rousseaus, daß man Vernunft und Gesittung am besten an den Folgen der eigenen Tat lernt; Fromm zum Beispiel für eine s. v. v. vorsichtige Rücksicht, die die Erziehung auf die Triebstruktur (von Schülern, Lehrern, Eltern) zu nehmen hat, und für die psychoanalytische Aufklärung des Destruktionsprogramms der Gesellschaft; Hentig zum Beispiel für die Einrichtung der Schule als *polis*, als Modell einer politischen, sich selbst regulierenden Lebens- und Lerngemeinschaft, oder für die Ablösung von Belehrung durch Beteiligung (eine Schulorganisation und eine Lehrerbildung, in denen die Didaktik durch eine Mathetik herausgefordert und ergänzt wird), oder – zusammenfassend – für eine Erziehung, die den Menschen inmitten zunehmender Systemzwänge zur Selbstbestimmung befähigt (was in der Regel verlangt, daß man die Systeme versteht).

Meine eigene Kennzeichnung der Hentig-Pädagogik sieht in manchem anders aus als ihre öffentliche Wirkung. Die Merkmale dieser Pädagogik habe ich mit den Namen derer versehen, denen ich sie verdanke. Ich gebe sie hier in einer anderen Form* und historisch-umgekehrter Reihenfolge wieder:

– Die Pädagogen selber müssen große Anstrengungen machen, der Verabsolutierung der Schule entgegenzuwirken. Ivan Illichs Satz »Die Schule lehrt in erster Linie die Unentbehrlichkeit von Schule« bringt die Gefahr auf den Punkt. Die Grunderfahrung, die der Schüler mitnimmt, ist, daß alles Lernen

* Einer anderen als in der sonst ähnlichen Darstellung in: Aufgeräumte Erfahrung, München 1983 (Carl Hanser), S.202–208.

Schule braucht; nur was man in ihr – durch staatliche Unterrichtsbeamte geplant, veranstaltet, kontrolliert – aufnimmt, ist für die Gesellschaft wichtig; es erzeugt Unlust und Angst – und das bis hinauf zum Hochschulexamen, wo die Unterwerfung und Panik am größten sind, weil auch die Folgen am größten sind. Die entgegengesetzte Erfahrung wäre nötig und nützlich: »Lernen ist meine Sache: *ich* lerne – und das bekommt mir. In der Schule wird mir dabei geholfen, vor allem durch die Gegenstände und Gelegenheiten, die sie bereitstellt. Ich werde immer unabhängiger von Belehrung, Lehrern, Lehrplänen; ich kann immer schwierigere Entscheidungen über den Gegenstand und die Verfahren der Aneignung selber treffen; Freude, Freiheit, Selbstverantwortung nehmen miteinander zu.« – Dieses Programm heißt: Entschulung der Schule.

– Daß die Schule eine *embryonic society* sein müsse, war John Deweys eine pädagogische Antwort auf zwei Erkenntnisse: Einerseits verlangt die moderne demokratische, durch Mobilität und kulturelle wie ethnische Vielfalt ausgezeichnete (»pluralistische«) Gesellschaft eine andere Vorbereitung, als die Familie und ein an den Berufsgruppen orientiertes, also auslesendes Bildungswesen sie geben können. Andererseits lernt der Mensch vornehmlich an der Bewältigung von Aufgaben – *by doing*. In der arbeitsteiligen wissenschaftlichen und technischen Zivilisation sind fast alle wichtigen Aufgaben Gemeinschaftsaufgaben, verlangen nach Kooperation. In der *embryonic society* fallen solche Aufgaben von alleine an und stimmen in der Regel zu der Welt, in der wir leben. »Projekte« muß man sie nur so lange nennen, wie es nötig ist, sie von »Unterricht«, »Kurs« und »Lektion« zu unterscheiden. – Dieses Programm heißt: Schule als Erfahrungsraum oder »school should be a place for kids to grow up in« (Paul Goodman).

– Pädagogen haben sich in der Geschichte der Menschheit immer wieder als die Bezähmer der rohen – animalischen oder barbarischen – Natur verstanden. Die Umwandlung, die Abrichtung, die Entfernung von dieser drücken die Wörter aus, mit denen sie ihre Tätigkeit bezeichneten: *formatio, institutio, eruditio* und *educatio*. Sie sahen sich im Bilde des Dompteurs, des Töpfers, der den Lehmkloß zum Gefäß formt, des Gärtners, der die Pflanze beschneidet und ihren Wuchs am Spalier

ausrichtet. Jean-Jacques Rousseau hat in einem genialen Entwurf zugleich dargelegt, welche folgenreichen Schäden alle Versuche anrichten, gegen die Natur zu erziehen, und wie eine Erziehung »durch die Natur selbst« und »mit der Natur durch uns« aussähe. Viele seiner Hypothesen hat die Wissenschaft seither bestätigt und verbessert, manche nicht. – Es bleibt das Programm: Erziehung aufgrund von Beobachtung oder »lieber weniger tun als zuviel« und »Notwendigkeit ersetzt Zwang«.
– Der so aufwachsende Mensch wird vor allem gelernt haben, sich nichts vorzumachen. Nur dieser ist wirklich erwachsen. Er kann eher als andere erkennen, daß es im eigenen Interesse ist, sich vernünftig und rücksichtsvoll zu verhalten, und wird es darum auch dann tun, wenn er nicht beaufsichtigt oder »pädagogisch« dazu angehalten wird. Vor Gedankenlosigkeit, Verführung und Korruption ist er damit freilich noch nicht sicher. Und vor allem: Er hat nun zusammen mit anderen Erwachsenen über dem Gemeinwohl zu wachen. Wie der Sokrates, den Platon schildert, darf er darum nicht aufhören, sich und seine Mitmenschen zu prüfen, der Frage nachzugehen, was das gute Leben sei, so, daß er und die anderen es hier und jetzt leben können. – Dieses Programm heißt: Bildung als ständige und selbständige Suche nach Wahrheit und das Aushaltenkönnen der Vorläufigkeit auch der gewissesten Erkenntnis.
Wo man diese vier Grundgedanken erfüllt, hat Erziehung vermutlich »emanzipatorische« Wirkung. Sie wird sie um so mehr haben, je weniger sie von dieser Absicht spricht. Das eifrige Bekenntnis zur Emanzipation könnte ein Zeichen dafür sein, daß sie einem selbst noch ungewiß ist. Mit anderen Worten, emanzipatorische Pädagogik bedarf vor allem befreiter, ihrerseits wirklich erwachsener, nicht ständig mit der eigenen Minderwertigkeit kämpfender, mit der eigenen Geltung befaßter Erzieher.
Daß eine junge, notwendig noch unreife Bewegung sich mehr der übertreibenden und überfordernden Argumente bedient als der bescheideneren und erfüllbaren; daß Widerstand der Etablierten sie ungeduldig und rechthaberisch macht statt selbstbewußt und klug; daß sie Angst hat, ihre Wahrheit in der Anpassung an die Verhältnisse zu verlieren, also alles rigoroser in Szene setzt als nötig – das sollte ihr niemand verübeln, schon gar nicht,

111

nachdem sie ihr eigenes Programm eingehalten hat: an den Folgen zu lernen. Die Kinderläden, die Freien Schulen, die alternativen Wohngemeinschaften, die es heute (noch) gibt, zeichnen sich längst nicht mehr durch Chaos, sexuelle Freizügigkeit, Aufmunterung zur Regelverletzung aus, sondern durch eine in sich geschlossene, friedliche, opferbereite, etwas schrullige Müsli-Kultur. Und die grünen LehrerInnen mit dem großen I lesen heute vermutlich nicht Frances Vestins »Alle Macht den Kindern!« und nicht Ekkehard von Braunmühls »Antipädagogik«, sondern David Gribbles »Auf der Seite der Kinder«, ein Buch, das die *progressive education* trefflich zusammenfaßt. Das wäre gegenwärtig unser gemeinsamer Boden.

Damals, Ende der 60er Jahre, hatten wir einen anderen: die Hoffnung, daß die Bundesrepublik Deutschland ein Vierteljahrhundert nach dem Zusammenbruch des Nazireichs endlich aus dem Bannkreis des Gewohnten, Eingerichteten, Noch-immer-Erträglichen ausbrechen werde, um es mit den Herausforderungen der Zukunft aufzunehmen, die schon längst begonnen hatte. Die Adenauerzeit, die Epoche der Restauration war zu Ende. Die großen Geburtenjahrgänge aus der Wirtschaftswunderzeit drängten in die weiterführenden Schulen. Es lag nahe, mit der notwendigen Expansion des Bildungswesens auch die überfällige Erneuerung vorzunehmen: der äußeren Demokratie unserer Republik auch die innere Demokratie folgen zu lassen – die Gewohnheit des gleichberechtigten Umgangs, des Wahrnehmens und Bejahens von Unterschieden, des selbstverständlichen »speaking your mind«. Es galt, Lehrer, Eltern und Schüler an der Verantwortung für ihre Einrichtung zu beteiligen; die Chancen der sozial Benachteiligten (etwa des legendären »katholischen Arbeitermädchens vom Lande«) zu verbessern; nicht nur das »Niveau« der Bildung zu »heben«, sondern sie selber zu verändern – so, daß die Menschen den gesteigerten und gewandelten Ansprüchen der Industriegesellschaft gewachsen sind. Der Staat hatte selber die strukturellen Veränderungen eingeleitet – durch den Deutschen Ausschuß für Erziehung und Bildung und durch den Deutschen Bildungsrat. Nun kam es darauf an, die gedachten neuen Einrichtungen mit einem anderen, einem pädagogischen Geist zu erfüllen, die neue Bildung nicht in Effizienzsteigerung, in der wissenschaftlichen und technischen Perfektionierung des Unterrichts aufgehen zu lassen, sondern sie in den Dienst der gefährdeten *polis* zu nehmen. Die Zukunft – das war das, was man die Zweite Industrielle Revolution genannt hat, das Zeitalter der Automatik und der Computer; das war die Eine Welt; das war die sich kaputt rüstende bipolare Welt, die Welt von Kahn-Wiener, die Welt des Club of Rome, die *brave new world* von Huxley; eine Welt der Bevölkerungsexplosion, der Wissensexplosion, der Fernsehexplosion; eine Welt mit Contergan, Seveso und Bhopal; der Atomstaat von Robert Jungk, der Geplünderte Planet von Herbert Gruhl, die Grusel-Zukunft der CIBA-Foundation und so fort. Es war deutlich, daß man weder den Befürchtungen noch gar der jeweiligen Wirklichkeit allein mit mehr, modernerer, medialvermittelter Information, sondern nur mit größerer Verantwortungsfähigkeit und Verantwortungsbereitschaft gewachsen sein werde; daß eine überforderte Menschheit mit gefährlicher Irrationalität reagieren würde; daß *the authoritarian personality*, die Th. W. Adorno u. a. in der gleichnamigen Untersuchung dargestellt haben, dann die sie fördernden Bedingungen haben werde, die sie ihrerseits fördere. Dies schien eine große Gefahr – und ist nun Wirklichkeit geworden. Der Zusammenbruch der sozialistischen Länder hat uns in anderer Weise drastisch veranschaulicht, wohin es führt, wenn man die Regungen und Ansprüche der Menschen hart und dauerhaft beschneidet und diese mit großen Wörtern und der Fürsorge des großen Betreuers abspeist. Nun macht sich die Hilflosigkeit in Pogromen Luft.

Gar nicht gemeinsam waren uns die Formen. Die Ruppigkeit, ja, Rotzigkeit der jungen Rebellen hat ihren Radikalismus (das Wort bedeutet doch etwas ganz anderes!) mit dem Geschmack von Barbarei und Feindseligkeit vergällt.

Zu (2): Gibt es einen Zusammenhang zwischen der »antiautoritären Bewegung« und der heutigen »Jugendgewalt«?

Mit dem Voraufgehenden ist zunächst gesagt: Wenn die gegenwärtigen Erscheinungen, die man »Jugendgewalt von rechts« genannt hat, Folge der (linken) antiautoritären Bewegung der Endsechziger Jahre sein sollten, wären sie die Folge von Folgen einer langen rechten Verhaltung. Die Lust am Entlarven konnte so groß werden, weil so lange so viel zugedeckt worden war; das Adjektiv »herrschaftsfrei« hätte nie einen solchen Zauber ausgeübt, wäre nicht so viel unnötige Herrschaft dagewesen; »Konfliktfähigkeit«

war der Traum derer, die die dauernde Beschwichtigung leid waren. Der Aufbruch, gar Aufruhr von 1968 verstand sich selbst als Rückschlag auf das politisch-moralische Mimikry der zwei Jahrzehnte nach 1945 und auf den »imperialistischen« Krieg der NATO-Vormacht USA in Vietnam. Seine Substanz konnte darum unoriginell sein: Klassenkampf und Unbehagen in der Kultur, Kapitalismuskritik und radikale Aufklärung. Erst die Friedensbewegung und die Grünen (zusammen »Ökopax«) haben die alten linken Proteste mit neuen Momenten – Zielen und Verfahren – versehen. Der heutige Zwiespalt unter den Abgeordneten (und Anhängern) der Grünen gibt zum Teil die beiden historisch verschieden begründeten Motivgruppen wieder, von denen die politisch »konservative« als Ursache für Jugendgewalt von rechts wohl überhaupt nicht in Frage kommt. – Prüfen freilich müssen wir alles.

Ich halte es für äußerst unwahrscheinlich, ja schon von den Prämissen her für unmöglich, daß die Welle der Gewalt und ihre besondere rechte Ausprägung auf die progressive oder emanzipatorische Erziehungslehre zurückgeht – aus folgenden zwölf zunächst nur aufgezählten, nicht weiter miteinander verbundenen Gründen:

1. Die antiautoritäre Bewegung war eine Studentenbewegung. Sie hat nicht nennenswert auf andere Bevölkerungsteile übergegriffen. Die Studentenzahl lag damals bei etwa einer halben Million. Nur eine Minderheit beteiligte sich an den inneruniversitären Protesten und von dieser wiederum nur ein Teil an den Demonstrationen, die sich gegen den Schah von Persien und für Ho Chi Minh, gegen Apartheid und für ein sozialistisches Kuba engagierten. Die Auseinandersetzung über die deutsche Schulfibel, die Inhalte der Gesellschaftslehre, die sexuelle Befreiung der Kleinfamilie blieb ihnen Hekuba. Der Mehrheit ging es um Scheine versus Prüfung, die Abschaffung der Klausuren, Bafög-Sätze, Drittelparität, allenfalls eine einphasige Ausbildung.

2. Die antiautoritäre Erziehungslehre hat es nur in schwierigen Texten mit relativ geringer Verbreitung gegeben. Das meistdiskutierte und von den Gegnern meistgehaßte Dokument waren die Entwürfe für die Hessischen Rahmenrichtlinien. Sie gab es nur in einer Auflage von weniger als tausend Exemplaren. Ihr Umfang tötete jede Teilnahme des Lesers. Sie waren in einer Sprache ge-

schrieben, die man nicht verstehen, allenfalls nachahmen konnte. Sie wurden unter dem Druck der Opposition ständig revidiert – und sind am Ende nur noch von den Kritikern und den Historikern wirklich gelesen worden, nicht von Lehrern, Schulbuchautoren, Aufsichtsbeamten und Studenten.

3. Eine Erziehungslehre kann die Lehrer eines Schulsystems beeinflussen – die schon im Amt und die noch in der Ausbildung befindlichen –, wenn sie in den Hochschulen gelehrt und von der Schulaufsicht durchgesetzt wird. Ich schätze, daß kein Drittel der deutschen Professoria und gewiß kein größerer Anteil der deutschen Schulbehörden sich den neuen Lehren gegenüber geöffnet hat und daß davon jeweils weniger als die Hälfte in der Lage und bereit war, sie zu vertreten. Ihre Adressaten wiederum dürften nur zu einem Bruchteil dafür zugänglich gewesen sein.

4. Die Lehrerschaft macht etwa ein Hundertstel der Bevölkerung aus. Selbst wenn sie insgesamt zu Bannerträgern der Ideen Neills und Fromms, von Friedeburgs und von Oertzens geworden wären, sie hätten zunächst nicht mehr als drei Prozent der Deutschen zu den umstrittenen Lebensformen anhalten können: sich selbst, ihren Partner, ihr (statistisch einsames) Kind. Ihre Schüler mußten noch zehn bis fünfzehn Jahre warten, bis diese selber verheiratet waren und Kinder hatten – eben die heutigen Jugendlichen von etwa zwölf Jahren. Wer 1968 ein 6- bis 18jähriger Schüler war, war 1978 16- bis 28jährig, zur Hälfte heiratsfähig bzw. verheiratet und hatte 1992 vielleicht Kinder zwischen zehn und vierzehn, erste Anwärter für Überfälle auf Asylantenheime. Nach der obigen (großzügigen) Schätzung dürfte höchstens ein Zwölftel des Hundertstels überhaupt mit der verdächtigen Theorie vertraut gemacht worden sein, und, wie gesagt, von diesen wiederum nur ein Teil mit ihr »infiziert«.

5. Die Bewegung war nach einem knappen Jahrzehnt aus der Öffentlichkeit verschwunden; ihre Beweger lebten nun als A-13-Bezieher in IKEA-möblierten Wohnungen, wenn sie nicht ins Establishment aufgestiegen oder in die Subkulturen von Kreuzberg und Hafenviertel ausgewandert waren.

6. Das Ganze war ein ausgesprochenes Wohlstandsphänomen, undenkbar ohne die ökonomischen Freiräume unserer Gesellschaft, ohne wenigstens optischen und akustischen Rückhalt (Jeans und Tennisschuhe, Rock und Pop) bei der internationalen

Jugend und ohne Mobilität – die Möglichkeit, dem Bannkreis der Familie, der Schule, der Lebenssicherung zu entrinnen; es war ein Großstadt- und Universitätsstadt-Phänomen und hat die Kleinstadt und das Land nur selten erreicht.

7. Und die DDR überhaupt nicht! Dort wurden bis 1989 und vielerorts noch darüber hinaus die Schüler in Margot Honeckers Vorstellungen von sozialistischem *law and order* erzogen, wurde keine »kalkulierte Regelverletzung« geduldet, gab es eine strenge Wertordnung, in der der obere Rang just mit den Gegenbegriffen der »Gewalt von rechts« besetzt war: Völkerverständigung, Friede, Solidarität, und der zweite Rang den Tugenden des ordentlichen Mannes gehörte: Leistungswille (Sollerfüllung), Pünktlichkeit, Disziplin, Loyalität. *In sexualibus* war die DDR ein prüdes Land. Die »Basis« konnte dort öffentliche Beachtung finden, weil ihre Meinung gelenkt war. Vor hessischen Rahmenrichtlinien hätte sich die SED bekreuzigt – und die hessische DKP hat es ja auch getan. Die darin gefeierten Ziele Selbstentfaltung, Ichstärke, Widerständigkeit und Wachsamkeit gegenüber den Mächtigen gab man als Zeichen kapitalistischer Dekadenz und Selbstauflösung aus – oder als Mittel der Ablenkung von der eigentlichen Macht, der der Wirtschaftsbosse.

8. Offene Gewalt an Einreisenden aus Polen, an Vietnamesen, die seit langem als Gastarbeiter in der DDR gelebt hatten, Überfälle von Jugendlichen auf ein Asylantenheim in Hoyerswerda und ihnen applaudierende Erwachsene – das war der sichtbare Anfang der beklagten Gewaltwelle in Deutschland. Die alten Bundesländer zogen alsbald mit ähnlichen Ausschreitungen nach. Das heißt nicht, daß die Gewalt aus den neuen Bundesländern kam! Aber dort war der Damm am schwächsten – und alle Untersuchungen zeigen, daß das »Potential« zu rechtsradikalem Gebaren unter den Jugendlichen der ehemaligen DDR erheblich größer ist als im Westen. Vor drei Jahren sah man einen vor fünf Jahren gedrehten Film eines Litauers über sowjetische Jugendliche, die einen Zug vandalisierten, in dem sie von einer Großveranstaltung heimkehrten. Diesen hat niemand die »Regelverletzung« nahegelegt; niemand hat sie ermuntert: »Lebt euch aus!«; die Erfahrung von »Grenzen« ist ihnen wahrhaftig nicht vorenthalten worden. – Ob das Zurschaustellen von nationalsozialistischen Emblemen und Redensarten in den neuen Län-

dern dasselbe bedeutet wie in den alten, muß man zudem bezweifeln. Schockieren freilich wollen sie hier wie dort.

9. Folgt man den Untersuchungen, hat auch in den USA, in England, in Frankreich die offene Bereitschaft zum Dreinschlagen allgemein deutlich zugenommen. Die Krawalle begannen dort meist entweder im Umfeld eines großen Mannschaftsspiels oder eines Zwischenfalls unter Bürgern verschiedener Rassen. Amerikaner kannten das Phänomen lange vor 1968. Welches Ausmaß an Terror (von Schülern an Schülern und Lehrern) in amerikanischen Schulen möglich ist, hat der Film »Die Saat der Gewalt« der Weltöffentlichkeit schon 1955 vorgeführt. 1960 war das Buch »The Uncommitted, Alienated Youth in American Society« von Kenneth Keniston erschienen. 1961 schrieb James B. Conant seinen zornigen Bericht »Slums and Suburbs« – über Schulen in amerikanischen Großstädten – und warnte die Gesellschaft vor dem sozialen Dynamit, das da in den Schulen der Elendsviertel angehäuft wurde. Edgar Z. Friedenberg fand 1963 die Gewalt schon in normalen High Schools etabliert, in denen die Kinder nicht mehr ohne Paß zum Klo gehen können: sie würden nicht an den bewaffneten Schutzbeamten vorbeikommen, die in den Fluren gegen ihrerseits bewaffnete *gangs* im Inneren wie von außen aufgestellt waren. Wer Dramatischeres lesen wollte, konnte zu Claude Browns »Manchild in the Promised Land« (1965) greifen. Wie man dem durch immer raffiniertere Repression begegnete, hat Jonathan Kozol in »Death at an Early Age« (1967) eingehend geschildert. In England hat T. R. Fyvel von 1958 bis 1961 die »Troublemakers« beobachtet: »Rebellische Jugend in einer Wohlfahrtsgesellschaft«. J. K. Galbraith hatte 1958 das Stichwort der *affluent society* gegeben. Nigel Williams schließlich bündelte die Befunde (hiervon und von mehreren Royal Commissions – vom Crowther Report »15 to 18« bis zum Newsom Report »Half Our Future«) zu einem Dreistunden-Stück »Klassenfeind« (1967): Schülergewalt, die nichts, aber auch gar nichts mit »antiautoritärer Pädagogik« zu tun hat, so wenig wie Burgess' »Clockwork Orange«.

Warum dies alles? Um zu sagen, daß die Jugendgewalt in der Industriegesellschaft schon lange schwelt, und wenn antiautoritäre Gedanken, Wörter, Stimmungen geeignet sind, sie ans Licht zu bringen und zu verstärken, dann hätten sie es gleich – in den

60er Jahren – tun können und müssen. Unsere Halbstarken, die französischen *Blousons Noirs*, die englischen *Teddies* und *Hooligans* beschäftigten die Politiker und Jugendforscher in den Jahren 1955 bis 1958 – lange bevor wir die Befreiungspädagogik entdeckten, ja, diese kam erst in der Folge dieser Erscheinungen allmählich zum Zuge.

10. Wenn man freilich die Theorie vertritt, daß die Einstellungen der Eltern die entgegengesetzten bei ihren Kindern hervorbringen, dann hätte man zwar noch eine Chance, die rechten Schüler den linken Lehrern unterzuschieben, aber sonst doch eine äußerst mißliche Bescherung. Es folgte ja, wenn diese Erklärung der Gegeneffekte (anstelle der Nebeneffekte) allgemeine Gültigkeit hätte, auf eine kühne Generation mit Notwendigkeit eine verzagte, auf eine aufgeklärte eine obskurante, auf eine friedfertige eine aggressive, auf eine demokratische eine autoritäre, und allein die unbarmherzige Tyche bestimmte, womit jetzt meine Kinder dran sind. Erziehung könnte nur dazu dienen, die Heftigkeit des Ausschlags zu mildern, und müßte sich bemühen, die Generationen möglichst farblos zu machen. Besonderen Herausforderungen freilich dürften diese dann nicht gewachsen sein.

11. Die Bemühung um Widerlegung der Umkehrthese scheint mir unnütz, nicht die um eine Unterscheidung der nicht-repressiven Pädagogik von ihrer Karikatur. In der Wochenzeitung Die Zeit hat man eine Artikelserie mit einer solchen begonnen: Ein steifer Pauker läßt sein Schülerregiment hundertmal schreiben: »Ich werde antiautoritär erzogen«. Unleugbar gibt es Menschen, die ihre eigenen Lehren solchermaßen verraten oder verballhornen. Aber damit lohnt sich die Auseinandersetzung eigentlich nicht. Der Autor des ersten Artikels, Claus Leggewie, plädiert für Autorität. Deren Ziel sei die Sicherung der Freiheit. Ist sie Autorität, brauche sie keinen Zwang und schon gar nicht Gewalt. Aber Generationen von Erziehern haben just das getan und sich dabei auf ihre Autorität als Staatsbeamte, Pädagogen, Erwachsene berufen. Wer zieht die Grenzen zwischen dem Beschützer der Freiheit und dem Feldwebel in ihm? Claus Leggewie sollte bei der besseren Hälfte seiner Erkenntnis bleiben, daß es die »Abwesenheit und Gleichgültigkeit der Älteren« ist, die die Jüngeren dazu treibt, sich Geltung und Grenzen mit Gewalt zu sichern. Claus Leggewie nennt sich selber einen »Antiautoritären«, dessen Ein-

treten für *auctoritas* – gleich auf Latein! – wohl dadurch um so glaubwürdiger erscheinen soll: mit den »moralischen Fundamenten unseres Gemeinwesens«, »staatsbürgerlichen Tugenden« und »familiaren Beziehungen« zusammengeschweißt.

In zwei Punkten ist die nicht-repressive Pädagogik gelegentlich in der Tat zur Karikatur geraten: in der Sexualerziehung und in der Friedenserziehung. Die »Aufklärungswut« im einen war so sachwidrig wie die »Tabuierungswut« im anderen. Auch für den Erwachsenen bleibt die Sexualität, gottlob, ein Wunder, ein Geheimnis, ein Abenteuer. Für einen Dreijährigen aber sollte da nun nichts mehr zu entdecken, alles vielmehr offenbar, erklärlich, normal sein! Das Holzgewehr und Peng-Peng-Spiele sind keine Einübung in Gewalt und Krieg, sondern ein, gottlob, harmloser Versuch, sich diese – in der Welt der Erwachsenen reichlich vorkommende – Tätigkeit verständlich zu machen. Alle Spiele dienen unter anderem diesem Zweck. Barbara Sichtermann hat die symbolische Bedeutung des Kriegsspiels für Kinder plausibel erklärt und diesen mit Recht das Bewußtsein unterstellt »*Das* tut doch nicht weh!« (Die Zeit, Nr. 44, 25. Oktober 1991) Wenn die anti-autoritären Eltern ihren Kindern hier mit einem prinzipiellen Verbot entgegengetreten sind, werden sie vermutlich das Gegenteil des Gewollten erreicht haben: eine Lust an dem Peng-Peng-Schock – fortgesetzt in martialischem *outfit* und SS-Schrekkens-Zeichen, wenn sie größer sind. Wirklich antiautoritäre Eltern werden mit ihren Kindern über Krieg, Waffengewalt, Tötung anderer Menschen reden und dabei sehr feste Überzeugungen bekunden. Eine große Aufregung über eine Plastikpistole werden sie nicht machen.

12. Das für mich stärkste Argument gegen den von Beate Scheffler und Konrad Adam geäußerten Verdacht sind die Schüler der Bielefelder Laborschule. An dieser Schule ist mit größerer Konsequenz als anderswo und nunmehr fast zwanzig Jahre hindurch nach den oben vorgetragenen Prinzipien eine offene, nicht-autoritäre Pädagogik getrieben worden – mit dem Ergebnis, daß sie wie eine Oase wirkt, wie eine Insel des Friedens, der gegenseitigen Achtung, der Aufmerksamkeit, des Vertrauens, der ebenso lebendigen wie ernsten Auseinandersetzung mit den Fragen der Zeit in einem Meer von Rücksichtslosigkeit, Gleichgültigkeit, Gewalt und Verweigerung, wenn denn wahr ist, was die Medien

berichten. Und man erinnere sich: Die Laborschule hat eine besonders schwierige Klientel nicht nur aufgrund ihres Aufnahmeschlüssels, sondern weil die Bielefelder erfahren haben, daß die »LS« mit solchen Kindern kleine Wunder vollbringt; also schickt man sie ihr.

Mein Räsonnement wird nur den überzeugen, der sich überzeugen lassen will. Für Zweifler müßte ich umständliche empirische Untersuchungen anstellen. Das kann ich nicht mehr.

Zu (3): Die »verhängnisvollen Miterzieher«

Empirische Untersuchungen gibt es in größerer Zahl zur letzten Frage. Diese lautet, wenn man die enge Anlehnung an Konrad Adams Text verläßt: Welche anderen Ursachen lassen sich für die zunehmenden »Gewalttaten Jugendlicher« ausmachen? Die Untersuchungen kommen weder zu überzeugenden noch zu übereinstimmenden Ergebnissen.

Man wird mir nicht verdenken, wenn ich mich angesichts dieser Erkenntnislage mit einer Aufzählung von Vermutungen begnüge, die ihre Plausibilität aus der Vorsicht ihrer Formulierung und/oder aus dem mit ihnen verbundenen Bekenntnis meines Standpunkts gewinnen. Im übrigen ziehen sie Erfahrungen heran, die wir in dieser Welt gemeinsam machen. Es sind wieder zwölf, woraus auf meine Willkür geschlossen werden darf.

Als mögliche oder wahrscheinliche Ursachen für die vermehrten (ich sage nicht mehr »zunehmenden«, als wüßte ich, daß es so weitergeht) Gewalttaten (ich sage nicht mehr »Gewaltbereitschaft«) von Jugendlichen (ich sage nicht »der heutigen Jugend«) sollten wir die folgenden Merkmale ihres und unseres Lebens prüfen, wobei die von mir gewählte Reihenfolge auch die Rangfolge ihrer Wichtigkeit für mich ausdrückt. Es liegt in der Natur eines Defizits, daß es zugleich auf die geforderte Ergänzung oder die mögliche Korrektur hinweist.

1. *Nichtgebrauchtwerden:* Wenn eine Gesellschaft ihre jungen Menschen bis zum 25. Lebensjahr nicht braucht und sie dies ausdrücklich wissen läßt, indem sie sie in Schulen, an Orten, von denen nichts ausgeht, kaserniert und mit sich selbst beschäftigt, sie von allen Aufgaben ausschließt, denen die Erwachsenen mit Ernst nachgehen und für die sie als Zeichen und Maß der Wichtigkeit bezahlt werden, dann zieht sie ihre eigenen Zerstörer groß. Denn von nichts hängt das Wohl der Menschheit in der

interdependenten, technischen, wissenschaftlichen und demokratischen Welt so sehr ab wie davon, daß die einzelnen zu ihrem Teil für das Ganze einstehen, ja, daß Gemeinsinn ihnen nicht nur zur Pflicht, sondern zur zweiten Natur geworden ist. Das ist zudem ein äußerst schwieriges Lernpensum. Wir brauchen deshalb Schulen, an denen junge Menschen nicht nur hören, daß und wofür sie allgemein gebraucht werden: um den Generationsvertrag zu erfüllen, den Nachwuchs unter den Ingenieuren oder Informatikern oder Sozialpflegern zu sichern, die Nation konkurrenzfähig zu halten, sondern auch jeder einzelne eindringlich erfährt: ich mit meiner Gabe, wirksam öffentlich zu reden, ich mit meiner Fähigkeit, genau zu denken, ich, dem es gelingt, Streitende zu versöhnen, ich mit meinen geschickten Händen ... bin der Gemeinschaft für diese Aufgabe wichtig, wie andere für eine andere. Was einer dafür braucht, wird er auch gut und gerne lernen. Wird einem diese Erfahrung die ganze Jugend hindurch vorenthalten, lernt man das eine nicht, das die Gesellschaft wie nichts anderes braucht und das den jungen Rowdys fehlt: Verantwortungssinn.

2. *Fehlende Bewährungsmöglichkeiten:* Wenn Schulen nicht geeignet sind, diese Erfahrung zu vermitteln, muß man sie durch andere Maßnahmen ergänzen oder ersetzen. In den unteren Jahrgängen ist Schule für die meisten Kinder ein erregender, auch in den herkömmlichen Formen befriedigender Vorgang. Man lernt etwas, was man lernen will. Daß man dies in einer Gemeinschaft tut, ist zusätzlich reizvoll und erlaubt, daß daraus eine Schule der Verständigung, der gegenseitigen Hilfe, der geregelten Auseinandersetzung und der gemeinsamen Entscheidung (Politik) wird. In der Pubertät weicht diese Möglichkeit anderen Bedürfnissen. Nun müssen Aufgaben und Bewährung woanders gesucht werden: in Lagern, in Werkstätten, auf Exkursionen, in Projekten. Pfadfinder und Sportvereine nehmen der Gesellschaft ein Zehnfaches der Kosten ab, die man für sie aufwendet. Nach der Pubertät sind Studium und Lehre für einen Teil der Jugendlichen Herausforderung und Erfüllung genug; für einen immer kleineren Teil ist es der Militärdienst. *Für alle* könnte dies der gemeinsame allgemeine Soziale Dienst sein, den Männer und Frauen nach ihren Neigungen wählen, an dem sie lernen und zugleich der Gesellschaft einen Dienst leisten können. Für ihn mögen die amerikanischen *job corps* und das *peace corps*, Eugen Rosen-

stock-Huessys Arbeitsdienst (von Hitler übernommen und mißbraucht, von Rosenstock-Huessy als »Dienst auf dem Planeten«
1965 erneut vorgeschlagen), die *youth services* des Albemarle
Reports (Bericht einer Royal Commission aus den frühen 6oer
Jahren), das von Frietjof Scheffler entworfene Soziale Jahr und
die Modellversuche für das Freiwillige Ökologische Jahr der
Bundesregierung als Muster dienen – und den Jugendlichen (und
uns) ersparen, daß man sie mit dem Danaergeschenk eines vorge-
zogenen Wahlalters auf 15 beglückt – einem Füllhorn der Frustra-
tionen, Manipulationen, Kollisionen. (Haben die, die dies propa-
gieren, einmal mit 15jährigen darüber gesprochen?)

3. *Keine Zeit füreinander*: Wenn Väter, Mütter, Lehrer nicht
mehr Vorbild für eine Lebensform, sondern nur noch für eine bestimmte Verrichtung oder Fertigkeit sein können, weil es keine
Zeit für anderes gibt, weil die Berufsarbeit vorgeht, weil unsere
Tätigkeiten so eingeteilt, beschnitten und vor allem für Kinder
nicht erlebbar sind (sie finden in einem Büro, in einer fernen
Fabrik, an unverständlichen Geräten statt), werden Jugendliche
sich ihr »Modell« untereinander oder bei fiktiven Gestalten
suchen: bei etwas, das kein Maß in sich hat und deshalb zu immer phantastischeren, immer erregenderen Formen der Verwirklichung drängt.

4. *Rat race*: Wenn es das Hauptstreben der Erwachsenen ist,
Geld zu verdienen, weil sie es um der Wahrung oder Vermehrung
von Wohlstand und sozialer Geltung willen brauchen, wenn
Selbstachtung davon abhängt, daß man sich dieses Auto und
jenen Urlaub leisten kann, wenn dieser *rat race* von jedem einzeln
bestanden werden muß, werden junge Menschen, die dieses Le-
bensmuster übernehmen, es zu verwirklichen suchen, wo und
wie sie es können: mit Imponiergebaren gegenüber den Gleich-
starken und Siegen über Schwächere. »Drei Wege stehen den
Jugendlichen zur Selbstdarstellung zur Verfügung: Leistung,
Attraktivität und Stärke. Was macht man, wenn man bei Leistung
und bei Attraktivität nichts zu bieten hat? Man zeigt Stärke.«
(Wilhelm Heitmeyer in: Deutsche Lehrerzeitung/DLZ 43/92,
4. Oktober-Ausgabe)

Alle Versuche, in unserer vom Markt bestimmten Welt andere
Bewährungsmöglichkeiten zu schaffen: Jugendhäuser, Discos,
work camps, Sportplätze, werden nur dann gutgehen, wenn sie

von jeglicher pädagogischer Absicht frei sind (Ertüchtigung, *cooling out*, Rekrutierung für XY). Betreuung erträgt der junge Mensch nur in sozialistischen Ländern, in denen auch die Erwachsenen dem unterworfen sind, und zahlt den Preis dafür.

5. *Gewalt im Fernsehen*: Wenn die Vorstellungswelt der kleineren Kinder vornehmlich mit den Bildern des Fernsehens angefüllt wird, muß dessen Programm einer strengen Kontrolle unterliegen. Ich weiß, das Problem ist schwierig: Die Darstellung von Gewalt als Unterhaltung ist sträflich. Die Darstellung von Gewalt als Tatsache menschlicher Existenz ist notwendig, schon damit man ihr Einhalt gebietet. Aber eben darin liegt ein Maßstab – nicht zuletzt für das Fernsehen der Erwachsenen, vollends für das Fernsehen der Kinder. Man muß sich um ihn bemühen. Diesen Vorschlag wird man mir als Bevormundung des Bürgers – der Eltern wie der Kinder – mit Empörung verweisen. Ich nehme beides hin, die Empörung und die Verweisung, sobald man die Schulgesetze, die Richtlinien und Lehrpläne abgeschafft hat und aufhört, jedes Schulbuch durch die Kultusbehörde zu kontrollieren und zu genehmigen. Die Wirkung dessen, was in Schulbüchern »steht«, wird überschätzt. Die Wirkung dessen, was im Fernsehen »geschieht«, wird unterschätzt. Das liegt schon in den Verben begründet. Ebenso schlimm wie die harte Gewalt im Fernsehen ist die sanfte Gewalt durch das Fernsehen: die Gewöhnung an Passivität, die Wahrnehmung der Ereignisse und Schicksale, die mein Leben so hoffnungslos unbedeutend erscheinen lassen, die Überwältigung durch die immer schon ohne mich vollzogene Geschichte.

6. *Verführung durch Nazis*: Wenn viele Jugendliche arbeitslos sind – in den neuen Bundesländern 35 Prozent der 21- bis 24-jährigen (Shellstudie 92) –, wenn es keine konkrete Hoffnung auf eine bessere Zukunft gibt und wenn – wiederum in den neuen Ländern – das Gefühl vorherrscht, »wir sind ohnedies Menschen zweiter Klasse« (80 Prozent der ostdeutschen Jugendlichen sehen das so laut IBM Jugendstudie '92, zitiert nach FAZ vom 30. September 1992), dann findet man Befriedigung in der Wahrnehmung, daß es Menschen gibt, die noch weiter unten stehen: man mißhandelt wehrlose Ausländer – wodurch sie das werden, was sie sein sollen, *underdogs*. Daß sie »uns« Wohnung und Arbeit wegnehmen, ist ebenso leere Redeweise wie, daß sie Deutsch-

land zum Balkan machen. Treten Verführer auf, die die Parole »Deutschland den Deutschen« mit historischem Glanz und Schrecken versehen, sind schnell ein paar neue Nazis geboren. Sie und ihre Organisatoren müssen uns angst machen, wenn *wir* ihnen den Eindruck geben, ihre Argumente seien diskutabel und ihre Ausschreitungen »im Grunde verständlich«. Daß wir sie uns erklären können und daß wir an ihrem Zustand nicht ganz unschuldig sind, muß vielmehr dazu führen, daß wir ihnen mit größter Entschlossenheit entgegentreten. Die Kultur beginnt mit der Gastlichkeit. Der Schutz des Fremden ist eine »heilige« und das heißt unverrückbare Pflicht. Das müssen die jungen Menschen an unseren Taten ablesen können. Was man für Vorkehrungen trifft, damit wir der Aufgabe gewachsen bleiben, ist eine andere, politische Frage.

7. *Arbeitslosigkeit und Freizeit*: Wenn es nicht genug Arbeit für alle Menschen gibt, wenn die Verteilungsmechanismen den begünstigen, der Arbeit hat, vor dem, der noch keine hat, wenn Arbeit zudem der eigentliche Ausweis der Zugehörigkeit zur Gesellschaft ist, fällt die Arbeitslosigkeit wie eine Verbannung auf den jungen Menschen. Wie soll er an der größeren Gemeinschaft, ihrem Wohl und Wehe Anteil nehmen?

Dies ist nicht der Ort, der Frage nachzugehen, ob man die Arbeit in unserer Gesellschaft nicht überhaupt falsch definiert und organisiert hat: als Erwerbstätigkeit. Das ist sie zwar notwendig auch, aber sie ist in erster Linie ein Dienst zur Erhaltung des nur gemeinsam zu bewältigenden Lebens und *pari passu* eine Form der Selbstverwirklichung. Arbeit als erkennbar wichtige Lebensaufgabe darf niemandem vorenthalten werden, vor allem nicht der Jugend. Weil ich das so sehe, kann ich in den Ruf nach mehr Freizeiteinrichtungen für Jugendliche nicht einstimmen. Das wäre die drittbeste Lösung, ein Ausweichen vor den zwei besseren, nämlich ihnen Aufgaben zu geben oder die eigene Aufgabe mit ihnen zu teilen.

8. *Unmenschliche Städte*: Wenn unsere Städte so aussehen wie Marzahn, ist Vandalismus junger unbeschäftigter Menschen nicht nur verständlich, er ist notwendig, damit wir lernen, unsere Häuser und Wohnungen, unsere Straßen und Plätze, unsere Schulen und Arbeitsstätten anders zu bauen. Aus »Metropolis« muß wieder *polis* werden.

9. *Dürftige Schule*: Wenn Schulen weiterhin so langweilig sind, wenn sie, statt knapper, konzentrierter, fordernder und fröhlicher zu werden, sich immer weiter ausdehnen, statt sich auf das zu beschränken, was sein muß, akuten Moden und allen akuten Leiden der Welt nachgehen, werden sie nur noch den Schwächlingen und Angepaßten dienen. Die Starken und Selbständigen werden sie verachten und sich für die Gefangenschaft und den Zeitraub rächen. Ich halte die Versuche, das »Untier« (Platon) durch Ästhetik, durch eine Kultur der Sinne, durch neues Körperbewußtsein zu domestizieren, für illusorisch, ja unernst. Das Problem, mit dem wir es hier zu tun haben, ist eins der Moral und der Politik.

10. *Mafia*. Nicht nur aus den Medien, auch aus den Erzählungen von Kollegen »ganz normaler« Nachbarschulen, weiß ich, daß Waffen- und Drogenhändler ihren *deal* mit Schülern machen. Diese Geschäfte allein sind nicht erheblich. Was sie so schlimm macht, ist der Einbruch der Unterwelt und ihrer Methoden in die Kinderwelt: Erpressung, Tortur, Freiheitsberaubung. Die Faszination der Kaltblütigkeit scheint um so größer zu sein, je kleiner die Kinder-Al Capones sind. Kinder sind näher an beidem, dem gläubigen Moralismus und der blanken Amoralität. Wer cool mitmacht, kommt davon; wer sich fürchtet oder entsetzt, wird Opfer – nicht zuletzt, weil die anderen nicht einschreiten, sondern zusehen. Das ist ein Thema für einen Kulturkritiker vom Format eines Paul Goodman, der seinem Land klar und deutlich gesagt hat: Euch hilft da keine Pädagogik, keine Therapie, kein Sicherheitssystem mehr; in einer verkommenen Gesellschaft verkommen als erstes die Kinder.

11. *Strafnotstand*. »Sie schrecken vor nichts zurück« – das hat man in der letzten Zeit oft gehört. Was aber heißt das? Wenn mehrere starke Kerle unter den Augen der Klasse einen Schwächeren strangulieren oder unter der Platte eines umgedrehten Tisches erdrücken, bis die Rippen brechen, wenn sich ein 10jähriger ein Dutzend gleichaltriger Zulieferer von Geld, Wertsachen, Diensten hält, dann haben die Täter drei mögliche Schwellen hinter sich gelassen, sie vielleicht gar nicht wahrgenommen:
– hemmende eigene Gefühle: Mitleid oder Scham oder Was-du-nicht-willst-das-man-dir-tu …
– einschüchternde Wirkungen der Gemeinschaft: »Es ist uns

nicht recht ...«»So bei uns nicht!«, also öffentliche Ächtung der Tat
– Furcht vor Strafe.

Natürlich hängen alle drei zusammen. Das Gewissen ist kein Gottesgeschenk, und wir sind nicht mit einer bestimmten und untrüglichen Einsicht in Gut und Böse, Ehrenhaft und Unehrenhaft geboren. Was eine Gemeinschaft wie bestraft, wirkt auf das Verhalten der Gruppe zurück. Dieses wiederum beeinflußt den einzelnen. Aber mit der »abschreckenden« Strafe ist es schwierig. Wenn sie nicht anerkannt wird, tut sie keine pädagogische, sondern nur eine politische, eine mechanisch-oberflächliche Wirkung: sie drängt das *crimen* in den Untergrund ab, so daß es erst einmal »weg«, aber auch nicht bekämpfbar ist.

Seit ich Pädagoge bin, habe ich ein Problem mit dem Strafen. Eigentlich steht mir nur ein Mittel zur Verfügung: der Liebesentzug. Dessen Anwendung ist heikel und kann nur in ganz seltenen Fällen wirksam sein: Es muß ja Liebe walten, damit der eine sie entbehrt, wenn der andere sie plötzlich versagt. Aber wie versagt man Liebe, wenn man liebt? Das kann nur äußerlich geschehen, etwa in der Form, daß man zum Ausdruck bringt: Ich *will* jetzt – aus dem dir bekannten Grund – nicht lieben. Das geliebte Kind wird das erkennen, nein *wissen*. Dem ungeliebten, dem nur zum Schein geliebten, wird auch das bewußt sein. Es wird an dem pädagogisch vorgetäuschten Entzug nicht mehr leiden als an der Lieblosigkeit überhaupt. Die Maßnahme ist also wirkungslos. Die meiner Philosophie von einer der *polis* gemäßen Strafe besteht darin, daß die Gemeinschaft sanktioniert, nicht der Erzieher. Die Gemeinschaft ist ja durch das Unrecht verletzt, und so muß sie die Wiedergutmachung fordern. Aber das tut sie heute nicht. Genauer: es gibt sie nicht. Hier, wenn irgendwo müßte sie ja in Erscheinung treten.

In unseren Schulgesetzen gibt es gestaffelte Strafen, die im wesentlichen darin bestehen, die Eltern auf den Plan zu rufen: Eintragungen ins Klassenbuch, aus denen Benachrichtigungen werden, aus denen Warnungen werden, die bei der einen wirklichen Strafe münden, beim Ausschluß von der Schule. Der wiederum ist angesichts der Schulpflicht ein zweifelhaftes Mittel. Ausschluß heißt so eigentlich Versetzung an eine andere Schule. Das kann unbequem und unangenehm sein. Eine Strafe ist sie nur, wenn da eine Gemeinschaft verlassen werden muß, zu der man gehört, in der man leben will. Schulen (und auch Klassen) sind dies ihrer Natur nach nicht – sie sind Zwangs- und Zufallsgemeinschaften. Eine Schule als *polis* verstanden und geführt könnte das ändern. Sonst muß man zur Prügelstrafe zurückkehren, wenn man eine wirksame Sanktion haben will; die humane Pflicht-Unterrichtsanstalt hat eine solche nicht.

12. *Unglaubwürdige Politik*: Wenn unsere Politik fortfährt, sich so darzustellen, wie sie es tut – korrupt, undeutlich, selbstgefällig –, ist überhaupt keine Hoffnung, daß die Jugend Vernunft annimmt. Nicht daß man mit schwierigen Themen (Asylanten, Balkankrieg, Bundeswehreinsatz, Finanzierung der deutschen Einheit) nicht ohne Umwege und Widersprüche zurechtkommt, ist schlimm, sondern daß man dies nicht zugibt. Junge Leute, die dadurch gleichgültig gegen die Politik werden, lernen diese nicht – und das haben wir Alten sehr zu fürchten.

Und damit kehre ich zum Ausgangspunkt zurück. Konrad Adam hat die Frage, was eine Pädagogik anrichtet, die mehr verspricht, als sie vermag, zu politischer Grundsätzlichkeit erhoben. Die verständige Antwort ist: Schlimmes, möglicherweise das Gegenteil von dem, was sie will oder zu wollen behauptet. Aber verspricht sie nicht das, was von ihr gefordert ist oder was sie selbst von sich verlangen muß, und hätte dann die übrige Gesellschaft nicht die Pflicht, ihr die Erfüllung ihrer Aufgabe zu ermöglichen? – indem sie die aufgezählten Widrigkeiten (die »verhängnisvollen Miterzieher«) berücksichtigt und allmählich so ernst nimmt wie die Inflationsrate, die Konsolidierung des Haushalts, den Aufbau der Infrastruktur, die Erhaltung des Industriestandorts Deutschland – und was da sonst noch stets eine größere Rolle spielt als das »Aufwachsen in Vernunft« der jungen Menschen.

Der CDU-Abgeordnete Helmut Linssen hat sich des Zweifels der Beate Scheffler bemächtigt und eine Erziehung gefordert, die die Menschen »gemeinschaftsbewußt, diszipliniert und pflichtbewußt« macht. Auch ich wünsche mir, daß unsere jungen Mitbürger so werden – aber dadurch, daß wir Alten es schon sind und weil unser Leben ihnen einleuchtet. Wenn man diese Tugenden nur »lehrt« oder voraussetzt und ihr Fehlen dann ahndet; wenn man sie gar für die wichtigsten hält (Herr Linssen nennt keine anderen); wenn man nicht sich und die jungen Menschen zugleich im Nachdenken, Prüfen, Zweifeln und in der Phantasie übt, dann kommt man beim ehemaligen DDR-Bürger heraus. Von ihm (beispielsweise dem Mauerschützen) aber verlangen wir, er hätte aufbegehren sollen gegen die falsche Vereinnahmung in die falsche Gemeinschaft, die falsche Pflicht, die falsche Disziplin. Wie sollte er das, ohne je zu Kritik und Selbstkritik ermutigt worden zu sein, zu Selbständigkeit und Selbstverantwortung? Und natürlich sollte dies nicht durch Unterrichtsbeamte geschehen, sondern durch uns alle.

»Im Grunde gibt es nur eine ›richtige‹ Erziehung – das Aufwachsen in einer Welt, in der zu leben sich lohnt.«* Das war Paul Goodmans Ansicht von unserem Problem. Und weil wir die Welt nicht haben, in der es sich zu leben lohnt, substituieren wir Pädagogik und predigen Werte. Ich bin überzeugt: Je mehr wir das Heil der Gesellschaft darin sehen, die Kinder und Jugendlichen auf bedeutende Worte einzuschwören und den gegebenen Verhältnissen anzupassen (»sie der Welt zu unterwerfen, wie sie ist«), statt die Welt *und uns selber* so zu verändern, daß die Jungen – unter uns lebend und nicht in Schulghettos gesperrt – zu vernünftigen, verantwortlichen, freundlichen Erwachsenen werden können, um so höher werden am Ende die Kosten der Zerstörung, des Verbrechens, der Neurose, des Unglücks sein, die wir zu zahlen haben.

»Es handelt sich um eine Kulturkrise«

Wenn in den Schulen Gewalt, Willkür, Chaos herrschen und Jugendliche andere Bürger terrorisieren, kann man das eine »Bildungskrise« nennen. Wenn die Erwachsenen mit den Problemen

---

* Der Gedanke geht so weiter: »Our abundant society is at present simply deficient in many of the most elementary objective opportunities and worthwhile goals that could make growing-up possible. It is lacking in enough man's work. It is lacking in honest public speech. It is lacking in the opportunity to be useful. It has no Honour. It has no Community.«; Paul Goodman: Growing up absurd. Problems of Youth in the Organized Society. New York 1956 (Vintage Books), S.12.

der Welt nicht zurechtkommen, auch. Die ihre liegt nur etwas weiter zurück.

Es gibt Menschen, die in der Bildungskrise den Ausdruck einer Kulturkrise sehen. Es gibt andere, die meinen, die Bildungskrise könne eine Kulturkrise zur Folge haben. Es gibt schließlich dritte, zu denen ich mich zähle, die sich gegen die mitschwingende Dramatik in beiden Erklärungen wehren. Auch für sie ist Krise kein Normalzustand; sie ist vielmehr ein Moment, in dem eine Unentschiedenheit mit besonderer Deutlichkeit in Erscheinung tritt. Man darf sie »heilsam« nennen, wenn damit die weitere Verschleppung eines unbekömmlichen Zustands beendet wird, eines Zustands, in dem man allzu lange behauptet hat, die Sache sei doch »im Kern gesund«. Was eine »Bildungskrise« ist, vermöchte einer wie ich durchaus zu sagen, auch welche Folgen erst die Unentschiedenheit und dann deren Auflösung für die Bildung und andere Bereiche haben können. Eine »Kulturkrise« dagegen hat kein Subjekt; man kann sie nur konstruieren; man kann nicht mit Bestimmtheit ausmachen: Jetzt ist sie da – und besteht in dem und dem! Dazu müßte man erstens wissen, was die Kultur, von der man spricht, an sich – ohne Krise! – ist, und zweitens, wie es »danach« weitergeht – danach, wenn die »Krise« genannte Erscheinung vorüber ist. Was eine Kultur »ist«, weiß man nicht in der Gegenwart. Man weiß es nachträglich.* Nachträglich wissen wir auch, wann in welcher Form sie in eine Krise, also in eine Entscheidung trat. Und alsbald liegen wir im Streit – untereinander, mit früheren Beurteilern und mit den Zeitgenossen der Krise – über die Notwendigkeit, den richtigen Zeitpunkt, die Beurteilung der Folgen:

Die Athener des frühen 4. Jahrhunderts v. Chr. hielten ihre Stadt für verkommen, verkehrt, verfault. Es herrschten der Pöbel,

---

* Nicht unmittelbar danach – da ersetzen Verklärung oder Verdammung das Wissen. Hans Delbrück hat vor genau 100 Jahren in einem Aufsatz die Urteile zusammengetragen, die einem Universalhistoriker über »Die gute alte Zeit« (so der Titel; Preußische Jahrbücher, Bd. 71, 1893, S. 176–212) beim Lesen seiner Quellen zufallen. Er formulierte in seinen »Erinnerungen, Aufsätzen und Reden« (1905) daraus ein Gesetz, das diese »Krisen-Theorie« als solche aufhebt: Wenn jede Generation urteile, daß es der vorigen besser gewesen sei, so müsse es wohl in der Welt von Stufe zu Stufe schlechter gehen. Delbrücks Aufsatz ist in Heft 4/93 der Neuen Sammlung abgedruckt.

die Sophisten und Sykophanten, die Neureichen und Kriegsgewinnler. Hier habe der Niedergang der *polis* begonnen. Von uns her gesehen war es ein goldenes Zeitalter: Platon und Aristoteles, Thukydides und Hippokrates, Praxiteles und Leochares!

Zur »Zeitwende« herrschte der gerühmte Augusteische Friede. In Rom blühte die Kunst: Horaz, Vergil, Ovid, Vitruv. Und irgendwo im römischen Weltreich wurde Jesus Christus geboren. Liebhaber des Römertums aber werden nicht sagen: Hier war sein Höhepunkt. Sie sehen den Absturz. Aus der *res publica* war eine gewaltige Bürokratie geworden, aus der *civitas* der Bürger eine weltweite abstrakte Herrschaft, absoluter als jedes bekannte Königtum, dessen Beseitigung sechs Jahrhunderte hindurch den Stolz und das Selbstbewußtsein der Römer ausgemacht hatte und dessen bloße Andeutung den großen Cäsar das Leben kostete. Im Zentrum dieser Herrschaft setzte die Zweideutigkeit, der Verrat an der *virtus*, der Eindeutigkeit des Mannestums, ein, den die Schulbücher dann »Krise« und »Zerfall« nennen.

Der Dreißigjährige Krieg bezeichnet eine dunkle Epoche Europas. Die Demoralisierung der Menschen durch den zum Dauerzustand gewordenen, jeglichen Zieles beraubten Krieges hat uns Simplicius/Grimmelshausen geschildert; die Kabale und die Günstlingswirtschaft an den großen Höfen (und wohl nicht minder an den kleinen), den schamlosen Machtkampf innerhalb der Dynastien und unter ihnen, dem nur die Macht des starken Richelieu ein Ende setzte, schildert jedes mittelmäßige Geschichtsbuch. Aber es war nicht nur die Zeit der größten Maler – Rembrandt und Rubens, Velasquez und van Dyck –, auch die Musik erreichte einen absoluten Höhepunkt mit Schütz und Monteverdi; die ersten neuzeitlichen Pädagogen, Ratke und Comenius, traten auf den Plan; und die Wissenschaftler-und-Philosophen legten die theoretischen Voraussetzungen für das Forschen und Denken der Neuzeit: Bacon, Hobbes, Descartes.

Das Ancien Régime entfaltete in der zweiten Hälfte des 18. Jahrhunderts erneut einen ungeheuren Glanz – wiederum auf allen Gebieten der menschlichen Kultur, wofür die Namen Haydn und Mozart, Voltaire und Diderot, Lessing und Goethe, Kant und Herder stehen mögen. Aber dort, wo er sich am stärksten verdichtete, in Paris, war auch das Faulbett der Epoche, aus

dem die Revolution aufsteigen sollte. Über keine Gesellschaft –
hier kam das Wort auf, weil es galt, alle Erscheinungen des
menschlichen Lebens damit zu erfassen – ist so vernichtend geur-
teilt worden wie über diese durch ihren zugleich typischsten Zeitgenossen, durch Jean-Jacques Rousseau. Tacitus hatte die römische Kaiserzeit an den republikanischen Idealen, also an längst
Erstorbenem, gemessen und moralisch verwerflich gefunden.
Rousseau maß die Gesellschaft des 18. Jahrhunderts an den aufkommenden humanitären Ideen der Aufklärung und fand sie
widersprüchlich, töricht, schädlich.

Das 19. Jahrhundert, um uns näher zu kommen, hat so scharf-
sinnige und verschiedene Kritiker gefunden wie Marx und Nietz-
sche, Tolstoi und Dostojewski, Stefan George und Oswald
Spengler. Sie haben über dieses so philiströse wie pompöse Zeitalter den Stab gebrochen – mit Krachen! Wir blicken, kaum hun-
dert Jahre danach, auf eines der stabilsten, geordnetsten, ver-
nünftigsten Jahrhunderte von ungeheurer Fruchtbarkeit zurück.

Ich beende mein kleines Experiment, nicht ohne den Leser zu
eigenen Proben zu ermuntern, beispielsweise anhand der *roaring
twenties*, in denen die Welt für die Zeitgenossen in Übermut und
Gedankenlosigkeit unterzugehen schien (wie zuvor ihr stolzestes
Schiff, die »Titanic«), die in deren Erinnerung und für die Nach-
geborenen jedoch eine Insel der Humanität und Freiheit im
Strom von Dumpfsinn und Grausamkeit war.

Der Versuch wollte, mit zugegeben simplen Mitteln, meine
Skepsis gegenüber der Feststellbarkeit von Kulturkrisen plausibel
machen. Es wird unserer Epoche nicht anders gehen, wenn man
sie aus einigem Abstand mustert. Im Augenblick dürfte es mehr
Stimmen geben, die die folgenden Sätze bejahen, als Stimmen,
die sie verneinen:

– Wir stehen vor Schwierigkeiten und Gefahren, wie sie so groß,
  so komplex und so ubiquitär kein anderes Zeitalter zu bewältigen hatte.
– Deutlicher als Menschen zu anderen Zeiten ist uns das Ausmaß der uns bedrohenden Gefahren bewußt: wir *wissen*, wie
  schlecht unsere Chancen stehen, mit ihnen zurechtzukom-
  men.
– Wir sind uneins, ob die technische Zivilisation durch die
  technische Zivilisation gerettet werden muß oder nur durch

metanoia, durch Umkehr, einen spirituellen Wandel davon-
kommen kann.

— Und dieser Zwiespalt, der natürlich bis tief in die Kindheit hin-
abwirkt und entscheidend durch Bildung verschärft oder ge-
mildert wird, könnte in der Tat eine Krise unserer Kultur sein:
Die sie auszeichnenden Elemente geraten in einen lähmenden
Widerspruch zueinander; das Bewußtsein von diesem hemmt
die Arbeit am brechenden Deich; die Beschwörung einer Kulturkrise bringt die Kulturkrise hervor.

Meine Meinung hierzu ist unerheblich für den Verlauf, aber
nicht unerheblich für die Wahrnehmung meiner weiteren (und
der voraufgegangenen!) Überlegungen. Ich gebe meine Einstellung zu unserer Kultur in fünf Sätzen wieder – eine Meinung, die
ich hier nicht weiter verantworten muß, um zu dem zu kommen,
was ich verantworten will.

(1) Ich lebe in der Zeit und in der Kultur, in denen ich leben
möchte. Alle Sehnsucht nach anderen Zeiten und Kulturen rechnet nicht mit deren Härten für einen Menschen mit heutigem Bewußtsein.

(2) Die Nöte und Schwächen unserer Kultur sind die Folgen
ihrer Stärken und Versprechen.

(3) Dies ist es, was uns zu schaffen macht, aber es ist keine
»Krise«, es ist etwas Schlimmeres: unsere Daueraufgabe. Es ist
gut, sich klarzumachen, daß sie nicht leichter, sondern schwerer
werden wird.

(4) Um dieser Aufgabe gewachsen zu sein, müßten wir unsere
Anstrengung darauf richten, die Grundgedanken unserer Kultur
zu erhalten oder neu zu konturieren – sie genauer zu erkennen
und ihre mögliche Verwirklichung auch wieder für möglich zu
halten. Statt dessen befassen wir uns mit dem Beiwerk. Grundgedanken sind: Die Würde des Menschen, die *res publica*, die Aufklärung, unter welche drei fast alle anderen zu subsumieren sind
– Freiheit und Gerechtigkeit, Verantwortung und Toleranz, Frieden und Wohlstand, Solidarität und die Achtung vor der übrigen
Schöpfung. Beiwerk sind: Organisationsformen, Institutionen,
Gesetze, Methoden, der Zustand der Künste, die neuesten Erkenntnisse der Wissenschaften – denn sie alle sind relativ zum
Zweck.

(5) Wir »müßten«, aber wir können nicht, weil sich unsere

Zivilisation auf die Anhäufung von Mitteln festgelegt hat. Wir werden als Personen um so weniger entscheiden, je mehr wir das System von Apparaten ausdehnen und vervollkommnen: Jede Maßnahme zur weiteren Entlastung, Sicherheit, Verfügbarkeit schafft eine neue Abhängigkeit oder eine neue Überforderung.

In dieser Sicht wird die sogenannte Krise zum Arbeitsprogramm. Das eitle oder defätistische oder naive Wort »Krise« verliert seine Bedeutung.

»Wir müssen dem Wertzerfall entgegentreten«

Diese Aufforderung ergeht seit eineinhalb Jahrzehnten (seit dem Bonner Forum »Mut zur Erziehung« 1978) – in vielerlei Formulierungen – nicht nur an die Lehrerschaft, sondern auch an die allgemeine Öffentlichkeit, und das heißt an die Menschen, die die Werte offenbar verfallen lassen, denen sie angeblich s. v. v. »nichts mehr wert« sind. Über diese ausdrucksstarke, aber folgenarme Geste könnte man hinwegsehen, enthielte und verfestigte sie nicht zwei Voraussetzungen: Es gebe, *erstens*, einen Wertzerfall, und ihm könne, *zweitens*, durch Entschlossenheit gewehrt werden – wir müßten nur unsere moralische Feigheit in der Pädagogik überwinden.

In abgeschwächter, aber eben darum wirksamerer Form kehrt der Gedanke in der Behauptung eines tiefgreifenden Wertewandels wieder – oft unterstützt durch Umfragen, in denen junge Menschen andere Erwartungen an das Leben äußern, sich zu anderen Lebensformen bekennen, ihre Befürchtungen und Vorlieben in eine andere Rangordnung bringen als die ältere Generation (was nicht selten entgegengesetzte Untersuchungen und Auslegungen auf den Plan ruft).

Ich glaube weder an einen Wertzerfall noch an einen einschneidenden Wertewandel. Um die Auseinandersetzung mit den genannten Positionen zu führen, ist ein allgemeiner Essay, als den ich dieses Büchlein verstehe, nicht geeignet. Da ich sie für falsch halte, lohnt sich die Mühe für mich auch nicht. Aber für das, was an dem Falschen richtig ist, interessiere ich mich doch – und das kann ich meinen Lesern am besten anekdotisch klarmachen, indem ich erzähle, bei welcher Gelegenheit mir dies klargeworden ist.

Vor zwei Jahren habe ich an einem Podium teilgenommen, dessen Thema lautete: »Schulische Erziehung angesichts des Wertewandels«. Deutlicher konnte man die Gewißheit nicht ausdrükken, daß ein solcher Wertewandel stattfinde und daß alle – die Leute auf dem Podium und das Publikum im Saal – ihn als solchen ansähen. Aus den ersten Beiträgen konnte ich entnehmen, was gemeint war: die postmoderne Gleichgültigkeit und Indisziplin der jungen Leute, Individualismus und Populismus, der rasche Konsum und die rasche Gewalt, eine Gesellschaft ohne Rückgrat, ohne Scham, ohne Ziel und Zuversicht und darum opportunistisch, egoistisch, zynisch.

Damit hatte man sich ein ernstes moralisches Thema der Zeit vorgenommen (oder auch mehrere), aber das besagte mitnichten, daß unserer Jugend die Werte abhanden gekommen seien oder daß sie die alten Werte gegen neue eingetauscht hätte. Keine der eben aufgezählten Verhaltensweisen ist neu, sonst wüßten wir sie vermutlich gar nicht zu benennen. Daß es Gleichgültigkeit oder Schamlosigkeit gab und gibt, heißt nicht, daß irgend jemand sie für einen Wert hielt und hält; es gesteht einer selten genug, daß ihm die Gewalt Spaß mache; öfter schon könnte jemand meinen, daß sie nicht ganz unnütz und jedenfalls nicht zu vermeiden sei. Aber ein »Wert«? Genaueres Nachfragen ergab dann auch, daß die Herren auf dem Podium nicht meinten, die Werte hätten sich gewandelt, sondern die Mittel, mit deren Hilfe man sich ihrer versichert, also die Tugenden. In der Tat sind Sparsamkeit, Pünktlichkeit, Lern- und Arbeitsfleiß, Keuschheit, Gehorsam, die Verfügung über solides Wissen, stetige Pflichterfüllung heute seltener anzutreffen, vor allem aber weniger geschätzt als früher, und das ganz einfach, weil diese Verhaltensweisen inzwischen weniger tauglich, die mit ihnen verbundenen Anstrengungen und Entbehrungen weniger notwendig sind, um die gemeinten Ziele zu erreichen. Es gibt Kondome und Computer, ausgedehnte soziale Netze, für die man vorher viel Steuern, und Zwangsversicherungen, für die man hohe Beiträge gezahlt hat, gleitende Arbeitszeit und organisierten Konflikt zwischen Arbeitnehmern und Arbeitgebern, so daß beides, Unterwürfigkeit wie Herablassung, sich erübrigt. Die alten Tugendkataloge haben ihren Sinn und ihre disziplinierende Wirkung verloren. Und die jungen Menschen haben das längst heraus und lassen ihre Lehrer, Erzieher und Dienstherren dies spüren. *Exeunt istae virtutes.*

Die Güter (das meint das, was unabhängig von ausdrücklicher Bewertung für den Menschen notwendig, angenehm, gut ist) und Werte (das meint das, was wir in unserer Kultur dazu erklären und auch so erfahren: Freiheit, Gerechtigkeit, Friede, Unversehrtheit des Leibes, Wohlversorgtheit, Wahrheit, Würde der Person, aber auch Sicherheit, Mobilität, Identität, *pursuit of happiness*) sind erstens weiter in Geltung und zweitens nach wie vor gefährdet und/oder schwer zu erreichen. Die Zahl der unverzichtbaren Güter und die der Grundwerte (von denen es natürlich immer auch Ableitungen gibt: aus Freiheit Rede-, Meinungs-, Versammlungsfreiheit, Freizügigkeit, Freiheit der Berufswahl, der Kunst, der Wissenschaft etc.) ist gering und innerhalb einer Kultur so gut wie konstant.* Anders die Tugenden, wie gesagt die Mittel oder Verhaltensweisen, mit deren Hilfe man sich ihrer versichert. Da die Werte (und Güter) heute nicht in erster Linie durch individuelle Schwächen und Fehler bedroht sind, sondern durch kollektive Bedingungen unserer Existenz – den Dollarkurs, die Leitzinsen, die Inflation, den Arbeitsmarkt, den Verkehr, den Energieverbrauch, den Smog, das Funktionieren der Geräte, den technischen Fortschritt, Rationalisierungsmaßnahmen, den Empfang der Nachrichten, die Ängste oder Vorurteile oder Hysterien der vielen, die das gleiche Fernsehprogramm gesehen haben –, müssen auch die Tugenden anders sein: indirekt, zugleich bewußt *und* habituell, disponibel *und* stetig. So ergeben sich ganz neue Listen von Verben und Verbalnomina für geschätztes Verhalten: urteilen und denken, prüfen und zuhören, beobachten und improvisieren, geduldig sein und genau sein, Verläßlichkeit und Verantwortlichkeit, die Fähigkeit zur Kooperation und zu selbständigem Handeln, zum Austragen von Konflikten und zum

---

* Ich bin in angestrengter systematischer Bemühung auf nicht mehr als zwölf gekommen; alle weiteren Nennungen ließen sich unter die schon vorhandenen subsumieren; siehe Hartmut von Hentig: Werte in der Erziehung, in: Neue Sammlung, Heft 3/1988.

Aushalten von Unentschiedenheit, zu Mut und Überzeugung –
und zu deren begründeter Preisgabe ...

Das wären die Tätigkeiten und Tugenden, die man für das in
Kapitel 1 und 2 beschriebene Leben braucht. In den Lehrplänen
dagegen liest man: »Im sechsten Schuljahr *beherrscht* der Schüler ...« »Er *verfügt* über ...« »Er kann X *anwenden*, kann Y *benennen*, kann Z richtig *einordnen*« »Er *kennt* ..., er *weiß* ..., er
hat ...« Das heißt: Die Schule bringt den jungen Menschen ein-
dimensionale, lineare, direkte Verhaltensweisen bei, nicht zuletzt, weil sie verwaltbar und meßbar sind. Diejenigen, die das
Leben fordert – von Aufmerksamkeit bis Nachdenklichkeit,
von Entschlußkraft bis Hilfsbereitschaft, von Selbstachtung bis
Selbstkritik –, kann sie, wie sie derzeit ist, weder wecken noch
bestärken, weil sie weder zu ihrem erklärten noch zu ihrem ver-
deckten Lehrplan gehören, zu dem, den man im Schulleben als
brauchbar erfährt. Die These vom Werte*wandel* keilt gleichsam
nach hinten aus: Indem die Schule auf den falschen Normen *be-
harrt*, begünstigt sie die beklagte, von ihr selbst am schmerzlich-
sten erlittene Demoralisierung. Die Öffentlichkeit aber streitet
– wie das Podium, von dem ich berichte – darüber, ob die heutige Schule so etwas wie »Werteerziehung« treiben solle oder dies
lieber der Familie und den Kirchen überlasse, ohne zu wissen,
was Werteerziehung eigentlich ist und wie sie vor sich geht.

Trends, Kunstwörter, empirisches Talmi

Die Theorien von der Kulturkrise und vom Wertzerfall oder Wertewandel erklären die Nöte unserer Gesellschaft mit einem Verlust oder einer Entartung von etwas, was vorhanden und gesund
sein muß, damit die Gesellschaft gedeiht, – Kultur zum Beispiel
und Werte. Sie setzen etwas Gutes voraus, aus dem dann Schlechtes wird. Wer diesen Theorien folgen soll, muß diese Voraussetzung mit ihnen schon teilen. Dann freilich ist alles sehr einfach.

Die Sozialwissenschaften enthalten sich einer solchen Setzung.
Sie stellen Beziehungen und Abläufe fest und erklären das, was
als »Störung« erscheint, als Verschiebung in dem gegebenen Ge-

füge. Dessen Elemente bezeichnen sie so, daß sie mit sich selbst (in einem früheren Zustand) oder mit anderen verglichen werden können; sie machen sie meßbar. Ihre Ergebnisse haben darum die Form von Trendmeldungen. Dramatisch oder beruhigend sind sie je nach unseren eigenen Erwartungen. Sie selber aber sind banal. Vereinnahmen uns jene anderen Erklärungen, verlangen diese, daß wir die Bewertung selber vollziehen. Und dies hat eine durchschlagende Folge: Nur die Erklärung ist interessant, die auch eine interessierende Frage hat. »Interessant« meint hier: für die Öffentlichkeit, nicht für den Kollegen; der nimmt auch mit anderem vorlieb. Da sozialwissenschaftliche Studien langwierig sind, gelten ihre Fragen selten den jetzt gerade brennenden Problemen. Umgekehrt, wer ein Forschungprojekt entwirft, weiß meist schon, daß seine Ergebnisse nicht mehr gefragt sind, wenn er die Untersuchung beendet haben wird. Es wird ihm also immer auch um wissenschaftliche Raffinesse und Solidität im Erkenntnissystem seiner Disziplin gehen; er wird an schon vorhandene Studien anknüpfen; er wird sein Sample und sein Instrumentarium so aussuchen, daß sein Resultat auf das anderer Arbeiten abbildbar ist; das Ergebnis wird mit Erläuterungen der Methoden befrachtet sein, es wird alle Nebenbefunde mitschleppen; auch wenn sie zur Deutung des strittigen Phänomens nichts beitragen, weisen sie doch die Sorgfalt seiner Studie aus; und mit alledem gewöhnt sich die Wissenschaft und die politische Öffentlichkeit, dergleichen für die gewollte und benötigte »Erklärung« zu halten − beruhigt durch das Bewußtsein, daß man *das* nun wenigstens alles wirklich »weiß«.

Das liegt daran, daß die empirische Sozialforschung nur Tatsachen und Meinungen erheben kann, für die Gründe aber auf Interpretationen angewiesen ist.

Das geläufige Erhebungsmittel ist der Fragebogen, maßvoll ergänzt durch Interviews, die einen höheren Aufwand erfordern. Da erfährt man dann zum Beispiel, wieviele Schulen in einem bestimmten Zeitraum welche Art von »Gewalthandlungen« in welchem Umfang registriert haben (registrieren ist ein Euphemismus für: sich nach einem Jahr an XYZ erinnern können). Die Rubren sind von den Befragern vorgegeben − mit der Folge, daß keines von ihnen leer bleibt und in der Regel auch keine weiteren Wahrnehmungen hinzukommen. Sodann werden die verschiedenen Arten von Vorkommnissen nach dem Alter und dem Geschlecht der Schüler, nach dem Standort und der Art der Schule sortiert und mit Schüleräußerungen korreliert. Die Aussagen der Schüler betreffen deren Bewertung der Taten, ihre Meinungen über die Motive, ihre Einschätzung der eigenen Tatbereitschaft oder Hemmung und dergleichen. Auch diese Aussagen kann man quantifizieren, wiederum indem man die möglichen Meinungen vorgibt, beispielsweise für die Kausalannahme »Frustration«:

(a) Nichtspezifischer Unmut: »Wut ablassen« »Ärger muß raus« – Ankreuzungen: 24 Prozent

(b) Gesellschaft als Quelle der Frustration: »Keine Zukunft« »Fehlende Freizeitmöglichkeiten« – Ankreuzungen: 5 Prozent der Schüler insgesamt, aber 15 Prozent der Gymnasiasten und 14 Prozent der Schüler der 10. Klasse

(c) Die Schule selbst ist frustrierend: »Ärger mit der Schule« »Streß mit dem Lehrer« – Ankreuzungen: 12 Prozent etc.

Mit Hilfe der Quantifizierung läßt sich der Befund gewichten, und so kann am Ende eine Figur gezeichnet werden, in der sich »Frustrationserlebnisse« und »Schwierigkeiten mit dem Selbstwertgefühl« die Waage halten und »Freude an der Gewalt«, »Gruppendruck« und »Langeweile« deutlich weniger ins Gewicht fallen, die größte Bedeutung für Gewaltbereitschaft aber in der Einstellung zum Lehrer liegt: Kann man mit ihm reden, kann man *ihm* vertrauen?

Nun, ich kann *solcher Forschung* nicht trauen. Das muß ja alles nicht falsch sein, aber außer der umständlichen Gewichtung der Ursachen erfahre ich nichts, was ich nicht schon wußte, und die Gewichtung (die mein Handeln bestimmen sollte) ist so problematisch, wie sie genau zu sein behauptet. Eine Untersuchung dieser Art trägt zuviel in die Befragten hinein: durch die Tatsache der Befragung selbst, durch den Zeitpunkt, durch die Meinungs-Schubladen, durch die Auswahl der Gesichtspunkte, durch die leitende Hypothese (hier »Gewalt aufgrund von Frustration«). Allein das Wort »Gewaltbereitschaft«, das in fast all diesen Untersuchungen wie eine naturwissenschaftliche Konstante – wie elektrische Ladung, Sauerstoffgehalt, spezifisches Gewicht – behandelt wird, weckt in mir mehr Fragen, als die voraufgehende oder nachfolgende meist karge Theorie beantworten kann. Was bedeutet eine Bereitschaft unabhängig von der vorgestellten

Situation, in der die Gewalt ausgeübt werden soll? Welche Situation hat man sich vorgestellt? Wie tief geht die Bereitschaft? Mit welcher Sicherheit kann gerechnet werden, daß sie zur Tat wird? Wie wird es in zwei Monaten, in zwei Jahren aussehen?

Untersuchungen zu dieser Frage werden nur dann brauchbar sein, wenn sie über viele Jahre hinweg betrieben worden sind – als Wiederholungs- und als Längsschnittuntersuchungen –, wenn sie *vor* dem öffentlichen Getöse begonnen und *nach* ihm fortgesetzt worden sind, wenn sie das Umfeld der Phänomene und der Erhebung (!) einbeziehen. Das alles erfüllt die Studie meines Bielefelder Kollegen Wilhelm Heitmeyer. Die Folge ist: Seine Hypothesen weiten sich mit der Untersuchung aus; es geht nun nicht mehr um eine isolierbare *Rand*erscheinung (Gewalt Jugendlicher im Jahre 1992), sondern um ein *Kern*problem der Gesellschaft (Die Bewältigung der Modernisierungsprozesse). Am Ende konstatiert Heitmeyer die »Auflösung gesellschaftlicher Bindemittel überhaupt«: Beziehungen unter Personen, Teilnahme an Institutionen, Verständigung über Werte und Normen. Die Dynamik der Modernisierung charakterisiert Heitmeyer so:

»– Je mehr Freiheit, desto weniger Gleichheit
– je weniger Gleichheit, desto mehr Konkurrenz
– je mehr Konkurrenz, desto weniger Solidarität
– je weniger Solidarität, desto mehr Vereinzelung
– je mehr Vereinzelung, desto weniger soziale Einbindung
– je weniger soziale Einbindung, desto mehr rücksichtslose Durchsetzung.

In diesem Prozeß sind soziale, berufliche und politische Desintegrationsprozesse eingelagert, die je nach sozialem Milieu und je nach Leben in Ost- und Westdeutschland ein anderes Gesicht zeigen.«* Alles hängt wieder einmal mit allem zusammen.

Die flinken ad-hoc-Erhebungen liefern plakative Daten, deren Auslegung jedoch offen bleibt oder von meist nicht genannten Prämissen eingefärbt ist; die großen Untersuchungen ziehen

---

* Aus einem Vortrag zu dem Thema »Weshalb ist diese Gesellschaft angesichts von Fremdenfeindlichkeit und Gewalt so paralysiert?«, gehalten im Rahmen des Hochschultages der Universität Bielefeld am 23.11.92, abgedruckt in der Bielefelder Universitätszeitung Nr. 168/18.12.92.

unsere Gesellschaft als ganze »in Frage« und münden, wenn der Autor gut ist, in sehr bescheidenen Folgerungen.

Noch einmal: Bedenklich hieran ist, daß wir uns gewöhnen, dies für die gesuchte, mögliche, nützliche Erklärung von sozialen Ereignissen und Entwicklungen zu halten. Wir meinen, die großen Probleme der Jugendgewalt und der öffentlichen Indolenz in Figuren wie dieser erfaßt zu haben: »Die Gewaltbereitschaft der Jugendlichen hat gegenüber einer Untersuchung aus dem Jahre XY um 13 Prozent zugenommen.« »Die Sympathien für rechtsradikale Parteien liegen derzeit bei 4 bis 6 Prozent.« »Politische Motive treten hinter anderen (›Haß auf ...‹, ›Spaß an ...‹, ›Frust über ...‹) zurück.« »XY Prozent der jugendlichen Täter geben an, durch Fernsehsendungen angeregt worden zu sein.« »Jugendliche mit höherer Bildung tendieren zu ... Jugendliche mit nur Hauptschulabschluß oder ohne Abschluß zeigen häufiger die Neigung zu ...« Die Leser solcher Untersuchungen lernen: Das sind die gültigen Deutungsmuster – Zunahme oder Abnahme von etwas in Prozentzahlen, Selbstauslegung und Selbstzuordnung nach vorgegebenen Kategorien, eine veränderte Abfolge der vorgegebenen Prioritäten, eine bestimmte Verteilung der untersuchten Handlungsbereitschaft auf vorgegebene soziale Gruppen, der neueste Stand der Wissenschaft, der alles jeweils Voraufgehende zu löschen imstande ist. Eigentlich erkennt man etwas immer nur, wenn mindestens zwei Untersuchungen zu verschiedenen Zeitpunkten oder an verschiedenen Gruppen vorliegen; man erkennt dann eine Bewegung. Ursachen sind in der Regel hypothetische Konstrukte oder die Meinungen, die man aus den Probanden herausgefragt hat, als ob die wüßten, was sie da zu Totschlag und Brandstiftung getrieben oder vor solcher Tat bewahrt hat. Wenn sich zwei Untersuchungen zu widersprechen scheinen, beispielsweise: »Hauptschüler sind nach neueren Untersuchungen ›friedlicher‹ als Gymnasiasten«, weil die letzteren ein stärkeres Selbstbewußtsein haben, ihre Kritikfähigkeit herausstellen und dominieren wollen (so Wilhelm Heitmeyer in einem Vortrag) und: »Jugendliche aus ›besseren Elternhäusern‹ reagieren auf Belastungen in den genannten Bereichen ... in der Regel stärker mit nach innen gerichteten, an der eigenen Person orientierten Anspannungen. Jugendliche aus den weniger privilegierten sozialen Gruppen hingegen zeigen stärkere extrovertierte

Reaktionsformen bis hin zum Typus der Aggressivität« (Klaus Hurrelmann in: Pädagogik 2/93, S. 41), dann liegt das daran, daß man das »Kleingedruckte«, die methodologischen Kautelen nicht sorgfältig gelesen hat.

Fast noch ernster sind die Folgen der Sprache. Die Forscher legen sich für ihre Kunstpräparate konsequenterweise künstliche Ausdrücke zurecht. »Statusängste äußern sich als Leistungsängste« in diesem Bereich, in einem anderen »als Beziehungs- und Bindungsängste«, in einem dritten als »Integrationsängste«, in einem vierten als »Identitätsängste«; für ihre »Wertirritationen«, »Vereinzelungserfahrungen«, »Ohnmachtserfahrungen« haben die Jugendlichen in unterschiedlichen »bildungsmäßigen und kulturellen Positionen der Privilegienstruktur« verschiedene »Belastungsreaktionen« – introvertierte und extrovertierte. Das erzeugt den Eindruck, dies sei in der Tat nichts als ein großer komplizierter Mechanismus, über den man in dieser Weise Bescheid wissen kann. Erfährt man auch noch, daß diese Wissenschaft sich selbstkritisch vorwirft, hierzu die »anspruchsvolle und sensible Aufarbeitung« noch nicht geleistet zu haben, ist man bereit zu glauben, daß sie wenigstens das Problem erkannt hat. Irgendwann werden wir die Lösung geliefert bekommen. Bis dahin kann es nicht falsch sein, wenn Pädagoginnen und Pädagogen »versuchen, in Kindergärten, Schulen, Hochschulen und Jugendzentren die Sprachlosigkeit zu überwinden«, eine »argumentative Streitkultur über soziale und ›moralische‹ Themen« zu entwickeln und »überzeugende Förderprogramme für die soziale Integration von randständigen deutschen Schülerinnen und Schülern« einzuführen. (Klaus Hurrelmann ebenda.) Die Leser/Hörer übernehmen diese Sprache zusammen mit dem Ergebnis aus Sorge, es andernfalls zu verfälschen. Sie üben sich nun ihrerseits in der Benutzung von Wörtern wie Verwerfung, Zuschreibung, Befindlichkeit, instrumentalistisches Verhalten, Entgesellschaftung, Neigung zu ... Die ersten Leser oder Hörer aber sind die Journalisten, die die wissenschaftlichen Erklärungen weitergeben – indikativisch, vereinfacht, in Auswahl – und bestätigen: Soviel, nicht mehr und nicht weniger, also wissen wir von dieser Sache, von Mölln und Solingen, von Hoyerswerda und Rostock, von der Jugend, der Gewalt, dem Neofaschismus in Ost und West. Ich fürchte, so ist es, und das heißt: Wir wissen sehr wenig.

Damit meine Leser sich vergegenwärtigen, welche Auskunft ihnen durch die Wissenschaft zuteil wird, mit welcher Anhäufung von genauen, bis zu einem Zehntel Prozent quantifizierten »Daten« sie vorliebnehmen müssen, sei ihnen hier der Bericht der Frankfurter Allgemeinen Zeitung zu der jüngsten und bislang umfangreichsten Untersuchung zum Thema »Fremdenfeindliche Gewalt: Eine Analyse von Täterstrukturen und Eskalationsprozessen« im Stück zugemutet. Die Studie ist von den Wissenschaftlern Willems, Würtz und Eckert von der Universität Trier im Auftrag der Bundesjugendministerin vorgenommen und Ende Juni 1993 der Öffentlichkeit übergeben worden, eine Auswertung von 1398 Ermittlungsakten aus den Bundesländern und 53 gerichtlichen Urteilsschriften, die sich auf 148 Täter beziehen:

»Der größte Teil der Tatverdächtigen (39 Prozent) ist zwischen 18 und 20 Jahre alt. Knapp 33 Prozent der Tatverdächtigen sind zwischen 15 und 17 Jahre alt. Zwischen 21 und 24 Jahre alt sind 16 Prozent. Älter als 25 Jahre waren lediglich acht Prozent, und immerhin drei Prozent der Tatverdächtigen waren jünger als 15 Jahre. Der überwiegende Teil der Tatverdächtigen (96,5 Prozent) ist männlichen Geschlechts. Es wurden alle von der Untersuchung erfaßten Tötungsdelikte und 99 Prozent der Körperverletzungen von Männern begangen, während bei Brandanschlägen und Sachbeschädigungen Frauen im Rahmen ihres prozentualen Anteils an den Tatverdächtigen insgesamt beteiligt gewesen sind. Doch sage das nichts darüber aus, welche Bedeutung den Frauen als ›Unterstützerinnen und Helferinnen‹ zukomme. Auffällig ist, daß die weiblichen Tatverdächtigen wesentlich jünger als die männlichen sind. Fast 53 Prozent der weiblichen Tatverdächtigen sind zwischen 15 und 17 Jahre alt. Schon die Altersstruktur bringt es mit sich, daß fast 96 Prozent der Tatverdächtigen ledig sind.

Die Forscher kommen zu dem Schluß, bei den Gewalttaten gegen Ausländer handele es sich um ein Gruppenphänomen. Nur sechs Prozent der erfaßten Fälle seien als Einzeltaten aktenkundig geworden, mehr als 90 Prozent als Gruppentaten – meist aus der unmittelbaren Umgebung des Opfers. 70 Prozent der Tatverdächtigen stammen aus der Stadt des Tatorts, weitere 20 Prozent aus der näheren Umgebung.

Der Anteil ›reisender Krawallmacher und Extremisten‹ erscheine überraschend gering, heißt es in der Studie, womit ein Unterschied zu linksextremistischen Gewalttätern kenntlich gemacht wird.

Es wurden vier Tätertypen unterschieden. ›Der Mitläufer weist in der Regel keine biographische Problembelastung und häufig auch geringere Fremdenfeindlichkeit und Gewaltbereitschaft auf.‹ Er werde durch ›gruppendynamische Prozesse‹ in die Gewalttat hineingezogen – zu denken ist an Alkohol oder Stimulierung durch Musik. Davon wird der kriminelle Jugendliche (›Schlägertyp‹) unterschieden, der eine entsprechende Vorstrafenvergangenheit habe und zunächst häufig nicht politisch-extremistisch oder fremdenfeinlich gewesen sei. ›Der Ausländerfeind kommt eher aus sozial benachteiligten Verhältnissen und fürchtet und haßt Ausländer als Konkurrenten um knappe Ressourcen.‹ Schließlich wird der ›rechtsradikale‹ Täter erwähnt, der – mit höherem Bildungsabschluß – als Agitator wirke. Etwa ein Viertel der Tatverdächtigen wurde rechtsextremistischen Gruppen zugeordnet und fast 40 Prozent Skinhead-Gruppen.

Die Mehrheit der Tatverdächtigen verfügt über ein eher niedriges formales Bildungsniveau. 62 Prozent gaben einen Hauptschulabschluß an, zwölf Prozent hatten keinen Schulabschluß, vier Prozent hatten die Sonderschule besucht. Doch verfügen 20 Prozent über die mittlere Reife. Lediglich 1,4 Prozent der Tatverdächtigen hatten Abitur gemacht und 0,1 Prozent einen Hochschulabschluß. Der größte Teil hatte nicht persönlich unter Arbeitslosigkeit zu leiden. Fast 35 Prozent der Tatverdächtigen hatten eine Lehrstelle, 23 Prozent waren berufstätig, 20 Prozent waren Schüler und knapp vier Prozent Wehrpflichtige. 18 Prozent der Tatverdächtigen waren arbeitslos. Unter den älteren Tatverdächtigen war der Anteil der Arbeitslosen höher. Von den erwerbstätigen Tatverdächtigen waren 63,7 Prozent Facharbeiter, knapp 30 Prozent ungelernte Arbeiter und knapp fünf Prozent Angestellte. Bei etwa 20 Prozent der Tatverdächtigen lebten die Eltern zuletzt getrennt oder geschieden – das entspricht etwa dem Durchschnitt.

Die Angaben zum sozialen Milieu der Familien sind in der Studie vorsichtig formuliert, nur bei einem Drittel der Tatverdächtigen war der Berufsstatus der Eltern bekannt. Doch heißt es in der Untersuchung, es sei erkennbar, daß es sich bei den Gewalttaten gegen Ausländer nicht um ›ein reines Unterschichtphänomen‹ handele und daß auch die Arbeitslosigkeit der Herkunftsfamilien ›nicht überproportional hoch‹ sei. ›So gibt es auch keinerlei Hinweise darauf, daß die Jugendlichen vorwiegend aus ›asozialen‹ Randgruppen – wie es in der öffentlichen Diskussion heißt –, das heißt aus der untersten Unterschicht, der Gruppe der Langzeit- und Mehrfacharbeitslosen, der Ungelernten, Ungebildeten und Gelegenheitsarbeitern stammen.‹ Die fremdenfeindlichen Gewalttäter rekrutierten sich aus allen sozialen Schichten und Berufsgruppen; jedoch dominiere das Arbeiter- und kleinbürgerliche Milieu.

In der Untersuchung wird dem Ausgangspunkt politischer Debatten widersprochen, ein veränderter Erziehungsstil in den Familien oder Schulen (Wissensvermittlung ohne Wertevermittlung) gehöre zu den Ursachen der fremdenfeindlichen Gewalttaten. In der Untersuchung heißt es: ›Antiautoritäre Erziehungsmilieus und liberale Erziehungsstile scheinen nur eine geringe Rolle zu spielen; autoritäre Strukturen sind wesentlich häufiger zu finden.‹ Doch erwähnte einer der untersuchenden Wissenschaftler den Umstand der ›Erziehungsverwahrlosung‹. Die meisten Straftaten seien nicht Ergebnis einer längerfristigen Planung gewesen. Sie hätten sich in der Regel spontan entwickelt. ›Bei der Entwicklung von Handlungsabsichten und deren Umsetzung spielen gruppendynamische Zwänge und wechselseitige Stimulation von Gewaltbereitschaft ebenso wie die Enthemmung durch Alkohol eine große Rolle.‹ Die fremdenfeindliche Gewalt sei nicht auf Großstädte konzentriert, sondern überwiegend in Kleinstädten und ländlichen Gemeinden anzutreffen. Die Wahrnehmung der Ausländer- und Asylpolitik habe dazu geführt, daß sich entsprechende Gruppen ›vermeintlich als Avantgarde einer breiteren Bewegung‹ sahen.« (FAZ vom 30. Juni 1993)

Die Befunde spiegeln die Fragen wider, die die Auftraggeber und unsere Öffentlichkeit zu haben scheinen, und die Hypothesen der Forscher, die es zu bestätigen oder zu widerlegen galt. Ursachenerkenntnis, die wir brauchen, um einem Übel zu Leibe zu gehen, ist hier durch eine Kategorisierungskunst ersetzt: Man bildet Typen; man subsumiert die Erscheinungen unter sie; man korreliert die Merkmale und legt dadurch nahe, daß, da X mit Y zusammen »auftritt«, es auch davon abhänge (oder umgekehrt); bestenfalls führt man einen Begriff ein, der die gegebene Beschreibung in sich aufnimmt, z. B. »Erziehungsverwahrlosung«. Die Ursachen kommen (richtigerweise) in der Form von Urteilen vor, die sich auf Deutung (*inference*, Hereingetragenes) berufen. Als gesicherte Erkenntnis, die eine Untersuchung doch erwarten läßt, sind diese nicht verwendbar.

Nun, da dies geleistet ist, stellen sich die alte Ratlosigkeit und das alte Unglück wieder ein: darüber, daß dies bei uns so ist und daß wir uns nicht einigen können, was zu tun sei.

Da lobe ich mir die bloße und genaue Beschreibung oder Selbstbeschreibung von Jugendlichen: dessen, was sie beispielsweise eine Woche lang Stunde für Stunde getan haben[*]; oder wie ihnen »angesichts der Zustände« zumute ist[**]. Nach der Lektüre weiß ich dann immerhin dies: *So* wenigstens muß ich meine Schülerinnen und Schüler kennen, wenn ich pädagogisch vernünftig handeln will.

Es gibt die moderne Sozialwissenschaft und Psychologie seit über einem Jahrhundert – und sie hat die Menschheit nicht anleiten können, den theoretisch bekannten »Depravationen« praktisch vorzubeugen. Es gibt eine mit Institutionen und Mitteln zur Erziehung, Bildung und »Jugendpflege« reich bestückte Gesellschaft – und sie ist unfähig, diese zweckmäßig, nämlich zur Vermeidung von Barbarei einzusetzen. Es gibt die deutsche Geschichte, die einmal in einem entsetzlichen Irrgang bei Auschwitz mündete – und wir müssen darum mehr aufbringen als das oben zitierte umständliche Bescheidwissen: zur Beantwortung der frechen, schamlosen, unmenschlichen Gewalt, auch wenn sie nicht rechtsextremistisch organisiert oder motiviert ist, sondern sich »spontan« ereignet. Ohne Wissen von Ursache und Ziel und ohne Willen zum Handeln bleibt das alles empirisches Talmi.

[*] Annemarie von der Groeben: Fünfzehnjährig – sieben Tage. Neue Sammlung 4/1990.
[**] Kursbuch Nr. 113, Berlin 1993, Rowohlt.

4.
Verfehlte Antworten

Was sagen die Zuständigen und die Betroffenen zu alledem? Die Schlechten Nachrichten haben sie erreicht; die Schwierigen Veränderungen sind ihre dauernde, vielleicht nicht immer bewußte und gewiß nicht immer so geballte Not; die Untauglichen Deutungen müssen sie ärgern und also auf den Plan rufen. Wie, um es zeitgemäß auszudrücken, »gehen sie damit um« – die Minister und Ressortchefs in den großen Kultusverwaltungen, die für 12 Millionen Schüler, 700000 Lehrer an 45000 Schulen verantwortlich sind mit einem Budget von rund 100 Milliarden im Jahr, die bildungspolitischen Ausschüsse und Programmabteilungen der Parteien, die die Leitlinien für die Schul- und Jugendpolitik ausdenken (und mit ihrem jeweiligen Finanzplan in Einklang zu bringen suchen), die Verbände – Lehrer-, Eltern-, Wirtschaftsverbände –, die ihre Forderungen und ihre Kritik doch auch mit dem öffentlichen Unmut speisen und also auf Mißstände aller Art zurückgreifen? Wie reagieren die zugleich in der Sache kundigen und von der Sache betroffenen Pädagogen und Didaktiker? Wie die Opfer – die Schüler und ihre Eltern? Reagieren sie überhaupt hierauf oder nicht vielmehr auf ganz anderes? Welche Probleme spiegeln ihre öffentlichen Äußerungen? Was scheint ihnen des Nachdenkens über mögliche und notwendige Veränderungen, eines Aufschreis, des Kampfes um Gehör, Geld und Gesetze wert zu sein?

Für eine Untersuchung taugen diese Fragen nicht, jedenfalls nicht für eine, die ihren Aufwand lohnt. Bevor ich meine bei aller Zufälligkeit vermutlich einseitige Auswahl vorlege, ziehe ich eine andere heran, die eine große deutsche Zeitung kürzlich für einen ganz anderen Zweck vorgenommen hat, und lasse diese sprechen.

Wenn die Süddeutsche Zeitung (in Verbindung mit World Media, einem Verband führender internationaler Tageszeitungen) eine 16 ganze Seiten umfassende Beilage zum Thema »Bildung und Unterricht« herausbringt (zu Nr. 141/23. Juni 1993), dann sollten die darin behandelten Themen ein ungefähres Bild von dem geben, was die Bildungspolitiker, Erziehungswissenschaftler und Schulpädagogen für die heutigen Brennpunkte ihres Arbeitsfeldes halten. Ich erwarte nicht, daß sie nur von den Schreckensmeldungen handeln wie mein Buch, das sich deren Verarbeitung zur Aufgabe gemacht hat; aber vorkommen sollten sie doch – in angemessenem Verhältnis zu den Verbesserungen, Empfehlungen, Hoffnungen, Auseinandersetzungen und einfach Bestandsaufnahmen. Hier sind die Themen:

- 950 Millionen Analphabeten/Deren Verteilung auf dieser Erde
- 90 Prozent aller Studenten studieren in den USA oder in Europa
- Bildung für alle: die große Lüge
- Werden neue Technologien die Bildungssysteme in ihrer heutigen Form zerstören?
- Die Edison-Schulen in den USA/Ein Netz von privat finanzierten Schulen, die zum »Leitstern der neuen amerikanischen Schule« werden sollen
- Klagen die Professoren zu Recht über das Sinken des Bildungsniveaus?
- Welche Bildung können wir uns leisten?/Eine preiswerte Massenabfertigung verbietet sich
- Abschied vom Fächerkanon/Das Gesetz des Marktes wird entdeckt
- Welche Auslese hat das Bildungssystem zu treffen?
- Sind Mädchen weniger begabt als Jungen?
- Der private Bildungsvertrag der Firma Burger King
- Der Bildungskredit in den USA
- Der Bildungsvoucher (der Berechtigungsschein zum Besuch von Bildungsanstalten nach eigener Wahl und zu einem beliebigen Zeitpunkt)
- Die Open University/Die große englische Fernuniversität
- Elitär oder egalitär?/Japan und USA im Vergleich
- Das albanische Schulsystem im Kosovo
- Duale Ausbildung in Deutschland/Ein Plädoyer für ein leistungsorientiertes Bildungs- und Beschäftigungssystem
- Europaweiter Austausch: ERASMUS, FORCE, COMETT
- Das Lehrergehalt/Ein Vergleich unter den europäischen Ländern, USA und Japan
- Erinnerungen bekannter Persönlichkeiten an ihre Schulzeit

- Berichte über besondere Schulen
- Berichte über einzelne Kinder
- Die multikulturelle Schule funktioniert nicht
- Der Weltbildungsbericht der UNESCO/Reichtum ist nicht alles
- Schule ohne Noten?/Eine Statistik der Sitzenbleiber
- Das Fernsehen: Sündenbock für Schulversagen?

Wenn diese Themen kennzeichnend sind für das, was die für die Schule Zuständigen beschäftigt, dann lerne ich: Die von mir für dringend gehaltenen Fragen interessieren sie nicht; entweder bin ich ein unverantwortlicher »Alarmist«, oder sie verkennen ihre Lage, sehen gar geflissentlich von den wahren Schwierigkeiten ab, weil sie mit ihren Mitteln – mit der unveränderten oder nur veränderten, nicht neu gedachten Schule – nicht zu bewältigen sind.

Zwei Drittel ihrer Probleme sind solche, die die Schule mit sich selbst hat; unter diesen nehmen diejenigen, die sich der Unentschiedenheit zwischen zwei Prinzipien verdanken, die eine Hälfte ein, solche, die sich aus den Organisationsformen, den Verfahren, den Mitteln, dem Finanzierungsmodus ergeben, die andere Hälfte. Das dritte Drittel ist ein Sammelsurium aus weltweiten politischen Problemen (zur ungleichen Verteilung des Reichtums kommt auch noch die ungleiche Verteilung des *Know-how*; die Bezahlbarkeit der Bildung); aus Systemvergleichen; aus Darstellungen einzelner Schulen mit besonderen Aufgaben und Profilen; und aus unterschiedlichen Lebensläufen einzelner Kinder (mit hübschen Fotos), die man getrost der PR-Arbeit der pädagogischen Zunft zurechnen darf. Nur drei Themen berühren die Herausforderungen an die Pädagogik, von denen Kapitel 1 und 2 dieses Buches handeln: Europa, die multikulturelle Schule, das Fernsehen. »Berühren«, denn die Texte selber leugnen entweder das Problem oder seine Lösbarkeit; sie gehen es nicht ihrerseits an.

Politiker – Parteien – Verbände

Als ich im März 1992 in Bad Kreuznach einen Vortrag halten sollte, fand ich den Weg zu meinem Gegenstand – der »pädagogischen Schule« – durch die Barrikaden versperrt, die man in dem dort (nach dem Regierungswechsel) ausgebrochenen »Schulkrieg« beiderseits errichtet hatte. Der aufgeschlossene Schulförderungsverein (er nannte sich »Beirat«) hatte mir zur Einstimmung in die Probleme die regionalen Presseberichte geschickt. Man stritt sich, ein Vierteljahrhundert nach der Schüler- und Studentenrevolte, nach den Empfehlungen und Gutachten des Deutschen Bildungsrates, nach den Turbulenzen um die hessischen Rahmenrichtlinien, noch immer um die »gleichen« Gegenstände in den »gleichen« Fronten – und beides stimmte längst nicht mehr. Die Gegenstände waren die mit dem großen »G«: Gymnasium und Gesamtschule – wie man in das eine hineinkommt und wie man unter welchen Bedingungen das andere gründet, es an die Stelle des dreigliedrigen Schulsystems setzt. Aber die Konservativen von 1992 konnten eigentlich nicht für das heutige Gymnasium eintreten, das in dem Jahr bundesweit zum ersten Mal von mehr Schülern besucht wurde als die Hauptschule (31,6 Prozent aller Schüler des Jahrgangs 7 waren im Gymnasium, 31,5 Prozent an der Hauptschule; in manchen Universitätsstädten – Bonn, Göttingen, Heidelberg, Marburg, Tübingen – geht die Hälfte aller Schüler auf das Gymnasium!), wenn sie 30 Jahre vorher ein Gymnasium, das damals 4 bis 5 Prozent eines Jahrgangs zum Abitur führte, für das einzig richtige ausgegeben hatten: hie eine höhere Volksschule, da eine Eliteanstalt. Umgekehrt konnten sie jetzt schon deshalb nicht für das alte Gymnasium eintreten, weil sie sonst 75 Prozent der Studienrätinnen und -räte, Mitglieder zumeist des konservativen Philologenverbandes, würden herabstufen oder brotlos machen müssen.

Auf der anderen Seite könnten die Progressiven, die einst für *die* Gesamtschule gekämpft hatten, nicht für eine eintreten, die sich als vierte Schulform neben den drei anderen eingerichtet hat oder gar als zweite neben dem Gymnasium. Eine Gesamtschule als Restschule für diejenigen, die nicht ins Gymnasium gelangt sind, ist ein grotesker *misnomer*, eine schmähliche, die Niederlage nicht eingestehende Fehlbezeichnung. Was wäre denn daran noch »gesamt«?

Die *Fronten* waren nicht weniger verkehrt: Man hatte die Positionen getauscht. Der Schlachtruf der sich sammelnden Konservativen war »Mut zur Erziehung« gewesen, womit sie zu Recht gegen die Verwissenschaftlichung, das curricularisierte Lehrprogramm, die voll durchrationalisierte (und darum meist unnötig große, bürokratisierte und anonymisierte) Schule antraten. Jetzt – 1992 – waren es die anderen, die einstigen Reformer, die sich gegen die »bloße Wissensübermittlung« wandten und sich für mehr Erziehung, für Persönlichkeitsentwicklung und für eine Individualisierung der Lernvorgänge stark machten. Diejenigen, die früher für den Elternwillen gekämpft hatten, zeigten sich nun beunruhigt, der Staat könne seine Fürsorgepflicht für alle diesem (meist vom Ehrgeiz bestimmten) Privatwillen opfern. Umgekehrt hatten die anderen, die nun den Eltern freistellten, auf welche Schule sie ihr Kind schicken, einst das Bildungsrecht des Kindes auch gegen den Elternwillen durchsetzen wollen. Nein, alle, die so stritten, waren unglaubwürdig, und mein Publikum schien dies zu bestätigen.

Was ich hier folgen lasse, sind Zitate aus den mir damals zur Verfügung gestellten Presseberichten. Die Sprache verrät, welche Vorstellungen man sich von der Schule und der Bildung machte und macht, so daß man deren eigentliche Nöte gar nicht zu fassen in der Lage ist. Ja, diese Sprache weckt Zweifel, ob hier überhaupt über Pädagogik nachgedacht wird – die dem jungen Menschen geschuldete Hilfe beim Erwachsenwerden in dieser Welt – und nicht über etwas ganz anderes.

– Ab 1993, wenn Europa verwirklicht wird, sei »mehr Ausbildung« gefragt. – Nur »mehr«, nur eine größere Quantität?

– Schule müsse »attraktive Angebote« machen. Ist die Schule ein Warenhaus?

– Schule müsse Kenntnisse, Fähigkeiten, Haltungen vermitteln, die ein hohes »Kreativitätspotential sicherstellen«. – Die Schule also als Schaltstelle, als Teil eines Produktionserfüllungsplanes?

– Da die Schule nach dem neuen, eben verabschiedeten Schulgesetz die notwendigen Unterrichtskürzungen nach eigenem Ermessen vornehmen dürfe, werde »ein Wechsel der Schule oder

der Schulart unmöglich«, indem die »Vergleichbarkeit verlorengeht«. – Heißt das: Gleichheit um der Vergleichbarkeit willen? Ist das die *façon* und die *raison d'être* der Bildung? Ist diese nicht das Individuellste, was es im Leben des Menschen – außer der Liebe – gibt? Und: Ist das Leben so, daß man es über einen solchen Leisten schlagen darf? – das Leben, zu dessen Vorbereitung diese große Anstrengung über so viele Jahre hinweg gemacht wird, weil es so schwer zu fassen ist, weil es sich verändert, weil man es nur persönlich verantworten kann?

– Soundsoviel Prozent »wollen das Abitur« und soundsoviel Prozent »wollen den Hauptschulabschluß«, – das hätten die neuesten Umfragen ergeben, und: »Dem muß Rechnung getragen werden.« – Schule also als Mittel des gesellschaftlichen Aufstiegs und, wie die Formulierung verrät, eines entsprechenden Anspruchs? Das könnte man hinnehmen, wäre in all diesen Äußerungen je von den eigentlichen Aufgaben der Schule die Rede, zu denen dann auch das Sichselberfinden und die Prüfung jenes Wunsches gehört, daß man ein Abitur oder einen Hauptschulabschluß haben wolle.

Man versteht, warum ich im ersten Satz des ersten Kapitels dieses Buches die Schlechten Nachrichten von Hoyerswerda und Solingen eine »Chance« genannt habe: Sie könnten die Gesellschaft wachrütteln für den wahren Auftrag und die wahren Schwierigkeiten der Schule, die hinter den Bühnenkämpfen solcher Bildungspolitik – um Schulformen, Schuldauer, Schulwahl oder Schulzuweisung, Pflichtfächer-bis-zum-Abitur und dergleichen – verschwunden sind. Hier geht es um Verteilung der Schüler entweder so, daß sie alle wieder etwas »leisten« müssen, oder so, daß sie das nicht müssen – und in beiden Fällen aufhören, Rabatz zu machen. Außerdem soll gespart werden, und alles, was dazu beiträgt, ist willkommen.

Was sagt die Politik *nach* Hoyerswerda und Solingen? Eine Kultusministerin schlug prompt ein neues Fach vor mit dem Lernziel »Verantwortung«, ein Fach, in dem man »an jedem Tag in einer bestimmten Stunde für irgend etwas verantwortlich ist« (die Kultusministerin von Rheinland-Pfalz in: Pädagogik 12/92, S. 52), ein Fach – wir wissen es –, das nun neben »Gesellschaftslehre« und »Ethik«, neben »Politik als Unterrichtsprinzip« und Schülermitverantwortung, neben einem Projekt »Kinderfreundliche Stadt« und einer Partnerschaft mit einer Schule in Afrika, neben einem »Aktionstag für Frieden in Bosnien-Herzegowina« und einer Demonstration »Schüler gegen Ausländerfeindlichkeit« – neben allem schon verschulten und zum Pensum erstarrten Umgang von Menschen mit Menschen einerseits und neben allen schon vergeblichen Anstrengungen zur Rettung des normalen Unterrichts – auch noch geben soll. Aber eine Kultusministerin ist noch nicht die Politik, und wenigstens war es kein hoher deutscher Kultusbeamter, der nach einem tödlichen Gewaltdelikt forderte, »alle Schulen des Landes sofort mit Metalldetektoren auszustatten« (FAZ, 7.10.93). Sehen wir uns weiter um.

Wir besitzen – ein seltener Glücksfall! – eine Äußerung des Bundeskanzlers zu unserem Thema. Seiner am 10. Dezember 1992 (nach dem Anschlag auf ein von Türken bewohntes Haus in Mölln) gehaltenen Rede im Bundestag zum Thema Gewalt entnehme ich fünf Argumente:

(1) »Die allermeisten Bürgerinnen und Bürger in Deutschland lehnen Gewalt ab ... Sie verurteilen Fremdenhaß, Ausländerfeindlichkeit und Antisemitismus.«

(2) »Die Zunahme von Gewalttaten beschränkt sich nicht auf Deutschland allein.«

(3) »Die Anwendung von Gewalt muß in unserer Gesellschaft tabu bleiben. Wer dagegen verstößt, der muß die ganze Härte des Gesetzes zu spüren bekommen ...«

(4) »... die Androhung von Strafe allein ... genügt (nicht), um Menschen zum rechtmäßigen Handeln zu bewegen. Wichtiger noch als das Strafrecht ist zum Beispiel die Stärkung jener Institutionen, die dem einzelnen Jugendlichen Halt und Orientierung geben und an seiner Erziehung zur eigenverantwortlichen Persönlichkeit mitwirken. Hier tragen Familie, Schule und Kirche eine besondere Verantwortung. Ihre Bedeutung kann nicht hoch genug eingeschätzt werden.«

(5) »... die Radikalisierung junger Menschen (hat) vielfältige Ursachen ... Zu diesen Ursachen gehören ein verbreiteter Verlust an festen Wertmaßstäben, an geistiger Orientierung, an Toleranz, Hilfsbereitschaft und Rücksichtnahme.« (FAZ, 11. Dezember 1992)

Ich meine, der Bundeskanzler hat, wie so oft, genau getroffen, was der durchschnittliche Bundesbürger denkt und selber gerne äußert: Er ist durch die peinlichen Ereignisse »betroffen« und beruhigt sich zugleich damit, daß er sie, zusammen mit der Mehrheit, mißbilligt; er zeigt seine Entschlossenheit zu hartem Durchgreifen – natürlich im Rahmen der bestehenden Gesetze; er weiß zugleich, daß das nicht an die Wurzeln des Übels geht; es muß Erziehung her, und zwar Erziehung zu festen Wertmaßstäben. Wann die Berufung auf die Mehrheit nicht mehr beruhigt – bei 75 Prozent, bei 60 Prozent, bei 51 Prozent; warum bisher offenbar nur ein Teil der »ganzen Härte des Gesetzes« aufgebracht worden ist; wie man feste Wertmaßstäbe vermittelt, sagt der Bundeskanzler nicht – und weiß es vermutlich auch nicht. Darum deutet er an, daß es da Schuldige gebe, die das Richtige bisher verhindert, ja die Voraussetzung für eine geordnete Gemeinschaft unterminiert hätten: »Wir müssen kritisch die Frage stellen, ob nicht viele Reformversuche im Bildungswesen anstelle des erhofften Ziels vielfach das Gegenteil erreicht haben ...«, also Autoritätsverlust, eine Erosion des Rechtsbewußtseins, den Abbau von Hemmschwellen. Wenn man Schuldige oder auch nur eine falsche Idee dingfest machen kann, ist man in der Lage, etwas zu tun – sie abzulehnen und anzuprangern.

Vom Bundeskanzler sind pädagogische Empfehlungen nicht zu verlangen. Vom »Bundesfachausschuß Kulturpolitik« seiner Partei erwartet man sie. Dort veröffentlicht man im Schicksalsjahr 1992 ein Papier zum Thema »Bildung und Ausbildung in einer freiheitlichen Gesellschaft«. Die Antwort auf die Gewalt gegen Ausländer lautet: Erziehung »zu Toleranz, Kompromißbereitschaft, Höflichkeit, Hilfsbereitschaft und Verantwortung gegenüber dem Mitmenschen und der Gemeinschaft«. Dieses ist das Programm der »humanen Leistungsschule« – eine Wortbildung, in der der Konflikt in ein problemloses Nebeneinander verwandelt wird wie schon in der »sozialen Marktwirtschaft«, in der »christlich-demokratischen Partei« und in der nun geforderten »breiten und vertieften Allgemeinbildung«. Die Bezeichnung sagt immerhin: es solle an dieser Schule nicht ausschließlich um Leistung gehen, und auch: Leistung muß nicht inhuman sein. Wie verwirklicht man dieses Programm? Die humane Leistungsschule, heißt es, »fördert durch Fordern«. Und alsbald ist man bei Fragen der Struktur, der Organisation, der Berechtigungen und Kontrollen: Ein achtjähriges Gymnasium könne die Begabungsauslese wieder ins Spiel bringen, die weniger Begabten abstoßen. »Eine Korrektur der Bildungspolitik zugunsten berufsbezogener Bildung ist unverzichtbar.« Und: »... in der Abiturprüfung (sind) Deutsch, Mathematik und eine fortgeführte Fremdsprache als schriftliche Prüfungsfächer festzulegen.« Und: »Um ein weiteres Auseinanderdriften der Leistungsprofile zwischen Gymnasien und den Oberstufen der integrierten Gesamtschulen, zwischen den einzelnen Ländern, aber auch innerhalb der einzelnen Länder zu verhindern, muß in allen Ländern beim schriftlichen Abitur eine zentrale Aufgabenstellung erfolgen.« Streit gibt es nicht um diese Bestimmungen, sondern allenfalls darüber, ob sie tatsächlich zur Schrumpfung des Gymnasiums führen. Elternrecht und freie Schulwahl sind die eigentlichen bildungspolitischen Themen der Zeit. Die Gewalt ist vergessen.

Der Bayerische Kultusminister hat – in konsequenter Verfolgung dieser Linie – das Gesamtschulexperiment in seinem Land für beendet erklärt. Er schafft auch die Orientierungsstufe ab. Er verschärft die Richtlinien für die Versetzung und für den Verbleib auf den Gymnasien. Er bekundet mit allem, was er sagt und tut, nicht nur die restriktive Linie seiner konservativen Partei – er bekundet vor allem einen festen Glauben an die Regulierbarkeit von Bildung, Erziehung, Auslese und Leistungsförderung, und einen schwachen Glauben an Pädagogik. In der Gesamtschule, die heute etwas anderes ist als in ihren Anfängen, sieht er offenbar ernstlich den Popanz, als den er sie darstellt: eine »Einheitsschule«, die »dem falschen Gleichheitsprinzip frönt«. Dem Gymnasium, der Hauptschule und dem Dualen Ausbildungssystem – davon ist er überzeugt – kann man mit Erlassen helfen, dem ersteren durch Drosselung (so daß es überall so wird wie in Bayern, wo nur 17 Prozent eines Jahrgangs das Abitur machen, in Hamburg dagegen 45 Prozent und in Nordrhein-Westfalen 39 Prozent); der Hauptschule, indem man jedem, der einen qualifizierenden Abschluß bekommt und eine Gesellenprüfung mit »gut« besteht, eine Mittlere Reife erteilt (klug und zugleich inkonsequent, denn diese ist ja auf die volle Reife – das Abitur – bezogen); dem Dualen Ausbildungssystem, indem »wir alles tun, um das Ansehen der beruflichen Qualifikation zu steigern«. Denn das ist die wahre Crux der Bildungspolitik in seiner Sicht: die vielen Studenten und die wenigen

Lehrlinge. (Siehe FAZ-Magazin vom 31. Juli 1992) Die bayerische Ratio war immer: Verknappung der höheren Bildung
schafft Nachfrage, also Anstrengung in allen dazu führenden
Schulen, und das diszipliniert die einen. Die Arbeit/Lehre diszipliniert die anderen. Wo soll da noch Jugendgewalt herkommen?

Die Meinung der Wähler wird nicht unwesentlich durch die
Verbände bestimmt: die der Wirtschaft, die es mit den Ergebnissen der Schule zu tun hat, und die der Lehrerschaft, deren eigener
Arbeitsplatz immer mitbetroffen ist, wenn die Bildungspolitik
etwas verändert. Der Geschäftsführer des Instituts der Deutschen Wirtschaft in Köln, Wilhelm Schlaffke, schreibt Ende
1992, an der »Schwelle des neuen Europa«: Toleranz gegenüber
Fremden müsse »selbstverständliches Erziehungsziel« sein, und
empfiehlt Schüleraustausch und Europaprogramme. Die Schule
habe beides zu fördern – sachrationale Leistung und mensch-
liches Zusammenleben: »Ein *Verbundsystem* aus Wissen und
Können, Fertigkeiten und Fähigkeiten, sozialen Kompetenzen
und Handlungsorientierungen, die wir heute Schlüsselqualifikationen nennen« (Deutsche Lehrerzeitung 4/12/92), ein form-
gleiches Gegenstück zur »*Bündelung* von Lebenskonflikten«, aus
der man die Jugendgewalt entspringen sieht.* Wieder geht es um
die zu große Zahl von Studierenden: ein Drittel aller Jugendlichen. Das schädige die Hochschulen, lasse die Ausbildungs-
plätze in den »Fertigungsberufen« zur Hälfte leer und mache die
Kinder und Jugendlichen unglücklich. Die »idealen« Qualifikationen der Schulabgänger sind für Schlaffke: Lesen, Schreiben,
Rechnen, eine Fremdsprache, Arbeitenkönnen, mit Menschen
umgehen können, das Streben, die eigene Leistungsfähigkeit zu
entfalten. Das letztere sei – den Untersuchungen zufolge – bei
84 Prozent der jungen Deutschen vorhanden. »Aus meinem Leben etwas machen«, diesen Motor gelte es zu nutzen. Aber wir
pflügten das reiche Potential unter, trieben Gleichmacherei statt
Differenzierung durch ein gegliedertes Schulsystem. Und so erzeugten wir die großen Abbrecherzahlen in Schule und Hochschule. Das führe zur Abwendung von der Politik. In einem Au-

* So der Kriminologe Günter Kräupl an der Juristischen Fakultät der Universität Jena in einem Bericht an das Erfurter Justizministerium, laut FAZ
vom 4. Mai 1993.

genblick, in dem wir den »besten politischen Nachwuchs« haben könnten, »den es je gab«, in einem Augenblick, in dem »das Erscheinungsbild (der Jugend) das erfreulichste der gesamten Nachkriegszeit« sei, komme uns die Gewalt, die Ausländerfeindlichkeit und der Rechtsradikalismus von »überaus auffälligen und leider auch brutalen Minderheiten« in die Quere. (Junge Berufswelt/Beilage zu Die Welt/Sommersemester 1993)

Die Schule hat eigentlich nur ein Strukturproblem: Wir müssen zu einer angemessenen Proportion von beruflicher und akademischer Bildung zurückkehren. Die Qualifikationen (in der Beschreibung des Autors erscheinen sie kaum reicher als in meiner Aufzählung) werden wahrhaftig an unseren Schulen erfüllt; ihre »Restitution« trüge also nichts dazu bei, die Schule zu verbessern und die Verwilderung in der Gesellschaft zu verhindern. Die Jugendprobleme werden mit den drei Substantiven benannt (Gewalt, Ausländerfeindlichkeit, Rechtsradikalismus), die jedermann dafür benutzt, und mit diesen den ärgerlichen Minderheiten zugeschrieben wie ein Schicksal. – Nein, eine Antwort auf unsere Lage scheint mir dies nicht zu sein. Es ist eine Antwort auf die Interessen der Wirtschaft, die in der Schule gern einen Zubringer für den eigenen wechselvollen Nachwuchsbedarf sieht und dies in ihrer Bestimmung des »Bildungsauftrags« kühl zur Kenntnis gibt. Dieser lautet bei ihr:

1. Solide Grundbildung, Vermittlung von Kulturtechniken
2. Informationstechnische Grundbildung
3. Wirtschaftliche und technische Bildung
4. Schlüsselqualifikationen.

Hierzu zählen neben selbständigem Lernen, dem Denken in Zusammenhängen, Kooperationsbereitschaft und umweltgerechtem Verhalten: Gemeinsinn, Eigenverantwortlichkeit, Pünktlichkeit, Sauberkeit, Ehrlichkeit, Fleiß, Leistungsbereitschaft, »ohne die ein Mensch im Berufsleben und in der Gemeinschaft nicht bestehen kann«.* – Die Schule erzieht für die Werkhalle. Das muß nicht falsch sein, ja, es bezeichnet einen erfreulichen Wandel,

---

* Hans Heinrich Driftmann: Forderungen der Wirtschaft an eine zukunftsorientierte Bildungspolitik, in: Lehrplanrevision in Schleswig-Holstein, herausgegeben von der Ministerin für Bildung, Wissenschaft, Kultur und Sport des Landes Schleswig-Holstein, November 1992.

wenn die Lehrlinge heute nicht in erster Linie auf Grund einer Rechtschreibprüfung ausgewählt werden und wenn Selbständigkeit, Hilfsbereitschaft, Verantwortungsbewußtsein, die Fähigkeit zu Umstellung, zu Zusammenarbeit, zum Konflikt für ebenso wichtig gehalten werden wie die Bescheinigung »solider Schulkenntnisse«, nein für wichtiger, weil diese ohnehin schnell veralten. Die Vorstellungen der Wirtschaft von einer guten Schulbildung sind in der Tat heute »progressiver« als die mancher Lehrer und Eltern; sie entsprechen unmittelbar einem Teil des Lebens; die genannten Eigenschaften werden in einem modernen Betrieb gebraucht. Aber diese Entwicklung nimmt den Pädagogen, die für eine »Erziehung zum Bürger« eintreten, ihre Bemühungen nicht ab. Selbständigkeit – in welchem Rahmen? Hilfsbereitschaft – für wen? Kompromißbereitschaft – im Dienst wovon? Konfliktfähigkeit – auch gegenüber der Leitung oder nur in der Selbstorganisation? Verantwortung – nur für den Fertigungsablauf oder auch für die Umweltverträglichkeit des Produkts?*

Und die Lehrerverbände? Ein Aufsatz in der Verbandszeitschrift des Deutschen Philologenverbandes Die Höhere Schule vom April 1992 trägt die Überschrift »Die wirklichen Ursachen für die Unzufriedenheit mit der hessischen Schulpolitik« – was begreiflicherweise hohe Erwartungen erweckt. Ich zitiere die Gravamina vollständig, aber ohne die Verpackung:

— An hessischen Schulen fällt zuviel Unterricht aus.
— Jahrelang hat man junge Lehrer in die Arbeitslosigkeit geschickt, jetzt gibt es keinen Lehrernachwuchs für das Fach Physik.
— Die Lehrerschaft fühlt sich überfordert, verkannt, beleidigt (»dauerndes Herumnörgeln in der Öffentlichkeit an den faulen Lehrern«).
— Niemand weiß, was in den Schulen wirklich unterrichtet wird: Die Lehrpläne sind verstiegen oder nichtssagend.
— Es fehlt eine Außenkontrolle der schulischen Arbeit (zum Beispiel bei der Korrektur der Abiturarbeiten).

---

* Fragen dieser Art stellt K.-J. Tillmann in einem Vortrag: Schulentwicklung in einem neuen Reformdialog zwischen Schule und Wirtschaft? – abgedruckt in Heft 1/94 der Neuen Sammlung.

- In der Schule gibt es bei fachlichen und dienstlichen Konflikten keine Entscheidungsinstanz.
- Die Öffnung der weiterführenden Schulen ruiniert das Gymnasium und die Hauptschule.
- Die Überlassung der Entscheidung an die Schulen, wie sie die gebotene Einsparung vornehmen, zerstört die Vergleichbarkeit der Ergebnisse.

Meine Reaktion war: Hessen muß ein Schulparadies sein, wenn die Lehrer und Eltern keine anderen Probleme haben als diese. Aber vielleicht war das nur so »vor dem Sturm«, vor Hoyerswerda. In der Zeitschrift des gleichen Verbandes für Nordrhein-Westfalen lese ich in der Mitte des Jahres 1993:

»Schlechte Verhaltensweisen, geringe Kenntnisse, mangelnde Bildung, Gewalt bei Jugendlichen, Drogensucht und Alkoholismus, – was immer an Problemen genannt wird, das Urteil ist schnell gesprochen: Die Schule hat versagt! Und das meint: Wir sind wieder einmal die Sündenböcke ...

Enttäuschung ist verständlich, aber sie bringt nichts. Im Gegenteil: Gerade jetzt ist Gegenwehr gefordert ... Wenn wir nach vorn schauen, dann drohen schwierigere Probleme: Weitere Einsparungen auf unserem Rücken, Zwang zur schulformübergreifenden Kooperation mit sog. flexiblem Lehrereinsatz, neue Nivellierungsstrategien, Gleichmacherei bei Schülern und Lehrern in der Bewertung und Bezahlung von Leistung. Das Schulwesen droht als Bildungseinrichtung vollends zu kollabieren und als Sozialinstitut zur Umverteilung von unten zu degenerieren ...« (Bildung aktuell 5/93, S. 4)

Derselbe Autor, der Stellvertretende Vorsitzende des Deutschen Philologenverbandes, hatte sich einige Ausgaben davor (Bildung aktuell 11/12/92) mit der Sparpolitik des Landes Nordrhein-Westfalen auseinandergesetzt:

»Gerade jetzt kann sich unsere Gesellschaft dies nicht leisten. Radikalismus nimmt gefährlich zu; alte Feindbilder brechen in jungen Menschen auf, die die Schreckensherrschaft des Dritten Reiches nicht erlebt haben. Haß auf Fremde wächst, Bereitschaft zur Hilfe in menschlicher Not schwindet. Die

Solidarität der staatlichen Gemeinschaft ist stärker denn je gefährdet. Das alles ist sicher auch aus den Tendenzen eines pluralistischen Weltbildes zu erklären, das die Erziehung auch in der Schule mitgeprägt hat. Die vermeintliche Unmöglichkeit, sich auf ethische Werte einigen zu können, hat Freiheit in Bindungslosigkeit umschlagen lassen, die auf Dauer für jede Gemeinschaft unmöglich ist.

Dieses Räderwerk zu stoppen und umzukehren in eine wertorientierte Erziehung und Bildung, ... bedarf der (dafür) wieder motivierten Lehrerpersönlichkeit, die nicht nur unterrichtet, sondern zugleich auch Vorbild ist.«

Das hörte man auch sonst gern! Aber nun sieht man, wie das Argument über das klappernde Mühlrad der Standesinteressen rinnt: Schöne politische Reden taugten hierzu nicht, man müsse aufhören, am Lehrer zu sparen, sein Deputat zu erhöhen, die Klassen zu vergrößern. An eine andere sozialdemokratische Regierung gewendet:

»Bei allem Respekt vor notwendigem Sparen, – wer die Zukunftschancen für unsere junge Generation nicht verbauen will, der muß gerade bei der Bildung behutsam mit Sparmaßnahmen umgehen. Kienbaum sagt auch ganz deutlich, daß der Verlust eines Landes an Wirtschaftskraft mit der Investition in die Bildung zusammenhängt. Sparen bei der Bildung ist damit Raubbau an der Wirtschaftskraft des Landes ... Aber wir haben auch als Berufsgruppe der Lehrer berechtigte Interessen. Und auch für die werden wir kämpfen ...« (Die Höhere Schule 3/93)

Wie aber und wo soll gespart werden? »Zuallererst durch klaren Verzicht auf sogenannte Reformprojekte.«

Daß man die schwierige Lage der Nation für die eigenen Interessen »instrumentiert«, ist Funktionärsgeschäft und muß niemanden erregen. Daß die hier zutage tretende Fixierung auf Kosten-und-Nutzen-Rechnungen die Beschäftigung mit der eigentlichen Krise der Schule so mühelos verdrängt, kann den Bürgern nicht gleichgültig sein. Daß schließlich die einerseits zum Sparen genötigte, andererseits von den Verbänden unter Druck

gesetzte Regierung sich an eine private Unternehmensberatung –
die erwähnte Kienbaum GmbH – wendet, um sich nicht nur die
Möglichkeit, sondern vielmehr die Tunlichkeit solcher Einschränkungen bescheinigen zu lassen, besiegelt die Kapitulation
der Bildungspolitik, vollzieht die Auslieferung des Auftrags an
die Verhältnisse. Diese diktieren, was zu tun ist:

»Das Schulsystem bedarf einer finanziellen Grundsanierung
und danach der Unterstützung durch konsequent gehandhabte
flexible Steuerungsmechanismen. Damit wird es in der Lage
sein, seine zukünftigen Aufgaben wirksam und im Interesse der
Nutzer zu erfüllen. Diese Steuerung muß freilich, sollen sich
nicht Fehlentwicklungen der Vergangenheit wiederholen, mit
einem hohen Maß an politischer Disziplin gegenüber den (vielfach berechtigten, aber nicht finanzierbaren) Forderungen der
beteiligten Interessengruppen erfolgen. Gerade weil es (das
Schulsystem) so groß ist, kann es nicht alle Wünsche erfüllen,
denn selbst kleine Modifikationen führen immer sofort zu großen haushaltsmäßigen Wirkungen.

Insoweit sollte die politische Frage, wieviel Bildung das
Land NRW – auch unter Berücksichtigung seiner Standort-
qualität – anbieten will, grundsätzlich mit der Frage nach der
Deckung der Kosten und sich daraus ergebenden nötigen Um-
schichtungen im Gesamthaushalt des Landes verbunden
sein.« (Aus dem Management Summary zur Organisationsuntersuchung im Schulbereich. Im Auftrag des Kultusministers
des Landes NRW, Kienbaum-Unternehmensberatung, Düsseldorf, 9. September 1991)

Wenn das Schulsystem ein Instrument der Wirtschaftsförderung
durch die jeweilige Regierung ist, dann sollte »Effizienz« in der
Tat sein höchstes Gebot sein. Aber so verstehen wir die öffentlichen Bildungseinrichtungen gottlob nicht; wir sehen in der Bildung keine Ware, in der Schule nicht ein Service-Institut, in dem
beamteten Lehrer nicht deren Manager, in den Schülern nicht
deren Nutzer. Was wir freilich in ihnen sehen, darüber müssen
wir offenbar noch einmal nachdenken.

Der Vorsitzende der Gewerkschaft Erziehung und Wissenschaft, ein untypischer Verbandshäuptling, hat nie etwas gegen

meine Denk- und Umdenk-Zumutung gehabt, aber er kann sie begreiflicherweise selber nicht verwenden: Er muß behutsamer sein. Er plädiert für »Mehr Mut zur Bildung« und begründet die Verwendung des Wortes »Bildung« damit: dieses Wort betone die »Selbstbefähigung« und Eigenverantwortung des Menschen für sein Werden; »Erziehung« dagegen setze im Deutschen immer den Erzieher voraus, der führe und »weiß, wo's langgeht«. Dieter Wunder befürwortet eine Schule, die »Raum für Lebensgestaltung« gibt. Er verbindet das mit der Ganztagsorganisation. Leider füllt er das Modell mit schwachen Beispielen: »Schüler müssen in der Schule Gelegenheit haben, auch ihren Vorlieben, ihren Hobbys nachzugehen, müssen einen Ort finden, an dem sie sich aufhalten, spielen können. Es sollte von der Schule offiziell auch als Zweck akzeptiert werden, daß sie Ort der Begegnung von Freunden ist – immerhin für so manchen Schüler heute der einzige Grund, in die Schule zu gehen.« (Deutsche Lehrerzeitung 1/6/93) – Aber damit sind wir schon bei den »Antworten« der Schulleute auf die Herausforderungen unserer Zeit.

Pädagogen – Didaktiker

Ob die Antworten dieser Personengruppe brauchbar oder unnütz sind, richtet sich nicht so sehr danach, wen man fragt, sondern was man fragt. Da die meisten Fragen aus der Politik kommen – aus dem Reservoir, in das wir eben geschaut haben –, gelten auch die meisten Überlegungen und Empfehlungen der Erziehungswissenschaftler den sekundären Schwierigkeiten. Unermüdlich bedient ein so tüchtiger Erziehungswissenschaftler und einfallsreicher Publizist wie Klaus Hurrelmann seine Parteifreunde und seine Gegner mit Entwürfen für neue Organisationsformen, Maßnahmen und Abhilfen, die seinen Erkenntnissen und den Erfordernissen des Augenblicks entsprechen. Vor allem bringt er kundig immer wieder Gegenargumente zur Kenntnis, wo die Politiker der oben zitierten Art es sich zu leicht machen. Klaus Hurrelmann ist ein Korrektor und Ergänzer der Debatte, keiner, der sie aus ihren falschen Bahnen herausreißt.

Am Durch- und Neudenken langfristiger Probleme und tiefer ansetzender Fragen dürfte er sich schon als Empiriker ungern beteiligen. Und wie ihm geht es vielen anderen Kollegen der Zunft. Ein ganz anderer Typus, Jürgen Oelkers, ein ausgesprochen theoretischer Kopf, der in die geistigen, geschichtlichen, gesellschaftlichen Bedingungen der Schule ausgreift, nennt »fünf Indikatoren«, auf die sich eine künftige Bildungspolitik einstellen müsse: »... den Verlust des Monopols, den inneren Zerfall der Schulform des 19. Jahrhunderts, die zu lange Dauer der Schulzeit, die mangelnde Effektivität und nicht zuletzt die Grenzen großer Bildungsreformen«. (»Die eine Schule, die gleich schlecht für alle ist / Warum die Bildung weder dem Staat noch dem Markt überlassen werden darf« in der FAZ vom 8. März 1993) Das sind Prognosen, die weiter reichen könnten als meine am Augenblick orientierten Beobachtungen und Überlegungen. Oelkers' Folgerungen bleiben jedoch ganz im Rahmen dessen, was man eigentlich jetzt schon entscheiden und dekretieren kann: Der Lehrer muß nicht beamtet sein; die Schularten und Schulträger sollten vermehrt werden; die Schulzeit kann verkürzt werden; das Staatsmonopol und die Regulative sollten gelockert werden. Wenn ich es recht sehe, dient dies alles dazu, die Schule durch Veränderung zu erhalten – in den Funktionen, die sie hat.

Das tun auch ganz andere Personen mit ganz anderen, sehr fragwürdigen Mitteln. Sie haben sich einen Feind ausgesucht, und den nehmen sie voll unter Beschuß: die rationalistische Didaktik der verkopften Schule. Würde man *soft learning* an deren Stelle setzen (wie den weichen Tourismus an die Stelle des harten) – alles käme in Ordnung. Man erfindet also

Edu-Kinästhetik – »EK-Übungen sind sichere, einfache, natürliche Bewegungen, die von einseitig Lernenden jedoch meist vermieden werden, weil sie ihnen Schwierigkeiten bei der Koordination bereiten. Diese auf den ersten Blick sehr einfach erscheinenden Bewegungsmuster ›zwingen‹ die beiden Gehirnhälften jedoch unmittelbar zur Zusammenarbeit und rufen dadurch oftmals verblüffende spontane Lernerfolge hervor.«

Brain Gym – »Ein Übungsprogramm mit einfachen Körper- und Energiebewegungen, die an alte Disziplinen wie Yoga und

Akupunktur angelehnt sind und die Leistungsfähigkeit in vielen Bereichen entscheidend verbessern.« Sie sind »mit einfühlsam ausgewählter, vorwiegend klassischer Musik unterlegt«. Sie fördern eine »positive Einstellung ... kreatives Denken und Selbstbewußtsein«.

Bio-logisch lernen – »... abstrakte und komplizierte Lerninhalte werden lernbiologisch sinnvoll ›verpackt‹ und streßfrei angeboten.«

Gehirnjogging – die Ganzheitsmethode – »Ein hervorragendes Rundumprogramm für das Training der grauen Zellen, (das) ... von Aufwärmübungen zur körperlichen Aktivierung über das Basistraining bis hin zum ›Kopfkino‹ zur Entwicklung der Vorstellungskräfte alle Aspekte ganzheitlichen Lernens berücksichtigt.« Es umfaßt »Entspannungsübungen, Lern-, Gedächtnis-, Wort- und Zeichenspiele«.

Mind-mapping und *Suggestopädie* dienen im wesentlichen dem Gedächtnistraining durch entspanntes Lernen und allesamt einer *Sanften Pädagogik* (aus einem Prospekt).

Der neue aktive, natürliche, entrationalisierte Unterricht bedient sich eines vielfältigen kommunikations-psychologischen Werkzeugs: Grafischer Darstellungen, vorgegebener Auswertungsschablonen, Anti-Wut-Übungen, Schattenboxen, Einladungen zur Meditation, eines »Werte- und Entwicklungsquadrats« zur Selbst- und Schülereinschätzung und dergleichen mehr.
Eine vernünftige Erfindung zur Auflockerung des Unterrichtstages, das sogenannte »Freie Lernen« wird von den eifrigen Didaktikern mit Projektmaterial buchstäblich zugeschüttet:

Bananen. Eine Aktionsmappe – »Diese Mappe liefert Materialien, sich diesem ›Genuß-Mittel‹ spielerisch und handelnd aus allen Blickwinkeln zu nähern.«

Wasser erspielen und erfahren – »Die Fundgrube für Ideen, die sich in Kiga und Grundschule sofort umsetzen lassen.«

Mit Kindern die Natur erleben – »41 Spiele wecken Intuition und Gefühl für Natur, aber auch Verständnis für ökologische Zusammenhänge.« etc. etc.

Daß so etwas hergestellt und vertrieben wird, ist ein Indikator dafür, daß so etwas auch gekauft und gebraucht wird. Wir sind bei einer neuen Schwierigkeit und nicht einer neuen Lösung. Es ist zu befürchten, daß viel mehr Lehrer sich dieser Anregungen und Materialien für ihren Unterricht bedienen, als die Kollegen, die Eltern, die Erziehungswissenschaftler sich das vorstellen. Manches Curriculum der Sanften Pädagogik könnte einer Schule helfen, die ihren eigenen Auftrag geprüft hat und weiß, was sie will. An diesem Willen und Wissen müßte sich das angebotene Werkzeug bewähren. Wenn nicht, wird es ausgemustert. So aber hält es die Kinder eine Weile gut beschäftigt und bei Laune, » vertreibt« buchstäblich die kostbare Zeit und vernebelt die Vorstellung davon, wozu Schule da sei. Den Störungen der heutigen Kinder kann man damit nicht beikommen. Dies alles ist nicht so sehr die falsche als vielmehr gar keine Antwort auf die Schlechten Nachrichten und Schwierigen Veränderungen, mit denen wir es zu tun haben.

Ein Gegenprogramm erwartet man sich von einer Kultusverwaltung, die die Lehrplanrevision zur Grundfrage und Grundlage ihrer Bildungspolitik gemacht hat. 400 Personen aus Schule und Hochschule haben an der Neufassung der Lehrpläne in Schleswig-Holstein gearbeitet. Mit Recht also gehört diese Antwort unter das Rubrum »Pädagogen/Didaktiker«.

Der neue Lehrplan ist an sogenannten Kernproblemen ausgerichtet, die sich als Typus an den von Wolfgang Klafki aufgestellten Schlüsselproblemen orientieren, sie aber mit anderen Inhalten füllt und insofern auch anders begründen muß.

Das erste Kernproblem heißt: »Die Grundwerte des menschlichen Zusammenlebens«. Das ist eine pädagogische Antwort auf die Gewalt in den Schulen und auf unseren Straßen, – das muß eine Antwort darauf sein. Es wird kein eigenes Curriculum vorgeschlagen, vielmehr wird Friedenserziehung als »Unterrichtsprinzip für alle Fächer« dargestellt:

> »Friedenserziehung läßt sich als der Versuch begreifen, die verschiedenen Formen der Gewalt und Friedlosigkeit im internationalen und innergesellschaftlichen Bereich zu erfassen, ihre Ursachen zu analysieren, ihre wechselseitigen Abhängigkeiten zu erkennen sowie *zu einem Abbau von Gewalt beizutragen.*«

(Lehrplanrevision in Schleswig-Holstein, S. 27, Hervorhebung von mir)

Das läßt sich am besten machen, »wenn Unterrichtsformen und -stil an den Zielen der Friedenserziehung und an der Entwicklung und den Bedürfnissen von Schülerinnen und Schülern ausgerichtet sind«. (Ebenda) Dazu freilich erfährt man nur: »Die Organisation des Fachunterrichts in Form von Block- bzw. Epochenunterricht kann eine Möglichkeit sein, auf die Komplexität und zeitaufwendigeren Arbeitsformen der Friedensthemen pädagogisch angemessen zu reagieren.« (Ebenda) Denn »Schulunterricht erfolgt in Fächern«, das ist nun mal so! »... und diese orientieren sich an den zugehörigen Wissenschaftsdisziplinen«. Folglich müssen in den Fächern die »Kenntnisse, die im Zusammenhang mit Frieden wichtig sind«, angesprochen und vermittelt werden. Das geschieht in diesem Dokument für zwölf Fächer von Religion bis Kunst/Textiles Werken. Ich zitiere aus den Vorgaben für – nein, nicht den historisch-politischen Fächerbereich und auch nicht für Deutsch, weil »Frieden als Unterrichtsprinzip« sich hier vielleicht zu wenig von »Frieden als Unterrichtsgegenstand« abhebt, sondern – Musik und Mathematik:

»Musik:
Friedenserziehung in diesem Fach kann heißen
— Die Wirkung der Musik auf die Bereitschaft der Menschen, Unrecht und Ohnmacht zu ertragen, untersuchen und die Beiträge der Musiker und Musikerinnen für den gesellschaftlichen Aufbruch thematisieren.
— Fragen, inwieweit Musik einen Zugang zu den Hoffnungen und Ängsten der Menschen bietet.
— Die Entstehungssituation von politischen Liedern und des politischen Musiktheaters untersuchen.
— Liedgut ›fremder‹ Völker berücksichtigen.
— Bedingungen im Musikunterricht schaffen, die den Schülern/-innen ermöglichen, Empfindungen, den Frieden betreffend künstlerisch auszudrücken.«

»Mathematik:

- Die politische Bedeutung mathematischer Methoden (Wahr-
scheinlichkeitsrechnung) am Beispiel der Abschätzung von
Gefahren und Folgen bei Unfällen mit großtechnischen
Anlagen oder hochtechnisierter Waffensysteme oder am
Beispiel von Grenzwertfestsetzung für gesundheitsgefähr-
dende Stoffe oder höchstzulässige Strahlendosen bei ato-
marer Verseuchung.
- Der Anteil mathematischer Forschung für Kriegsführungs-
fähigkeit am Beispiel der Softwareentwicklung für Inter-
kontinentalraketen oder Cruise Missiles ...
- Der Beitrag des Faches zum Verständnis von zeitlichen Abläufen durch mathematische Modelle (z. B. Richardson-
Gleichungen zum Rüstungswettlauf).
- Die Rolle der Mathematik bei der militärischen Vorbildung
in der Schule am Beispiel von Aufgaben aus den Kriegs-
rechenbüchern in und vor dem I. und II. Weltkrieg.«

Nein, die Herren und Damen in den Landesinstituten, die so
etwas anfertigen, können zwar die Wörter benutzen, um die
es in unserem Thema geht, aber die Sache haben sie nicht erkannt. Wie die Wirtschaftler alles durch ihre Brille – der späteren
Verwendbarkeit der Schülerinnen und Schüler im Betrieb – sehen, so die Pädagogen durch die ihre – der heutigen Unterrichts-
schablonen.
Alles wird zu Unterrichtsimpulsen und Unterrichtsthemen.
Und in der Tat, wo man Schüler hat, die so etwas abhandeln, ist
»Abbau von Gewalt« auch nicht nötig. Dieser Eindruck ändert
sich auch nicht, wenn man etwas näher herangeht, sich anschaut,
was Lehrer sich »zusammen mit Schülern« ausdenken, damit
wenigstens ihr Unterricht friedlich ablaufe. Ein wackerer Versuch
eines Schulentwicklungsteams kommt 1992 (!) zu folgenden
Vorschlägen:

a) Zu den gegebenen institutionellen Einschränkungen:
- Lehrgänge und Freiphasen im Wechsel
- Reduzierung von Lehrgängen auf ein Mindestmaß
- keine Pausenklingel
- Möglichkeit der Zeitüberschreitung

- Infragestellen von inhaltlichen Selbstverständlichkeiten
- Projekteinheiten im ganzen Schuljahr
- Raus aus der Schule
- Schüler wählen Lehrer
- Zwischen Schülern und Lehrern frei vereinbarte Inhalte
- Zentrale Probleme als Lerngegenstände

(b) Zum Verhältnis von Schülern und Lehrern:
- Lerngruppen nach Interessen und Bedürfnissen
- Regelmäßiges Feedback im Unterricht
- »Gerechte Schule« als Schulmodell... (aus: Pädagogik 6/92 S. 27)

Erstens: Das wäre 1952 trefflich gewesen. Zweitens: Welche Diskrepanz der Mittel und der Aufgabe! Die Reformen sind im Schlinggewächs der »real existierenden Schulordnungen« steckengeblieben, ja, sie haben noch das eine oder andere dazugesät, zum Beispiel die Gewohnheit, jede Lernaufgabe in eine Mini-Erhebung mit anschließendem Exponat zu verwandeln. Der Wochenplan einer 10a versieht das Thema »Ausländerfeindlichkeit und Rechtsradikalismus« mit folgenden Aufgaben: Informationsmaterial sammeln; deutsche und ausländische Mitschüler/innen nach ihrer Meinung befragen; Bürger/innen zu aktuellen Vorkommnissen befragen; eine Diskussionsrunde organisieren; ein Rollenspiel entwickeln und durchführen; eine Wandzeitung gestalten; eine Collage erstellen; einen Liedertext analysieren; eine Mappe zum Thema anlegen; einen ausländerfeindlichen »Werbespot« mit der Videokamera produzieren... (Pädagogik 10/93).
Nach diesem Blick in das didaktische Panoptikum atmet man auf, wenn eine Klasse der 13. Regelschule in Erfurt 1992 sich die Probleme, die sie hat, durch einen Videofilm vor Augen führt, den sie über sich selbst dreht: Ausländerhaß, Drogen, Gewalt – und viel ganz normales Schülerleben. Das ist keine Antwort, aber es öffnet einen Weg dorthin.

Schüler – Eltern

Wie Schüler auf die heutige Welt mit ihren gewaltigen Problemen und ihren schwachen Lösungen reagieren, davon handelt dieses ganze Buch. Wie einige von ihnen wiederum auf diese Reaktionen reagieren, kann man zum Beispiel in »Jugend schreibt/ Zeitung in der Schule« lesen, einem Blatt, das in der Frankfurter Allgemeinen Zeitung einmal in der Woche erscheint, und in drei Wörtern zusammenfassen: wie die Erwachsenen – wie die »klugen Köpfe«, die bekanntlich hinter dieser Zeitung immer stekken. Die dort schreibenden jungen Leute haben sich, wie wir, mit einiger moralischer Entrüstung ausgestattet und setzen diese in Entwürfe von oder Beteiligung an guten Taten um. Daß Schüler dies überall im Lande wollen, planen, verwirklichen – daran zweifle ich nicht; die Schülerzeitungen und auch die wackere Deutsche Lehrerzeitung gibt immer wieder Kenntnis von solchen Aktionen. Eine Verbindung zwischen der Schule, wie sie ist, und den genannten Ärgernissen, sehen sie offenbar nicht. Gelegentlich wird Überdruß an den Themen Jugendgewalt und Ausländerhaß hörbar. Das aber hat mit der Schule als Ort der Belehrung zu tun. Geht diese unausgesetzt auf junge Menschen nieder, ohne daß ihnen Gelegenheit gegeben wird, zu handeln und sich selbst zu erproben, muß das irgendwann zu Ausbrüchen von Unmut, Zerstörung, Haß, Gewalt führen. Des Guten ist schnell genug geredet.

Hierfür gebe ich einem Abiturienten des Jahres 1993 das Wort, einem derer, die sich weder von den eigenen sogenannten Zuständen noch von den sogenannten gesellschaftlichen Verhältnissen einfach »schieben« lassen, sondern kritischen Abstand dazu und genaue Worte dafür finden. Ich kann nur kleine Ausschnitte aus der zehn Seiten langen Rede wiedergeben, die er zur Entlassung seines Jahrgangs gehalten hat:

»... Unser Abiturzeugnis ist die offizielle Bestätigung dafür, daß wir unser Ziel in der Schule erreicht haben und daß die Schule ihr Ziel mit uns erreicht hat, dafür, daß unsere Zeit hier sinnvoll verbrachte Zeit war. Mit jeder guten Note auf dem Zeugnis geben Lehrer und Direktion auch sich selbst eine gute Note ...«

Was Ziel und Auftrag der Schule ist, sagt die Schulordnung:

>»Der Auftrag der Schule bestimmt sich aus dem Recht des einzelnen auf Förderung seiner Anlagen und Erweiterung seiner Fähigkeiten sowie aus dem Anspruch von Staat und Gesellschaft an einen Bürger, der zur Wahrnehmung seiner Rechte und Übernahme seiner Pflichten hinreichend vorbereitet ist. In Erfüllung ihres Auftrags erzieht die Schule zur Selbstbestimmung in Verantwortung vor Gott und den Mitmenschen, zur Anerkennung ethischer Normen, zur Achtung vor der Überzeugung anderer (...). Sie führt zu selbständigem Urteil, zu eigenverantwortlichem Handeln und zur Leistungsbereitschaft (...).‹ ... Obwohl viele der hier verwendeten Wörter oft genug als Phrasen mißbraucht werden, wird wohl jeder diesen Zielen zustimmen ...

Unsere Schule hat ihnen aber oft entgegengearbeitet. Mit dem Abitur bestätigt sie sich und uns etwas, das nicht stimmt ... Hier wird täglich belohnt, wer angepaßt statt selbständig ist, wer sich geschickt durchmogelt und wer nur seinen eigenen Vorteil sucht.

Die Schüler spüren das wohl. Die meisten von ihnen entziehen sich der Schule, wann immer sie können. Ein großer Teil würde liebend gern abgehen, bloß weiß niemand, was er statt dessen tun soll, und jeder will sich mit dem Abitur eben alle Chancen offenhalten. Von denen, die etwas für sie ›Sinnvolles‹ tun wollen, machen das nur die wenigsten in der Schule. Die Schüler gebrauchen ihre meiste Energie dazu, ihre Rolle in dem für sie inhaltsleeren Regelsystem Schule möglichst arbeitssparend zu spielen ...

So erhalten Schüler und Lehrer gemeinsam die Fassade einer funktionierenden Schule aufrecht ... Der Grund dafür ist ein verlogenes, in sich widersprüchliches Schulsystem.«

Weil das vermutlich manchem überraschend klinge, erläutert er das an drei Beispielen: der eingespielten Entschuldigungspraxis, der Kurswahl (Grundkurs/Leistungskurs), der Schüler-Selbstverwaltung. Nachdem er das Verfahren der Entschuldigung für versäumten Unterricht geschildert hat, heißt es:

»Man muß dabei niemandem direkt ins Gesicht lügen, muß nur ›Krankheit‹ auf seine *Entschuldigungsliste* schreiben und hat seine Ruhe. Alle anderen Schüler machen es genauso. Und die Lehrer? Sie wissen ganz genau, daß ›Krankheit‹ meistens einfach ›keine Lust‹ bedeutet und daß die meisten Entschuldigungen falsch sind. Trotzdem unterschreiben sie und belohnen damit die, die sich durchmogeln, bestrafen die, die ehrlich sind ...

Die Schule behauptet von sich, mit den Entschuldigungslisten zu selbständigem Handeln, zu Eigenverantwortlichkeit zu erziehen. Tatsächlich macht sie diese Begriffe für ihre Schüler nur lächerlich und hohl.

Wenn es der Normalzustand ist, daß die Schüler lügen und die Lehrer wissen, daß sie belogen werden, wer lernt da nicht, mit und in einem verlogenen System zu leben, auch wenn es dem eigenen Gewissen zuwiderläuft? ...

Auch mit dem *Grundkurs/Leistungskurs-System* sollten die Schüler mehr Freiheit und Verantwortung bekommen. Sie sollten selbstbestimmt eigene Schwerpunkte setzen können, um einerseits ihre spezifischen Begabungen besser entwickeln zu können, andererseits auch um zu lernen, wie man selbständig lernt. Tatsächlich arbeiten die meisten Schüler in manchen Grundkursen aber schlicht gar nichts ...

... Obwohl sie dementsprechend zwischen null und zwei Punkten als Epochalnote verdient hätten, bewerten die Lehrer üblicherweise so, daß ein ganz normaler Klassendurchschnitt herauskommt. Die Noten sind völlig ohne Grundlage, haben mit der Wirklichkeit nichts zu tun ...

... Die Lehrer tun mit ein oder zwei chronisch Interessierten so, als würden sie Unterricht machen, während die große Mehrheit selbst die äußeren Merkmale einer Unterrichtsstunde (wie Nicht-Reden oder Hausaufgaben-Abliefern) nur selten erfüllen ...

Die Lehrer stehen zwischen dem Leistungsanspruch der Schule und der Leistungswirklichkeit der Schüler. Sie können nur durch gelogene Noten so tun, als ließen sich beide zusammenbringen ...

Die Verantwortlichen betonen immer wieder stolz, daß es die SV, die *Schülervertretung*, gibt.«

Unser Abiturient gibt die Gründe: Die Erfahrungen der Schüler sollen dazu dienen, die Schule als ganze zu verbessern, und sie sollen dabei gleichzeitig lernen, mit anderen in fairer Diskussion Entscheidungen zu treffen und Verantwortung zu tragen:

> »Sie lernen, ihre eigenen Vorstellungen und Werte zu entwikkeln, sie zu vertreten und aktiv zu leben; sie lernen also Demokratie ...«

Unser Abiturient zeigt aber an einer sorgfältig zusammengestellten Liste von Eigeninteressen der Schüler, daß diese nicht erfüllt, ja nicht einmal erörtert worden sind.

> »Fast immer, wenn Schüler und Lehrer etwas zusammen zum Besseren verändern, tun sie das mit übermäßig großer Anstrengung und gegen das ›System‹. Auch der letzte Schulstreik ist kein Gegenbeweis: Nur weil Direktion und Lehrer zufällig dieselben Interessen hatten wie die Schüler, gestanden sie ihnen ein Recht auf Protest zu und beteiligten sich sogar daran. Dieser Schulstreik war genauso rechtswidrig wie zum Beispiel der Streik gegen die sogenannte ›Abi-Deform‹, der verboten wurde und für den die Direktion alle beteiligten Schüler bestrafen ließ.«

Der Abiturient folgert: Wenn die Demokratie hier schon, wo sie überschaubar und erfüllbar ist, so gehandhabt wird, wird man der Demokratie des großen Gemeinwesens kein Vertrauen entgegenbringen.

Unser Abiturient will niemanden verunglimpfen:

> »Ich habe selbst nichts anders gemacht und habe mich in grundfalsche, aber allgemein anerkannte Gewohnheiten und Regeln eingepaßt. Daß es diese Gewohnheiten und Regeln gibt und wie selbstverständlich wir mit ihnen umgehen, zeigt: Wir haben uns daran gewöhnt; Staat und Eltern haben uns dafür jahrelang von allen anderen Pflichten freigestellt; es war unsere von allen anerkannte Aufgabe, und Lehrer und Direktion haben uns heute dazu beglückwünscht, daß wir als Schüler einen großen Teil unserer Zeit mit etwas verbracht haben, das

die meisten von uns offensichtlich völlig sinnlos und überflüssig fanden.«

Diese Schilderung (nicht die Rede) endet so:

»Auch diesen Montag werden Schüler und Lehrer wieder die äußere Form erfüllen und eigentlich nichts tun. Diese Schule, deren Beteiligte nicht wissen, wo es hingehen soll, außer zum Abitur, deren Darstellung nach außen und deren Wirklichkeit nichts miteinander zu tun haben, kann keine Zukunft haben.«

Und:

»Wer's nicht glaubt, braucht nur einen ehrlichen Lehrer oder Schüler zu fragen.« (Tom Weihe)

Man stelle sich die Wirkung dieser Schule auf eine junge Frau oder einen jungen Mann vor, die oder der nicht von zu Hause den Anspruch, das Maß und das Beispiel eines »guten Lebens« mitbekommen hat. Ihre oder seine Antwort auf die Schlechten Nachrichten und Schwierigen Veränderungen kann nur verworren oder zynisch sein.

Was »Eltern« von der Schule wollen, läßt sich vorstellen. Wie sie die Schule wollen, ist schwer auszumachen; man hört, was die organisierten Eltern vortragen – sei es in der Form von politischen Forderungen, sei es in der Form gerichtlicher Klagen. Auf diesem Wege erzwingen sie oft das Gegenteil von dem, was man für ihr eigentliches Interesse halten möchte (beispielsweise die Erteilung von Notenzeugnissen auch in den ersten Grundschulklassen) oder etwas, dessen Tauglichkeit gar nicht von der erstrittenen Entscheidung abhängt (beispielsweise das Lernen von Geschichte in einem eigenen Fach oder in die Gesellschaftslehre integriert). In einem Urteil des Bundesverwaltungsgerichts in Berlin zu einer Elternklage wird die ganze Perversion sichtbar, in die das Verhältnis von Eltern und Schule geraten ist:

»Eine Schultüte ist für Kinder bei der Einschulung ›Teil des notwendigen Lebensunterhalts‹. ... Der Besitz einer Schultüte gehöre zur Einschulung und werde in der Öffentlichkeit registriert, beschied das oberste deutsche Verwaltungsgericht in einem am Freitag in Berlin veröffentlichten Urteil. Nach Überzeugung der Richter haben Erstkläßler, die auf Sozialhilfe angewiesen sind, deshalb ein Recht auf eine Schultüte. Hilfeempfängern müsse die Möglichkeit gegeben werden, ›in der Umgebung von Nichthilfeempfängern ähnlich wie diese zu leben und nicht in der Öffentlichkeit ausgegrenzt zu werden‹.« (BVerwG 5 C 34.92 – Urteil vom 21. Januar 1993)

Ästhetik, Aisthesis et similia

Von Theokrit bis Tonio Kröger, von Goethes Tasso bis zu Nina und Kostja in Tschechows »Möwe« haben die Menschen Rettung vor dem nüchternen Unglück, vor der prosaischen Barbarei des Lebens in der Kunst gesucht. Seit die Kunst nicht mehr ihren Gegenstand gestaltet, steigert, verwandelt, ins Gesetzmäßige oder Erhabene erhebt, sondern ihn so »roh«, so unmittelbar, so einsam wiedergibt, wie der einzelne Künstler ihn erfährt, ist Glück hier nicht zu suchen, und Rettung schon gar nicht.

Und doch: In den »Informationen« des Bundesministers für Bildung und Wissenschaft (5/93) liest man von einer »Offensive gegen Gewalt und Fremdenfeindlichkeit«, zu der Bildung und Kultur »ihren Beitrag« zu leisten haben. Dies sagt – etwas gequält – der zuständige Staatssekretär auf einer von seinem Hause arrangierten Tagung mit dem Thema »Jugendkulturarbeit als Gewaltprävention«. Der Berichterstatter teilt mit, man habe mit einem »Qualifizierungsprogramm Kultur« vor allem in die Neuen Länder hineingewirkt – »die Verantwortlichen vor Ort mit dem notwendigen Know-how vertraut« gemacht, das ihnen »überhaupt erst ermöglicht, Kunst und Kunstveranstaltungen … zur Begegnung und Verständigung einzusetzen«. Er teilt nicht mit, wie das vor sich geht, nur was auf der Tagung dafür gefordert wurde: »Orte und besondere Tage« in der Schule, an denen »Konflikte aufgegriffen und auch provokante Themen angstfrei vertreten werden können«, »Vernetzung der Arbeit«, »Erfahrungsaustausch« und »dauerhafte Weiterführung der meistens befristeten

Projekte ..., was auch für viele Arbeitsverträge gelte«. Man sieht, woher das alles kommt, und versteht die Gequältheit des Staatssekretärs. Was aber läßt einen so schwachen Gedanken zu solcher öffentlichen Aufmerksamkeit gedeihen? In meiner Stadt veranstaltet die äußerst rege Volkshochschule eine Vortragsreihe mit dem Titel »Zauberwort: Kultur« mit dem Untertitel »Beiträge zur Ästhetik der Moderne«. Die Einladung kam mit einem Schreiben, dessen Zeilenenden so aussahen: »... Kulturg / ... Flickent / ... R / ... Kulturbr / ... Anf / ... au / ... offe / ... unterschie / «, zu welchem Exzeß an Willkür man ein Schreibgerät wohl besonders einrichten muß; der Zufall kann das nicht von allein zuwege bringen. In diesem Schreiben wurden drei Erwartungen ausgesprochen: Man könne und werde dem inflationären Gebrauch des Wortes Kultur durch Nachdenken über grundsätzliche Fragen der Ästhetik Einhalt gebieten; man werde einem um sich greifenden oberflächlichen Hedonismus Umsicht, Umkehr und den Wert von Umwegen entgegenhalten; man werde sich einer »ästhetischen Bildung« verschreiben, eine geschichtliche Summe aus dem »objektiven Faktor Subjektivität« der 68er Zeit und der »neuen Sinnlichkeit«, dem »Sinnenbewußtsein« der Gegenwart ziehen – den Gegenmitteln zum »zunehmenden Sozialdarwinismus«.

Man setzt heute – nicht auf Kunst und Kultur, sondern – auf die Ästhetik als ein dem Moralischen, dem Politischen, dem Wirtschaftlichen, dem Wissenschaftlichen je entgegengesetztes Prinzip. Wahrnehmung und Gestaltung unterliegen nicht den Gesetzen der Allgemeinheit, Notwendigkeit und Logik. Darin besteht die befreiende, humanisierende Kraft der Ästhetik. Die Postmoderne drückt die Freiheit von Funktionalität und Kollektivität, von Systemzwang und Folgerichtigkeit, von Geschichte und höherer Bedeutung allenthalben aus – in der Philosophie wie in der Architektur, in der Lebensform wie in der Orthographie.

Aber das hat nur korrigierende und also vorübergehende Wirkung. Bald merkt man, daß das Lesen von sinnlos zerschnittenen Wörtern mühsam ist, und da der Zweck des Schreibens das Gelesenwerden ist, wird man verständige Regeln der Worttrennung am Zeilenende wieder einführen – und so auf allen Gebieten verfahren. Zum Gesetz unseres Handelns können Ironie, Subjektivität, »Kontingenz« nicht werden. Das »Spiel« ist stets ein Befreiungsakt, der das, wovon befreit werden soll, voraussetzt, – auch bei Friedrich Schiller: »von den Fesseln jeden Zweckes, jeder Pflicht, jeder Sorge« – und wenn er nur in Gedanken geschieht! Weil wir Menschen diese Fesseln tragen, tragen unsere Götter keine, haben wir »Müßiggang und Gleichgültigkeit zu ihrem beneideten Los« gemacht. * Das aber ist keine Glücksverheißung, wo Arbeitslosigkeit und Gleichgültigkeit Menschenzustand geworden sind – oder doch die Furcht vor ihnen. Es scheint mir, daß wir mit nichts so wenig Aussicht haben, dem Haß, der Zerstörungswut, der Lust an der Gewalt beizukommen wie mit der Schillerschen Utopie, die in die (politische) Freiheit hineingedacht war, während wir aus der (politischen) Freiheit und der damit gegebenen Beliebigkeit herausdenken.

»Ästhetik« – gemeint ist meist das Malen von Bildern oder das Herstellen von Collagen – kann ans Licht bringen, was Jugendliche sonst verschweigen. Eine wackere Hauptschullehrerin, die in ihrem Kunstunterricht das Thema Ausländerfeindlichkeit und Gewalt stellte und dabei mit dem »Abreagieren« von »innerer Bedrängnis« gerechnet hatte, bekam mehr zu sehen, als sie bewältigen konnte: »Ich habe gelitten dabei, mit welcher Hingabe Hakenkreuze gezeichnet wurden.« Statt die Gewalt zu bannen, wurde sie entfesselt; Haß und Gegenhaß brachen aus (»Nazis, krepiert!« – »Punksau, verrecke!«) und führten zu gegenseitiger Zerstörung der Objekte. Die Kollegien sahen weg. Das Problem war vielleicht nicht schlimmer, aber deutlicher geworden. Nun mußte man handeln und wußte nicht wie. Gelöst hat die »Ästhetik« selber nichts.

Ulf Preuss-Lausitz (dlz 4/10/93) geht weiter. Er schlägt vor, Punchingballs aufzuhängen, einen Toberaum einzurichten, Theaterstücke zu spielen, in denen der Schulrabauke (aus-)spielen kann, was er ist – einen rachsüchtigen Schläger –, so daß das »Erschießen, Prügeln, Anschreien ausgiebig geprobt werden kann«. Dem liegt die Vorstellung zugrunde, die landläufige Pädagogik unterdrücke mit Kindertümelei das angeborene Aggressionspotential, das darum um so heftiger dränge, sich auszutoben.

---

* Friedrich Schiller: Über die ästhetische Erziehung des Menschen in einer Reihe von Briefen, 15. Brief, aus: Sämtliche Werke, 5. Band, S. 618, München 1959 (Carl Hanser).

Peter Schneider bedient diese Vorstellung in seinem vielzitierten Aufsatz »Erziehung nach Mölln« (Kursbuch 113). Er berichtet, wie der Vorschlag, einen Punchingball in einem »Schülerladen« (gibt es das noch?) als Zumutung abgelehnt wurde: Kein solches Symbol der Machokultur! Nun, so schlägt man einen Punchingball k. o. Der wahre Einwand gegen einen solchen aber ist doch, daß er nicht für unser Thema taugt. Mölln ist nicht die Folge von überschießender, in pädagogischer Sanftmut erstickter Kraft, auch nicht davon, daß die jungen Leute die Regeln der Fairneß heute gar nicht mehr kennen. Peter Schneider stellt selber die härtere Frage: Welche Kontrollen haben hier versagt, so daß Gewalt plötzlich um sich greifen kann? – und meine Antwort ist: Eine Gesellschaft, in der die Erwachsenen die Beliebigkeit zum Lebensgesetz gemacht haben und keine Selbstdisziplin für die von ihnen bekundeten Aufgaben und Ideale üben, kann ihre Jugend am Ende selber nur mit Gewalt an der Gewalt hindern. Bevor sie das tut – was Peter Schneider ihr empfiehlt –, sollte sie selber zu erwachsenem vernünftigem Verhalten zurückkehren. Sie sollte so leben, daß die Jungen daran ablesen können: Hier waltet so etwas wie ein Vertrag – gegenseitige Bindung und Bescheidung – zum Wohl des Ganzen. Wenn dann junge Leute sich an dieses Vorbild nicht halten, könnte das »harte Durchgreifen« die richtige Maßnahme sein und heilsame Folgen haben.

Der Punchingball und die Ästhetik sind schwache Antworten. Sie therapieren, sie gehen nicht an die Wurzel des Übels.

Das Streicheln von Baumrinden zur Steigerung der Sensibilität einerseits, das Betrachten und Nachahmen der Provokationen und Aktionen, der Ensembles und Environments, der Experimente und Exponate der modernen Künstler zur Befreiung aus Verkrampfung und Frust andererseits sind selber Teil der verkorksten Lebenssituation, der sie beizukommen behaupten: der Künstlichkeit, Gemachtheit, Willkürlichkeit, Beziehungslosigkeit des Lebens. Nein, unsere Probleme verlangen politische und pädagogische Antworten, nicht ästhetische.

Zum Teil eines wenn nicht Arbeits-, so doch Erkenntnisprogramms wird dies freilich auch bei anderen – bei New-Age-Denkern: die Gegenwartskrise sei eine Bewußtseinskrise. »Diese kann nur durch eine evolutionäre Erweiterung des Bewußtseins gelöst werden.« Das verlange eine Auseinandersetzung mit der bisherigen Evolution seit dem Urknall. »Wissenschaftliche Untersuchungen über die Auswirkung meditativer Bewußtseinserweiterungs-Techniken« und »holistisches Erkennen« unterstützten die Hypothese (Christian Brehmer: Die Evolution des Bewußtseins, Frankfurt/M. 1992, Peter Lang).

Die Verführung zu verschwommenen und weichen Lösungen wird größer, je klarer und härter sich die Probleme abzeichnen. Auch ich bin für Empfindsamkeit; auch mir ist es wichtig, der Sinnlichkeit des Menschen gerecht zu werden; auch mir liegt an Nachdenklichkeit. Aber die Flucht auch unserer Schulpädagogen in *aisthesis* und *phronesis* und Meditation aus Schrecken vor »männlicher Rationalität«, Systemdenken und Herrschaftswissen, ist die falsche Antwort auf die Gefahr ihrer Ausartung. »Die Menschen stärken« ist nur die halbe Aufgabe. »Die Sachen klären« gehört dazu. Auf Hentig berufe sich nicht, wer Kindern der Eingangsstufe die Laute, die sie längst sprechen, beim Lernen der Buchstaben noch einmal ästhetisch verschleiert und verniedlicht: sie bunt malen und tanzen, krabbeln und kribbeln, hupfen und rupfen, schnalzen und walzen läßt. Die Buchstaben sind die Entdeckung der Abstraktion. Diese soll jetzt an den Zeichen in ihrer eindeutigsten Form erkannt, geübt, beherrscht werden. Sinnlichkeit entfalte man bitte an Sinnlichem!

5.
Notwendige Denkübungen

Im Untertitel zu diesem Buch spreche ich von einer Übung in praktischer Vernunft. Das möge das ganze Buch sein. Innerhalb davon geht es um eine besondere Denk-Übung, die dem, der sich an ihr beteiligt, erfahrbar machen soll, weshalb ich den anspruchsvollen Titel »Die Schule neu denken« gewählt habe. Wenn diese Übung erst jetzt kommt – so fragt sich der Leser –, wieso habe ich ihn dann erst durch die Niederungen des gesellschaftlichen Versagens, der unbewältigten Schwierigkeiten, der Selbsttäuschungen und Irrtümer geschleift? Und er wird sich selbst antworten: Offensichtlich, um ihn zu zermürben und also bereitzumachen, noch einmal auf eine vermutlich radikale Veränderung der Schule zu setzen. Meine Antwort lautet: Weil deutlich werden muß, daß es mit einer »Veränderung« der Schule nicht mehr getan ist. Auch der Leser muß mehr tun als sich ärgern, besinnen und dann neu anpacken. Die Aufforderung »Die Schule neu denken« ist zwar nicht als Absage an »Die Schule neu machen« gedacht, aber sie enthält den entschiedenen Zweifel, man könne sie ernstlich neu machen, wenn man sie vorher nicht ernstlich neu gedacht habe. Man werde sonst beim Alten herauskommen. Nun, nach dem Schock durch die Ereignisse und der Zermürbung durch meinen Text kann die Denkanstrengung beginnen. Um den Absprung vom alten Denken nicht zu verfehlen, lade ich zu einer Vorübung ein, die nichts als eine Sprachübung ist.

Verbessern – Verändern – Neu denken

Ich unterscheide – in Übereinstimmung mit dem Sprachgebrauch – zwischen »die Schule verbessern«, »die Schule verändern«, »die Schule neu denken«. Alle drei Ausdrücke geben ein nützliches Vorhaben an. Für das erste gibt es immer Anlaß; für das zweite seltener, als man in unserer sich beschleunigt verändernden Welt behauptet und fordert; für das dritte erwacht ein Bedürfnis wohl in jeder Generation wenigstens einmal. Aber – das ist meine These – nur wenn die Schule selber schon eine neue Funktion hat, kann sich das Bewußtsein davon durchsetzen. Die Schule ohne Notwendigkeit neu zu denken, fällt in das Verändern und Verbessern zurück, führt nicht nur nicht zum Wandel, sondern im Gegenteil durch Reparatur zur Bewahrung. Eben deshalb kann man die Schule ein Leben lang reformieren.

Ich will zunächst, was ich mit der »Verbesserung« und der »Veränderung« meine, kurz an Beispielen verdeutlichen und mich dann der eigentlichen Aufgabe, die Schule »neu zu denken«, zuwenden.

»Verbessern« heißt: etwas zu dem machen oder befähigen, was es seiner Bestimmung nach sein oder leisten soll. Verbessern ist eine idealistische, eine Platonische Denkfigur. Sie setzt einen bleibenden Maßstab voraus, den die Wirklichkeit – also die Erscheinungen oder Phänomene – nie erreicht, dem sie sich nur annähert. Darum kann und muß die Schule wie jede andere Institution ständig verbessert werden. Was die Bestimmung der Schule ist, wird dabei als bekannt vorausgesetzt. Sie ist eine Anstalt, in der die Menschen durch Unterricht gebildet werden, und das wiederum heißt: so geübt und ausgestattt, daß sie den Erwartungen ihrer Kultur gewachsen sind. Die Verbesserung der Schule kann sich dabei auf vielerlei erschrecken: auf die Wirksamkeit der Methoden des Lernens und Lehrens, auf die Auswahl der Gegenstände, an denen der Mensch sich bildet, auf die Übereinstimmung von humanen Zielen und humanen Formen, in denen man sie zu erreichen sucht. Jede Vorbereitung des Unterrichts, jede Lehrerkonferenz, jedes Gespräch mit Eltern und Schülern kann dem dienen ebenso wie eine neue Stundenplanregelung, wie ein gestraffter oder liberalisierter Lehrplan, wie ein angemessenes Gebäude und vernünftige Größenordnungen. Verbessern ist beinah das Gegenteil von Verändern, es bringt die Institution sich selber und ihrem Zweck näher.

»Verändern« ist oft die Folge von »Verbessern«, wenn sich nämlich herausstellt, daß für das Gut-sein oder Gut-werden eigentlich ganz andere Voraussetzungen geschaffen werden müssen. Aber es hat auch seine eigenen Gründe. Diese liegen meist in der Notwendigkeit, die Schule an veränderte äußere Verhältnisse anzupassen. Typische Begründungssätze für solche Veränderung (oder für ihre Verhinderung) sind: Es gibt jetzt in unserem Stadtviertel 40 Prozent Ausländerkinder/Mehr Eltern können sich leisten, ihrem Kind eine höhere Bildung zu geben, als sie selber erhalten haben, und streben diese auch an/Die Wissenschaft stellt neue verläßliche diagnostische und prognostische Mittel zur Verfügung/Die Vermehrung der Abiturienten hat den Andrang an den Hochschulen so erhöht, daß die Zulassung nur aufgrund strenger Leistungskontrollen möglich ist/Der Humanisierung stehen ein verschärfter Wettbewerb in der Gesellschaft und eine Anonymisierung der Beziehungen entgegen/Die weiterführenden Schulen sehen sich gezwungen, neben der herkömmlichen »akademischen« Bildung auch berufsbildende Kurse anzubieten/Geringe Jahrgangsstärken nötigen zur Zusammenlegung von Schulen und damit zu anderen Organisationsformen etc. Das Eingehen auf solche (und viele andere) Sachverhalte bezweckt und bewirkt nicht in erster Linie eine Verbesserung der Schule, sondern die Erhaltung oder Wiederherstellung ihrer Funktionsfähigkeit. Ja, indem man die notwendig erscheinenden Veränderungen vornimmt, bereitet man der Schule oft neue Schwierigkeiten, die ihrerseits beseitigt oder bewältigt sein wollen, bevor die Schule wieder leisten kann, was sie soll, noch ganz ohne eine gute, geschweige denn die bestmögliche Schule zu sein.

Ein solcher Anpassungsschub heißt in der jeweiligen Epoche »die Reform«. Eigentlich ist er immer ein Versuch, durch *Veränderung* zu Grundverhältnissen zu kommen, innerhalb derer wieder *Verbesserung* möglich ist, die tägliche Arbeit an der guten Schule anstelle der täglichen Überwältigung durch widrige Umstände. In den mittsechziger Jahren unseres Jahrhunderts haben Männer und Frauen wie Georg Picht, Ralf Dahrendorf, Hellmut Becker, Hans Dichgans, Friedrich Edding, Hildegard Hamm-Brücher eine Reform der deutschen Schule betrieben: aus gesellschaftlichen Notwendigkeiten heraus, und Erziehungswissenschaftler und Psychologen wie Heinrich Roth, Herwig Blankertz und Wolfgang Klafki lieferten die wissenschaftlichen Erkenntnisse dazu – eigene und solche aus Skandinavien, den USA, England, Frankreich, der UdSSR. Ihnen ging es – anders als anderen gleichzeitig operierenden und häufig ideologisch orientierten

Personengruppen vornehmlich unter den Studenten und Schülern – um eine »pragmatische Bildungspolitik« (Hamm-Brücher, 1967), und das heißt vor allem um quantitative und organisatorische Veränderungen als Voraussetzung für die zeitgemäße Funktionstüchtigkeit der Schule. Diese Schule sollte zu einer modernen Demokratie, einer sozialen Marktwirtschaft und einer industriellen Gesellschaft passen. Die dafür eingesetzten Mittel waren: Verlängerung der Schulzeit, Vermehrung der Bildungsangebote, Verschiebung der Differenzierungsschwellen, Einbeziehung des berufsbildenden Schulwesens, Neugliederung der Lehrerbildung, Verwendung eines anderen aktiven Begabungsbegriffs, Einführung neuer qualifizierender Abschlüsse, Modernisierung der Didaktik vor allem zur Förderung des Unterrichts in den Naturwissenschaften, der Mathematik und den Fremdsprachen, vermehrter Einsatz von Bildungsplanung und Bildungsforschung zur Entwicklung und Koordinierung der mit der Schule zusammenhängenden gesellschaftlichen Tätigkeiten.

Eine solche Reform mußte ihr Ziel innerhalb von 15 Jahren erreichen können. Gelingt ihr das nicht, sind entweder die Widerstände der Menschen zu groß, oder die Probleme wachsen schneller nach, als man sie bewältigt. Wenn sich aber der Konsens über die Nöte der Bildungseinrichtungen und ihre Funktionstüchtigkeit nicht innerhalb einer Schülergeneration wiederherstellen läßt, muß neu über die Reform nachgedacht werden, was dazu führen kann, daß man die Schule *neu denkt.*

Über die Schule denken wir nicht nach, wenn sie ihre Aufgabe auch nur einigermaßen erfüllt. Wir haben und brauchen keine ausdrückliche Theorie von ihr, solange die Widersprüche in ihr nicht unauflösbar geworden sind. Daß die Menschen über die Schule klagen, nötigt uns jedenfalls noch nicht dazu; das Klagen gehört vielmehr zu ihr wie das Kopfschütteln zur Modernen Kunst und die Entrüstung zur Politik. Man könnte vielmehr sagen: Wären die Schulen *nicht* beschwerlich, die Kunst *nicht* unverständlich, die Politik *nicht* bestreitbar, ihnen fehlte etwas, und man hätte Anlaß zur Beunruhigung. Mit anderen Worten, wir müssen uns mit einer gewissen Strenge zum Denken der Theorie entschließen, um mit ihrer Hilfe sehen zu können: Welche Probleme kommen aus *nicht erfüllter Bestimmung* – wie in den sechziger Jahren – und welche aus *nicht erfüllbarer Bestimmung,* also aus einer falschen oder falsch gewordenen Theorie.

In der Geschichte der Pädagogik sind dies die großen Augenblicke, in denen einer das Neu- oder Um-Denken gewagt hat – ein Platon/Sokrates, ein Comenius, ein Rousseau, ein W. v. Humboldt, ein Horace Mann, ein John Dewey, ein Ivan Illich.

Unterstellen wir, die sich über fast 30 Jahre hinziehende Bildungsreform fordere, daß wir die Schule neu denken, müssen wir dann auf eine große Frau, einen großen Mann warten, der uns dazu anleitet? Das ist die eine Frage. Die andere Frage lautet: Hat das Neu- und Umdenken der Bestimmung von Schule überhaupt eine Aussicht, das gewaltige, träge, seinerseits abhängige Aggregat von Einrichtungen, Gesetzen, Richtlinien, Prüfungsordnungen, Laufbahnen, Tagesläufen, Lebensplänen und also Erwartungen an diese Einrichtung zu verändern?

Auf die erste Frage antworte ich: Nein, wir müssen vielmehr vor allem eines zu gewinnen suchen – Abstand. Wir müssen einen weiten Blick auf die Verhältnisse nehmen und uns nicht nur pragmatisch, sondern s. v. v. philosophisch verhalten. Es bedarf dazu keiner Kühnheit, keiner besonderen Gabe oder Erkenntnis. In der gängigen Sprache meiner Zunft heißt das: Wir müssen uns eine Theorie von der Schule machen. Und damit dieser Vorschlag nicht gleich als banal oder längst erfüllt zurückgewiesen wird, begründe ich ihn durch eine kurze »Theorie der Theorie«. Auf die zweite Frage antworte ich mit zwei eigenen Kapiteln (7 und 8). Hier sei nur dies gesagt: Die Veränderungen, die die in den sechziger Jahren initiierte Reform hervorgebracht hat, haben außerordentlich viel verändert. Mehr Veränderung wird die neugedachte Schule vermutlich nicht fordern. Aber sie wird aus der Veränderung einen anderen Nutzen ziehen können, eben weil sie mehr als die Anpassung der Schule an die Verhältnisse im Sinn hat. Hinzu kommt, daß wir es im vereinten Deutschland nicht mehr nur mit dem seit 1945 entwickelten föderalen und liberalen, aber in die Krise geratenen System der westlichen Bundesländer zu tun haben, sondern mit der Liquidationsmasse eines zentralen und autoritären, aber funktionstüchtigen Bildungswesens in den neuen östlichen Bundesländern. Der dortige allgemeine gesellschaftliche Umbruch verlangt, daß die alten Einrichtungen und die neuen Erfordernisse gründlich aneinander geprüft werden.

Darum ist dort prinzipiell und allem gegenwärtigen Anschein zum Trotz eine ganz andere, viel weiter gehende Erneuerung möglich als in den alten Ländern der Bundesrepublik, in der sich auch die Gebrechen des Systems bis zur gewünschten »Reibungslosigkeit« eingespielt haben.

Gründe für und Erwartungen an eine Theorie der Schule

Schule ist ein gesellschaftliches Artefakt. Den Zweck setzen die Menschen. Es gibt keine Schule von Natur.

Von Natur gibt es ein Bedürfnis des Kindes und des jungen Menschen nach Hilfen beim Sich-Einfinden und -Einüben in der Welt, wie sie ist. Der schwach geborene und auf vielfältige Anpassung an seine Umgebung angelegte Mensch braucht so etwas wie Pädagogik oder Erziehung. Diesen Tatbestand hat Jean-Jacques Rousseau zwar nicht entdeckt, aber besonders eindrücklich dargestellt. In neuerer Zeit ist er von Psychologen, Biologen und Verhaltensforschern bestätigt und durch Untersuchungen im einzelnen erklärt worden.

Aber – auch das hat Jean-Jacques Rousseau gezeigt – diese natürliche Pädagogik kommt nur im Rahmen geschichtlicher Verhältnisse vor. Die Analyse dieser Verhältnisse nimmt den weitaus größten Teil der Aufmerksamkeit der ebenfalls Pädagogik genannten Forschungsdisziplin ein.

Die meisten Schulsysteme in der Welt gründen auf etwas anderem – einem Bedarf von Staat oder Kirche oder Gesellschaft nach Loyalität der einzelnen zur jeweiligen Gemeinschaft, nach Verständigung in dieser und also nach der Fähigkeit der Menschen, »Gesprochenes, Geschriebenes, Gedachtes« zu verstehen, wie nach wirtschaftlich nutzbaren »Qualifikationen«. Die Vorbereitung hierauf wird als Pädagogik (Kinder-Führung) bezeichnet, obwohl sie im Prinzip in jedem Alter vorgenommen werden kann, wenn schon nicht mit gleichem Erfolg.

Sofern es bei der Aufstellung einer Theorie der Schule um eine »pädagogische« Einrichtung im engeren Sinn geht, müssen drei

Komponenten berücksichtigt werden: (a) die pädagogische Anthropologie, (b) die Geschichte bzw. die Kulturtradition und (c) der akute Wille der Veranstalter, und das heißt für uns: die aufgrund rationaler Prüfung der Gegebenheiten gesetzten Ziele. (Ich schließe, mit anderen Worten, die Bestimmung der Schule aus Religion oder säkularem Kultus – z. B. »Nationalerziehung« – von meiner Überlegung aus.)

Logisch wäre es, vom wenigst variablen Faktor, vom gebieterischsten Bestimmungsgrund auszugehen. Aber da beginnen die Zweifel und die Divergenzen. Die einen meinen, dies seien die anthropologischen Daten. Andere sehen den Menschen auf die geschichtlichen Verhältnisse und Vorstellungen festgelegt; die natürlichen Bedingungen habe er längst hinter sich gelassen oder den kultürlichen unterworfen; fast alle Verhaltensweisen ließen sich »konditionieren«, wenn man nur wolle. Andere schließlich sagen: Eben darum sei die Klärung unseres Willens der entscheidende Ausgangspunkt; er sei das am wenigstens bewußte und rationale Moment der Pädagogik, weil es keine Empirie des Willens im strengen Sinne gebe. Eine weitere Möglichkeit, eine Theorie der Schule aufzustellen, wäre, die drei Komponenten in bedingter Form zu verbinden und ihre Stimmigkeit »unter diesen Bedingungen« zu prüfen. Die Figur sähe dann so aus: Wenn die Schule die Bestimmung hat, X zu sein, oder den Auftrag hat, X zu erfüllen, wird sie unter den heutigen Verhältnissen Y und den natürlichen anthropologischen Gegebenheiten Z am besten zum Ziele gelangen, indem sie A tut, B vermeidet, C organisiert etc. Dieser Möglichkeit sei hier der Weg bereitet.

Ein letztes Wort zur praktischen Bewandtnis dieser kleinen »Theorie der Theorie«. Eine Theorie ist in der Regel eine Theorie zu einer Sache, einem Sachverhalt, einer Absicht, die sie erklärt. Sie ist durch den schlüssigen Zusammenhang ausgezeichnet, in den sie ihre einzelnen Sätze bringt, und durch die Eindeutigkeit des Gegensatzes oder der Beziehung, in die sie zu anderen Theorien tritt.

Theorien aber sind keine Abbilder der Wirklichkeit. Darum ist es unbillig zu erwarten, daß diese in ihrer jeweiligen Theorie aufgeht. Eine Theorie der Schule hat eine kritische Funktion gegenüber der Schulpraxis. Sie nimmt es dabei in erster Linie mit den anderen falschen Theorien über diese Wirklichkeit, mit den unzu-

lässigen Verallgemeinerungen, den Ideologien, den Darstellungs-
formen und Bewertungsmustern auf.

Bildungs- oder Schulpolitik ist ein wichtiger Adressat einer
Theorie der Schule – nicht weniger wichtig als die Bildungsforschung und die Bildungspraxis. Dies verpflichtet die Theorie der
Schule zu Gemeinverständlichkeit, zu der gehört, daß man die
Fachsprache vermeidet und daß – in den gebotenen Grenzen –
»voraussetzungslos« argumentiert wird. Es kann nicht jeder im
Kopf herumtragen, was Platon und Comenius, Hegel und Herbart, Illich und Fend und das Max-Planck-Institut für Bildungsforschung dazu gedacht, geforscht, gesagt haben.

Es gibt genug Theorien der Schule. Keine, die man heute aufstellen könnte und möchte, wäre ganz neu, original und originell.
Aber die vorhandenen Theorien widerstreiten einander, sie sind
hinsichtlich unserer Welt und unserer Erkenntnisse oft unvollkommen, und sie sind meist von Theoretikern für ihre Zwecke gemacht – also umständlich, schwierig, in penible Auseinandersetzung mit anderer Theorie verstrickt.

Gesucht wird eine Theorie, die die gegenwärtigen Streitpunkte
um die Schule erörterbar macht: zwischen Laien und Experten,
zwischen Praktikern und Theoretikern, zwischen Pädagogen
und Politikern – ein System von Argumenten, nicht eine Dogma-
tik aus einem Guß.

Nachdem ich den Leser durch die Sümpfe, über den unsicheren
Boden und das meint: die Anlässe für eine radikale Auslegung
meines Themas geführt habe, lade ich sie nun ein, mit mir einen
Berg zu besteigen. Er gehört zum Pädagogikon-Gebirge, einer
Formation von der Größe und Würde des Pentelikon- oder des
Rhätikon-Gebirges. Von dort aus kann man das, was die Schule
tut, in einen weiten – das ist: einen umfassenden und distanzie-
renden – Blick nehmen, ungestört durch Nebensächlichkeiten.

Eine erste Unterscheidung, die das Auge wahr- und vornimmt,
bevor es die verschiedenen Landschaftstypen ausmacht, ist die
zwischen den kleinen, den mittleren und den großen Eingriffen
des Menschen, die ich vorhin: Die Schule verbessern, Die Schule
verändern, Die Schule neu denken, genannt habe. Man sieht die
Spuren, die die vorhin genannten Großen in dem weiten Gelände
hinterlassen haben. Man sieht vor allem die verschiedenen möglichen Grundmuster von Schule.

Fünf Grundvorstellungen von Schule

Eine Denk-Übung ist das folgende insofern, als man die Merkmale, die in unseren Schulen gemischt vorkommen, dabei künstlich auseinanderlegt und sie je einem Typus zuordnet. Typen sind Konstrukte, wenn es sich um Dinge handelt, die der Mensch gemacht hat. Und Konstrukte sind Denkleistungen. – Ich mache fünf Muster aus, die ich früher schon in unterschiedlicher Form vorgestellt habe.*

Die erste Grundvorstellung von Schule sei jene, die wir aus der Geschichte kennen: eine Einrichtung, an der man besondere Kenntnisse und Fertigkeiten erwirbt, die man nicht auf der Straße, durch bloßes Zuschauen oder Teilnehmen an der Tätigkeit lernen kann. In der Stadt Augsburg im 14. Jahrhundert traf das zum Beispiel für die lateinische Sprache zu. 20 Bewohner der Stadt mögen sie gekonnt haben, 100 wollten sie vielleicht lernen – und schon ein einziger von ihnen hätte die gelehrte Arbeit des *medicus* oder *notarius* oder *theologus* empfindlich gestört. Ein betagter Mönch aber fand sich bereit, möglichst vielen »Schülern« auf einmal gegen ein Entgelt die begehrte Kunst beizubringen. Die Schule war geboren. – Ich nenne diesen Typus die Else-Bockfisch- oder Karl-Wursthorn-Schule. Else Bockfisch war meine Tanzlehrerin, Karl Wursthorn war mein Fahrlehrer.

Die zweite Grundvorstellung, die man sich von der Schule machen kann, ist: ein vom Leben der Erwachsenen kunstvoll abgetrennter Ort, an dem besondere, für das Aufwachsen von Kindern geeignete Verhältnisse herrschen. Weil die Erwachsenen nicht vorbildlich leben, weil sie auf ihre Freiheiten, Freuden, Frivolitäten weder verzichten wollen noch können noch müssen (meinen sie doch, die Folgen berechnen und meistern zu können), richten sie einen Schutz- und Schonraum ein, in dem die Kinder und Jugendlichen weitgehend vor dem schädlichen Einfluß der Gesellschaft – vor unbekömmlichen Gewohnheiten und verwirrenden Widersprüchen, vor Verführung und Verfrühung –

---

* Vor allem im Vorwort zu: Annemarie von der Groeben et al.: Ein Zipfel der besseren Welt. Leben und Lernen an der Bielefelder Laborschule, Essen 1991 (Neue Deutsche Schule).

bewahrt werden. Sie sollen sich »natürlich« und »zu sich selbst« entwickeln können und werden so der sie erwartenden Zivilisation am besten gewachsen sein. – Ich nenne diese Schule nach ihrem konsequentesten Vertreter die Rousseau-Schule.

Die dritte Auffassung von Schule ist den Fundamental-Konservativen und den Revolutionären gemeinsam: die einen fürchten, die Welt könnte mit jeder neuen Generation in die Barbarei zurückfallen, die anderen hoffen auf die neue, noch unverbildete Generation, mit der die ersehnte neue Welt anbrechen kann, die mit den Alten nicht zu haben ist. Beide legen darum den jungen Menschen auf ein vorgefaßtes Bild, ein fertiges Programm fest; an ihrer Schule werden Menschen – so oder so – »gemacht«, geformt, gegen das Alte oder gegen das Neue gepanzert. – Diese Schule ließe sich gleichermaßen unter den Namen Platons oder Makarenkos, Loyolas oder Margot Honeckers bringen.

Die vierte Grundfigur von Schule haben die meisten von uns im Sinn, wenn sie an die heutige öffentliche Schule denken: sie sei eine Einrichtung, die die Erziehung der Familie in der Form von Bildung-durch-Unterricht fortsetzt; sie will den Kindern eine allseitige gemeinsame Hilfe beim Hineinwachsen in die Gesellschaft geben; sie bereitet sie auf die Berufswahl, die Bürgerpflichten, das Leben in einer von Wissenschaft und Politik, von Tradition und Fortschritt geprägten Welt vor –, auf ein Leben, das es außerhalb und nach der Schule gibt. – Wir können diese Schule nach Humboldt oder Pestalozzi oder Dewey benennen, je wie wir selbst gesonnen sind.

Den fünften Typus nenne ich die KMK-Schule; es ist die verwaltende, berechtigende, den Erfordernissen der Gesellschaft zuarbeitende und nicht zuletzt den Lehrerstand in Brot und Arbeit haltende Schule; und es ist die, die Bildungspolitiker vor allem beschäftigt. Da die Schule aus den anderen Gründen schon existiert und da es viele Dinge gibt, die man allen Kindern zukommen lassen möchte, verrichtet man diese praktischerweise dort, wo alle zusammen sind. Unterricht, Erwachsenwerden, Schutz gegen schlechte Einflüsse werden so zu Aufgaben neben anderen, werden gar in deren Dienst gestellt: die Kinder von der Straße wegholen, wo sie sich und den Verkehr gefährden; sie nach ihrer Begabung sortieren, ihre Leistungen messen und auf das ausrichten, was man als den gesellschaftlichen Bedarf erkennt; für die

Volksgesundheit, für Verkehrstüchtigkeit, für AIDS-Prävention sorgen; die jeweils geforderte Vergangenheitsbewältigung leisten oder die jeweils geforderte Kompensation – Kreativität gegen Verkopfung, Kniebeuge gegen Fahrstuhl, Lebendiges gegen TV und PC. Das sind, wie man sieht, lauter wichtige Dinge – und im Nu hat man dreizehn Jahre damit gefüllt.

Keine dieser Grundvorstellungen ist töricht; keine sollte karikiert werden; alle, ja wirklich alle, kommen in unseren Schulen vor und zur Geltung – weshalb wir auch keinen Maßstab für die wirksame »Verbesserung« von Schule haben. Eine Schule, die mich für irgendeine Spezialaufgabe trimmen soll und dies isoliert von anderen Menschen tut (die dafür ja weder taugen noch sich dafür interessieren), wird mir nicht helfen können, ein guter Bürger zu werden. Eine Einrichtung, die mich vor den Übeln unserer Zivilisation bewahren soll, kann mich nicht in diese Zivilisation einführen. Man sieht: Was dem einen Typus bekommt, schädigt den anderen.

Unsere Schulen sind historisch entstanden und stellen eine pragmatische Mischung der Typen dar. Das macht sie für alle Beteiligten bequemer. Wenn sie Schwierigkeiten mit den Merkmalen des einen Typs haben, weichen sie auf die eines anderen aus. Ein Kriterium für die Güte, ein Maß der Wünschbarkeit einer solchen Schule ist dann die Verträglichkeit der einzelnen Maßnahmen untereinander, die Aushaltbarkeit der Spannungen – auf Kosten der jeweiligen Grundbestimmung, auf die sich eine Lehrerin, eine Gruppe von Lehrern, ein Schulleiter, die Eltern eines Kindes, die Behörde oder sonstwer berufen möchte.

In solchen Ausgleichsbemühungen ist unsere Schule dauernd begriffen. Hat sie Probleme mit dem sogenannten Leistungsstand oder der Disziplin oder dem Wohlbefinden von Lehrern und Schülern oder der schichtenspezifischen Verteilung der Abschlüsse, dann ist es sicher gut, wenn sie sich dies mit Hilfe einer Theorie erklärt, die mit klaren Unterscheidungen beginnt.

Eine sechste Vorstellung:
Die Schule als Lebens- und Erfahrungsraum oder auch: Die Schule als *polis*

Nicht die Unklarheit darüber, was eine »gute« Schule ist, läßt mich für einen sechsten Typus plädieren und mich nicht mit dem vierten, der Humboldt-Pestalozzi-Dewey-Schule zufrieden sein. Dieser vierte Typus ist zu einer Täuschung geworden; er kann nicht leisten, was er behauptet; er verspricht Widersprüchliches; er wird weder der Vorstellung Pestalozzis von der idealen Kontinuität von Familienerziehung und Schule, von Unterricht und »Menschwerdung« gerecht, noch paßt er zur Humboldtschen Vorstellung von hie Bildung an Bildungsgütern und da Bewährung im Leben, noch kann er absehen von der in der Schule beginnenden Karriere, wie das Deweys Schule unbekümmert tat (*learning by doing* darf nicht mit *by learning on the job* verwechselt werden). Weder die Einheit im einen Modell noch die Trennung im anderen Modell läßt sich heute herstellen. Ich muß Pädagogen, vor allem den Praktikern, nicht schildern, wie das Leben in die Schule hineinwirkt – zumeist in den Vorstellungen, Erwartungen, Fragen, Verstörungen, Gebaren der Schüler –, und in welchem Maße Schule heute die Eltern entweder bekämpft oder umgeht oder »erzieht«, weil die Lebensinteressen der Familie und der Schule zu weit auseinandergetreten sind.

Ich habe oben (S. 31) die Geschichte von Ingo am Montagmorgen in Hentigs Lateinstunde erzählt. Hier zwei andere Begebenheiten, die zeigen, daß wir die Humboldt-Pestalozzi-Dewey-Schule hinter uns gelassen haben:

Funda war eine ebenso intelligente wie eifrige türkische Schülerin an der Bielefelder Laborschule. Im letzten Jahr hörte sie plötzlich auf zu lernen – sie beteiligte sich nicht mehr an den gemeinsamen Projekten, lieferte keine eigenen Arbeiten ab, hielt sich im Unterrichtsgespräch zurück. In diesem letzten Jahr ist auch die Bielefelder Laborschule gehalten, Schülerinnen und Schülern Notenzeugnisse zu geben, um sie nicht gegenüber anderen Schülern auf dem Arbeitsmarkt oder bei der Zulassung zu weiterführenden Bildungseinrichtungen zu benachteiligen. Funda begründete ihre Verweigerung so: »Für Noten lerne ich nicht eine Silbe! Bisher habe ich immer gelernt, weil es mir Spaß gemacht hat, und ihr alle wolltet auch, daß es so ist. Und auf einmal gilt diese Regel nicht mehr?« »Aber es geschieht doch um deinetwillen. Du bekommst keinen Job ohne Notenzeugnis!« »Den bekomme ich auch so nicht. Mein älterer Bruder ist intelligenter als ich, er ist ein Mann und er hat ein Zeugnis mit guten Noten – aber er bleibt arbeitslos, weil er ein Türke ist.«

Am Tag nach Tschernobyl war die Welt für die Kinder auf unheimliche Weise verändert: Sie durften nicht mehr im Sand spielen, nicht mehr barfuß auf den Rasen gehen, keine Milch trinken, keinen Spinat essen – weil eine Wolke, die aussah wie jede andere, über das Land gezogen und eine unsichtbare Gefahr über uns abgeregnet hatte. Wer in den Tagen in einer Schule unterrichtet hat, wird diesen Einbruch der Geschichte in die Welt der Kinder nicht vergessen. Nichts hätte eine ähnliche Wirkung tun können: Es hatte sich nichts geändert und doch alles, und so stieg der Verdacht auf, es sei immer und mit allem so. Was die Kinder lernten, war nicht so sehr, daß es hier eine tückische Gefahr gibt, durch ein gigantisches Unglück ausgelöst. Sie lernten: Die Erwachsenen verfügen nicht über die Welt, die sie gemacht haben und auf die sie uns vorzubereiten behaupten. Die Welt kann kaputtgehen, die Wahrheiten gelten über Nacht nicht mehr, der Wissenschaft ist nicht zu trauen, auf die Erwachsenen ist kein Verlaß. Dem, was die Schule herkömmlicherweise sagt, tut, einsetzt, ist durch dieses »Tschernobylsyndrom« der Boden entzogen. Die Schule muß der elementaren Verunsicherung mit elementaren Sicherheiten begegnen, die elementare Veränderungen ihres Auftrags und ihrer Tätigkeiten fordern.

Dies vermag die Schule nicht, die Erziehung nur »durch Unterricht« treibt – durch etwas, was sich nun seinerseits nur durch mehr Erziehung zu behaupten vermag. Das wäre also der erste Grund für einen sechsten Typ: Wir müssen es mit den Lebensproblemen der Schüler aufnehmen, bevor wir ihre Lernprobleme lösen können, die sie auch nicht haben müßten. Es ist der alte Grund, den ich schon in anderen Schriften vorgetragen habe. Er läßt sich nur austragen in einer »Schule als Lebens- und Erfahrungsraum«. In diesem Wortgebilde ist die zweite Begründung versteckt: Die Schule ist heute schon für den größten Teil der Kinder für den größten Teil ihrer Zeit der einzige *Aufenthalts*ort geworden; nun sollte er auch ihr *Lebens*ort sein können. Und wenn er Lebensort ist, dann muß man in ihm nicht nur wirklich leben können, sondern auch die wichtigsten Lebenserfahrungen machen – mit den Schwierigkeiten und Versprechungen, die unsere Gesellschaft für uns bereithält. Zur Schule wird man jedoch nur kommen, wenn sie weiterhin auch deutlich ein Lernort ist.

Der dritte Grund sollte der erste sein: Wir brauchen eine »Erziehung« zur Politik. Die Politik der Bürger, die bewegliche Regelung gemeinsamer Angelegenheiten, ist in unserer Welt so schwierig, daß sie einer besonderen, einer kunstvollen Anlage bedarf. Ich nenne es die Schul*polis*. Nur wenn wir im kleinen, überschaubaren Gemeinwesen dessen Grundgesetze erlebt und verstanden haben – das Gesetz der *res publica*, das des *logon didonai* (der Rechenschaftspflicht), das der Demokratie, das der Pflicht zur Gemeinverständlichkeit in öffentlichen Angelegenheiten, also der Aufklärung, das des Vertrauens, der Verläßlichkeit, der Vernünftigkeit unter den Bürgern und nicht zuletzt das der Freundlichkeit und Solidarität unter den Menschen überhaupt –, werden wir sie in der großen *polis* wahrnehmen und zuversichtlich befolgen.

Andere pädagogische Instanzen

Zu einer Theorie der Schule gehört notwendig immer auch eine Theorie von den pädagogischen Aufgaben, Möglichkeiten und Wirkungen anderer pädagogischer Instanzen:
– der Familie und Nachbarschaft
– der Öffentlichkeit, der *res publica*
– der Sachen, das heißt der von unserem Willen und unseren Vorstellungen unabhängigen Lebensverhältnisse: der vorhandenen Gegenstände, der Zeit- und Raumverhältnisse, der Rechtsbeziehungen etc.
– der durch die Medien vermittelten Vorstellungen / Bilder.
Je nach dem gewählten Modell wird viel oder wenig von diesen zu sagen sein. Die hier eingenommene Position – die Schule sei »ein Lebens- und Erfahrungsraum« – setzt hohe Erwartungen in

die Familie und in die *polis*, als deren bloße Ergänzung sie erscheint, zudem als ein Mittleres und ein Vermittler zwischen ihnen. Alle der Familie und der *polis* zugedachten Funktionen wären deskriptiv wiederzugeben; sie sind in einer »Theorie der Schule« im strengen Sinn nur unvollkommen zu erfassen. Hier müssen die folgenden allgemeinen Sätze genügen:

Die *Familie* – das ist die Gemeinschaft von Eltern und Kindern – ist allein schon deshalb entscheidend, weil sie den frühesten Einfluß auf das Kind nimmt. Sie hat seine wesentliche Formung und Ausrichtung – im Guten wie im Unguten – vollzogen, wenn die Schule beginnt. Diese muß von jenem ausgehen, muß das Kind als die Person hinnehmen, die es bisher geworden ist; sie kann diese Person weiter entfalten, ihr neue Wege zeigen, ihr andere Identifikationsmöglichkeiten eröffnen. Umwandeln, sich selbst und den seinen entfremden, gar brechen darf sie sie nicht. Der sogenannte Elternwille ist seinerseits so etwas wie eine anthropologische Gegebenheit, er ist nicht nur ein Rechtstitel. Die Schule kann nicht gegen diesen Willen arbeiten, ohne das Kind unberechenbaren Belastungen auszusetzen, kurz: ohne ihm zu schaden. Sie muß die Eltern für ihre pädagogische Vernunft zu gewinnen suchen.

Die *Eltern* sind gleichwohl nicht die Auftraggeber der öffentlichen Pflichtschule; das sind die Bürger – das ist die *polis*.

Der Einfluß der *polis* – das meint die Gesamtheit unserer gemeinsamen Lebensordnungen – ist außerordentlich groß. Man kann sagen: Er ist prinzipiell größer als aller Einfluß, den die Schule ausüben kann. Er ist vor allem durch die Schule nicht aufzuheben oder auszuschalten – und nur geringfügig zu verändern, z. B. indem Lehrer Politik treiben, selber andere, bessere Bürger zu sein sich bemühen, selber bewußt Eltern unter Eltern sind.

Die Beamtung des Lehrers – eine in vieler Hinsicht bedenkliche Einrichtung – sollte diese eine positive Bedingung und Folge haben: daß die Lehrer die *polis* repräsentieren und hart an diesem Maßstab gemessen werden.

Auf die *sachlichen Verhältnisse*, in denen wir leben, hat die Schule ebenfalls keinen direkten Einfluß. Aber sie sollte ihre pädagogischen Erwartungen formulieren, begründen und energisch anmelden: an den Städte- und Wohnungsbau, an die Verkehrsverhältnisse, an die Zugänglichkeit der Natur, an einen vernünftigen

Lärmschutz (Kinderfröhlichkeit *ja*, Tiefflieger *nein*), an die Verfügbarkeit der arbeitenden Eltern, an ein sinnvolles Nahrungs-, Bilder-, Spielzeug-Angebot – und an die Beteiligung der Kinder an den wichtigen Aufgaben der Erwachsenen.

Die *öffentlichen Medien*, unter ihnen heute vor allem die elektronischen, sind Teil der oben behandelten Öffentlichkeit. Diese Feststellung ist, wie man weiß, umstritten. Die privaten Fernsehanstalten verstehen sich selber als Händler eines Konsumguts, über das nur der Käuferwunsch und das frei konkurrierende Angebot zu bestimmen haben. Die Schule wird das hinnehmen müssen, und das heißt: ihre Hilfe wird im wesentlichen darin bestehen, den späteren Abnehmern/Käufern von Informationen und Unterhaltung zu zeigen, wie sie ihr Gewicht als solche geltend machen können. Solange die Kinder Kinder sind, muß die Schule soviel »Wirklichkeit aus erster Hand«, also unmittelbare, nicht-mediatisierte Erfahrung ermöglichen und dadurch einen Vergleich zwischen der Befriedigung, die das eine, und der, die das andere gewährt. Sie muß auch die in den Medien gebotenen guten, ja hervorragenden Möglichkeiten nutzen, und das heißt, das sonst nur passiv erlittene Medienereignis in die eigene pädagogische Verfügung nehmen.

Ein Ort, an dem man gebraucht wird

Es scheint mir – nach Hoyerswerda und Solingen – wichtig, etwas anderes zu dieser Begründung der Schule als Lebens- und Erfahrungsraum hinzuzufügen. Ich tue es am besten, indem ich einen oben (S. 120) festgestellten Mangel mit der geforderten Antwort versehe. Diese wiederum mache ich dem Leser am besten verständlich, indem ich erzähle, wie beides zustande gekommen ist – die Formulierung des Defizits und die seiner Begleichung:

Als im Jahre 1989 landauf und landab der 50. Wiederkehr des Tages gedacht wurde, an dem der Zweite Weltkrieg ausgebrochen war, lud die Martin-Niemöller-Stiftung etwa 250 bedeutende Zeitgenossen aus Europa, Amerika und dem noch bestehenden Ostblock nach Bonn ein, um eine Summe zu ziehen: Was haben wir in dem halben Jahrhundert aus dem damaligen Ereignis und seinen Folgen gelernt?

In der Pause fiel mir ein Mann auf, der etwas abseits stand und aus dem Fenster blickte. Er kam mir bekannt vor. Ich fragte meinen Nachbarn, wer das sei, und erhielt die Antwort: Das sei doch der Joseph Weizenbaum, der Computer-Professor aus Harvard. Den hatte ich schon immer kennenlernen wollen. Ich nahm also zwei Tassen Kaffee und ging auf ihn zu, glücklich, daß er noch allein war. Ich stellt mich ihm auf englisch vor, entschuldigte mich, daß ich seine Meditation unterbrochen hätte. Ich sei ein begeisterter Leser seiner Bücher, und wenn es ihm recht sei, würde ich gerne den Rest der Pause, die nächsten zwanzig Minuten, mit ihm und diesem Kaffee verbringen. »Dann setzen wir uns doch gleich hierhin«, sagte er auf deutsch mit starkem amerikanischen Akzent und fügte auf englisch hinzu: »By the way, what are you doing?«»Ich bin Lehrer.« Mit einem Seufzer »Och, schon verloren!« fiel er ins Deutsche zurück. Meine Irritierung wird sich wohl in meinem Gesicht gespiegelt haben, jedenfalls bemühte er sich sofort, mich zu beschwichtigen: »Sie wissen doch, was ich so schreibe. Vor der Tür Ihrer Schule macht die Welt alles kaputt, was Sie drinnen mühsam den ganzen Vormittag aufgebaut haben. In meiner Stadt (also in Boston) versucht jedes fünfte Kind jedes sechste umzubringen – bang bang bang –, denn so macht man das, so hat es das abends im TV gesehen, und jedes vierte Kind oder so kommt drogengefährdet auf die Welt, weil schon die Eltern Drogen nehmen. Da haben Sie mit Ihrer Erziehung doch keine Chance!« Ich hatte mich inzwischen wieder etwas erholt und erwiderte: »Aber das ist genau der Grund, warum ich Lehrer geworden bin. Als Schiffskapitän – das war mein Kindertraum – oder als Weltbankdirektor könnte ich dagegen nichts tun und auch nicht als Professor für Informatik am MIT!« Weizenbaum blickte freundlich auf und sagte: »Ja, wenn Sie wissen, wie man das macht …«

Was sagt man in einem solchen Augenblick, in dem man plötzlich eine ganze Pädagogik in einem einzigen Satz abliefern soll? Mein Vater war Kavallerist und hatte uns Sätze wie diesen gelehrt: »Wenn das Pferd vor der Hürde bockt – das Herz rüberschmeißen, dann springt das Pferd von alleine nach.« Ich warf also »mein Herz« über die Hürde – einen Satz, den ich seither aus dieser Situation »abschreibe«, wenn ich auf den Punkt bringen will, was uns fehlt. Es ist der, den ich auch in diesem Buch »abgeschrieben« habe, wenigstens zum Teil: »Eine Gesellschaft, die ihre jungen Leute bis zum 25. Lebensjahr nicht braucht und sie dieses wissen läßt, indem sie sie in ›Schulen‹ genannte Ghettos sperrt, in eine Einrichtung, die nichts Nützliches herstellt, an der nichts von dem geschieht, was die Menschen für wichtig halten, die sich nicht selbst erhält und die man nicht freiwillig besucht – eine Gesellschaft, die ihren jungen Menschen dies antut, wird sie verlieren, ganz gleich wie reich, wie demokratisch, wie aufgeklärt sie ist und wie verlockend sie dies darstellt. Die Jugend wird darauf pfeifen, nein darauf spucken, darauf treten. – Aber das kann ich doch zuwege bringen, daß in dieser Schule jedes Kind, während der 10 oder 12 oder 13 Jahre, die es an ihr verbringt, erfährt: Ich werde gebraucht, ich mit meiner Fähigkeit und Lust zum Aufräumen; Marlies mit ihrem Mut voranzugehen und ihrer Kraft, andere zu führen; Klaus mit seiner bedächtigen Art zuzuhören und selbstlos zu raten; Anna mit ihrer Musikalität (und totalen Sperre gegen Mathematik); Michael mit seiner Gabe, ein Problem schnell zu erfassen und verständlich zu erklären ...«

Joseph Weizenbaum hat mir auf die Schulter geklopft und geschwiegen. Er schien mir zu sagen: »Die Antwort hat mir gefallen, aber ich glaube nicht, daß das geht.«

Nun, ob es geht, wird man sehen, wenn man es versucht.

6.
Stützende Gründe

Wer sich auf den Gedanken eingelassen hat, daß man den Auftrag der Schule neu bestimmen müsse, wird dieses Kapitel überflüssig finden; er wird sich vor dem großen Aufbruch nicht mehr darum kümmern wollen, ob der Abwasch im zu verlassenden Haus auch erledigt ist. Aber die Intention dieses Buches hätte er damit verkannt. Es ist kein Exodus angesagt; wir stehen nicht auf der Rampe, von der uns eine Weltraumrakete auf ein anderes Gestirn tragen soll; hier wird ein neues Ziel ins Auge gefaßt und der Weg dorthin vorgedacht, »eine Trasse gelegt«, wie ich es genannt hatte. Man kann nicht einfach alles stehen und liegen lassen. Man wird sich der alten Mittel weiter bedienen. Aber nicht aller! Ja, jetzt wird man merken, welche von ihnen in der Tat nicht für den Zweck taugen, welche ihrerseits den Wandel fordern: Schwierigkeiten, die die Unterrichtsschule schon jetzt mit sich selbst hat – handfeste und auch von der bisherigen Reform nicht erfaßte. Ich zähle fünf das Umdenken stützende Gründe auf, die anders als alle bisher genannten nicht aus der Gesellschaft stammen und nicht als Folgen in der Gesellschaft sichtbar werden:

(1) Die Schule hat es immer schwerer, »material« auf die Zukunft vorzubereiten, weil diese Zukunft immer schlechter in unseren Verhältnissen zu simulieren ist.

(2) Die Schule ist unwirksam – auch in der Erfüllung ihrer herkömmlichen Aufgaben.

(3) Die Schule ist nicht zuletzt darum unbeliebt, und das verführt sie zum Einsatz falscher, pädagogisch schädlicher Mittel.

(4) Die Schule steht, je »pädagogisch besser« sie ist, in um so prinzipiellerem Gegensatz zum Leben der Gesellschaft; dies bringt eine Vergeudung, ja, einen unerträglichen Verschleiß an Energie mit sich.

(5) Die Schule, wie sie ist – reformiert oder herkömmlich –, handelt nicht in Übereinstimmung mit den wissenschaftlichen Erkenntnissen, die wir von den Gesetzen des Aufwachsens haben, ja, viele ihrer Einrichtungen stehen in einem, wie es scheint, unentrinnbaren Widerspruch zu diesen.

Die Schwächen der Unterrichtsschule werden wahrgenommen

Zu jedem der eben aufgezählten Gründe gebe ich im Folgenden Erläuterungen. Sie verdeutlichen, daß es sich um Schwächen handelt, an denen alle gleichermaßen leiden und die deshalb jenseits aller pädagogischen und politischen Ideologien von allen gemeinsam angegangen werden können.

Zu (1): Beispiele dafür, wie die Schule die Vorbereitung auf die Zukunft verfehlt, habe ich an vielen Stellen gegeben, zuletzt in meinem Vorwort zu dem Buch von David Gribble: »Auf der Seite der Kinder« (Weinheim und Basel 1991, Beltz Verlag). Ich habe es mit einem Blick auf das Jahr 2010 getan, in dem die Kinder, die heute auf die Welt kommen, die Schule oder ihre Ausbildung verlassen werden.* Ich habe mir von kundigen Leuten vorhalten lassen müssen, daß man diese »Themen« im Unterricht doch behandele, daß sich sogar die Richtlinien ihrer angenommen haben und daß die Schüler darüber ja auch eindrücklich durch das Fernsehen belehrt würden: über das Anwachsen der Weltbevölkerung und den zunehmenden Reichtum der einen, die zunehmende Armut der anderen; über die »neue Völkerwanderung« und die gegenseitige Abhängigkeit der Menschen und Völker, die gleichzeitige Zunahme von Fremdenhaß und nationalem Eigensinn; über Fundamentalismus und gleichzeitiges Anschwellen der Wissenschaftsfeindlichkeit; über die Entdeckung immer neuer Quellen der Vergiftung von Luft, Wasser und Boden und die gleichzeitige Hoffnung auf Wirtschaftswachstum; über die Brave New World, der wir entgegengehen, und die gleichzeitige Vermehrung der Mittel, der Mediatisierung und damit der Einsamkeit der Menschen; über die offenkundige Untauglichkeit von

---

* Dort habe ich zwei weitere hierher gehörige Behauptungen aufgestellt: Die Schule bediene sich weitgehend noch immer des beschränkten Mittels der mündlichen und schriftlichen Belehrung; sie trage dadurch unwillentlich zur Fortsetzung gesellschaftlicher Ungleichheit bei. Und: Die Schule lasse die beiden wichtigsten Mittel der Erziehung ungenutzt: die Person des Lehrers und die gesellschaftliche Wirklichkeit außerhalb der Schule. Beide Thesen sind in den hier aufgestellten fünf Punkten in anderer Verteilung und anderer Formulierung wiederaufgenommen.

Krieg als Mittel der Politik und die zunehmende Verwundbarkeit der Weltordnung durch Terroristen – seien dies einzelne, seien dies Gruppen, seien dies ganze Staaten.

Wer so argumentiert, hat nicht unrecht, aber er hat mein Argument mißverstanden. Es geht nicht um die Themen, es geht um die Verfahren und die Wirkung. Ich habe an zwei Schulen unterrichtet, die die »Vorbereitung auf die Zukunft«, man möchte sagen, im Extrem zu erfüllen bestrebt sind. An den beobachteten und erschließbaren Folgen lese ich ab, was fehlt. Ich nehme das Beispiel eines höchst anschaulichen Unterrichts: Da hat einer in Ernst Ulrich von Weizsäckers Buch »Erdpolitik« gelesen, daß diese Erde in jeder Sekunde 3 000 qm hochgewachsenen Waldes verliert, der 40 Jahre brauchen wird, ehe er wieder da ist, falls er denn überhaupt neu angepflanzt wird. Er fragt seine Schüler, wieviel das wohl sei. Sie rechnen (und merken dabei, daß sie trotz vieler Jahre Mathematik dies eigentlich nicht können!) und kommen am Ende mit seiner Hilfe zu der Vorstellung: dies sei an Areal etwa so groß wie das Schulgelände, nämlich 50 × 60 m. Dann fordert der Lehrer sie auf: »Stellt euch vor, da stehen die hohen Fichten, dicht beieinander. Und jetzt zähle ich wie der Sportlehrer: ›Ein-und-zwan-zig‹, das ist eine Sekunde, und – rums – ist der Wald weg; ›zwei-und-zwan-zig‹ – rums – die nächsten 3 000 qm, rums, rums, rums und so fort.« Das gibt den Schülern eine Vorstellung von dem Vorgang, so gut wie man ihn in einem Klassenzimmer gewinnen kann, und die Tatsache beeindruckt sie tief. Aber was nun? Wie hält man das auf? Wer lebt ihnen das asketische Leben vor, das wir leben müßten, damit diese Wälder nicht abgeholzt werden? Nach zehn Jahren wird in der deutschen Normalwohnung das Mobiliar ausgetauscht, steht als Sperrmüll auf der Straße. Wer lehren wollte, das zu vermeiden, versündigte sich an unserer Wirtschaft, wäre seine »Lehre« nicht ohnedies aussichtslos. Wörter statt Erfahrung! Und auch noch anfechtbare Wörter, denn das müßte ja auch gesagt werden: wie die Nöte in den Ländern aufgefangen werden, die vom Verkauf ihres Holzes dürftig dahinleben. – Und die 3 000 qm Wald sind nicht das einzige. In derselben Sekunde werden 1 000 qm Muttererde zugebaut, asphaltiert, versiegelt und 1 000 t Giftgas in die Atmosphäre gestoßen (1 Tonne = 20 Zentner Kohle oder Weizen kann man sich vorstellen, aber von einem flüchtigen,

»gar nichts« wiegenden Gas – wieviel muß das sein!). Und wieder ist nichts mit dem Staunen und Entsetzen getan, fängt alles erst mit dem gewandelten Leben an. Es geht nicht nur um mehr Belehrung über die Übel dieser Welt, sondern um die Einübung in das Verhalten und die Mittel der Überwindung – in Verantwortungsbereitschaft, Tatkraft, Zuversicht, neue vorausschauende, asketische, widerständige, opfervolle Lebensformen. Es geht um die Erfahrung, daß wir einzelnen unser Leben ändern müssen und können. »Materiales« Wissen ist eine notwendige, aber keine entfernt hinreichende Voraussetzung dafür, daß wir der gefährlichen und gefährdeten Zukunft gewachsen sind. Die »formalen« Vermögen – Urteilskraft, Improvisationsgabe, Selbständigkeit, Kooperationsfähigkeit, Verläßlichkeit, Courage, Toleranz – geben eine ungleich bessere Aussicht auf Bewältigung der unerhörten Probleme, die wir unseren Kindern vermachen und über die anklagend zu unterrichten der pädagogischen Absicht widersprechen heißt. Dies belegt nur die eigene Ohnmacht. Warum sollten die Kinder tun, was die Erwachsenen nicht vermocht haben?! Wie wenig Schul-Erkenntnis das Verhalten beeinflußt, kann ich am Zustand des Pausengeländes, der Flure, der Klos, der Cafeteria ablesen, wenn die Schule aus ist.

Zu (2): Daß die Schule unwirksam ist, gemessen auch an ihrem eigenen konventionellen Maßstab, beweist eine Bielefelder Untersuchung deutlicher und beschämender als aller auch sonst gehörter Jammer. Klaus Hurrelmann hat in einer Studie, die er im Jahre 1991 veröffentlicht hat, gezeigt, daß im Durchschnitt 20 Prozent aller Schüler der Sekundarstufe I (zwischen 12 und 17 Jahren) pro Woche zwei Stunden Nachhilfeunterricht erhalten. (Nach einem Bericht der Bielefelder Universitätszeitung Nr. 162, 12. Juli 1991) Bei den sogenannten schlechten Schülern (definiert unter anderem durch einmal Sitzengebliebensein) steigt der Anteil auf 50 Prozent. »Eine ganze Industrie lebt von der Leistungskrise« – doch wohl nicht der Schüler, sondern der Schule, die die Lernbedürfnisse oder Lernfähigkeit ihrer Schüler solchermaßen verfehlt.

Andere Beispiele für Unwirksamkeit sind nicht weniger ungeheuerlich, sie sind uns nur geläufiger. Welcher der Leser dieser Zeilen kann sich wirklich auf die Kenntnisse verlassen, die er im Physikunterricht oder im Geschichtsunterricht einmal erworben hat? Sie sind nicht nur jetzt, viele Jahre danach, sondern schon wenige Monate nach dem Abschluß der Schule vage und verworren und müßten doch, um überhaupt genutzt werden zu können, klar und bestimmt sein.

Oder: Wir brauchen neun Jahre, um schlecht Englisch zu lernen. Ein einziger Aufenthalt in den USA von einem halben Jahr blamiert alle unsere Lehrkünste.

Oder: Eine Untersuchung an Schweizer Rekruten hat gezeigt, daß mit Ausnahme der Gymnasiasten sämtliche Absolventen der Schule mit dem Tag, an dem sie diese Einrichtung verlassen, vollständig aufhören zu lesen. Sie greifen allenfalls zur BILD-Zeitung (und ihren Entsprechungen) oder zum Fernsehprogramm. Wenn die Kienbaum-Unternehmensberatung oder der Rechnungshof oder der Verband der Steuerzahler ihre Aufgabe ernst nehmen: Hier, bei diesem kläglichen *output* einer zehnjährigen mühseligen »Leseerziehung« müßten sie ansetzen.

Ich will nicht richten. Aber an diesen Schwächen wird deutlich, warum die Berufung auf unser Unterrichtspensum zur Abwehr der großen pädagogischen Aufgaben nicht überzeugt.

Zu (3): Die unwirksame Schule ist auch unbeliebt. Hier waltet vermutlich eine Wechselwirkung, aber ich bin mir sicher, daß die Erfolglosigkeit die Ur-Ursache ist. Meine Überzeugung wird bestärkt durch Ergebnisse einer Untersuchung, die von Erziehungswissenschaftlern der Universität Lüneburg im Jahre 1990 erstellt worden ist: »Schülerurteile über die Schule. Bericht über eine internationale Untersuchung« von Kurt Czerwenka u. a. (Frankfurt a. M. 1990, Peter Lang). Den Schülern ist die Bedeutung und Nützlichkeit der Schule bewußt; sie lehnen sich also nicht gegen die Einrichtung als solche auf; wenn sie sie kritisieren, dann weil sie der Meinung sind, daß die Schule ihrer Aufgabe nicht gerecht wird. Die besondere Erhebungsmethode dieser Untersuchung (die befragten Schüler sollten einem außerirdischen Lebewesen erklären, was »Schule« ist, was man da tut, wie es ihnen dort gefällt. »Ich dachte einen Augenblick nach und sagte dann: ›..........‹«) gibt mehr her als die üblichen Fragebögen; sie erlaubt Stimmungen zu erfassen und so etwas wie ein »Gesamturteil« herauszulesen. Neben Urteilen über eine Menge von einzelnen Items haben die Autoren vor allem solche zum (Wohl-) Befinden, zur Funktion der Schule (für das spätere Leben) und zu etwas, was hier »Freude an der Schule« genannt wird, heraus-präpariert. Dafür fallen die Vergleiche mit Schülerurteilen in anderen Systemen komplizierter, die Endergebnisse vorsichtiger aus. Was die Autoren dann über die jeweiligen Schülerurteile zur deutschen, französischen, schwedischen und amerikanischen Schule auszusagen wagen, dürfte um so festeren Bestand haben: Es ist durch das Feuer aller uns vorgeführten Zweifel gegangen. Die Schlußtabelle ist die vielleicht unwichtigste für den Pädagogen und für unseren Zweck. Sie sei dennoch aufgeführt, um die Neugier zu befriedigen: Zunächst ist Schweden ausgefallen, weil deren Schüleraufsätze zu dürftig waren – zu kurz. Die schwedischen Schülerinnen und Schüler hatten ET offenbar nichts zu sagen.

Bei den drei anderen Nationen lag jeweils der Anteil der Aussagen, die man als »uneindeutig« klassifizieren mußte, sehr hoch: zum Item (Wohl-)Befinden zwischen 46 Prozent und 59 Prozent, zum Item Funktion der Schule sogar zwischen 63 Prozent und 75 Prozent. Die *Schulfunktion* beurteilen positiv: in der BRD 18,5 Prozent, in den USA 31,6 Prozent, in Frankreich 33,4 Prozent; negativ: in der BRD 6,4 Prozent, in den USA 1,2 Prozent, in Frankreich 3,4 Prozent. Ihr *Befinden* an der Schule beschreiben positiv: in der BRD 15,2 Prozent, in den USA 29,0 Prozent, in Frankreich 26,5 Prozent; negativ: in der BRD 38,4 Prozent, in den USA 11,3 Prozent, in Frankreich 27,2 Prozent. Kommt es zu *Freude an der Schule*, dann sprudeln die Aufsätze der amerikanischen Schülerinnen und Schüler geradezu über von Erlebnissen, die Freude bekunden. Für die deutschen und französischen Schüler wird dieses Item vorwiegend durch Freundschaften gefüllt, die ja nicht das Verdienst der Schulen sind. Von den französischen Kindern behalten am Ende des 9. Schuljahrs 8 von 10 das *collège* in guter Erinnerung. In Deutschland, und nun komme ich zu dem Befund, der mich dies alles berichten läßt, fällt das Gesamturteil der Schülerinnen und Schüler über die Jahre und Schularten hin bei 29,5 Prozent positiv aus, neutral bei 9,6 Prozent, bei 22,5 Prozent negativ und bei 38 Prozent »sowohl als auch« (S. 152). Über zwei Drittel der Äußerungen auf der Oberstufe bekunden »keine Freude« an der Schule. Die Freude an der Schule nimmt ab in genau dem Maß, in dem der Schultyp im Urteil der Erwachsenen für gut gehalten wird: Die Realschule schneidet am schlechtesten ab, gefolgt vom Gymnasium. Mit dem Befinden steht es noch schlimmer: 85,6 Prozent der deutschen Realschüler geben hier ein negatives Urteil, 79,9 Prozent der deutschen Gymnasiasten, 69,1 Prozent der deutschen Hauptschüler, 63,4 Prozent der Schüler der Orientierungsstufe, 32,3 Prozent der deutschen Grundschüler (S. 161). Von allen Ärgernissen, die die Schule den Schülern bereitet, sind ihnen die Zeugnisse das größte, nicht die Anforderungen. Ja, die Studie zeigt deutlich, daß das negative Urteil über die Schule unabhängig davon ist, wie gut die Leistungen des Schülers sind.

Meine Zusammenfassung lautet: Die deutschen Schüler haben ein erheblich schlechteres Verhältnis zu ihrer Schule als die Schüler in Frankreich und in den USA. Ihre Abneigung steigert sich dramatisch mit Zunahme ihres Alters und ihrer Urteilskraft. Die Schularten mit dem höchsten Ansehen (als »tüchtigste«) werden am wenigsten geliebt.

Man kann einen Menschen nicht gegen seinen Willen erziehen und belehren, so wenig wie man ihn gegen seinen Willen gesund machen kann. Er muß in beiden Fällen mitmachen – aus Freude oder aus Einsicht, am besten aus beidem. Das ist in der Erziehung möglich, wenn er wahrnimmt, daß er geliebt wird, und wenn er teilhat am Verfahren – wenn er nicht Objekt, sondern Subjekt des Vorgangs ist.

Gesamtschulen fehlen in dieser Untersuchung. Wenn, wie andere Untersuchungen zeigen, an ihnen die Schüler freundlich über ihre Schule urteilen, dann vornehmlich, weil diese ihnen erlaubt, einen großen Teil ihres Lernens und ihres Schullebens selber zu organisieren. Auch Gesamtschulen erteilen Noten und langweiligen Unterricht. Aber sie haben eine andere Vorstellung von ihrem Auftrag, sie »denken anders« von sich und vom Kind – und schon ist die Schule nicht mehr der Alptraum, der sie für 85,6 Prozent der Realschüler offenbar ist.

Zu (4): Die pädagogische Schule steht in einem immer härteren Gegensatz zur gesellschaftlichen Umwelt – dieser Behauptung kann man wohl in der Umkehrung leichter zustimmen: Je mehr die Schule sich den vorwaltenden Verhältnissen verschreibt – der Vorbereitung auf deren Härten: Funktionalität, Anonymität, Kollektivität, Objektivität, Publizität, Rivalität etc. –, um so inhumaner wird sie, was wiederum nicht ohne Folgen für die erstrebte Wirksamkeit bleibt. Die »realistische« Schule versucht dieser durch strenge Beurteilung Rechnung zu tragen, die ihr eine angeblich »leistungsgerechte«, also dem Vermögen des einzelnen Kindes entsprechende Einordnung in die gestuften Schularten ermöglichen soll. Die »Individualisierung« ist freilich auf den Moment beschränkt, in dem der Notendurchschnitt unter »ausreichend« sackt. In ihm geht es oft um Zehntelpunkte. Danach gehört man einer anderen Kategorie an, kann als Hauptschüler wieder »befriedigend« oder »gut« beurteilt werden, weil hier ein niedrigerer Maßstab gilt. Das mag man als pädagogische Gerechtigkeit auslegen. Das Kind erlebt etwas anderes. Es weiß, daß es jetzt durch die hartnäckige »6« in Französisch von einer bestimmten Zukunft ausgeschlossen ist. Ohne Gymnasium kein Abitur, ohne Abitur kein Studium, auch nicht das ersehnte in Musik oder das allenfalls noch erwogene in Pädagogik. Das Kind schätzt sich selbst anders ein als die »offene Gesellschaft«, die sich hier als eine noch ziemlich geschlossene erweist. Und so beginnt ein verzweifelter Kampf oder eine verzweifelte Resignation, was die Entwicklung des Kindes ebenso stört wie die Bemühungen der Schule. Vor allem: daß sich die Entwicklungskurve einmal von allein oder aus anderen Gründen als durch »Anstrengung« des Schülers oder durch »Einwirkung« der Schule ändern könne, damit rechnet diese nicht.

Die Benotung ist ein Signum der Leistungsgesellschaft. Wäre sie ein glaubwürdiges Mittel zur Feststellung der Leistungsfähigkeit, man würde sich mit ihr abfinden, auch wo sie zur Disziplinierung mißbraucht wird (was unverhohlen geschieht). Aber das ist eben nicht alles. Die Benotung lügt und verbiegt und verdirbt, was sie zu erreichen behauptet – Leistung und Gerechtigkeit. Nach Auftritten im Fernsehen oder Vorträgen im Rundfunk erreichen mich oft Hilfeschreie von Eltern, deren Kind unter die Räder seiner Schule oder des Schulsystems geraten ist. Die Mütter erhoffen sich Rat vom erfahrenen Pädagogen, die Väter einen lauten Einspruch des prominenten Professors bei den Behörden. Über einen mir so bekannt gewordenen Fall sei hier (mit Erlaubnis der Eltern) berichtet, weil er das Mißverhältnis von pädagogischem und gesellschaftlichem Auftrag der Schule gut illustriert.

Ein inzwischen zwölf Jahre alter Junge, ich nenne ihn Johannes, bekam in den ersten zwei Jahren seiner Grundschule laufend Zeugnisse mit »ergänzenden Beurteilungen« wie dieser:

> »Beteiligung am Unterricht: ausreichend. Verhalten in der Schule: tadelnswert. Johannes wurde dreizehnmal ins Klassenbuch eingetragen, weil er im Sportunterricht Anweisungen nicht befolgte und dabei sich und seine Mitschüler gefährdete. Er zeigt sich im Umgang mit seinen Mitschülern weiterhin oft unbeherrscht und aggressiv.«

Die Noten waren fast durchgehend »4«, in Mathematik stets »5«. Als er auf eine andere Grundschule wechselte, waren schon nach einem halben Jahr die »4er« gegen »2er« ausgewechselt, und die Lehrerin schrieb:

> »Johannes ist von der Klassengemeinschaft angenommen worden und gewinnt Freunde. Er hat es noch schwer, belastende Eindrücke aus den ersten Schuljahren zu überwinden, eine Leistungsbereitschaft neu aufzubauen und Geduld und Durchhaltevermögen bei der Arbeit zu entwickeln. Seine Ausdrucksfähigkeit und sein Umweltinteresse können ihm Leistungen ermöglichen, die ihn zufrieden machen. Im mündlichen Bereich des Mathematikunterrichts erkannte er Problemstellungen und fand Lösungen. Im Sport konnte er keine Mißerfolge ertragen. Wenn er sich einsetzte, gelangen ihm gute Leistungen. Die Rechtschreibleistung entspricht nicht den Anforderungen, sie ist in der Deutschnote nicht enthalten.«

Johannes, den ich kennengelernt habe und der mir offen und liebenswürdig entgegenkam, war in der Zeit ein glückliches Schulkind, wie die Eltern berichten. Beim Übergang in die Realschule setzten die Schwierigkeiten erneut ein. Die Berichte sahen nun so aus:

> »Johannes' Anteilnahme schwankte zwischen Passivität und spontaner Äußerung. Besonders nach Mißerfolgen interessierte er sich für das Unterrichtsgeschehen gar nicht mehr. Im Deutschunterricht kam es häufig zu Leistungsverweigerung. Johannes müßte seine Arbeitshaltung ändern. Er hatte Schwierigkeiten, die Ordnung des Schulalltags einzuhalten.

Johannes' Probleme im Lese-Rechtschreibbereich führten dazu, daß er erarbeiteten Stoff nicht verinnerlichen und damit festigen konnte. Zusätzlich führte die Diskrepanz zwischen dem aktuellen Leistungsvermögen und den viel höheren Ansprüchen an die eigenen Fähigkeiten zu Blockaden, so daß er Lernhilfen nicht annehmen konnte.

Er zeigte eine ausufernde Phantasie, die gedanklich und sprachlich nicht gebändigt werden konnte. Seine im Ansatz gute Ausdrucksweise kam nicht recht zum Tragen, da er den Aufgabenstellungen meistens inhaltlich nicht gewachsen war bzw. sie wegen einer Schreibblockade nicht lösen konnte.

Soziale Fähigkeiten: J. verhielt sich nicht immer beherrscht/ aggressiv den Mitschülern gegenüber/zerstört bewußt Gemeinschaftserlebnisse/Freude am Stören der Mitschüler im Unterricht/provoziert Empörung/verpetzt häufig Mitschüler.

Die Klassenkonferenz empfiehlt den Bildungsgang in der Schulart Hauptschule fortzusetzen.«

Das Skandalon hieran ist: Die Lehrer der Realschule erkennen die intellektuellen Fähigkeiten des Jungen, aber sein Verhalten ist schwierig – und darum muß er in die nächstniedrigere Schulart, als ob diese für Pädagogik, sie selber für anderes zuständig sei.

Die Aggressivität erklärt sich z. T. daraus, daß Johannes ein dicker Junge ist und vor allem im Sportunterricht von den anderen Schülern gehänselt und vom Lehrer bloßgestellt wurde. Die »Leistungsverweigerung« führten die Eltern auf eine vermutete Legasthenie zurück und ließen Johannes untersuchen. Die Untersuchung bestätigte die Legasthenie, die dann auch »formal anerkannt« wurde. Der Deutschlehrer stellte das bei seinen Beurteilungen folgendermaßen in Rechnung: »Die Arbeit wird wegen Johannes' Legasthenie nicht gewertet, aber im Klassenmaßstab wäre sie ›6‹.« Es ist nicht uninteressant, den Aufsatz zu lesen, unter dem das steht:

»Was ich mir zum Geburtstag wünsche.
Wißt ihr, was ich mir wünsche? Rahtet einmal!
Fiele sameln diesen Gegenstand und stecken ihn in ein groses oder kleines Album. Die Leute die damit sorgfältig umge-

hen, nemen eine pinzette. Der Gegenstand ist meistens einfar-
bich. Er ist aus Papier und man kann ihn auch mit Spucke an
anderem Papier festkleben. Oft siet man eine kleine Figur darauf. Imer sind Zahlen darauf zu lesen, z. B. 20 oder 50 oder 60
oder 80.
Man kann ihn jeden Tag benutzen, wenn man will.
Er sollte abgestemtelt sein.
Mein Geburtstagswunsch ist erst richtig wertvoll, wenn er
100 jahre alt ist.
– Richtig! es ist eine Briefmarke.«

Johannes wurde nahegelegt, von der Realschule auf die Hauptschule zu wechseln. Die Eltern führten Johannes daraufhin
einem Kinder- und Jugendpsychiater zu. Der attestierte ihm in
seinem Gutachten unter anderem: »Testuntersuchungen ergaben
durchschnittliche bis überdurchschnittliche IQ-Werte. Über-
durchschnittlich fiel z. B. der Verbal-IQ im HAWIK-R aus sowie
der CPM (hier betrug der Prozentrang 83).« Er empfahl »die weitere Förderung von Johannes in einer Gesamtschule«. Aber es
gab keine in der erreichbaren Umgebung. Gleichzeitig schrieb die
Schulleitung den Eltern:

»Lt. Orientierungskonferenzbeschluß vom ... teile ich Ihnen
mit, daß Ihr Sohn Johannes das Ziel der Klasse R 5 *nicht* erreicht hat. Die Leistungen sind in den folgenden Fächern nicht
ausreichend: Englisch, Deutsch, Erdkunde, Biologie ... Die
eingehende Beratung führte zu dem Beschluß, daß Ihr Kind gemäß § 9, Abs. 6 der Orientierungsstufenordnung der Klassen-
stufe 6 einer Hauptschule zugewiesen wird, da die Leistungen
den Anforderungen der Schulart Realschule nicht genügen.
Der Konferenzbeschluß beinhaltet zugleich den Sofortvollzug
gemäß § 80, Abs. 2, Ziffer 4 der Verwaltungsgerichtsord-
nung.«

In der neuen Hauptschule ging es Johannes gut; er kam mit den
neuen Mitschülern zurecht; er hatte verständige Lehrer. Nur der
Sportlehrer konnte mit dem dicken Jungen nichts anfangen – er
ließ ihn gar nicht erst mitmachen. Als Johannes eines Tages auf

dem Fußboden am Rande der Sporthalle sitzend – aus Langeweile – eine Verschlußkartusche für den Barrenständer aus dem Parkett herausgezogen hatte, wurde er mächtig angeschnauzt: Er sei zu nichts nutze, und nun gefährde er auch noch seine Kameraden durch Öffnung dieses Verschlusses. Johannes fühlte sich an die erste Grundschule und an die Realschule erinnert, der er eben entronnen war, und sah die ganze Nörgelei, die Ausgestoßenheit, die Demütigungen sich wiederholen und endlos fortsetzen. Er ging hinaus in den Geräteraum und hängte sich auf. Kameraden haben ihn kurz vor dem Ersticken gerettet.

Ich erzähle dies nicht um des Dramas willen, sondern wegen der Blindheit, mit der das Berechtigungssystem die Lehrer schlägt. Sie sehen nicht, was hier ihre Aufgabe ist – ein Kind bei der Wahrnehmung der gegebenen Aufgaben und Ordnungen zu unterstützen, seine guten Anlagen zu fördern, es mit seinem ererbten Unglück zu versöhnen. Statt dessen dienen sie einem höheren Gesetz, dem der Auslese aufgrund objektiver Befunde, die sich in der Vollzugssprache der Wissenschaft ausdrücken: »... kam es häufig zu Leistungsverweigerung«, »... führten dazu, daß er ... nicht verinnerlichen und damit festigen konnte«, »... führte die Diskrepanz ... zu Blockaden, so daß er Lernhilfen nicht annehmen konnte«. Dreißigmal sei er ohne Hausaufgaben gekommen, stand in einem Zeugnis des 5. Schuljahrs. Johannes war also elf Jahre alt. Sollte ein Lehrer da nichts tun können, nicht selber lernen, wie man einer solchen Schwäche abhilft, statt die Versäumnisse nur zu notieren, zu zählen, wiederzugeben? Muß er sich dieser Mitteilung nicht schämen? Nicht, solange er sich nicht als Pädagoge, als Helfer für das Kind, sondern als Unterrichts- und Berechtigungsbeamter versteht. Der moralische Appell an den Jungen – Johannes müsse seine Arbeitshaltung ändern – zeigt, daß die Lehrer nicht glauben, in diese *machine infernale* eingreifen zu können. So ist das Leben nun einmal: unbarmherzig.

Hier waltet ein *circulus vitiosus*: Weil die Kinder ungern lernen, muß man allen möglichen Druck und alle möglichen falschen Künste anwenden, um sie dazu zu bringen, Notenzeugnisse zum Beispiel, die Berechtigung nicht nur zu bestimmten gesellschaftlichen Tätigkeiten, sondern schon zum Weiterlernen, das Sitzenbleiben und damit die Trennung von den Kameraden, die Mobilisierung der elterlichen Sorge um die Zukunft ihres

Kindes. Auch die Mechanisierung des Lernens zählt zu diesen Maßnahmen: Alle Gegenstände werden in kleine, gut verdaubare und vor allem leicht abrechenbare Häppchen zerstückelt – *spoon-feeding* nennen das die Amerikaner. Aber Liebe bringt das dem zu lernenden Gegenstand nicht ein. Und wer sich in der Welt umsieht, erkennt die Folgen: Vandalismus, Gleichgültigkeit, Verbrauchen-und-Wegwerfen – das kennzeichnet die Einstellung zu den Dingen dieser Welt.

Der Realismus der herkömmlichen Anpassungs- und Vorbereitungs-Anstalt erweist sich als unrealistisch, ja, als realitätsfern. Kluge Unternehmer haben das längst erkannt und in ihren Ausbildungsbetrieben die Phantasie als Verbündeten der Regel, die Individualisierung als Bedingung des Gemeinsinns, die Selbständigkeit als Anlaß zu Loyalität eingesetzt.

Eine Schule, in der die Kinder ausdrücklich »einen Zipfel der möglichen *besseren* Welt« erfassen sollen, mutet ihnen einen harten Widerspruch zu. Sie wird ihnen weder eine heile Welt vorgaukeln, noch wird sie sie auf die Wirklichkeit abrichten, wie sie ist – im Sinn des Kalle in Brechts »Flüchtlingsgesprächen«. Für ihn kann ja nur die schlechte Schule eine gute Vorbereitung auf die schlechte Welt sein.

Zu (5): In der Erziehungswissenschaft gibt es unzählige positive Einzelerkenntnisse, die dem Gesetz der Wissenschaft folgend immer weiter ausdifferenziert werden. Sie unterliegen darum einem unablässigen Wandel. Sie werden voller Hoffnung auf Besserung der Verhältnisse aufgegriffen. An sie vor allem denkt man, wenn man von den Erkenntnissen der Erziehungswissenschaft spricht. Ihnen steht eine begrenzte Zahl von Grund-Sätzen gegenüber, die sich seit den Anfängen der Pädagogik als systematische Erziehungslehre gleich geblieben sind. Ich gebe fünf Beispiele, die zugleich als Anlaß und als Hilfen zum Nachdenken der Schule dienen können:
– Verstehen ist für die Aneignung von Erkenntnis wichtiger als Wissen.
– Lernen wird durch Zwang nicht gefördert.
– Lernen gelingt besser im Zusammenhang der Dinge.
– Wo mit Interesse gelernt wird, ist Zeitverlust (das heißt: der Schüler verweilt länger bei der Sache als geplant) ein Zeitgewinn.

– Vorbild und Mitmachen bewirken mehr als Belehrung.

Jeder, der diese einfachen, fast simplen Sätze liest und sie mit seiner Erfahrung von Schule vergleicht, weiß, daß sie sich diesen Einsichten versagt. Darstellen muß man das niemandem mehr. Aber man kann versuchen, diese Versagung aus der Konstitution der Schule heraus zu erklären: Die Schule ist eine Einrichtung zur Kollektivierung des Lernens; sie macht aus Lernen Unterricht. »Lernen« aber und vollends »Sichbilden« und »Sichentwickeln« sind hochindividuelle Vorgänge. Man muß also zunächst dieses Gesetz der Pädagogik wiederherstellen und davon die Ausnahmen für die notwendigen Regeln, Ordnungen und Schemata machen. Dies gilt vor allem für den Durchgang der Kinder durch die Schule: Am Anfang muß die Schule für den einzelnen da sein; die Gruppen müssen klein gehalten werden; die Zeiten bleiben disponibel, die Gegenstände werden nicht festgelegt, schon gar nicht in Fächer aufgeteilt. Am Ende der Schulzeit könnten die Einteilungen – von Personen, Zeiten, Gegenständen, Verfahren – rationalisiert werden in dem Maß, in dem die Schüler das Prinzip verstehen und bejahen. Das ist dann selber eine Leistung der Bildung und nicht mehr ihre Voraussetzung.

Die Schule, wie sie ist – herkömmlich oder reformiert –, erlaubt ihrem Ursprung und gewordenen Verständnis nach nicht, daß man sich dort etwas »zu eigen« macht. Fast nie geht es um »meine« oder auch nur um »unsere« Sache. Die »Projektmethode« ist eben auch nur eine Methode – ein Kunstvorgang an Kunststoffen. Die moderne Arbeitsbogen-Didaktik, in der die Individualisierung des Lernens kollektiv vorgetäuscht wird, hat den Kindern auch noch den Spaß am Drama des Klassenlebens genommen. Frage und Antwort, Stillsitzen, Warten-bis-man-dran-ist – diese uralten Merkmale der Schule halten sich zäh am Leben wider alle Erkenntnis, die man über die Bedingungen erfolgreichen Lernens hat. Unter den drei Verben, mit denen man das Wort Bildung assoziieren kann: etwas haben bzw. wissen, etwas können bzw. tun, etwas sein bzw. sich einer Sache bewußt sein, verwenden wir noch immer die größte Anstrengung auf das erste und fast keine auf das letzte, auf das es in unserer Zeit am meisten ankäme.

Daß sich die Erziehungswissenschaft ihrerseits an der Bekräftigung von »Schwindel« beteiligt, zum Beispiel durch Objektivierung des Notensystems oder durch die Aufstellung von Normen für die Hochschulreife, ist eine geringere Sünde, als daß die Schule gegen ihr besseres Wissen solche Hilfe erbittet und die Ergebnisse befolgt. Vollends sträflich aber ist, daß die Praxis soviel vorhandene Erkenntnis einfach ausschlägt und weitermacht, wie es den Lehrern bequem ist: Wortbelehrung statt *learning by doing*, ein kunterbunt vollgestopfter Vormittag, Überziehung jeder vernünftigen Aufmerksamkeitsspanne, das Außerachtlassen des Lernens von den Gleichaltrigen ebenso wie die strikte Durchsetzung der Altershomogenität, das Ignorieren der Pubertät in den Lehr- und Lernformen, das Überwiegen der Entmutigung durch Kritik gegenüber der Ermutigung durch sachgemäßes Lob, das ewige Sitzen in Räumen mit schlechter Luft ...

Der Erziehungsauftrag der Schule wird bejaht

Wie zutreffend die Hiobsbotschaften vom Funktionsverlust der Familie, von der dramatischen Zunahme der »Familien« mit nur einem Elternteil, der Schlüsselkinder, der Trebegänger, der Kinderprostituierten und wie triftig die Schlagwörter von der Kinder-Subkultur, von der Kinder-Mafia, von Kinderverwahrlosung und damit von Kinderleid sind, muß man nicht erst amtlich und wissenschaftlich feststellen, um zu wissen, daß hier etwas der Abhilfe bedarf. Es fehlt eine Instanz, die für die Erziehung der Kinder verantwortlich ist, wenn sie das Elternhaus verlassen, um für einen zunächst kleinen, dann schnell anwachsenden Teil des Tages in der Schule zu sein, und jedenfalls der Obhut und Anleitung der Eltern entbehren.

Viele Grundschulen haben bewußt auch Erziehungsaufgaben übernommen. Die weiterführenden Schulen dagegen nicht. Ihr Unterrichtsauftrag, sagen sie, lasse das nicht zu. Viele Eltern sprechen der Schule einen Erziehungsauftrag schlichtweg ab. Diejenigen, die das tun, nehmen den eigenen in der Regel auch wahr. Aber wieviele Eltern in der Schule – neben der Unterrichtsanstalt – vor allem eine Bewahranstalt sehen, erkennt man an dem Andrang zu den noch immer zu wenigen Ganztagsschulen, in denen die Kinder sich auch nachmittags aufhalten können und »pädagogisch betreut« werden. Neben den solchermaßen versorgten Kindern bleibt ein großer Rest, der durch die Konsumwelt, das Fernsehen, die harten Videos, die *peer-group*, die Pusher und vor allem die Leere des Normal-Alltags zum falschen Leben verführt wird. Die einzige Instanz, an der auch diesen Kindern Lebensgrund und Lebensordnung zukommen können, ist einstweilen die Schule. Die sozialen und psychologischen Pannendienste taugen dazu nicht. Daß die Schule, daß sogar die einstige Gelehrtenschule und noch immer »hauptamtliche« Zubringeranstalt zur Hochschule, das Gymnasium, einen Erziehungsauftrag habe, leugnet öffentlich in diesen Zeiten keiner mehr. Auch wenn man sich andere Formulierungen und pädagogischere Begründungen wünscht, ist man dem Bundesvorsitzenden des Deutschen Philologenverbandes, Heinz Durner, dankbar, wenn er bekennt:

»Die erzieherische Aufgabe hat für die Schule eine neue und besondere Qualität. Auf allen Ebenen und in allen Fächern muß die Schule heute Zeit und Raum zur Verfügung haben, um Gedanken, Stimmungen und Gefühle der Schüler diskutieren, verarbeiten und analysieren zu können. Langfristig zählt dieser Bildungswert nicht geringer als die notwendige Erfüllung kognitiver Lernziele.« (In: Die Höhere Schule 7–8/93, S. 7)

Wie auch immer: Ich sehe keinen Grund, warum es noch länger jenen Streit zwischen Konservativen und Progressiven geben solle – den Streit um die äußere Gliederung und stoffliche Füllung von Unterrichtsanstalten –, während es doch um den gemeinsamen Erziehungsauftrag geht, um die Verwirklichung einer pädagogischen Schule. Und die pädagogische Schule ist mit Notwendigkeit eine Schule des sechsten Typs, ist mehr oder weniger »Lebens- und Erfahrungsraum«. Ist die Schule pädagogisch, und das heißt, versucht sie dem einzelnen Kind bei der Entfaltung seiner Anlagen, der Findung und Festigung seiner Lebensziele zu helfen und es in die gemeinsame Kultur einzuführen, dann ist die Auseinandersetzung zwischen dem dreigliedrigen System und der Gesamtschule überholt. Es wird, wenn man das verstanden hat, unendlich viele Schularten mit einem formal gleichen Auftrag bis zum 8. oder 9. oder 10. Schuljahr geben – der Gesamtschule ähn-

licher als dem Gymnasium – und danach eine bestimmte Zahl
von Oberstufen mit formal verschiedenem Auftrag – darunter
eine Mehrzahl, die dem alten Gymnasium ähnlicher sind als das
heute so genannte Gebilde.

Die Einigung kann geschehen, wenn die Konservativen lernen
(wie sie es jetzt tun):
- daß Bildung, wie man das Wort zwei Jahrhunderte lang verstanden hat, allein nicht genügt;
- daß insbesondere das, was sie als »Erziehung zu Wertebe-
  wußtsein« oder einfach als »Werteerziehung« bezeichnen,
  sich nicht durch Belehrung vollzieht, sondern der Erfahrung
  und Bewährung bedarf – in Lebenssituationen, in denen der
  gedachte Wert und die ihn sichernden Tugenden natürlicher-
  weise vorkommen und sich behaupten müssen;
- daß dazu zunächst die Prioritäten der Schule geändert werden
  müssen, nicht »alles«;
- daß der Unterricht nur pädagogisch zu retten ist – als Kol-
  lektivveranstaltung wie als Anleitung zum Lernen des einzelnen[*];
- daß Pädagogik vor allem auf der Mittelstufe, in den Pubertäts-
  jahren, wichtig ist und um der Kontinuität der Bildung willen
  einen deutlichen Bruch der Lernformen verlangt;
- daß weniger mehr sein kann als viel oder gar alles – als die
  doch nie erreichbare Vollständigkeit.

Und die Einigung kann geschehen, wenn die Progressiven lernen:
- daß die Schule kein geeignetes Mittel ist, die Gesellschaft zu
  verändern, wohl freilich das Gute in ihr zu fördern;
- daß die Chancengleichheit als vorrangiges Ziel der Schule
  diese auf genau die pädagogische Voreingenommenheit fest-

---

[*] Um sich das erstere zu veranschaulichen, lese man in James Herndon
nach: Die Schule überleben, Stuttgart 1972 (Ernst Klett); zum zweiten erinnere man sich an Hanno Buddenbrooks vollkommene Unfähigkeit, im
»normalen« Unterricht seines Gymnasiums zu lernen, und an sein Aufblühen
unter den Händen des Organisten an Sankt Marien, Edmund Pfühl: »Und
Hannos Dankbarkeit für diesen Lehrer, seine Hingabe an seine Führerschaft
war ohnegleichen. Er, der trotz aller Nachhilfestunden in der Schule dumpf
und ohne Hoffnung auf Verständnis über seiner Rechentafel brütete, er begriff am Flügel alles, was Herr Pfühl ihm sagte, er begriff es und eignete es
sich an, wie man nur das sich aneignen kann, was einem schon von jeher gehört hat.« Thomas Mann: Die Buddenbrooks, 8. Teil, 6. Kapitel.

legt, die ihnen an den Konservativen mißfällt: daß es in der Schule um Laufbahnen gehe;

— daß den Benachteiligten nur durch unterschiedliche Behandlung im Zusammenleben und -lernen mit anderen zu helfen ist;

— daß also Individualisierung angesagt ist statt Gesamtpläne, ausgezirkelte Unterrichtsprogramme und gar Zwangsgemeinschaften am selben Arbeitstisch;

— daß Bildung zu den stärksten Erlebnissen führen kann und nicht ein Gegenbegriff dazu ist.

Beide, Konservative und Progressive, müssen lernen, daß Unterrichtsbeamte und -funktionäre hierfür schlecht taugen; daß Fächer Mittel sind und nicht Zwecke; daß ein Lehrer, der seine Schülerinnen und Schüler zu ganzen Menschen erziehen will, auch selber ein solcher sein und sich also bereit finden muß, es mit Gegenständen außerhalb seiner geprüften Kompetenz aufzunehmen; daß die pädagogische Schule nicht ablaufen kann wie ein Fabrikationsprozeß oder eine Verwaltungsarbeit — was im Grunde die Bildungsschule auch nicht vertrug; daß die Altersstufen eine größere pädagogische Unterscheidung verlangen als die Gegenstände oder Bildungsziele; daß Gesinnungspädagogik allemal das Gegenteil des Beabsichtigten hervorbringt.

7.

Minima Paedagogica

Ich habe im 5. Kapitel begründet, warum wir uns in unserer geschichtlichen Lage eine andere – in der Folge meiner Typen war es die sechste – Grundvorstellung von der Schule machen müssen. Ich habe ihr zunächst einen Platz in der Theorie eingeräumt. Wie sieht diese »Schule als Lebens- und Erfahrungsraum« in der Wirklichkeit aus? Diese darzustellen habe ich zwei Möglichkeiten: die in Bielefeld nach diesem Prinzip eingerichtete Schule systematisch und unter Fortlassung dieses oder jenes Auswuchses, unter Hinzunahme dieser oder jener Ergänzung wiederzugeben; oder: ein Idealbild zu entwerfen unter Benutzung von in Bielefeld erprobten und geglückten Elementen und von anderswo gemachten Erfahrungen. Das erste ist mir zu wenig und verlangt vor allem, daß ich bei jeder Abweichung von der Wirklichkeit dieser besonderen Schule umständlich erkläre, warum ich das tue. Das zweite versetzt das Ergebnis des Neudenkens der Schule alsbald unter die Utopien, was meiner Absicht widerspricht. Es soll streng zwischen Neudenken und Ausdenken unterschieden werden, und obwohl Ausdenken auch eine nützliche, oft unentbehrliche Tätigkeit ist, – hier ist Neudenken verlangt und im Anschluß daran Weiterdenken in der Praxis. Damit mir auch Lehrerinnen und Lehrer, Bildungspolitikerinnen und Bildungspolitiker, Schulbehörden und Eltern dabei folgen, die gute Absichten, aber schlechte Ausgangsbedingungen haben, stelle ich hier die Merkmale der neuen Schule zusammen, die gleichsam ihre Mindestausstattung ausmachen und die alle *an allen Schulen* wenigstens zu einem Teil erfüllt werden können. Sie beginnen »in the minds of men«, wie es von den Werken des Friedens in der Präambel der UNESCO heißt. Umgekehrt soll sich niemand rühmen, er nehme an der geforderten Erneuerung teil, der nicht wenigstens diese sechs Merkmale wahrzumachen versucht, die ich darum *minima paedagogica* nenne.

Da die Merkmale nicht gegeben, sondern erwartet sind, formuliere ich sie als Thesen, also als »Setzungen«. Die erste These betrifft den Lebensraum Schule; die zweite und dritte sind zwei

Erfahrungen von der Art gewidmet, wie man sie in diesem machen können soll: »Wir sind verschieden – wir wollen und dürfen es sein« und »Wir leben in Gemeinschaften, sind voneinander abhängig – das bedarf der Regelung«. Diese beiden Tatbestände habe ich unter zahlreichen anderen ausgewählt, nicht nur weil sie besonders wichtig und schwierig sind, sondern vor allem auch: weil sie den Grundauftrag der Schule (siehe S. 187) berühren. Die letzten drei Thesen gelten dem Zusammenwirken von Erziehung und Unterricht in der Schule.

Das Leben zulassen

1. These: Die Schule ist ein Lebensraum – neben den Lebensräumen Familie-und-Wohnung, und Straße-und-Nachbarschaft und Natur.

Ich würde diese für die Bielefelder Laborschule unzählige Male beanspruchte Behauptung hier nicht zur allgemeinen Forderung erheben, wenn ich nicht sähe, daß sie sich allmählich überall erfüllt. Die großen Schulreformen sind nicht dadurch zustande gekommen, daß einer gesagt hat: das solltet ihr ändern, und dann hat man's gemacht, sondern einer hat die Änderungen, die sich schon anbahnten, erkannt, formuliert, begründet, und von da an hat man bewußt betrieben, was vorher unbewußt geschah. Weil die Schule schon jetzt für die Mehrzahl der Kinder für den größeren Teil des Tages der wichtigste, jedenfalls der einzig erträgliche (und für viele der einzig mögliche) Aufenthaltsort und das »Schullernen« die herrschende Lebensform sind, kann man die Schule auch zum Lebensort machen, an dem dann die lebensnotwendigen Erfahrungen ermöglicht werden. Man kennt die Bemühungen, die Arbeitszeit von Schülern wenigstens den tariflich vereinbarten Arbeitsbedingungen der Erwachsenen anzugleichen. Ob das eine taugliche Forderung ist, darüber will ich hier nicht befinden; pädagogisch wird sie wohl nicht begründet. Aber sie zeigt, daß wir beginnen, die Parallelen zu sehen. Und das ist wichtiger als diese oder jene Maßnahme. Wir müssen in erster Linie *wissen*, daß die Schule etwas so Umfassendes ist wie das Berufsleben und daß man daraus etwas pädagogisch Nützliches machen kann.

Die Bezeichnung »Schule als Lebens- und Erfahrungsraum« ist freilich schon viel zu geläufig, um Nach- und Neudenken auszulösen. Hört man genau hin, ist sie mehr als eine Bezeichnung – sie ist eine beträchtliche Zumutung. In einem Lebensraum muß man leben können – als Mensch und nicht als die Kunstfigur Schüler oder Lehrer. Das bedeutet nicht nur, daß unzählige, heute verbannte oder unterdrückte Tätigkeiten zugelassen werden, sondern daß man sie auch gegeneinander abschirmt. Die Lebensformen und -bedürfnisse von Sechsjährigen und Sechzehnjährigen sind sehr verschieden, und die von Kindern und Erwachsenen erst recht. Aus einem Film über die Bielefelder Laborschule entnehme ich die folgende Liste von Regungen und Bewegungen, die dort in einem Abschnitt über die Eingangsstufe zu sehen sind – und denen man in der neuen Schule stattgeben muß:
– zuhören, mithören, träumen;
– lernen, sich bewegen, sich in Szene setzen;
– zu zweit einer gemeinsamen Vorliebe nachgehen, sich gegenseitig etwas zeigen, dies miteinander besprechen;
– sich aus der Gemeinschaft zurückziehen;
– wenn das nicht anders geht: nach draußen in die Gartenhecke oder in ein Reich der Phantasie;
– buchstäblich mit den Elementen umgehen: ein Feuer machen und es hüten, Wasser stauen, ein tiefes Loch graben;
– eine Hütte bauen oder ein Beet bestellen oder ein Tier versorgen;
– miteinander kochen und das Gekochte gemeinsam essen;
– danach abwaschen;
– ruhen, still sein, konzentriert lesen;
– spielen;
– zärtlich miteinander sein;
– etwas beobachten, andere beobachten, seiner Neugier nachgehen;
– Feste feiern, etwas vorführen, gemeinsam singen, einander etwas schenken, das man vorher selber gemacht hat ...
– und das alles neben den üblichen Schultätigkeiten: schreiben, lesen, rechnen, zeichnen, vortragen, aufräumen.
Was so selbstverständlich, so harmlos aussieht, ist in Wahrheit

sehr schwer. Von den sechs Thesen verlangt diese erste jedenfalls die größte Umstellung. Es geht ja weder um ein bißchen
mehr *laissez-aller* noch um mehr Aktivität. Von beidem gibt es
genug – Schulen, die die Kinder in der Nichtigkeit ihrer Selbst-
beschäftigung verhungern lassen, Schulen, die ihnen die Besinnung nehmen mit den pausenlos Spaß machenden, weltrettten-
den, gemeinschaftsfördernden, phantasieanregenden, kind- oder
jugendgemäßen Projekten. Die ersten betonen die fabelhafte un-
genutzte Kreativität der Kinder, vergessen aber, daß diese
zumeist der herausfordernden Lebenslagen bedarf und sich am
Widerstand oder Vorbild Älterer oder Jüngerer nährt; in der
altersgleichen Gruppe, im Klassenraum (mit noch soviel Topf-
pflanzen, Freinet-Druckereien, Montessori-Material), in der ad-
ministrativ vorgegebenen Zeiteinteilung kommt allemal pädagogische Puppenküche, eben Schulisches dabei heraus. Die zweiten
würden sich selbst bald nicht mehr aushalten, wenn sie nicht
auch noch ein Schulpensum hätten, das die Notwendigkeit ersetzt; ihre Aktivitäten sind veranstaltet; das meiste gäbe es nicht,
wenn es nicht die Schule gäbe. Ihr Programm ist sicher besser als
Hanno Buddenbrooks willen- und phantasietötende Kinder-Uni-
versität, aber nicht das, was die Bezeichnung »Schule als Lebens-
und Erfahrungsraum« meint.

Zur *Erfahrung* komme ich in den folgenden Thesen. Hier geht
es um das *Leben*, das von beidem – leblosem Lernen und geschäf-
tigem Lernersatz – unterschieden sein will. Darum die Liste der
schlichten Verben. Sie weist auf ganz normale Lebensvorgänge
hin, die der »Lernhaltung« und »Lernordnung« nicht geopfert
werden dürfen – schon um des Lernens willen nicht, erst recht
nicht um des Aufwachsens der Kinder willen.

In allen vernünftigen Schulen läßt man die Kinder heute solchermaßen »leben«, aber es geschieht in falschen Proportionen
und unter widrigen Umständen. Kinder, die sich von ihrem Platz
erheben und herumlaufen, um »sich gegenseitig etwas zu zeigen«, oder die »etwas miteinander besprechen«, stören den Unterricht; Kinder, die »sich aus der Gemeinschaft, zum Beispiel
aus dem Klassenzimmer, zurückziehen«, beleidigen den Lehrer;
Kinder, die »ein Feuer machen«, rufen die Unfallschutzgesetze
und die Versicherungsbestimmungen auf den Plan. Daß die Unterrichtsordnung, daß Gebäude und ihre Nutzung, die Verant-

wortungen falsch angelegt sein könnten, kommt niemandem in den Sinn. Hier muß der eigentliche Wandel einsetzen – in der Einstellung zu alledem. Solcher Wandel vollzieht sich langsam – es handelt sich um Entwicklungsstadien der Menschheit. In meiner privaten Schultheorie sieht das so aus: In ganz alter Zeit waren Lernen und Leben nicht getrennt. Man lernte zum Beispiel jagen, indem man jagte. Später sonderte man Belehrung und Übung von den Tätigkeiten ab, für die man sie brauchte. Es entstanden die Schule und der Unterricht. Dann merkte man, daß Belehrung und Übung an Wirkung einbüßen, wenn man die Tätigkeit (zum Beispiel die Jagd, den Beruf, die Wissenschaft, die Politik) nur simuliert. Man holte darum die Wirklichkeit in die Schule herein (da ungefähr ist die heutige Schule angekommen). Eine vierte Phase zeichnet sich ab: Die Schule wird viele ihrer Tätigkeiten an das Leben zurückgeben. Die Grenzen zwischen Lernen in der Schule und Lernen am Leben werden wieder verwischt.

Der Übergang ist schwer. Man ist so gewohnt, aus Büchern zu lernen, daß man auch inmitten der Natur ins Buch und nicht auf die Pflanzen schaut. Aber das wird sich geben.

Das Bewußtsein von diesen Entwicklungen kann einem die nötige Geduld eingeben: »Ich« fange heute damit an, die Kinder mit dem Banknachbarn reden zu lassen, zunächst unter drei einfachen Bedingungen, erstens daß ihr Gespräch mit unserem Gegenstand zu tun haben muß, zweitens daß die beiden »Schwätzer« uns später erzählen, worum es gegangen ist und was sie dabei herausgefunden haben, und drittens daß die ganze Klasse bereit ist, meine kurze Zusammenfassung des darüber womöglich Versäumten anzuhören. Das wird den Unterricht erheblich ändern, mich beispielsweise von dem dauernden Dozieren heilen. Ein Verlust wird nicht eintreten, denn ein Kind, das dringend etwas sagen möchte, aber das nicht darf, bis ich ausgeredet habe, wird mir derweil doch nicht zuhören. Und die Schüler erleben, daß es in erster Linie um die Sache und nicht um die Unterrichtsordnung geht.

Schwerer hat man es mit den Gebäuden. Aber auch die kann man zu »Lebensräumen« machen (siehe unten S. 235).

Und schließlich: Ein guter Aufenthaltsort für Kinder wird die Schule nur sein, wenn sie auch ein guter Aufenthaltsort für Erwachsene ist. Deren »Arbeitsplatz« muß anders aussehen als bisher: der Lehrertisch unmittelbar vor oder neben der Tafel und ein Schrankfach im Lehrerzimmer – dazwischen ein Gang durch die Flure und ein abschließbares Lehrer-Klo. Wer will da in der Schule verweilen und gar in ihr ein Gespräch mit Schülern suchen! Vielleicht ist diese erste These überhaupt am besten von diesem Ende her zu verwirklichen.

Mit Unterschieden leben

2. These: An der neuen Schule erfahren die Schüler die wichtigsten Merkmale unserer Gesellschaft – diejenigen, die sie hat, und diejenigen, die sie haben will. Unsere Gesellschaft schützt die Freiheit der Person; sie bejaht die Vielheit der Meinungen, der Lebensziele und Lebensformen – sie ist »pluralistisch«; sie achtet die Würde des einzelnen. Dies macht den Reichtum unseres Lebens aus, aber auch einen Teil unserer Probleme.

John Dewey definiert Erziehung geradezu als die Entscheidung über die Frage: Welche Erfahrungen sollen von den jungen Menschen gemacht werden? und den Vollzug der Antwort. Die Schule habe eine vereinfachte, von wertlosen oder wertwidrigen Einflüssen gereinigte, die verschiedenen Ansprüche in der Gesellschaft fair balancierende Umwelt darzustellen. (Demokratie und Erziehung, Braunschweig 1949, G. Westermann, S. 39) Erziehung ist nicht nur ein Akt der Lebenssicherung einer Gesellschaft. Die Notwendigkeit, eine Generation, die keine Lebenserfahrung und Erinnerung hat, in die Welt einzuführen, wie sie ist, ohne sie der Welt zu unterwerfen, wie sie ist, veranlaßt die Erwachsenen, sich über sich selbst klarzuwerden: was sie von ihren Lebensformen, Erkenntnissen und Institutionen für gut und der Weitergabe für wert halten und was nicht. Erziehung ist also für die herrschende Generation so wichtig wie für die kommende.

Was sich ohne besondere Mühe im Alltag lernen läßt, muß in der Erziehung zwar auch bedacht, aber nicht veranstaltet werden, weniger ausdrücklich jedenfalls als das, was schon den Erwachsenen schwerfällt. Unser schwierigstes Pensum ist der Komplex, den die These 2 benennt.

Wie hängen Vielfalt, Unterschiede und Freiheit zusammen? – Wir sind Individuen, wir wollen und dürfen es sein. Das sichern uns unsere Verfassungen zu. Wir bezeichnen diesen Anspruch mit dem Wort »Freiheit«. Freiheit wiederum beschreiben wir genauer durch den Zusatz der Werte und Rechtsgüter, die wir dabei vor dem Zugriff anderer und des Staates gesichert wissen wollen: freie Entfaltung der Persönlichkeit; die Freiheit der Person, zumal die Unversehrtheit des Leibes; Meinungs-, Religions-, Versammlungs-, Vereinigungs-, Bewegungs-, Aufenthalts-, Ausbildungs-, Berufswahl-Freiheit; Freiheit in der Ausübung von Kunst, Wissenschaft, Forschung und Lehre; *pursuit of happiness.* Sie benennen die Stellen, an denen unsere Freiheit gefährdet ist – nicht zuletzt durch die Freiheit der anderen. Solche Freiheit ist unter Gleichen leichter zu begründen und herzustellen. Wir aber leben unter Ungleichen: als Erwachsene und Kinder, als Frauen und Männer, als Deutsche und Ausländer, als Arme und Reiche, als solche, die über andere verfügen, und solche, über die verfügt wird, als solche, die vornehmlich in der Sprache leben, und solche, die vornehmlich in Handlungen leben. Die Ursachen für die Ungleichheit sind vielfältig. Die eine formale Basis ist die Unterschiedlichkeit der Menschen. Wir müssen, um in Freiheit zu leben, gesellschaftlich bedingte Ungleichheit soweit wie irgend möglich aufheben und umgekehrt persönliche Unterschiede wahrnehmen, bejahen, wenigstens auszuhalten lernen.

Die Erziehung zur Freiheit kostet einen ungleich höheren Aufwand, als ihn die gegenwärtige Schule erbringt und als auch die immer vorgreifenden Richtlinien für nötig halten. Freiheit gibt es nicht ohne Verantwortung und Verantwortung nicht ohne Autonomie oder Selbstbestimmung. Diese zu erlangen wird immer schwieriger, weil die Freiheit uns lange, bevor der Tyrann kommt, von den Mittelsystemen abgenommen wird. Der spezifische Auftrag der öffentlichen Schule heißt nicht: zur politischen Freiheit erziehen – die haben wir oder haben wir nicht –, sondern einerseits zu Politik und andererseits zur geistigen und moralischen Selbständigkeit, also: das Individuum stark machen gegen die Systemzwänge. (Dies zeigt, daß These 1 und These 2 eigentlich nicht voneinander zu trennen sind, daß die eine nicht ohne die andere verstanden werden kann. Selbständigkeit – durch Politik – und Solidarität – als befriedigende Lebenshaltung – werden letztlich aneinander gelernt, an Aufgaben, die alle fordern und jeden in seiner Besonderheit.)

Menschen in der Kindheit und Jugend – im Alter der Unmündigkeit – zur Mündigkeit befähigen, ist eine hohe Kunst, eine um so höhere, als die Einrichtung, in der das geschieht, die Schule, selber einen Systemzwang ausübt. Diesen muß sie teils aufheben, teils bewußt und dadurch individuell bekämpfbar machen. Die Schule muß also sich selbst und ihre Ordnungen zurücknehmen, damit Schüler das Ordnen lernen; sie muß neben dem angeleiteten Lernen für Lerngelegenheiten sorgen, nicht nur Lernziele aufstellen, sondern sich um Lernvoraussetzungen kümmern; sie muß auch die ihr lästige Selbständigkeit belohnen; sie muß die Elemente einer Mathetik, einer Lehre des Lernens, entwickeln und die Didaktik, die Lehre des Lehrens, in deren Dienst zu stellen sich bemühen.

In der neuen Schule wird ein großer Teil des Lernens tatsächlich einzeln vor sich gehen. Jedes Kind hat seine Aufgabe und sucht den Lehrer auf, wenn es Hilfe braucht, oder der Lehrer geht zu ihm. Zur Verselbständigung wie zum Unterschiede-machen-und-bejahen gehört, daß man seine Aufgabe aus einem wohlbedachten Angebot von Aufgaben selber wählt, wenigstens mitbestimmt, wann man was erledigt. Darüber darf der Zusammenhang der Gruppe nicht verlorengehen. In der Versammlung erfährt jedes Kind, was jedes andere tut. Es kann sich darum auch in der Gruppe einen Helfer suchen. Die Gruppe bleibt zusammen: eine Gemeinschaft von Individuen, kein Kollektiv.

Man sieht, Freiheit ist beides, Bedingung und Frucht der Selbständigkeit, aber das letztere noch mehr als das erstere. Der Verband, in dem man solchermaßen die Selbständigkeit ausübt, repräsentiert zudem dauernd die Grenzen der Freiheit und des Eigensinns – wie die gemeinsamen Gebäude, Ressourcen, Zeiten und Lerngelegenheiten auch.

Daß Unterschiede zwischen Menschen etwas Natürliches sind und daß die Bejahung der Unterschiedlichkeit jedem von uns zugute kommt, erfährt man in gemischten Gruppen. Die neue Schule wird, wo immer sie das kann, Kinder verschiedener Alter, Begabungsarten, Kulturen, Interessen und Religionen zusammenbringen – auf der Basis nicht einer Einjahresgruppe, sondern der Drei- bis Vierjahresgruppe. Die geeignetsten Stellen für

Altersmischung sind die Eingangsstufe und die Wahlkurse. Sind die Kinder in den ersten Jahren unterschiedlich alt, nehmen sie auch die Leistungsunterschiede als etwas Natürliches wahr und hin. Hier wie im Wahlkurs bildet sich die gegenseitige Hilfe aus – das wichtigste Merkmal dieser Organisationsform im Gegensatz zur Konkurrenz unter den zu gleicher Leistung Verpflichteten.

Die »innere Differenzierung« wird noch immer für eine Art Magie gehalten, eine theoretisch einleuchtende, jede praktische Lehrkunst aber übersteigende Forderung. Man wird sich vielleicht eher auf sie einlassen, wenn man darunter zunächst nur versteht: jedem Kind die ihm angemessene Zeit lassen; nicht auf Gleichschritt drängen; manchmal Jahre warten müssen, bis es die anderen einholt. Dies ist die elementarste Erfahrung, die die Bielefelder Laborschule erbracht hat: wie unterschiedlich der Entwicklungsprozeß ist – und wie sehr sich pädagogische Geduld lohnt.

Da, wie wir gesagt haben, die Erfahrung und Bejahung von Unterschieden durch Ungleichheit gestört wird, kommt es sehr auf die Mischverhältnisse an: Minoritäten sollten nicht zu klein und nicht zu groß sein. An der Bielefelder Laborschule hat Erfahrung ergeben, daß eine ethnische Minderheit nicht weniger als 15 und nicht mehr als 20 Prozent der Schülerschaft betragen sollte. Bei diesem Verhältnis fühlen sich die Ausländer stark genug, um nicht Stärke zeigen zu müssen, und die Deutschen fühlen sich nicht bedroht. Von dieser Grunderfahrung aus kann man dann zu kühneren Verhältnissen fortschreiten.

In der Gemeinschaft leben

3. These: Die Schule als Erfahrungsraum ist zugleich auch ein Ort, an dem der einzelne die Notwendigkeit, die Vorteile und den Preis des Lebens in der Gemeinschaft erfährt. Die Schule ist eine *polis.* Man lernt am Modell dieser Gemeinschaft die Grundbedingungen des friedlichen, gerechten, geregelten und verantworteten Zusammenlebens und alle Schwierigkeiten, die dies bereitet. Gemeinschaft fordert Ordnungen, Selbstdisziplin, Einigung auf die Zwecke und die Grenzen des Zusammenseins. Gemeinschaft bedeutet auch stärker sein, sich geborgen fühlen, Spaß miteinander haben.

Die Gemeinschaft hat drei Ursprünge (dies wird im Epilog ausführlich behandelt): einen biologischen (Familie, Sippe, Stamm), einen lebenstechnischen (Arbeitsteilung, Herrschaftsordnung, Verteidigung gegen andere) und einen emotionalen (Freundschaft, gemeinsame Erinnerung, Geschichte). »Gelernt werden« muß strenggenommen nur, was hier nüchtern »Lebenstechnik« genannt worden ist. Aber die Konturen der einzelnen Gemeinschaften sind unscharf, und so kommen in diesem Pensum die Gewohnheiten und Fähigkeiten des gemeinsamen Handelns, die Beherrschung der gemeinsamen Formen des Erkennens und das Verstehen und Befolgen gemeinsamer Regeln des Handelns zusammen, kurz: Kooperation, Wissenschaft und Politik in der Demokratie, die wir haben.

Kooperation muß geübt werden. Man muß erfahren, wozu Arbeitsteilung, Arbeitsvertrag, Arbeitsdisziplin taugen, und Gelegenheit haben, die Einordnung der eigenen Fähigkeiten in das gemeinsame Unternehmen zu erproben. Der sternförmige Unterricht – der Lehrer fragt die einzelnen Schüler, diese antworten ihm einzeln unter kollektiven Regeln – nimmt allen diese Schwierigkeit ab und ersetzt sie durch ein schultypisches, aber lebensuntypisches Lösungsmuster. Nur in der Hilfe unter der Bank lebt die Beziehung zwischen den Schülern. Die moderne Pädagogik hat darum das »Projekt« eingeführt. Es ist der Grundtypus des Lernens für dieses Pensum. In ihm fallen auch die Probleme der Gemeinverständlichkeit (= der Wissenschaft) und der Lebensordnung (= der Politik) an.

Wissenschaft als Verfahren ist ein außerordentlich wichtiges Moment unseres gesellschaftlichen Zusammenlebens. Es muß in *dieser Funktion* in der Schule erfahren werden: als Mittel, die Wahrnehmungs- und Erkenntnisprobleme zwischen mir und dir zu bezeichnen und auszuräumen – Intersubjektivität herzustellen, aber auch bewußt zu machen, wo diese aus welchen Gründen aufhört. In der Regel lernt der Schüler Wissenschaft als gewisseste und neueste Form von Wissen kennen. Das ist sie auch (siehe unten 6. These), aber in der Funktion dient sie diesem Pensum nicht.

Elementarer als die beiden eben genannten »Bindemittel« der Gemeinschaft sind die politischen Ordnungen. Sie vor allem können ganz unten beginnen. In Amerika spricht man von den »three R's« der Grundschule, *reading, writing, arithmetic*. Der Witz ist, daß nur eines dieser Wörter mit R beginnt. Die drei R der Schule als Lebens- und Erfahrungsraum heißen: Reviere bilden, sich Regeln machen, bestimmte Rituale einhalten. Reviere: Man kann nicht Verantwortung für beliebig vieles tragen. Zum Lernen der Verantwortung gehört die Begrenzung der Verantwortung. Es werden geeignete Reviere gebildet. Regeln: Die Schüler müssen sich Regeln geben, Regeln, die sie befolgen, weil sie selber sie gemacht haben. Und das wiederum tun sie, weil sie gemerkt haben, daß sie sie brauchen. Die Regeln sind nicht einfach immer schon da, haben nicht von sich aus Gültigkeit. Mit anderen Worten, man darf ihnen die Regeln nicht vorgeben. Rituale: Damit man das Leben nicht in jedem Augenblick neu moralisch schultern muß, gibt es Rituale, Formen des Umgangs, in die man von ganz allein verfällt und die das Leben erleichtern und angenehm machen; diese beruhen auf Vereinbarung: man begrüßt sich; man sagte »danke« und »bitte«; wenn vorgelesen wird, liegt man im Kreis, wenn *tea-time* ist, wird nur englisch gesprochen und dergleichen.

Die Regeln einer Gemeinschaft haben es unter anderem mit der Lösung oder Vermeidung von Konflikten zu tun. Der friedlichen Regelung einer Gemeinschaft kann Herrschaft, die feste, meist hierarchische Anordnung von Macht dienen. Unsere Gesellschaft hat einen anderen Weg gewählt: die Demokratie. Demokratie fordert *politeuein*, die Betätigung der Bürger in der *polis*. Die Schüler lernen in der neuen Schule, daß Politik die gemeinsame bewegliche Regelung gemeinsamer Angelegenheiten ist. Die Regeln sind noch nicht die Ordnung; diese wird erst durch den Willen dazu wirksam. Und der wiederum kommt gerade nicht von der Ordnung selbst. Er kommt von der Unordnung. Die fertig gelieferte und streng geschützte Ordnung empfinden wir als Zwang. Darum beginnt die kluge Schule nicht mit einer solchen.

An die Demokratie kann nur glauben, wer erlebt hat, daß sie

hält, was sie verspricht, daß sie möglich ist. Sie verspricht, daß meine Stimme in den gemeinsamen Angelegenheiten gehört wird – wirklich gehört wird. In den riesigen politischen Einheiten, in denen wir leben, nehmen wir selten mehr als den Schein der Mitbestimmung wahr. Die Wahl der Abgeordneten und damit der Regierungen wirkt überzeugend »demokratisch« immer nur, wenn damit ein Regierungswechsel verbunden ist, und einen Wechsel der Verhältnisse bringt auch der in der Regel nicht. Wo und wie gewinnt man Zutrauen zu dieser Staatsform, die nur funktionieren kann, wenn die Bürger Zutrauen zu ihr haben? – Aus diesem Zirkel kann allein die Erfahrung mit der »Demokratie im Kleinen« heraushelfen. David Gribble sagt von seiner Sands School: »Wir erziehen nicht zur Demokratie. Unsere Schule versucht, eine Demokratie zu sein.«

Die Schule ist ein überschaubares Gemeinwesen. Sie kann die verlorengegangene Erfahrung von der *polis* in sich wiederherstellen. In ihr könnte der junge Mensch konkret erleben, daß und mit welchen Mitteln der einzelne auf das Ganze Einfluß nimmt; er könnte lernen, was Institutionen leisten, wie man Regeln macht und ihre Einhaltung sichert, welchen Schutz sie geben. Er könnte an der Schule den *contrat social* nachvollziehen, den niemand in der Geschichte geschlossen hat und der doch unser friedliches Zusammensein verbürgt. Er erkennt auch, was die gewünschte Ordnung stört, was Macht ist und vermag und vollends organisierte Macht. Die Verwaltung meist uninteressanter Ämter in der machtfreien Domäne einer machtlosen Schülermitverwaltung vermittelt diese Erfahrung nicht.

Wie sieht das konkret aus? Die Kinder machen die Regeln für das Zusammenleben – das wird an einer Schule, die auch Lebensort ist, einen großen Raum einnehmen – in ihren Klassen. Das ist gleichsam Gruppeninnenpolitik. Gruppenaußenpolitik – das Verhältnis zu den anderen Gruppen – läuft über Verhandlungen. Es gibt eine Schiedsinstanz aus Schülern und einen gewählten Lehrer, der auf die Einhaltung der demokratischen Prozedur achtet. Ein Schülerparlament ist bei der großen Ungleichheit von Sechsjährigen und Sechzehnjährigen problematisch.

Es gibt außerdem Kurse und Zeiten, über die die Schüler durch Debatte und Abstimmung verfügen. Der Unterricht aber ist Sache der Erwachsenen. Darüber werden diese »mit sich reden lassen«, aber es wird nicht abgestimmt. Die Lehrer treffen die Entscheidungen.

Dies schreibe ich, weil Grundsätzliches daran deutlich werden soll. Schule als Lebens- und Erfahrungsraum muß Sache aller sein: sie ist die *polis* der Schüler. Der Unterrichtsauftrag der Schule ist Sache der *polis* der Bürger, die diese eingerichtet haben. Hier darf die Politik nicht durch Pädagogik unterlaufen werden – nur so lernt man die wirkliche Politik.

Das Verhältnis zur großen *polis* und von dieser zur Welt faßt man an der neuen Schule früh ins Auge. Bund und Länder, UNO und Somalia, NATO und Bosnien, Abchasien und Georgien, Georgien und Rußland, die bisher Teile des Fortsetzungskrimis »Auslandsnachrichten« waren, werden zu politischen Themen, in denen man das Verhältnis von Recht, Macht und »beweglicher Regelung der gemeinsamen Angelegenheiten« wiedererkennt.

Der ganze Mensch

4. These: Ist die Schule ein Lebensraum, muß sich der ganze Mensch in ihr entfalten können. In der neuen Schule wird darum versucht, soviel Belehrung wie möglich durch Erfahrung zu ersetzen oder doch durch Erfahrung zu ergänzen. Man lernt gleichsam auch *an* der Schule und an dem in ihr vor sich gehenden Leben, nicht nur *in* der Schule – wie man sonst sagt und denkt.

Hierfür hat sich der Terminus »ganzheitliches Lernen« eingespielt. Auch dies also ist weder neu noch eine Besonderheit der »Schule als Lebens- und Erfahrungsraum«. Entscheidend ist, daß er hier nicht als didaktischer Kunstgriff verstanden wird. Die Ganzheitlichkeit ist vielmehr durch allgemeine Merkmale unseres gesellschaftlichen Lebens gefordert. Dieses ist, neben gesteigertem Wohlstand, vermehrter Freizeit, erhöhter Beweglichkeit und überhaupt allgemeiner Offenheit, gekennzeichnet durch
– den Verlust von sinnlicher Erfahrung zugunsten von Theorie,
– den Verlust von Zusammenhang und Sinn zugunsten von Funktionalität,

- den Verlust von Verantwortung zugunsten von Ressort-Zuständigkeit,
- den Verlust von Verstehen zugunsten von gespeichertem Wissen,
- den Verlust von Unmittelbarkeit zugunsten von Ver-Mittlung, also von »Mediatisierung«.

Die Schule muß zunächst im Kleinen ein Leben ohne diese Verluste ermöglichen und von da aus zeigen, welchen Nutzen die Objektivierung und Abstraktion durch Wissenschaft, die Arbeitsteilung, die technischen Mittelsysteme, die Organisation der Tätigkeiten und Personen für uns haben. Es ist ein besonderer und besonders ernst zu nehmender neuer Auftrag der Schule, in sich die Mängel unseres gesellschaftlichen Lebens auszugleichen, »zu kompensieren«, solange die Kinder dies nicht selber können und solange sich ihre Lebensgewohnheiten noch bilden.

Das beginnt mit den natürlichen, das heißt nicht kultürlichen, nicht gesellschaftlichen Bedürfnissen des Körpers nach Bewegung, nach Ruhe, nach richtiger Ernährung. Das setzt sich fort in der Betätigung der Sinne, der Hände, der Beine eben nicht nur in den zwei oder vier Stunden für Kunst und Musik, den zwei oder drei Stunden Sport; es gibt zum Beispiel einen Bauspielplatz und lustvolle Bewegungsgeräte auf dem Schulgelände und ungleich mehr Exkursionen als heute. Das findet seinen einfachsten und natürlichsten Ausdruck darin, daß man sich für das interessiert, was die Schüler außerhalb der Schule erleben – welche Vorlieben und welche Probleme sie da haben. Man fördert den »ganzen Menschen« jedenfalls nicht, wenn man die Schule auf Schulgegenstände beschränkt, das übrige Leben der Kinder allenfalls nebenbei duldet, um dann zielstrebig zum eigentlichen Stoff zurückzukehren.

Eine Schule, die die vielen »ganzen Menschen« im Blick hat, die in ihr leben und lernen, kann nicht nach strengem und zentral geleitetem Plan ablaufen. Sie muß vor allem auch Fehler machen dürfen – wie die Schüler selbst. Fehler machen gehört zum Lernen. Schöner ist es, wenn beispielsweise eine Aufführung ohne Panne abläuft, wenn sie rundum »gelingt«. Wenn das nicht der Fall ist – und das wird oft sein –, hängt alles von unseren Reaktionen ab, ob daraus gelernt wird. Eines darf man nicht: den Fehler unterdrücken oder verschleiern. Ein anderes darf man erst recht nicht: das Kind entmutigen.

Eine Brücke zwischen der kleinen
und der großen Welt

5. These: Die Schule ist eine Brücke zwischen der Kleinfamilie, in der das Kind im Vorschulalter groß geworden ist, und den meist massenhaft organisierten Systemen des gesellschaftlichen Lebens – des Ausbildungs-, Berufs-, Verbrauchs-, Herrschafts-, Verkehrs- und Informationssystem und anderer.

Diese These findet ihren Ausdruck erstens in den Ausmaßen und zweitens in der Stufung der pädagogischen Einrichtungen und Maßnahmen. In der elterlichen Wohnung hat sich das Kind in den ersten sechs Jahren seines Lebens zu orientieren gelernt. Es weiß nicht nur, wo sich alle Dinge befinden, es versteht auch, wozu sie da sind, wie man sie handhabt, wer über was verfügt – wie man sich das verschafft, was man braucht oder wonach man trachtet. Die Fülle der Gegenstände und Möglichkeiten darf nun in der Schule nicht geringer werden, wenn sie ein »Mittleres« zwischen der Wohnidylle der deutschen Kleinfamilie und den großen gesellschaftlichen Institutionen sein soll. Es ist pädagogisch wichtig und darf nicht an den Feuerschutzbestimmungen scheitern, daß es in den Schulen »viele Dinge« zu vielfältigem Gebrauch gibt. Um mit Schulgemäßem zu beginnen: eine große gemeinsame Schulbibliothek; große Sammlungen von archäologischen, biologischen, künstlerischen Gegenständen; Chemikalien und physikalische Modelle; Kostüme und Theaterrequisiten; eine Videothek und Hör-Kassetten; sodann Lieblingsgegenstände der einzelnen und der Gruppe; und nicht zuletzt ein »Magazin« der Schulgeschichte, das die Arbeiten – nicht nur die schriftlichen – der Schüler aufbewahrt. (Dies alles zu verwalten und zu pflegen ist selbstverständlich Aufgabe der Schüler.)

Umgekehrt darf die Zahl der Menschen, mit denen das kleine Kind in der Schule zusammen leben und lernen soll, nicht zu groß sein. Die deutsche Vorstellung, wonach die Klassen groß sein dürfen, wenn die Kinder klein sind, muß umgekehrt werden. Die Gruppen in der Eingangsstufe sollten nicht mehr als zwölf Kinder umfassen, und diesen sollten nicht mehr als zwei verschiedene Erwachsene zugemutet werden. Wenn es sein muß, kann man diese Großzügigkeit in den höheren Klassen wenigstens zum Teil wieder hereinholen – indem man Gruppen zusammenlegt, wenn man etwas demonstrieren will oder den Schülern ohnedies Einzelaufträge gegeben hat.

Die Schule ist ein Mittleres zwischen der bisherigen Privatwelt mit Verwandten, Freunden, Nachbarn einerseits und der gesellschaftlichen Öffentlichkeit; sie ist ja selbst eine öffentliche Einrichtung mit einem zunächt abstrakten Zweck.

Die Schule ist sodann ein Mittleres auch in der Härte der Forderungen und Konsequenzen – noch halb Spiel, noch nicht ganz Ernstfall. Ohne spürbare Folgen sollte freilich nichts bleiben. Es sollte zum Beispiel neben der vierzehntägigen gründlichen Reinigung durch ein professionelles Personal die tägliche Reinigung durch die Schüler selbst geben. Die Schule darf kein Schonraum sein, muß aber auch verhindern, daß die Wirklichkeit mit voller Wucht in das Leben der Kinder einschlägt: mit Konkurrenzkampf, Anpassungszwang, beruflicher, weltanschaulicher Festlegung, den Folgen offener und verdeckter Herrschaft.

Für das alles muß sie die Schüler wappnen und wird es am besten tun, wenn sie deutlich gestuft ist – keine Rampe, sondern eine Folge von aufsteigenden Ebenen. Wenn man auf der einen ganz sicher geworden ist, kann man – und will man! – die nächste betreten. Mit jeder der Stufen – an der Bielefelder Laborschule ist man durch langes Experimentieren auf vier gekommen – nehmen die Personen, die Gegenstände und Räume zu. Viermal erlebt der Schüler erregend, teils schmerzlich, teils freudig, daß sich sein Lebenshorizont erweitert, seine Lern- und Arbeitsformen anders, die Gegenstände und Tätigkeiten komplexer, seine Freiheit darin und seine Verantwortung dafür größer werden.

Am leichtesten erkennt man dieses Prinzip an seiner Abwesenheit im öffentlichen Schulsystem. Zwar gibt es auch dort eine Stufung: von Jahrgang zu Jahrgang, und man spricht von Unter-, Mittel- und Oberstufe; aber außer der Größe der Kinder und der Klassen ändern sich das Erscheinungsbild und die Grundstruktur nicht. Durch die Gleichförmigkeit des Fortschreitens (»wie in einem Paternoster« – in welchem Stockwerk man sich befindet, erkennt man allein an dessen Nummer) wird die Aufmerksamkeit auf einen einzigen Unterschied gelenkt: den Unterrichtsstoff. Dagegen besteigt man dem hier geforderten Prinzip zufolge die nächste Stufe, wenn man auf der voraufgehenden sicher geworden ist. Sicher worin? – das bedarf dann einer sorgfältigen Feststellung. Wichtig ist, daß der Schüler sich seines Fortschreitens von Stufe zu Stufe bewußt wird und daß er sich auf »die Sache« konzentrieren kann und nicht zugleich mit beliebigen neuen Umständen fertig werden muß. Der Wandel seiner Situation muß seiner Entwicklung entsprechen. Das pädagogische Prinzip der Stufung bedeutet: auf jeder Stufe wird sowohl mehr gewährt als auch mehr gefordert. »Stets wird dem Schüler etwas mehr zugemutet, als ihm ohne die Schule widerfahren würde, und nie mehr, als er verkraften kann« – daran wächst ein Mensch.

Die Stufung hat auch Folgen für die Gliederung der Gegenstände. Aus dem »Lebensraum« der ersten Stufe, die neben den Lebensraum Familie und Wohnung, den Lebensraum Straße und Nachbarschaft, den Lebensraum Natur tritt, gehen »Erfahrungsbereiche« hervor und aus diesen erst die »Fächer«. In der Bielefelder Laborschule hießen die Erfahrungsbereiche ursprünglich

– Umgang von Menschen mit Menschen,
– Umgang mit Sachen: beobachtend, messend, experimentierend,
– Umgang mit Sachen: erfindend, gestaltend, spielend,
– Umgang mit dem eigenen Körper,
– Umgang mit Gesprochenem, Geschriebenem, Gedachtem.

Im ersten Erfahrungsbereich stecken die Sozialwissenschaften: Geschichte, Erdkunde, Gesellschafts- und Humanwissenschaften; im zweiten die Naturwissenschaften: Biologie, Physik, Chemie, Technik; im dritten die Künste: Bildende Künste, Musik, Theater; im vierten: Spiel, Sport, Bewegung, Diätetik; im fünften: der Sprachunterricht und die Mathematik. Die Schüler erfinden gleichsam im Lauf ihrer Schulzeit die Fächer und erfahren so deren Sinn und Zweck.

Die Schule bleibt eine Schule

6. These: Aber auch die »Schule als Lebens- und Erfahrungs-raum« ist eine Schule – ein Ort, an dem wichtige Kenntnisse er-worben, Fähigkeiten entwickelt und geübt, Vorstellungen ge-ordnet werden. Die Schüler werden auf das Leben danach vorbereitet; sie erfahren, wie die Gesellschaft ihre Leistung ein-schätzt, welche Rollen und Aufgaben für sie bereitstehen, wel-che Chancen sie haben und welche nicht. Und auch darin bleibt sie eine Schule, daß sie sich in besonderem Maß um Diagnose und Prognose der Fähigkeiten ihrer Schüler bemüht, diese oder jene weiterführende Schule oder Ausbildung zu bewältigen. Sie hilft ihnen, eine vernünftige Wahl unter den verschiedenen Laufbahnen – den Berufen und Ausbildungsstätten – zu treffen. Dies aber bleibt jenem Programm untergeordnet, das ich ein-mal »Die Menschen stärken, die Sachen klären« genannt habe.

Um zu verdeutlichen, wie dieses letzte Merkmal zu den ersten drei vor allem sich verhält, gebe ich eine mehrgliedrige Begrün-dung der sechsten These:

1. Man wird nicht zu dieser Lebensschule gehen, wenn man nicht etwas Besonderes lernt, etwas, von dem man sich nicht ein-bilden kann, das werde man schon irgendwie »mitbekommen« – im Leben.

2. Unsere Kultur ist eine geistige – nicht eine ästhetische, prag-matische, spirituelle, obwohl sie diese Eigenschaften auch hat. Geistiges kann man in Schulen gut lernen; sie gewährt Ruhe; sie kann und darf vereinfachen; sie hat Erfahrung und Übung in der Systematisierung.

3. Dies gilt vor allem für die Befreundung mit der Wissen-schaft, die in unserer Welt eine Schlüsselfunktion hat. In der Schule kann man die Entwicklung wissenschaftlichen Erkennens von seinen Anfängen an in geeigneter Stufung und an geeigneten Beispielen nachvollziehen und so, anders als in der wissenschaft-lichen Forschung selbst, über die Wissenschaft nachdenken; man bekommt ein philosophisches und also freies Verhältnis zu ihr.

4. Die Wissenschaften haben die Welt chiffriert; ohne Kenntnis der Chiffren verstehen wir die Vorgänge nicht.

5. Ohne eine solche Kenntnis schätzen wir vor allem die Macht – das sind die Erfolge – der Naturwissenschaften falsch ein und nutzen deren Fähigkeit zur Selbstkorrektur nicht. Nichts können wir uns in dieser Welt schlechter leisten als Wissenschaftsfeindlichkeit.

6. Die Verketzerung der Spezialisierung ist so falsch wie unnötig. Wenn mir der Hautchirurg die krebsverdächtige Flechte entfernt, obendrein so, daß keine Spuren zurückbleiben, oder ein Computer-Tomograph ein inneres Leiden lokalisiert oder ein Virusforscher die AIDS-Bekämpfung vorantreibt, kann ich von diesen jeweils nicht erwarten, daß sie auch meine Stirnhöhle in Ordnung bringen oder die gerichtsmedizinische Aufklärung der Tötung eines RAF-Mitglieds liefern. Der Fehler ist nicht die Spezialisierung, sondern ihre Trennung von der allgemeinen Bildung. Die Sachgebiete, in die das Wissen gegliedert ist, müssen und können vor allem in der Schule in Beziehung zueinander gelernt werden. An der Universität geht das nicht mehr.

7. Die Bildung, die die Schule geben kann, ist eine Antwort auf einige der Schlechten Nachrichten und Schwierigen Veränderungen. Wenn Bildung angeeignetes Wissen ist (Hegel), hält sie dem Computer mit dem »gespeicherten Wissen« Widerpart. In der historischen Bildung werden uns andere Modelle menschlichen Lebens und Denkens gegeben; sie erlauben kritisch und distanziert auf die Muster/*patterns* zu blicken, denen wir uns zu verschreiben im Begriff sind. Die Ausrufung der »Informationsgesellschaft« läßt die drei eben genannten Elemente als besondere Auszeichnung der alten humanistischen Bildung erscheinen: Sie gewährt Überblick über ein ganzes Leben (am Modell eines anderen Volkes), ermöglicht Nähe im Abstand und löst Nachdenklichkeit aus.

8.

Notwendige Übergänge

Damit etwas neu werde und damit es in dieser Welt Bestand habe, muß es »radikal gedacht und behutsam gemacht« werden – dieser Gedanke ist dem Gutachten vorangestellt, in dem ich dem Gründungsausschuß der Universität Bielefeld die Errichtung einer Laborschule und eines Oberstufen-Kollegs vorschlug. Was man nur vage im Kopf hat, kann man nicht fest auf den Boden setzen; man wird es bei jeder Schwierigkeit dieser anpassen oder opfern. Was man ungestüm verwirklicht, bekommt die Probleme nachgeliefert.

Die Planung der Bielefelder Schulprojekte begann 1968. Mit fünfundzwanzig Jahren Erfahrung im Hintergrund kann ich schier endlos mit Ratschlägen, Alternativen, letzten und vorläufigen Lösungen aufwarten und meinen, den Lesern damit zu helfen. In Wirklichkeit würde ich sie vermutlich von dem abhalten, wozu das Buch sie auffordert: ihre Schule umzudenken – aus der Unterrichtsschule in die Schule als Lebens- und Erfahrungsraum. Sie würden ja mit der Übernahme und Umsetzung meines Vorschlags beschäftigt sein, nicht mit sich und ihrer Denkart.

Die beiden Kapitel, die ich hier dem eigentlich »fertigen« Essay noch anschließe, wollen ihrerseits Denkübungen sein: Wie stelle ich mir die ersten Schritte von heute nach übermorgen vor? (Kapitel 8) Und: Wie werde ich mit den Einwänden fertig, die man gegen das Ganze erheben kann? (Kapitel 9)

Ich gliedere die notwendigen Übergänge – »notwendig« sind sie, weil das neu Gedachte nicht morgen schon neu gemacht werden kann – in solche, die die Behörden werden schaffen müssen, in solche, die die Schulen von sich aus unternehmen können, und in solche, die schon da sind, deren man sich zu bedienen aber noch lernen muß.

Womit die Regierungen anfangen können

Ich habe dieses Kapitel nicht von ungefähr mit einer Erinnerung an die Bielefelder Schulprojekte begonnen. Denn das erste, was ich zur Einleitung des Umwandlungsprozesses anrate, sind *Versuchsschulen*. An Wunder glaubt man, wenn man sie sieht. Durchschaut man sie, kann man sie sogar selber nachmachen! Ihre eigenen Wunder zu vollbringen, sollte die Regierung schon deshalb nicht gleich allen Schulen (und allen Aufsichtsbehörden) zumuten, weil es sich diesmal nicht um Einzelmaßnahmen handelt. Es geht um eine veränderte Grundeinstellung, die das Ganze verändern soll. Wie das sein wird, weiß man noch nicht. Darum muß es Versuchsschulen geben – in jedem Land mehrere, möglichst an jeder lehrerbildenden Hochschule eine. Sie werden, wenn man sie frei arbeiten läßt, sehr verschieden sein, und die Verschiedenheit wird, wenn man sie auf ihren Ursprung zurückverfolgt, verschiedene Eingangshypothesen offenbaren. (Wer Angst vor »Laborschulen« hat, weil sie wie die des Hartmut von Hentig aussehen würden, kann also beruhigt sein.) Versuchsschulen sind eine Voraussetzung ebenso dafür, daß nicht alles beim alten bleibt, wie dafür, daß nicht alles überall auf einmal verändert werden muß. Auch wird so der jeweiligen Regierung nicht zugemutet, die amtliche Version der richtigen Pädagogik mit Hilfe wissenschaftlicher Experimente durchzusetzen. Ich erinnere an die grundsätzliche Unterscheidung von

– Schulversuchen: Man weiß, was man verändern will, läßt es sich aber vorher durch Probeläufe bestätigen (»legitimieren«) und durch deren Varianten verbessern (»optimieren«);
– John Deweys Laboratory School: Erziehung als solche ist ein Experiment; sie vollzieht sich prinzipiell in der Form des *trial and error*; sie hat (außer dieser) keine Generalhypothese; sie ist ein Modell für die Einübung in eine empirische Lebensform. In Chicago wird »demonstriert«, daß dies geht und wie dies geht;
– Versuchsschulen: Sie haben einen öffentlichen Auftrag und sind durch äußere Vorgaben in ihrer Experimentaltätigkeit begrenzt; sie folgen bestimmten Hypothesen und vorgegebenen pädagogischen Prinzipien auf Zeit; sie übernehmen neue Auf-

gaben, wenn die alten erledigt sind; sie sind selber maßgeblich an der Aufdeckung und Formulierung neuer Probleme beteiligt; sie unterliegen der Überprüfung durch die Wissenschaft; die Ergebnisse der Überprüfung ermöglichen den Beteiligten zu entscheiden, welche Einzelmaßnahmen zu treffen sind.

In unserem Fall wäre die Hypothese: Eine als Lebens- und Erfahrungsraum konzipierte Schule macht ihre Schüler stark gegen die Gefahren, die in diesem Buch als Schlechte Nachrichten bezeichnet worden sind, und fähig, es mit den Schwierigen Veränderungen aufzunehmen; die pädagogischen Prinzipien sind die, die den *minima paedagogica* zugrunde liegen.

Solche Versuchsschulen würden viererlei leisten:
– die Verifikation oder Falsifikation der Hypothese, und das heißt die doppelte Feststellung: ja, diese Schule leistet das, und: ja, diese Schule ist möglich, – oder: nein, sie ist es nicht;
– eine Veranschaulichung der pädagogischen Prozesse, die unter den angegebenen Bedingungen ablaufen (der Bedarf ist erheblich: die Bielefelder Laborschule wird im Jahr von bis zu 2 000 Personen besucht);
– die Mobilisierung des ungeheuren Erkenntnispotentials, das in der Erfahrung der Lehrer steckt und für die Verbesserung und Veränderung der Schule unzulänglich genutzt wird;
– die Erneuerung der Erziehungswissenschaften, die nun nicht mehr nur erforschen, was an normalen Schulen wie abläuft, sondern an der Entwicklung von neuen Institutionen und Lernformen mitwirken können, weil es diese jetzt gibt.

Allgemein kann man sagen: Versuchsschulen können, wenn sie richtig angelegt sind, alle an der Erziehung und Bildung der Jugend Beteiligten das Wichtigste hieran lehren – das Beobachten. Wir meinen immer schon zu wissen, was geschieht und was zu geschehen habe – oder wir wollen nicht sehen, was sich da anbahnt, weil wir dann unsere wohlgefügten Einrichtungen ändern müßten. Versuchsschulen sind gerade nicht festgelegt; was sie tun, ist zunächst immer hypothetisch und verlangt nur das eine, daß wir genau hinsehen: Was geschieht? und frei folgern: Wenn das ... geschieht, könnten wir das ... tun, wenn wir unser Prinzip ... einhalten.

Eine Versuchsschule ist schon durch ihren Auftrag und ihren Namen in besonderem Maß geeignet, die Erwartungen an die

Schule als Lebens- und Erfahrungsraum, als *polis* der Lernenden zu erfüllen: sie ist in Permanenz unfertig, man kann also die Gründung der *polis* mit beinahe jeder Schüler- und Lehrergeneration neu vornehmen. An einer Versuchsschule gibt es hierfür auch eine besondere Notwendigkeit: Sie fällt nicht unter die allgemeinen Schulgesetze und Richtlinien, muß also einen Konsens für jede Handlung zwischen den Beteiligten erst herstellen.

Als *polis* oder, wie wir bei John Dewey gesehen haben, als *embryonic society* – eine Gesellschaft im Kleinen und im Werden – wird sie alle Kinder des Wohnbezirks aufnehmen, also in dieser Hinsicht eine Gesamtschule sein. Wenn der Wohnbezirk Berlin-Wedding heißt oder Berlin-Dahlem, sind Korrekturen angebracht, soweit dies ohne Verletzung anderer Prinzipien möglich ist. Gesamtschule meint: Unterschiede kennen und bejahen lernen, Benachteiligungen aufheben, Chancengleichheit nicht mit Gleichbehandlung und Gleichmachen verwechseln, wahrnehmen, wie viele Formen von unverschuldeter Benachteiligung es gibt, und sie nicht ihrerseits vermehren. Vielleicht kommt man besser voran, wenn man den Namen »Gesamtschule«, der zum Kampfbegriff geworden ist, durch einen anderen ersetzt.

Die Schule als Erfahrungsraum wird nicht nur an den gedachten Beobachtungs- und Experimentalstationen vorangebracht. Das kann an jeder Schule geschehen, wenn man ihr die nötige *Autonomie* einräumt, nein, zumutet. Das Befolgen der Anordnungen von Schulverwaltungen ist sehr bequem – das Neudenken der Schule ist höchst unbequem, verheddert sich in zeitverschlingenden Erörterungen, führt zu Konflikten, zieht unsichere Probeläufe nach sich. Es wird zudem nicht ausbleiben, daß die Autonomisierung mit pauschalen Zuweisungen von Stellen und Haushaltsmitteln an die jeweilige Schulgemeinde verbunden und daß ein Mindestmaß an Mitbestimmung der Eltern und Schüler festgesetzt wird. Spätestens wenn die Schulen sich in ihrer Qualität erheblich voneinander zu unterscheiden beginnen, wird es Aufnahme- und Abweisungsordnungen geben – und Prozesse gegen den Staat, wenn er Ungleichheit und das heißt immer auch Benachteiligung zuläßt. Ich halte diese Folgen der Autonomie letztlich für heilsam – aber sie sind zunächst auch mühsam, und darum habe ich das Verb »zumuten« gewählt. Die Zumutung gilt den Betroffenen. Für die Verantwortlichen stellen sich schon diese beiden ersten Möglichkeiten als Auswege aus vielen Verlegenheiten dar. Sozialdemokratische Regierungen, die diese Wege beschreiten, werden von ihren Gegnern darum auch schon als feige und unlauter beschimpft: sie schöben die Lasten des Sparens, Streitens und Zurechtkommens anderen zu.

Richtig ist, daß die Zurücknahme der staatlichen Verantwortung bis zu dem Punkt, daß »zur Schule gehen (soll), wer will, in die Schule, die er will, wo er lernt, was er will« (Peter Tautfest, dlz 4/10/93), unvereinbar ist mit dem in diesem Buch vertretenen Auftrag der allgemeinbildenden Schule.

Die größte Blockade der Länderregierungen und Kommunen besteht zur Zeit in der Tat in der Notwendigkeit zu sparen. Dies kann hier wie anderwärts in der Politik auch Heilsames bewirken. Wenn das Geld schon für die Aufrechterhaltung des bisherigen »Standards schulischer Versorgung« fehlt, dann: weniger Schule, nicht höhere Deputate für die Lehrer und unter keinen Umständen größere Klassen! Will man ernstlich den »Schlechten Nachrichten« begegnen, sollte man sogar die Klassen verkleinern und die damit wohl notwendig verbundene Verringerung des Unterrichts als Notprogramm erproben. Es könnte sich als gutes Normalprogramm erweisen.

Die größte Vorgabe, die die Kultusminister für die neue Schule machen könnten, wäre die Abschaffung der Benotung und ihre Ersetzung durch pädagogische Berichte. – Aber das wäre wohl kein »Übergang« mehr, das wäre schon die Ankunft.

Was die Schulen selber tun können

Ich denke, die Schulen werden das Bessere nicht leisten, wenn sie es nicht wollen. Darum sollte die Autonomie von ihnen beantragt werden müssen. Der Antrag sollte einen groben Ideen- und Handlungsentwurf enthalten. Um ihn zu erstellen, sollten die Schulen sich kundig machen, sich zum Beispiel in Landerziehungsheimen umsehen, die ja das gesamte Leben der Kinder umfassen und mit Unterricht verbinden, darin also schon »Lebens- und Erfahrungsraum« sind, oder in Ganztagsschulen, zumal solchen, die diese Organisationsform von vornherein in den Dienst der Lebensschule gestellt haben und nicht nur in den der Versorgung mit Kindern ganztägig arbeitender Eltern. Sie sollten sich mit ausländischen Vorbildern vertraut machen, zum Beispiel mit dem richtig beschriebenen System der Magnet Schools von Los Angeles, deren Grundlage die Selbstdefinition der einzelnen Schule ist, in der Folge davon erst deren Autonomie und gar nicht deren Platz in einer gedachten Rangordnung.

Es muß nicht alles mit hieb- und stichfesten Blaupausen und offiziellen Genehmigungen beginnen. Die Behörden wissen's im Zweifelsfall auch nicht besser. Sollen sie doch einmal abwarten, welche Auswege sich die Schulen aus ihrer Not selber suchen. Offenbare Verirrungen lassen sich, eben weil sie offenbar sind, abfangen. Der unter Richtlinien und ASchO* verborgene Unfug und die gewohnte, schleichende, verdrängte Misere hingegen nicht. Gute Ideen mit noch wackliger Verwirklichung kann man mit Geduld und Interesse stützen.

Ein arger Hemmfaktor sind die *Gebäude*. In diesen Bienenwaben mit den genormten, geschlossenen Räumen läßt sich nicht »leben«. Neubauten werden wir uns lange nicht leisten können, wohl aber Umbau statt Instandsetzung und vor allem Umnutzung. Auch eine Schule in der Innenstadt kann einen Schulgarten haben: Man reißt den gepflasterten Schulhof auf und legt Beete und Rasen an – das macht ein Trupp von Eltern an zwei oder drei Nachmittagen. Der eine Vater hat einen Bohrer, ein anderer hat einen Lastwagen, ein dritter kann den Schutt gebrauchen, ein vierter stellt die Erde zur Verfügung. Nicht anders entstehen der Schulzoo, ein Bauspielplatz, eine Fahrradwerkstatt. Statt des verlorengegangenen Teils des Schulhofs wird die Nachbarschaft Pausenrevier – jedenfalls für die Großen; sich mit den Bewohnern über das Verhalten in ihm einigen, ist eine belehrende Aufgabe für die Schülerschaft. Die Flure sind in unseren Schulen zu 90 Prozent der Zeit toter Raum. Wenn alle sechs oder acht Klassen, die über einen solchen Flur zugänglich sind, daraus ihre Wohnfläche mit Bibliothek, Kaffeemaschine, Videogerät, Requisitenschrank, Ausstellungsvitrinen, Sammlungen machten, sie hätten sich ein Stück Lebensraum geschaffen. Ich weiß: die Siche-

---

* Für Nicht-Schulleute: Allgemeine Schulordnung.

rungsvorschriften der Feuerwehr! Nun, diese holt man sich ins
Haus und handelt das Mögliche mit ihr aus, macht sie zum pädagogischen Bundesgenossen gegen Unordnung und Fahrlässig-
keit, denn was man mit *ihr* vereinbart hat, muß auch gehalten
werden.

Der Schule als Lebensraum sind manche Wände wichtig – sie
geben Schutz und Halt, und man kann daran die gegenwärtig
oder dauerhaft wichtigen Lebenszeichen befestigen, die täglich
beizubringenden und alle interessierenden Zeitungsausschnitte,
die Fotos von der letzten Exkursion, die Geschichtskarte – eine
Zeitlinie, auf der jedes historische Vorkommnis, das der Gruppe
im Unterricht aufgefallen ist, eingetragen wird und die so den dif-
fusen Raum der Geschichte mit Inhalt und Verhältnis versieht.

Der Schule als Lebensraum sind viele Wände jedoch entbehr-
lich. Wenn sie es auch für die Statik sind: rausreißen! Der englische und amerikanische »open classroom« oder die »school
withouth walls« sind wohlbedachte Mittel zur Herstellung einer
polis. Hier waltet die zivilisierende Wirkung des *public eye*; man
nimmt Rücksicht, weil man buchstäblich sieht, was der eigene
Lärm anrichtet; man lernt mit einer wichtigen gemeinsamen Res-
source – der Ruhe – schonend umzugehen. Eine der Folgen des
Großraums ist, daß sich die einzelnen Gruppen im Sinne des Wortes definieren – durch die Dinge, auf die sie Wert legen, durch die
Weise ihrer Anordnung, durch das sichtbare eigene Verhalten. So
entsteht – durch äußere Veränderungen, die alle noch diesseits
der gedachten radikalen Erneuerung liegen – ein Ort, an dem
man allmählich die Ordnungen an dem auszurichten lernt, was
die pädagogische Aufgabe erfordert, nicht umgekehrt.

Verbunden mit alledem ist die Frage der Einheiten, die Frage
der *Größenordnungen*. Die unseren sind zu groß. Alle großen
Gesamtschulen sind längst zu einer inneren Aufteilung der
Schule in Reviere und Klein-Schulen geschritten. Und natürlich
hat sie niemand daran gehindert! Es wird gleichwohl einen zähen
Kampf zwischen der erziehenden und der verwaltenden Schule
geben. Bisher hat die letztere immer schon ohne Kampf obsiegt.
Das wenigstens wird sich ändern, wenn die Leitidee der Schule
sich auch offiziell geändert hat. Einstweilen heißt es schlau und
hartnäckig sein und sich auf unleugbare Prinzipien der Pädagogik berufen. (Siehe unten S. 255 f.)

Die *Zeiteinteilung* sollte jede Schule selber vornehmen dürfen. Am besten wäre es freilich, man könnte die Erinnerung an unsere Tages- und Wochenpläne vollständig löschen, wie man ein Tonband löscht, um dann neu zu probieren, was den Zwecken der Pädagogik dienlich ist. Wenn die Lehrerteams, die einen Jahrgang, besser eine der oben geforderten Stufen unterrichten, über ihre Zeit gemeinsam verfügen, können sie untereinander absprechen, wann und wie sie die vorgeschriebenen Anteile der Fächer und Gegenstände an der Gesamtzeit einsetzen. Die mechanische Stundeneinteilung erleichtert zwar die Kontrolle, aber das ist ein Nebenzweck, dazu ist die Schule nicht da. In der Unter- und Mittelstufe der Laborschule tritt der Tageslauf an die Stelle der üblichen Stundenpläne. Die Begründung der Stufenleiterin lautet: Leistungszuversicht sei eine der entscheidenden Bedingungen für Leistungsfähigkeit, und darum sei es besonders in den grundlegenden Schuljahren wichtig, die Leistungsanforderungen den Möglichkeiten der einzelnen Kinder anzupassen; jedes Kind müsse die Erfahrung machen, daß es mit den Anforderungen gut zurechtkommen könne – wenn es nur bereit sei, sich anzustrengen. Es zeige sich, daß ein Schultag, in dessen Verlauf die Kinder nicht von einer Anforderung zur nächsten gehetzt würden, sondern Gelegenheiten hätten, nach eigenen Vorstellungen tätig zu sein und sich umeinander zu kümmern, den pädagogischen Zielen der Schule entgegenkomme. Dieses Moment ist der Autorin so wichtig, daß sie das Buch, in dem sie ihre gesamte Unterrichtstätigkeit beschreibt, »Tageslauf statt Stundenplan« überschrieben hat.*

Am leichtesten dürfte den Lehrern der Übergang bei den *Gegenständen* und den *Formen des Schulehaltens* scheinen. Es gibt jedenfalls hier schon zahlreiche und erfolgreiche Versuche, aus Unterrichtsschule Erfahrungsschule zu machen. Von der Bosch-Stiftung unterstützt, hat in Tübingen ein Kreis um Andreas Flitner, Peter Fauser, Eckart Liebau (die Akademie für Bildungsreform) das »Praktische Lernen« dem Lernen-mit-

---

* Heide Bambach: Tageslauf statt Stundenplan, 15 Jahre Erfahrungen mit individualisierendem Unterricht in der Primarstufe der Bielefelder Laborschule, IMPULS (Informationen, Materialien, Projekte, Unterrichtseinheiten aus der Laborschule Bielefeld), Band 13, 1989.

dem-Kopf entgegengesetzt. Angeregt durch Wettbewerbe, gemeinsame Ausstellungen, gegenseitige Kontakte, untersuchen nun Klassen das Quellwasser ihrer Stadt, die Wirkungen von Medikamenten, die sie nehmen, den Verschmutzungsgrad des Bodens am Straßenrand; sie produzieren Biogas, solarbetriebene Autos, CDs mit eigenen Songs und Texten; sie lernen von einem erblindeten Diplomingenieur, wie man Reliefbücher und -landkarten für Blinde herstellt; sie bringen in einem eigenen Tonstudio Filme und Tonfeatures hervor, die von öffentlichen Anstalten gesendet werden; sie arbeiten mit Künstlern auf allen möglichen Gebieten zusammen.

Ich hatte gesagt, das dürfte leicht »scheinen« wie auch die Bemühungen der COMED, der Community Education, um die Öffnung der Schule zur Stadt, zur Gemeinde. Die Lehrerinnen und Lehrer, die sich darauf einlassen, berichten von zermürbenden Kämpfen mit dem eigenen Kollegium und der eigenen Schulleitung um die nötige Zeit im Stundenplan und die Räume im Schulgebäude. Das ist ärgerlich genug. Noch ärgerlicher ist, daß man daran sieht, daß die richtigen Taten nicht das falsche Denken aus dem Feld schlagen. Vielleicht, weil sie ihm noch selber folgen: Es gehe beim Praktischen Lernen nicht nur darum, den reinen Wissenserwerb zu ergänzen oder gar zu verdrängen, sondern das Schulwissen aus seiner Isolierung herauszuholen, die Schüler »ihr Können, ihre Person, ihre Leiblichkeit, ihr Handeln als einen Zusammenhang erleben« zu lassen, das Lernen und die soziale Wirklichkeit zu verbinden.*

Dieses Argument nimmt es nicht mit der Grundfunktion der Schule auf, es korrigiert ihr Verfahren: Dieses sei einseitig, leblos, unzusammenhängend. Würde man sich hingegen mit dem Zweck der Schule anlegen und sagen: Ausgewählte, auf Mündigkeit zielende Erfahrung ist der Auftrag der Schule, würden sogar kleinere Beispiele »praktischen Lernens« als Übergang dienen und zugleich mit der Beliebigkeit der Aktivitäten aufräumen. Vielleicht muß man, statt die einzelnen Projekte nur zu beschreiben, je auch ihre pädagogische Ratio angeben. So zum Beispiel: Ihren Zoo hat die Bielefelder Laborschule ganz von sich aus ins Leben

* Praktisches Lernen – Ein Memorandum, Weinheim 1993 (Beltz).

gerufen.* Er umfaßt 60 bis 80 Kleintiere vom Hamster über Wasserschildkröten bis zum Zeisig. Er wird von den Kindern selbst verwaltet (was das Organisieren des Futters, das Wegräumen des Stallmistes, die Versorgung der Tiere während der Wochenenden und Ferien und die Sauberhaltung des Zoogeheges einschließt; ein Erwachsener unterstützt sie dabei). Die Tiere sind erstens ein anschauliches Lernobjekt der Biologie, zweitens ein Gegenstand buchstäblich unerbittlicher Verantwortung (wenn ich das Tier nicht füttere, stirbt es; ich kann es nicht bitten, ein paar Tage ohne Futter auszukommen), drittens ein Partner, Tröster, etwas Geliebtes, das mich wiederliebt.

Mit der *Entschulung der Schule* beginnt man am besten dort, wo das am nötigsten ist: bei den 13- und 14jährigen. Die ersten Jahrgänge gehen gern in die Schule; sie bedeutet einen Schritt ins Leben der Erwachsenen; man tut Wichtiges; man will ja können, was dort gelehrt wird; es ist interessant – interessanter jedenfalls als die nicht einsehbare Gehäusewelt »da draußen«. Auch die letzten Schuljahre sind für die meisten Schülerinnen und Schüler wieder erträglich; das Lernen ordnet sich auf die Zwecke zu, die man sich zu setzen begonnen hat; man weiß nun, warum man die Plage des Lernens auf sich nimmt. Aber in den mittleren Jahren und vor allem in der Pubertät wird die Schule zur Qual. In diesem Alter richtet das schulische Lernen so gut wie nichts aus – und die Schule ignoriert dies hartnäckig. Wenn der Schule selbst nichts einfällt, sollen die Deutsche Lehrerzeitung oder die Akademie für Bildungsreform oder ein interessierter Lehrerverband einen Wettbewerb zur Entschulung der Jahrgänge 7 und 8 ausschreiben – oder der Kultusminister selber und dann gleich die besten Antworten in seinen Versuchsschulen erproben lassen.

Der formalisierte Unterricht kann in diesen zwei Jahren auf zwei Stunden am Tag beschränkt werden – auf ein straffes, sportliches Exerzitium des Geistes –, damit man das Gelernte nicht gänzlich vergißt. Wichtiger ist jetzt etwas anderes: Selbsterprobung, die Beziehung zu anderen Personen, die Emanzipation von denen, die einen bisher bestimmt, erzogen, bevormundet haben. Jetzt brauchen die jungen Menschen Erlebnis, Abenteuer, Aufgaben: einen Kotten ausbauen, um gemeinsam darin zu wohnen;

* Alisa Fuss: Schulzoo als pädagogische Hilfe, in: Neue Sammlung 6/76 S. 509 ff.

Elektrizität verlegen, ein Dach decken, Balken einziehen und dabei lernen, was Statik ist; gemeinsam kochen und haushalten; die Dinge so einrichten, wie man das will und nicht wie die Erwachsenen es für praktisch oder anständig oder gemütlich halten; Theaterspielen; Streitgespräche führen, sehr lange aufbleiben und stolz sein, daß man trotzdem das Frühstück, wie versprochen, um 8 Uhr auf dem ordentlich gedeckten Tisch hat.

Die zwei entschulten Jahre sind schnell gefüllt durch solche Unternehmen, durch Auslandsreisen, wenigstens drei Praktika (erst in einem Dienstleistungsbetrieb, dann in einem Produktionsbetrieb und schließlich im letzten Jahr in einer Arbeit, die in der Nähe des eigenen Berufswunsches liegt), anspruchsvolle Aufführungen, die Ableistung des Mofa-Führerscheins, des Rettungsschwimmers, des Erste-Hilfe-Kurses.

All dies wird von den Lehrern »begleitet«, die auf diese Weise selber ein gut Stück von dem Leben kennenlernen, auf das sie die jungen Menschen vorbereiten und die mit ihnen über all dies sprechen. – Ich bewundere Lehrerinnen und Lehrer, die ihre Sache gut machen, auf allen Stufen. Die größte Hochachtung habe ich vor denen, die von dieser Altersstufe ernst genommen werden – offenbar, weil sie ihrerseits die jungen Menschen ernst nehmen. Jedenfalls ist ihnen das Gelingen der Unternehmung Schule in besonderem Maß zu verdanken.

Auch die Erfahrung von *Unterschieden* (s. o. S. 219 f) kann heute jede deutsche Schule ihren Schülerinnen und Schülern geben. Wird sie von zuwenig Ausländern besucht, kann sie – Lehrer und Schüler gemeinsam – öffentlich um sie werben. Schon das wäre ein pädagogisch förderlicher politischer Akt. Sie kann auch behinderte Kinder aufnehmen und mit den Schülern die dafür notwendigen Umbauten überlegen und vornehmen. Wichtig ist, daß die unterschiedlichen Kinder früh zusammenkommen, also möglichst in der Grundschule, und daß sie möglichst lange zusammenbleiben.*

---

* Wie so etwas aussieht, schildert trefflich Matthias Fallenstein: Sabrina muß man sehr gut kennen, in: Zusammen 6/93 (Friedrich Verlag) unter dem Heftthema: Mehrfach behindert – maximal beeinträchtigt?
Den Fall eines schwierigen hochbegabten Jungen verfolgt über zehn Jahre Susanne Thurn in: Alexander – zweimal fünf Jahre Laborschule, in: Neue Sammlung 6/84, aufregend wegen der positiven Wirkung, die der Junge auf die gesamte Gruppe hat!

Meistens sind es nicht die Kinder, die Probleme mit der Mischung haben, sondern die Eltern. Elternabende allein helfen da nicht. Aber wenn man zuwege bringt, daß diese zu geselligen Ereignissen werden, ist fast alles gewonnen. Auch hier beginnt die Gemeinsamkeit mit einem guten Essen am von den Kindern einfallsreich gedeckten Tisch. Wenn die Schule eine Schulküche hat: die Eltern reihum ihre Spezialität kochen lassen! Da ist die »Wahrnehmung und Bejahung von Unterschieden« keine abstrakte pädagogische Forderung mehr.

Unterschiede ernst nehmen, das sollte nicht vor der empfindlichsten Stelle aufhören, der Sprache. Achten wir die Minoritäten, wenn keiner von uns ihre Sprache lernt? Ist es so schwer, einen Kurs in Türkisch einzurichten? Gar undenkbar, daß deutsche Kinder daran teilnehmen?

Wenn meine Diagnose – die der Kapitel 1, 2 und 6 – richtig ist, muß die Veränderung von den Schulen ausgehen, sonst verfehlt sie ihren Anlaß und Zweck. Die Schulen müssen die Veränderung wollen, und sie müssen sie sich zutrauen. Vor allem aber ist solche *Selbst*veränderung das, wozu sie selber erziehen sollen. Was sie jetzt mit sich tun müssen, ist das, was sie eigentlich immer bei ihren Schülern auslösen wollen.

Dies sind ihre »inneren« Maßstäbe:

— Zuerst die Ziele setzen; alles andere – die Gegenstände, Verfahren, Organisationsformen der Schule – diesen Zielen unter- und zuordnen.

— Die Ziele im Lernprozeß selbst ständig sichtbar und kritisierbar halten; sie als Hypothesen formulieren.

— Alle am Lehr- und Lernprozeß beteiligten Personen auch an seiner Planung beteiligen und so die Curriculum-Reform ihrerseits zu einem Bestandteil des Curriculums machen.

— Neigungen bestärken, aber, weil sie früh festgelegt werden können, ihren Grund einsichtig machen und damit ihre Weiterentwicklung offenhalten.

— Die Begabungen nicht dem Bedarf oder dem Angebot unterwerfen.

— Die Lehrer zu Lernenden ausbilden.

— Die Lehrer zur Erforschung ihrer eigenen Tätigkeit veranlassen und ausstatten.

— Den Unterricht individualisieren, differenzieren und liberalisieren, und zwar mit Hilfe von und nicht im Gegensatz zu der Möglichkeit, ihn zu objektivieren, zu konzentrieren und zu ökonomisieren.

— Die Schulen zu gegliederten Erfahrungsräumen ausbauen, in denen die Vorkommnisse, Aufgaben, Konflikte, Freiheiten, Verführungen des gesellschaftlichen Lebens reproduziert werden können; die Grenzen zum gesellschaftlichen Leben systematisch abbauen – sie stellen sich von allein immer wieder ein.

— Die Ungerechtigkeiten der Gesellschaft nicht durch die Ordnungen der Schule bestätigen und verstärken; sie jedoch auch nicht wegtäuschen, sondern im Innern der Schule immer wieder aufsuchen, bewußt machen und die Schüler bereit und fähig machen, ihr Leben lang gegen sie zu kämpfen.

— Die Autonomie der einzelnen Schule erhöhen, die Schule zugleich dem Einblick der Öffentlichkeit öffnen.

— Die vertikale Kritik (durch vorgesetzte Behörden) durch die horizontale (durch die Kollegen, durch konkurrierende Schulen, durch die Eltern und Schüler) ablösen.*

Werden meine Leser sich wundern oder ärgern oder freuen, wenn sie hören, daß diese Maßstäbe vor 25 Jahren aufgestellt worden sind – in einem Aufsatz, in dem der Autor gegen den Schreibauftrag rebellierte? Erwartet wurde ein »Gesamtplan« für das Schulwesen der Zukunft; geliefert wurde ein Entwurf für die Aufhebung solcher Planung durch das Lernen, das ist: Selbstveränderung.

Ergänzungen zur Schule

Wenn eine Schule meint, sie könne ihre Entschulung nicht schaffen, mag sie ihre Schüler in dem schwierigen Alter an andere Institutionen abgeben: die Vereine, die Pfadfinder, die *work camps*

---

* Hartmut von Hentig: Ein Gesamtplan für die Schule? Die Aufhebung der Prognose durch das Lernen. In: Claus Grossner (Hg.): Das 198. Jahrzehnt. Eine Team-Prognose für 1970 bis 1980. Hamburg 1969, Christian Wegner Verlag, S. 174.

des Internationalen Jugenddienstes (ijgd), die Schullandheime, die stark ausgebaut und deren Auftrag auf diese Klientel zugeschnitten werden sollten. Wenn es hoffentlich in nicht allzu ferner Zeit den Sozialen Dienst für alle gibt, von dem oben (siehe S. 121) die Rede war, hat man auch genug Personal zur Erfüllung dieses Bedarfs.

Die Schule lebt neben alledem her, was Jugendhilfe heißt oder von den großen Jugendverbänden der Kirchen geleistet wird. Da waltet nicht nur Unkenntnis und ungute Konkurrenz, da versäumt man die besten Chancen der neuen Pädagogik. Eine Schule, die ihre Turnhalle abends an einen Seniorenverein vergibt, weiß das oft gar nicht – das macht der Schulträger, der sich dazu des Verwaltungsleiters bedient, der einstweilen nicht weiß, warum er so etwas den Lehrern weitergeben sollte. Hier könnte ein Wahlkurs der Pädagogik oder Andragogik oder wie er auch heißt, Kontakte mit den Alten aufnehmen oder gleich in der Turnhalle seine praktische Erfüllung finden.

Wir können nicht überall Gorki-Kolonien einrichten; die Makarenkos unter den Pädagogen sind ohnedies rar. Aber wie groß die Sehnsucht vor allem der 13- bis 15jährigen nach »Bewährung« ist – in der Gemeinschaft, in der Natur, in einer sportlichen Leistung, in einer sachlichen oder menschlichen Verantwortung –, beweisen mir die mehrwöchigen Exkursionen, die man mit den Bielefeldern Laborschülern macht.* Desgleichen Kurt Hahns Kurzschulen, Jörg Ziegenspecks Segelschiff**, das Dorf Kuttulla für gestrauchelte Kinder in Finnland, das der Spiegel (28/93) uns kürzlich geschildert hat:

> »In der Werkstatt basteln sie sich Autos, ihre Möbel; sogar ihre Häuser bauen sie selbst. Sie fahren Ski in Lappland, reisen ge-

* Eine solche Exkursion ist in einem Videofilm festgehalten: Hartmut von Hentig, Siegfried Kätsch, Wolfgang Kosiek: »Kalteiche – Wenn Schule aufhört, Schule zu sein«, Bielefeld 1989, Audiovisuelles Zentrum der Universität; andere Fahrten: Jürgen Funke: Die Reise nach Damüls – ein Curriculum, in: Neue Sammlung 6/75, S. 538 ff; Uwe Hoppstädter: Reise in den Winter, in: Helmut Schmerbitz et al. (Hg.): Bewegungen, IMPULS (Informationen, Materialien, Projekte, Unterrichtseinheiten aus der Laborschule Bielefeld) Band 22, 1992.
** Jugendschoner »Hermine« e. V./Lüneburg

schlossen nach Amerika, um dort drei Monate in die High-School zu gehen, und eine Zeitlang hat ganz Kuttulla im Schwesterdorf in Nepal gelebt. Das wichtigste Abenteuer aber geschieht im Kopf. Kinder, die kaum mehr wußten, wie man Bücher liest, gehen nach ein paar Jahren Kuttulla-Unterricht in öffentliche Schulen und machen ihre Prüfungen wie andere auch. Und die meisten schaffen das Abitur.« (S. 108)

Schon ein Austausch mit einer französischen oder irischen Schule für sechs Wochen – und die erregende Aufgabe, Gastgeber für die Gegenbesucher zu sein –, die Teilnahme an einem Lager zur Erkundung und gleichzeitigen Hege eines Naturschutzgebietes in Polen erfüllen diesen Zweck.

Man sieht: keine Neuigkeiten, aber das Bekannte neu verwendet – als Einstieg in die Schule als Lebens- und Erfahrungsraum, als Mittel zu einer Wende, nicht als Ersatzleistung für einen bleibenden Mangel.

Wenn ich der Schule als Lebens- und Erfahrungsraum die Maxime »Beteiligung statt Belehrung« verordnet habe, dann bin ich zu einem alten Rezept der Pädagogik zurückgekehrt – zum Vorbild. So wie es einen gibt, der wahrhaftig, tapfer und freundlich *ist* – und ich will werden wie er –, so gibt es da einen, der *macht* etwas ordentlich, kunstvoll und gut – und ich darf mitmachen, bis ich es selber kann. Seins-Vorbilder sind auch heute nicht selten. Die Gelegenheiten für Könnens-Vorbilder nehmen in unserer Welt ab. Fast ganz fehlen uns Vorbilder für die gute Gemeinschaft. Die Zufalls-, Zweck- und Zwangsvereinigungen – zu ihnen gehört die Schule – können Muster kaum sein. Überzeugend und lehrreich sind eigentlich nur die Gemeinschaften, die sich aus gleicher Absicht, unter gemeinsamen Prinzipien und aus freier gegenseitiger Zuordnung bilden: Genossenschaften, Orden, Kibbuzim. Schon deshalb sollte man den Jungen- und Mädchenschaften der Bündnischen Jugend, den Pfadfindergruppen, den Sommer- und Arbeitslagern neue Aufmerksamkeit schenken: als Vor-Bilder für eine gewollte und gelingende Gemeinschaft. Was die verschulte Schule noch nicht kann, sollte sie entweder von diesen Vereinigungen lernen oder ihnen willig überlassen – und das heißt: den Kindern und Jugendlichen neidlos die Zeit dafür einräumen.

Lehrer-Bildung

Daß die Schule mit dem Lehrer stehe und falle ist ein Gemeinplatz und wie die meisten Gemeinplätze sogar wahr. Er hilft freilich schon bei der täglichen Verbesserung und bei der periodischen Veränderung der Schule wenig, sagt er doch nicht, wo der treffliche Mann oder die treffliche Frau herzunehmen seien. Die Hochschulen und Ausbildungsseminare »machen« sie oder ihn nicht zum »guten Lehrer«, sie machen sie oder ihn zum sicheren, einsatzfähigen, erfolgreichen Inhaber eines Amtes, das durch die ihr oder ihm in der Schule zugedachte Tätigkeit definiert ist. Um ihrerseits gut zu sein, muß die erteilte Ausbildung mit der erwarteten Ausübung übereinstimmen. Diese Übereinstimmung ist zum Beispiel in der Schweiz sehr hoch. Der Vorstellung von der Schule als gewissenhafter Unterrichtsanstalt entspricht dort die didaktische und psychologische Ausbildung der Lehrer – in gleichem Maß weit entfernt von einer Ausbildung zum Forscher wie zum Sozialingenieur. Wenn bei uns die Lehrerbildung gescholten und von den Lehrern selbst als unzureichend empfunden wird, dann weil das vermittelte Lehrerbild und der erlebte Lehreralltag so weit auseinanderklaffen. Sind wir entschlossen, die Schule neu zu denken, werden wir bei dieser Gelegenheit auch die Lehrerbildung neu denken müssen und die fehlende Übereinstimmung (wieder-) herzustellen suchen. Eine neue Lehrerbildung muß den Anforderungen der neuen Schule folgen. Das ist an diese Reihenfolge gebunden. Eine Hilfe beim »Übergang« ergibt sich hier nicht.

Wenn ich die Lehrerbildung hier trotzdem unter den Notwendigen Übergängen aufführe, dann weil die Lehrerbildung ja weitergeht und die nächste Lehrergeneration mit den alten Vorstellungen, Einstellungen und Fähigkeiten an die Schule entläßt. (Es wird eine relativ große Generation sein müssen, wenn die Jahrgänge des Lehrerbooms der endsechziger Jahre so schnell ausscheiden, wie sie eingeworben und eingestellt worden sind.) Die hier erwartete Übergangshilfe ist eine negative: Man möge den Lehramtskandidaten nicht mit der Lehrerausbildung von heute die Forderungen und Möglichkeiten von morgen verstellen. Die entscheidende Schwäche der heutigen Lehrerausbildung ist ihre Konzentration auf drei konvergierende Erkenntnissysteme:

die Wissenschaften der an den Schulen gelehrten Fächer, die Wissenschaften von Erziehungs- und Lernprozessen und Theorien sozialer Organisation, unter ihnen der Schule. Die Realitäten: Kinder, Lehrer, Eltern, Schule, Unterricht, Schüler, Schülerunordnung, Schülerleid und Schülerausflucht, Fernsehen und Computer als Mit- und Gegenerzieher... und so fort in der Liste der Schwierigen Veränderungen kommen nicht oder nur am Rande vor. Für die Schule als Lebensraum fehlt der Blick auf das Leben, für die Schule als Erfahrungsraum fehlt die Erfahrung mit der Erfahrung. Das ist jedenfalls auch die Meinung, die der Hamburger Fachbereich Erziehungswissenschaft in seinen weitverbreiteten »Thesen zur Revision der Lehrerbildung«* vertritt:

»Schulen erproben seit gut 15 Jahren Formen des offenen Lernens, des handlungsorientierten Lernens und des Projektlernens; Lehrer und Schüler entwickeln in Teams Ideen, gehen Probleme fächerübergreifend an und beziehen außerschulische Lernorte ein. Lehrerbildung dagegen findet vorwiegend sitzend, hörend und darüber-redend statt.« (S. 50)

Alles geht über die Theorie – des Paolo Freire, des Wilhelm Flitner, des Célestin Freinet, des Helmut Fend – und welche Beziehungen sich da herstellen lassen. Wie das aussieht, weiß ich von Seminaren über Hartmut von Hentig, zu denen ich als Beweis seiner Existenz und leibhaftigen Widersprüchlichkeit am Ende eingeladen werde. Ich muß dann zu einem Dutzend vorbereiteter Ungereimtheiten in meinen Schriften zwischen 1963 und 1993 Stellung nehmen, die mir die Studenten aus präparierten Drei- bis Vier-Blatt-Auszügen entgegenhalten: Begriffsphilologie. Auf den Gedanken, Hentigs Pädagogik durch einen Besuch der Laborschule oder des Oberstufen-Kollegs kennenzulernen, sind sie auch an den benachbarten Universitäten nicht gekommen.

Geht das so weiter, hat das Neudenken der Schule wenig Sinn. Hier wird es erst ankommen, wenn es zur Theorie geworden ist;

---

* Abgedruckt unter anderem in Johannes Bastian/Andreas Köpke/Rolf Oberliesen: Zur Revision der Lehrerbildung in Hamburg, Dokumentation einer Tagung des Fachbereichs Erziehungswissenschaft und des Amtes für Erziehung, Hamburg 1993 (zu beziehen über den Fachbereich).

man wird es gehörig in die vorhandenen Systeme einordnen; man wird es studieren und wissen, statt es selber zu denken; und die neuen Lehrer werden der neuen Schule nicht nur nicht beim Übergang helfen können, sie werden sie unverdrossen verdrossen fortsetzen.

Gelänge es aber, den eben skizzierten Habitus des Studierens sein zu lassen – auch ohne die Schule neu zu denken –, werden die jungen Lehrer, die ja von ihrer Schülererfahrung noch nicht weit entfernt sind, frei sein, sich selber eine Vorstellung von ihrer Rolle zu machen; der neue Lehrer könnte sich bilden, bevor er gebildet wird.

Daß die Lehrerbildner sich ohne Not von ihren Konzepten und Verfahren losreißen, ist freilich nicht wahrscheinlich. Ihre »Not« besteht in der überall wahrgenommenen Unstimmigkeit von Lehrerausstattung und Lehreraufgabe schon unter den gegenwärtigen Verhältnissen. Wie man dieser entkommt, versuche ich in einer Skizze zu zeigen. Ich entwerfe sie an fünf der neuen Schule vorgreifenden Fragen entlang.

Die Fragen lauten:

(1) Was für ein Bild soll man der zukünftigen jungen Lehrerin von ihrem Beruf, ihrem Auftrag machen?* (2) Wie sieht die Rekrutierung der Lehramtskandidatinnen aus? (3) In welchen Formen, an welchen Orten und an welchen Erfahrungen vollzieht sich die Vorbereitung? (4) Welche Kenntnisse und Fertigkeiten soll sie bei Eintritt in die Schule haben? (5) Welche Ausgänge und welche Rückkehrmöglichkeiten lassen sich einrichten?

Zu (1): Wenn die ihr Fach Wissende und ihre Lehrkünste Könnende nicht das maßgebende Modell ist, wie sieht es aus? Auf einer Tagung in Bielefeld hat man im April 1993 über ein neues Modell der Lehrerbildung nachgedacht und hierzu die Hypothese aufgestellt: Neben »Wissen« und »Können« müssen

---

* Nachdem mein Nachdenken darüber, welche Ausdrucksweise den Geschlechtern gerecht wird und zugleich verständlich und ökonomisch ist, oft länger gedauert hat als die Formulierung meines Gedankens, habe ich in diesem Teil des Buchs, in dem es wesentlich auch um die Person der Lehrerinnen und Lehrer und nicht nur ihre Berufsrolle geht, abwechselnd den einen Abschnitt in der weiblichen Form, den nächsten in der männlichen geschrieben und bitte die Lesenden des jeweils anderen Geschlechts, sich immer mitgemeint zu fühlen.

»Leben« und »Denken« treten. Diese reinen Ordnungsbegriffe hat man mit konkreten Vorstellungen versehen. »Können« beispielsweise sollte sich auf mehr erstrecken als Didaktik, Unterrichtsplanung, Gruppendynamik, Gesprächsführung, Medieneinsatz; es umfaßte vielfältige Tätigkeiten, die die Lehrerin selbst kennengelernt, ausgeübt, erfahren haben sollte – von der Benutzung eines Computers bis zum Einüben eines Adventslieds. »Leben« war ein Kürzel für die Bereitschaft, die eigenen Erfahrungen, die Merkmale der eigenen Person, die eigenen Interessen in die Lehrerrolle einzubeziehen. »Denken« meinte, die Lehrerin müsse beispielsweise über den Beruf und die Einrichtung Schule, über Wissenschaft und Bildung, über die Gründe und Ziele der Erziehung, über das Verhältnis ihrer Generation zur nächsten, über die Erfahrung der Geschichte und den Lauf der Politik nachdenken und dies nicht von ihrer Lehrertätigkeit isolieren. Aber schon zu Beginn wurden Zweifel laut, ob man das zu einer deutlichen und überzeugenden Figur würde zusammenfügen können. Auch die bisherige Figur ist ja viel weniger greifbar als das polemische Bild von der Fachwissenschaftlerin plus Anwenderin von »Soz./Psych./Päd.« erkennen läßt, eine Addition von Erster und Zweiter Phase, von *the matter* und *the tricks of the trade*.

Will ich diese Frage hier beantworten, ohne gleich wieder zu entmutigen, dann fällt mir nur eine früher aufgestellte Behauptung ein: Die Person des Lehrers sei sein bestes Curriculum. Und davon darf er durch die Lehrerbildung nicht abgehalten werden.

Zu (2): Woher kommen die neuen Lehrer? Die alten kamen von der Schulbank, von der Universität, vom Seminar. Das hat ihr Selbstbild geprägt: sie gehören auf die Seite der Wörter, Zeichen, symbolischen Handlungen. »Draußen« und »danach« ist das wirkliche Leben, die Bewährung, das Geschehen, das zählt. Wenn die Schule nun auch Lebensraum ist und die Schülerinnen und Schüler am Leben lernen sollen, dann muß man *specimens of real life* mit hereinbringen – und das kann einer, der einmal einen anderen Beruf ausgeübt hat, wohl besser als einer, dessen *real life* sich auf den Autoverkehr, den eigenen Schrebergarten, die Steuererklärung und die Ferienreise nach Norwegen beschränkt.

Mein Wunsch ist seit 25 Jahren (Systemzwang und Selbstbestimmung, 1968), daß wir in Deutschland den oben erwähnten (S. 121) Sozialen Dienst für alle jungen Menschen einrichten.

Da kann dann der künftige Lehrer AIDS-Kranke gepflegt, mit der Cap Anamur *boat people* gerettet, in der Sahelzone Brunnen gebaut, in Bethel spastische Kinder betreut haben. Aber (und deshalb kommt dies unter dem Stichwort »Rekrutierung«) vernünftigerweise sollten auch Menschen, die einen anderen Beruf ausgeübt haben, also Maschinenschlosser, Hotelkoch, Kaufmann waren, Lehrer werden können, wenn sie es wollen und geeignet sind – und das nicht nur als Ausnahme und nicht unter Nachholung des 1. und 2. Staatsexamens, sondern normalerweise und nach einer Probezeit. Ja, diese müßte, weil die neue Konstellation von Eigenschaften nicht durch Prüfungen feststellbar ist, allgemein eingeführt werden. Man kennt den Seufzer des Schulleiters: Es sei schon schwer, gute Lehrer zu bekommen, aber vollkommen aussichtslos, die schlechten loszuwerden! Auch dieses Leiden könnte ein grundsätzliches Probejahr für alle beseitigen helfen.

Ich bin freilich überzeugt, daß man den neuen Lehrer für die neuen Schulen mit einiger Selbstverständlichkeit erst bekommen wird, wenn diese schon selber als Schüler in neue Schulen gegangen sind, also in etwa 20 Jahren.

Zu (3): Wenn in der Schule Belehrung, wo immer möglich und tunlich, durch Beteiligung ersetzt werden soll – Beteiligung an einer Tätigkeit, die, auch ohne daß es Schule gibt, wichtig ist –, dann hat das Konsequenzen für die Form, die Orte und die Anlässe des Lernens auch der jungen Lehrerin. Sie wird ihren Beruf, wenn sie ihn selber in Vorlesungsräumen und aus Büchern gelernt hat, kaum anders als in eben der Form ausüben. Ich habe selber durch Zufall einen anderen Weg genommen: Bevor ich Lehrer wurde, war ich Erzieher an einem Internat, Familienvater von zwölf schwierig-netten pubertierenden Knaben, Tierbändiger und Seelenführer, Arrangeur von Geländespielen und Theateraufführungen, Bienenzüchter und Chauffeur, Ski-Schüler meiner Schüler und im Gegenzug Geber von Literatur und Musik. Angestellt freilich war ich für 18 Wochenstunden Latein und Griechisch. Die lehrte ich nebenbei – und schlecht. Später wurde ich ein sicherer, einigermaßen einfallsreicher und, wie man mir nachsagt, auch erfolgreicher Lehrer, ich bin überzeugt: weil ich vorher mit jungen Menschen zu leben und umzugehen gelernt hatte. Das kann man steigern. Ich stelle mir vor, daß eine künftige Lehrerin – als Teil ihrer offiziellen Vorbereitung – ein Jahr oder ein halbes mit Personen arbeitet, die nur bedingt durch das Wort lenkbar sind, was uns zur Belehrung verführt, also Mongoloide oder sehr alte Leute oder Asylanten aus Sri Lanka betreut. Diese Erfahrung kann man vermutlich nur für wenige bereitstellen, aber eine Grundfigur des pädagogischen Handelns wird daran sichtbar, die die neue Schule mehr beanspruchen wird, als die alte Schule es getan hat: Führung durch Eingehen auf den anderen, durch Vormachen, durch Vorbild, durch Beteiligung.

Die entscheidende Ausstattung der neuen Lehrerin ist die Fähigkeit, zu beobachten und hinzuhören. Der entscheidende Fehler der alten und noch gegenwärtigen Konstruktion ist, daß man in der Hochschule gesagt bekommt, was man nachher in der Schule sehen werde. Ja, das sieht man dann auch – und nichts anderes. Die Laborschule hat sich ihre Lehrerinnen an den eigenen Auf- und Vorgaben herangebildet: sie ist in allererster Linie eine Schule der Wahrnehmung. An dem, was das Kind tut, läßt sich ablesen, was die Lehrerin falsch oder richtig macht, als nächstes tun sollte oder tun kann. Den Rest lernt man gemeinsam in Konferenzen, von denen ich behaupte, sie seien das eigentliche Seminar und die permanente Fortbildung der Lehrerinnen, und die mindestens einmal in der Woche stattfinden sollten – nicht unter drei Stunden.

Damit ist schon gesagt: daß Anfang und Ende der Vorbereitung nicht eindeutig auszumachen sind, daß es viele Orte und sehr unterschiedliche Formen des Erfahrens, Kennenlernens, Studierens, Sichübens geben muß, wenn die neue Schule wirklich neu werden will.

Zu (4): »Kenntnisse und Fertigkeiten« – diese mehr als die anderen Stichwörter – müssen widerspiegeln, was die neue Schule vorhat. Den Satz, daß der Lehrplan neu vermessen werde, haben wir seit Ende des Zweiten Weltkrieges, in unserer Ära also, oft genug gehört. Die Neuvermessung bestand am Ende in Umbenennungen, Zusammenlegungen, Schnipseleien. Die vielleicht kühn gedachten und klug begründeten Entwürfe haben in der Praxis keine Spur hinterlassen. Diesmal müßte es anders sein, weil das Wissen und das Können andere Funktionen haben; es genügt nicht, daß sie »aufgelockert« oder »gestrafft« oder »ergänzt« oder einfach anders eingeteilt werden.

Ich gehe wieder von formalen Erwartungen aus: In der Schule

soll auch Wissen erworben werden; Wissen muß für die meisten Zwecke geprüftes, methodisch erworbenes, sachangemessenes Wissen sein; im unendlichen Reich des Wissenswerten erwirbt der Schüler ausgewähltes Wissen und lernt, wie es zustande kommt, nach welchen Kriterien es Wissen heißt und nach welchen es ausgewählt worden ist. Darum muß auch der Lehrer erstens ein solches Wissen haben – wenigstens auf einem Gebiet, und das sollte nicht durch eine wissenschaftliche Disziplin, sondern durch einen Lebenszusammenhang definiert sein – und zweitens in der Lage sein, die Auswahl, die man für die Schüler bereithält, zu begründen. Er braucht also ein Fachwissen und eine allgemeine Bildung. Die letztere vor allem sollte er repräsentieren und auf ihren verschiedenen Gebieten auch Unterricht zu erteilen bereit sein. Jede »Arbeitsteilung«, die man hier glaubt vornehmen zu können, macht die Anforderung an die jungen Leute unglaubwürdig, sie sollten doch bitte in ihrer Person vereinigen, was die Schule auf viele Personen verteilt.

Sodann soll der junge Mensch in der Schule *sich selbst* erproben – an einer Reihe von interessanten, verschiedenartigen, vergnüglichen Tätigkeiten oder Gegenständen. Mein eigener Seminarleiter, Robert Ulshöfer, verlangte von allen Lehramtskandidaten, daß sie an den Veranstaltungen für Sport und für Deutsch teilnahmen. Richtig! Denn ein Lehrer, der zwar seine Physik versteht, aber mit den Schülern nicht Fußball spielen und ihnen nicht helfen kann, seine Sache in ihrer Sprache richtig zu fassen, der hat es schon in der normalen Schule schwer. Der Leiter einer englischen Public School, den ich fragte, wie er zu seiner auffallend guten Lehrerschaft gekommen sei, antwortete: »Ganz einfach! Ich verlange von jedem, den ich hier einstelle, daß er irgendeine Sache besser kann als alle anderen Lehrer, die schon hier sind, – und das darf nicht sein Fach sein!« *Barn dance*, Gitarre oder Klavier spielen, Malen oder Bücherbinden, Kochen oder Radiobasteln – zwei oder drei solcher Künste sollte der Lehrer können, und wenn er sie nicht kann, zwei oder drei Monate darauf verwenden, sie zu lernen.

Schließlich – wir wissen inzwischen: eigentlich in erster Linie – soll der Schüler neben Wissen und Können die Fähigkeit erwerben, in der Gemeinschaft zu leben, also zum *politeuein*, und die Gewohnheit nachzudenken, sein Denken zu prüfen, nach dem

Sinn der Dinge zu fragen, also zum *philosophein*. Ein Lehrer, der diese Gewohnheiten nicht hat, muß sie sich aneignen. Seminare (oder das, was an ihre Stelle tritt) müssen selber solche Gemeinschaften sein und Gespräche über solche Fragen führen.

Ja, und jeder Lehrer sollte einmal ein halbes Jahr wenigstens im Ausland gewesen sein!

Zu (5): Nicht nur die Schulen wollen manche Lehrerinnen loswerden. Auch die Lehrerinnen wollen nach einiger Zeit und für einige Zeit aus der Schule heraus, weil sie sich ausgelaugt fühlen: *Burn out syndrom*. Es gibt Urlaubsmöglichkeiten, die aber mit Risiken verbunden sind. Man nimmt sie deshalb oft nicht wahr – zum Schaden der Lehrerin und auch schon der heutigen Schule. Vollends schlimm wäre das widerwillige oder erzwungene Verbleiben an der neuen Schule.

Eines freilich kann man gleich tun, um die Lehrer zu Förderern des Übergangs von der Unterrichtsschule zur Schule als Lebens- und Erfahrungsraum zu machen: Man muß ihnen Zeit geben – Zeit nicht zum müßigen Spekulieren und schon gar nicht zum Abwarten, sondern zum Sammeln anschaulicher, bedeutender, lehrbarer Unterrichtsbeispiele und zum Ausdenken von Lagen, in denen diese den Schülern anschaulich, bedeutend und lernbar sind, Zeit auch, an diesen Beispielen weiterzuarbeiten, Bücher zu lesen, Vorträge zu hören, den Unterricht an anderen Schulen zu besuchen, bei den Kollegen zu hospitieren, die Gedanken und Materialien auszutauschen und aufzuzeichnen. Denn wenn sie dies alles gut machen, sind sie auf dem Weg zur neuen Schule. Die Erfahrungen, die sie den Schülern an »Unterrichtsgegenständen« ermöglichen, werden sie ihnen auch am Leben in der Schule und über diese hinaus geben wollen. Sie schaffen Übergänge.

Eine Selbstverpflichtung der Pädagogen

Übergänge, das heißt nicht nur Annäherungen, erste Schritte in die richtige Richtung, geschützte Versuche; Übergänge, das heißt auch Widerstände brechen. Der tückischste Widerstand kommt aus unserem eigenen Kleinmut, aus Mangel an Konsequenz, aus

Willfährigkeit. Wir wollen den Frieden nicht stören, die Kollegen nicht gegen uns aufbringen, uns auch nicht wichtig machen – und so lassen wir ohne Not hingehen, was wir für falsch halten: Es ist ja durch die Aufteilung »Eltern erziehen, die Schule unterrichtet«, durch die herkömmlichen Aufgaben des Lehrers, nämlich das Pensum abzuarbeiten, die Schüler zu beurteilen und eine Auslese für den gesellschaftlichen Zweck zu treiben, gedeckt. Wir wissen meist recht gut, was der wahre Auftrag der Schule von uns Lehrern, Schulräten und Eltern fordert, und opfern es dem verordneten Auftrag. Wir haben die Menschen in der sterbenden DDR für ihre »sanfte Revolution« gelobt; sie haben die Lüge für Lüge erklärt und erlebt, wie diese daraufhin ohnmächtig zusammenbrach. Wir haben eine ähnliche Revolution noch zu leisten: gegen die Tyrannei der Notenbücher, die Unerbittlichkeit des Stoffes, das Mysterium »Vorschrift«, den Vorrang der Ordnungen der Erwachsenen vor dem Lebensgesetz der Kinder.

Um dem besseren Wissen und Willen in uns selber Rückendeckung und Stärkung für den Ernstfall zu geben, scheint mir eine Selbstverpflichtung ein nützliches Mittel zu sein. Ich versehe sie mit einer gewissen Strenge und Feierlichkeit und nenne sie darum einen Eid. »Sokratischer Eid« soll dieser nach dem großen Lehrer und unbedingten Freund der Wahrheit heißen. Als er vor Gericht stand und man ihm das Angebot machte, ihn freizusprechen, wenn er aufhöre, die Wahrheit zu suchen und die Menschen zu überführen, daß sie etwas zu wissen behaupten und es doch nicht wissen, wies er das störrisch zurück. Er werde die ihm von Gott befohlene Tätigkeit fortsetzen: »Ob ihr mich freisprecht oder nicht, ich werde nicht anders handeln, und müßte ich noch so oft den Tod erleiden.« (Apologie 30 b)

Sokrates jedenfalls hätte verstanden, warum ich die Selbstverpflichtung einen Eid nenne. Er wird den Eid der Asklepiaden, der in seiner Zeit entstand und als Eid des Hippokrates in die Geschichte eingegangen ist, gekannt haben. Ein Eid war den Menschen damals geläufig, als es keine Notariate gab: Man rief die Götter zu Zeugen an. Für uns heutige Menschen ist der Eid befremdlich. Wir kennen ihn in unserem öffentlichen Leben in zwei Funktionen: als verbindliches und unverbrüchliches Versprechen, etwas zu tun oder zu lassen, und als Versicherung der Wahrheit einer Aussage – beidemal unter feierlicher und formalisierter

Anrufung einer höheren, zu fürchtenden Macht. Diese soll, wie in alter Zeit, über die Einhaltung des Versprechens wachen und den Meineid bestrafen auch dann, wenn die Menschen den Betrug nicht erkennen. Ob die Vereidigten heute an eine solche Macht glauben, kann man nicht wissen; man muß eher voraussetzen, daß sie es nicht tun. Dann aber ist der Eid ein leerer Akt und gefährlich, sofern man sich auf ihn verläßt. In der säkularisierten Welt können Eidbruch und Meineid nur unter der Androhung einer besonders harten menschlichen Strafe die erwartete Wirkung tun.

Der hier vorgeschlagene Sokratische Eid soll für die Pädagogen die gleiche Rolle spielen wie der Hippokratische Eid für die Mediziner. Wo dieser heute seinen Zweck noch erfüllt, geschieht das nicht, weil (ein) Gott angerufen wird, und nicht, weil seine Verletzung Strafe nach sich zieht. Strafe folgt auf eine Verletzung von Gesetzen. Was dagegen in unseren beiden Fällen – der Verletzung des Sokratischen wie des Hippokratischen Eides – droht, ist einfach Schande. Wer den von ihm freiwillig geleisteten Eid bricht, muß sich vor sich selbst, vor seiner »Zunft«, vor der Öffentlichkeit schämen – oder ausdrücklich rechtfertigen. Er hat ein von diesen drei »Instanzen« geprüftes, für richtig gehaltenes, bestätigtes Prinzip gebrochen.

Dies gilt natürlich unausdrücklich für alle allgemeinen Handlungsgrundsätze. Dennoch vergehen sich die Menschen dauernd gegen sie. Sie vermeiden nicht zuletzt deshalb auch öffentliche – feierliche und verbindliche – Beteuerungen. Der eigentliche Wert eines solchen Berufseides liegt in dem Schutz, den er der eigenen Überzeugung gewährt: Ich will nicht nur so handeln – ich muß es hinfort auch. Wenn andere – ein Verband, eine Schulbehörde, ein Gesetzgeber – etwas verlangen, was den im Eid festgelegten Grundsätzen widerspricht, kann ich mich auf den Eid berufen. Das wird mir nicht in jedem Fall gegen die anderen oder die Verhältnisse zum Recht verhelfen, aber es stärkt meine Position und wird die anderen vorsichtiger handeln lassen.

Hätten wir einen Sokratischen Eid unter den Nazis, in der DDR, im Alltag der nach unpädagogischen Gesichtspunkten vorgenommenen Reformen und Gegenreformen der Schule gehabt, er hätte manche tapfere Lehrerin, manchen tapferen Lehrer geschützt.

Es ist nie zu spät für das Richtige. Machen wir einen Versuch mit diesem Mittel jetzt in einer Zeit, in der es kaum angefochten werden wird und in der wir es in unserem Handeln und Denken einüben können. Der Eid bedeutet nicht, daß wir jederzeit die Kraft, den Mut, die Unabhängigkeit besitzen, ihm zu folgen. Er will nicht zu Selbsttäuschung, zu einer weiteren »idealistischen Lüge« verführen. Wer ihn spricht, soll dabei prüfen, ob er das Gesagte wirklich will. Will er nicht, muß er den Eid sein lassen. Will er, darf er hoffen, daß der Eid ihm in der Stunde der Wahrheit beisteht.

Ich stelle mir vor, daß Lehrer und Erzieher bei der Übergabe ihrer Einstellungsurkunde – noch einmal sei es gesagt: freiwillig – diesen Eid sprechen und daß dies in der Urkunde bestätigt wird.

Der Sokratische Eid

Als Lehrer und Erzieher verpflichte ich mich,
— die Eigenart eines jeden Kindes zu achten und gegen jedermann zu verteidigen;
— für seine körperliche und seelische Unversehrtheit einzustehen;
— auf seine Regungen zu achten, ihm zuzuhören, es ernst zu nehmen;
— zu allem, was ich seiner Person antue, seine Zustimmung zu suchen, wie ich es bei einem Erwachsenen täte;
— das Gesetz seiner Entwicklung, soweit es erkennbar ist, zum Guten auszulegen und dem Kind zu ermöglichen, dieses Gesetz anzunehmen;
— seine Anlagen herauszufordern und zu fördern;
— es zu schützen, wo es schwach ist, ihm bei der Überwindung von Angst und Schuld, Bosheit und Lüge, Zweifel und Mißtrauen, Wehleidigkeit und Selbstsucht beizustehen, wo es das braucht;
— seinen Willen nicht zu brechen – auch nicht, wo er unsinnig erscheint; ihm vielmehr dabei zu helfen, seinen Willen in die Herrschaft seiner Vernunft zu nehmen; es also den mündigen Verstandesgebrauch und die Kunst der Verständigung wie des Verstehens zu lehren;
— es bereit zu machen, Verantwortung in der Gemeinschaft und für diese zu übernehmen;

- es die Welt erfahren zu lassen, wie sie ist, ohne es der Welt zu unterwerfen, wie sie ist;
- es erfahren zu lassen, was und wie das gemeinte gute Leben ist;
- ihm eine Vision von der besseren Welt zu geben und die Zuversicht, daß sie erreichbar ist;
- es Wahrhaftigkeit zu lehren, nicht die Wahrheit, denn »die ist bei Gott allein«.

Damit verpflichte ich mich auch,
- so gut ich kann, selber vorzuleben, wie man mit den Schwierigkeiten, den Anfechtungen und Chancen unserer Welt und mit den eigenen immer begrenzten Gaben, mit der eigenen immer gegebenen Schuld zurechtkommt;
- nach meinen Kräften dafür zu sorgen, daß die kommende Generation eine Welt vorfindet, in der es sich zu leben lohnt und in der die ererbten Lasten und Schwierigkeiten nicht deren Ideen und Möglichkeiten erdrücken;
- meine Überzeugungen und Taten öffentlich zu begründen, mich der Kritik – insbesondere der Betroffenen und Sachkundigen – auszusetzen, meine Urteile gewissenhaft zu prüfen;
- mich dann jedoch allen Personen und Verhältnissen zu widersetzen – dem Druck der öffentlichen Meinung, dem Verbandsinteresse, der Dienstvorschrift –, wenn diese meine hier bekundeten Vorsätze behindern.

Ich bekräftige diese Verpflichtung durch die Bereitschaft, mich jederzeit an den in ihr enthaltenen Maßstäben messen zu lassen.

9.
Mögliche Einwände

Bei meinen ersten Notizen für dieses Kapitel kam mir die Notwendigkeit in den Sinn, Schwierigkeiten und Widerstände von Einwänden zu unterscheiden. Von der ersten Sorte lassen sich unendlich viele ausdenken und ausmachen, die etwa so lauten:

— Die Lehrerschaft wird gut zwei Jahrzehnte, bis die gedachten neuen Lehrer die neue Schule füllen, dieser nicht gewachsen und nicht gewogen sein.

— Die Eltern erwarten vor allem in unseren unsicheren Zeiten, daß die Schulen Orte disziplinierten Lernens sind oder wieder werden und daß sie ihr Kind mit einem guten Abschlußzeugnis versehen.

— Nicht einmal die Schülerinnen und Schüler werden der neuen Schule mit Begeisterung begegnen; sie werden schnell erkennen, daß diese Schule sehr viel von ihnen fordert; wie befriedigend sie ist oder doch sein könnte, wenn alle – auch sie selbst – sich voll einsetzen, ist hingegen so leicht nicht auszumachen.

— Den Politikern bangt vor höheren Kosten.

— Die ethnischen Minderheiten werden die vollständige Vereinnahmung ihrer Kinder befürchten.

— Einige Minderheiten lehnen ausgerechnet die Einrichtungen und Tugenden ab, die ihnen Schutz gewähren sollen: Toleranz, Aufklärung, Gleichheit. Sie glauben an das Recht des Mannes, über die Frau zu bestimmen; ein Junge muß hart auftreten, sich schlagen, seine Ehre verteidigen; Demokratie ist die Regierungsform von Schafen; Wissenschaft und Rationalität sind für ihre Religion gefährlich. Mit anderen Worten, wenn die neue Schule »multikulturell« ist, löst das nicht das Problem des Zusammenlebens, es könnte die Konflikte steigern.

— Die Erziehungswissenschaften werden dieses Feld der Forschung und Entwicklung mit Skepsis betrachten, weil es sich der Messung, der empirisch begründeten Prognose und zunächst auch dem Vergleich entzieht.

So könnte ich fortfahren und zu jeder Schwierigkeit auch gleich noch die Folgeschwierigkeiten ausdenken. Es genügt, wenn man dem Unternehmen neue Schule eine rauhe Fahrt vorhersagt.

Die Einwände dagegen lassen sich zu Typen zusammenfassen. Ich beschränke mich auf die folgenden drei:

— Das alles ist unredlich: eine romantische Utopie.
— Das ist nicht wünschenswert: ein pädagogischer Totalitarismus.
— Das ist auch als Idee kontraproduktiv: eine systematische Entmutigung.

Zum ersten Einwand: ihm gebe ich nicht statt!

Die Kritiker sagen: Die Forderung, die Schule müsse pädagogisch weiter ausgreifen (also vollends »die Schule als Lebens- und Erfahrungsraum«), sei »romantisch«. Sie meinen: Sie nehme keine Rücksicht auf die Wirklichkeit. Die neue Pädagogik könne man nur mit charismatischen Lehrern machen, Leuten ohne die »normale« Berufsvorstellung, ohne Tarifschranken im Kopf, ohne Familie und andere menschliche Ansprüche an das Leben. Für die gedachte neue Schule könne weder die öffentliche Verwaltung aufkommen, noch die Erziehungswissenschaft Erkenntnishilfen bereitstellen. Die müßten beide auf dem Generalisierbaren bestehen.

Mir ist bewußt, daß die Vollpädagogen – der Makarenko oder der Korczak oder die Johanna Harder – Ausnahmen sind. Aber doch nur durch den Grad ihrer Fähigkeit und Bereitschaft. Eine Steffi Graf kann doch kein Einwand gegen das Tennisspiel selber sein! Es geht auch mit durchschnittlichen Spielern weiter und macht diesen Freude. Schon gar nicht will ich die neue Schule aus der Zuständigkeit der *res publica*, der öffentlichen Verwaltung also, entlassen oder ihr die Unterstützung der Wissenschaft entziehen. Wenn die Wissenschaft sich darauf und dazu versteht, das Verhältnis von Wünschenswertem zu Zwangsläufigem zu Unmöglichem zu klären, dann ist sie gerade hier gut am Platz. Fehl am Platz wäre sie nur, wenn sie sich darauf beschränkte, das Wünschenswerte durch das Wirkliche in die Schranken zu weisen – die affirmative Gewalt der Empirie über die Möglichkeit auszuüben, wie Adorno es genannt hat.

Ich gelte als trotziger Verteidiger einer Vorstellung, die der Unerfüllbarkeit überführt sei. Eine »Sozialpädagogisierung« der Schule haben die Kritiker es genannt – eine herzlich schlechte

Übersetzung von »die humane Schule«, und auch die trägt nicht den Namen, den ich ihr gegeben hätte; man lese das im Vorwort zum Hanser-Büchlein (1976) nach. Einer der härtesten Kämpfe, die ich an der Laborschule gekämpft (und verloren) habe, war der gegen die Überflutung mit Sozialpädagogen. Auch die Schule als Lebens- und Erfahrungsraum bleibt eine Schule – ein Ort, an dem man nützliche und wichtige Kenntnisse und Fertigkeiten erwirbt. So lautet eine von den sechs (nur sechs!) »Grundformeln« für alle Schulen (siehe oben Kapitel 7, 6. These) und selbstverständlich auch für die Laborschule.

Die Kritiker nennen das gedachte Konzept »Integration«, nämlich von Leben und Schule. Auch das ist falsch, weil nicht wir das Leben in die Schule holen, es ist schon in ihr – nur verstümmelt, verballhornt, verdrängt oder in Ausbrüchen von Gewalt und Gemeinheit manifest. Ich will ihm in der Schule Würde, Gestalt, Sinn und eine pädagogische Funktion geben.

Die Kritiker sagen, die Neudenker wollten »alles und alles« in die Schule holen und hätten sich damit schon immer überschätzt. Die Kritiker plädieren statt dessen für die Beschränkung der Schule – ihrer Aufgaben und Gegenstände. Auch dieser Vorwurf trifft auf die hier vorgestellte Schule nicht zu. An der Bielefelder Laborschule beispielsweise gibt es nicht mehr – wie an anderen Schulen – 15 bis 20 Fächer, sondern sechs Erfahrungsbereiche. Heute gehe ich noch weiter und sage: Die Schule hat eigentlich nur drei Gegenstände – Sprache, *science* und Ethik oder Politik. Der Auftrag der Neuen Schule ist der eine, alte, den ich mehrfach zitiert habe: die jungen Menschen zu erwachsenen Bürgern zu machen.

Die Kritiker nennen andere und mich »pädagogische Aufrüster« und meinen selber, die Schule solle pädagogisch abrüsten. Wie schon gesagt: damit bin ich einverstanden, sobald man mir eine Instanz nachweist, die den Auftrag der öffentlichen Pflichtschule dann erfüllt – und besser erfüllt.

Zum zweiten Einwand: ihm gebe ich statt.

Ich sehe die ungewollte Nähe meiner Schule zum dritten Typus der konservativen und revolutionären Menschenmacher (siehe S. 187). Die Vorstellung, daß in unserer neuen Republik 700 000 Unterrichtsbeamte unseren Kindern nicht nur die Vokabeln und das Bruchrechnen beibringen (und ihnen, wo sie stümpern, die

Zeit stehlen), sondern nun auch noch ihr »Leben gestalten«, ist ein Alptraum. Eben darum ist für die neue Schule eine auch wirklich neue Lehrerbildung die wichtigste ihrer Bedingungen, nachdem man sie gedacht auf den Weg gebracht hat.

Zum dritten Einwand: ihm gebe ich zur Hälfte statt.

Das Publikum, das zu meinen Vorträgen kommt, besteht aus Lehrern und Eltern. Beide Gruppen sind in ihrer Reaktion geteilt: die einen ermutigt – manchmal bis zur Rappeligkeit; die anderen entmutigt – manchmal bis zur Depression. Die einen münzen die Idee der neuen Schule sofort in neue Forderungen um (kleinere Klassen, Unterrichtsentlastung, Aufhebung der Lehrpläne), die ich nur über eine größere Autonomie der einzelnen Schule für erfüllbar halte und also mit einer freien Schulwahl und größerer Verantwortung ihrer Kollegien und ihrer Träger. Die anderen verdecken mit Rückzugsforderungen ihr schlechtes Gewissen, das ich ihnen nicht ausreden mag. Ihnen allen habe ich also in der Tat schlecht geholfen. Richtig helfe und ermutige ich (und putsche nicht nur auf) durch die Existenz der Bielefelder Laborschule: durch die Anschauung einer Einrichtung, die auf dem gemeinten Weg ein gut Stück vorausgegangen ist und dies – trotz aller Schwächen und Fehler – mit großer Zuversicht, gutem Erfolg und alles in allem ohne Überanstrengung tut. Die Laborschule zeigt: Es geht – und es geht mit uns kreuzgewöhnlichen Menschen! Deshalb kann es auch mit euch gehen.

Es gibt auch Kritiker, die finden: Nun, da der Hentig so weit gegangen ist, sollte er noch weiter gehen und dies alles auch jenseits der Schule in dem Kontext fortdenken, den wir unsere Kultur nennen und in dem die Schule ja nur ein Teil ist. Das ist sicher richtig. Ich habe eingangs (S. 19) davon gesprochen, daß wir ein neues Verhältnis zwischen den Generationen brauchen. Wäre ich ein Rousseau, ich schriebe das Buch, das dieses darstellt, – den neuen Emile, nach dem die Zeit verlangt. Aber ich verstehe mehr von der Schule, und daran halte ich mich. Es genügt mir, wenn sie und die an ihr Beteiligten Mut faßten, sich neu zu definieren.

Wäre ich ein richtiger Wissenschaftler, ich könnte zumindest den Politikern auf noch andere Weise helfen und Mut machen: durch Erforschung und Analyse der tatsächlichen »Kosten« und Belohnungen einer wirklich pädagogischen Schule – alle Einsparungen mitgerechnet: bei der Polizei und der Sozialpädagogik, bei der Psychiatrie und der Strafjustiz, der Ökologie und der Wirtschaft. Vernünftige Bürger kosten die Gesellschaft weniger als unvernünftige und schon gar als Neurotiker und Extremisten.

Vor etwa 15 Jahren hat Urie Bronfenbrenner, einer der wenigen Wissenschaftler, die wirklich wissen, was Aufwachsen in unseren verschiedenen technisierten und bürokratisierten Gesellschaften heißt, die amerikanischen Pädagogen mit einer mich tief beunruhigenden Überlegung herauszufordern gesucht. Er sagte (ich zitiere aus dem Gedächtnis): »Wenn wir jetzt eine Erhebung unter amerikanischen Jugendlichen im Alter von 18 machten, halb Jungen, halb Mädchen, ich vermute, sie hätte etwa das folgende Ergebnis: daß 80 Prozent von ihnen nie ein Baby auf dem Arm getragen, 85 Prozent nie einen Kranken versorgt, 90 Prozent nie einem Sterbenden bis ans Ende beigestanden und 95 Prozent nie einen Gegenstand ihres eigenen Gebrauchs selber gemacht haben.« Wenn das so ist – und ich fürchte, man muß diese Untersuchung gar nicht erst vornehmen –, dann hat unsere pädagogische Kultur versagt mit all ihren Kosten, all ihren Anstrengungen, all ihren großen Worten und Gedanken. Dann muß mehr als nur die Schule neu gedacht werden.

10. Epilog:
Civilitas

In diesem Buch ging es um eine plötzlich – inmitten von Wohlstand, Frieden, wiedererlangter nationaler Einheit – hereinbrechende Gefährdung unserer Zivilisation. Seit einem Jahr müssen wir mit der Möglichkeit rechnen, daß die Barbarei – das ist der klassische Gegenbegriff – zurückkehrt. Barbarei hat in der Weltgeschichte verschiedene Anlässe, aber immer nur einen Grund gehabt: die Natur des Menschen, wenn sie überfordert ist. Das Sprichwort »Hunger und Not kennt kein Gebot« sagt das im einfachen Reim. Meist nehmen wir nicht wahr, ein wie komplizierter Sachverhalt in den drei Buchstaben »Not« steckt: die Seelennot eines Woyzeck und die sexuelle eines Jürgen Bartsch, die intellektuelle Not Raskolnikows und die politische der Kurden, die spirituelle der Waco-Gemeinde und die existentielle der Stammheim-Häftlinge. Thukydides hat in der Darstellung der Folgen der Pest, die in den Jahren 430 und 429 v. Chr. in Athen wütete, und des Bürgerkrieges, der wenig später in Kerkyra ausbrach, die totale Entzivilisierung als eine totale Enthemmung in einer extremen Lage gedeutet: Hier kommt ein Stück unserer Natur nackt zum Vorschein, das sonst durch Gesetz, Gewohnheit, Gesittung verdeckt und in Schach gehalten wird, denen wir wiederum aus Vernunft und Scham folgen. Die Selbstauslieferung des deutschen Volkes an Hitler und seine schlimmen Vereinfachungen, das unmenschliche Wüten gegen das jüdische Volk und anderen »Abschaum der Menschheit« sind als Folge der Niederlage der Nation, die ein halbes Jahrhundert lang zum Gral der Deutschen gemacht worden war, erklärbar. Diese Kränkung hat die »Natur« der Deutschen nicht verkraftet. Als einer dann wußte, wer an Deutschlands Unglück schuld war, und als er den Beschuldigten der Rache preisgab, wurde diese besinnungslos vollzogen.

Die Not der heutigen rechtsradikalen Rabauken erklärt Martin Walser so:

– Eine »deutsche Verlegenheit, weiterleben zu müssen mit einer Vergangenheit, die nicht vergehen kann«,

- führt dazu, daß man »aus den allertriftigsten Gründen die Nation … klein und schlecht gemacht« hat,
- weshalb »Landsleute, die das nicht ertragen wollten und konnten, den Nationalismus in Pflege genommen haben«. Der Nationalismus lebte im »Samisdat« fort.
- Wir haben derweil unseren »Westtrip gemacht und haben den Deutschen nicht mitgenommen. Wir haben ihn zu Hause gelassen. Dort ist er geblieben, hat sich an seiner Zurückgebliebenheit entzündet. Jetzt, in Not geraten, von Aussichtslosigkeit bedroht, jetzt tobt er.« (Martin Walser in: Der Spiegel 26/93, S. 40 ff)

Das ist eine von vielen Möglichkeiten, diese Erscheinungen darzustellen, und weder die objektivste noch die angenehmste. Aber jede Darstellung, die etwas taugt, wird – wie die von Martin Walser – diesmal ohne die Ursache »großer Verführer« oder »falsche Lehre« oder »Erblast« oder »Kriegsfolge« oder »Glaubenswahn« auskommen müssen, die man sich zugelegt hat, sondern es mit der bedrängten – vernachlässigten, zurückgebliebenen, von Aussichtslosigkeit befallenen – Menschennatur zu tun haben, die eines abgelegt hat: die Zivilisation.

Es ist darum angebracht, am Ende dieses Buches über Zivilisation und das angemessene Verhalten des einzelnen in ihr, die Zivilität, nachzudenken: wie man sie erwirbt und bewahrt.

Ob die Kenntnis der Herkunft eines Wortes uns immer seine Bedeutung erhellt, darüber kann man streiten. Unstrittig ist, daß die Beschäftigung mit dem Wandel der Bedeutung unsere Wahrnehmung von ihr und unsere Nachdenklichkeit über sie schärft. Zivil, Zivilisation, zivilisiert, Zivilist, Zivilrecht – sie alle stammen vom lateinischen *civis* = der Bürger ab, zu dem *civitas* = die Bürgerschaft und *civilis* = bürgerlich gehören. In meinem Brockhaus von 1901 werden sie – und andere Wörter mit der gleichen Wurzel – noch alle mit C geschrieben und alle zunächst mit ihrem *etymon*, ihrem »wahren Ursprung« verbunden. Dann aber, wenn der zeitgenössische Gebrauch erklärt wird, treten die Bedeutungsschwerpunkte weit auseinander: »persönlich, nicht militärisch«, »staatlich, nicht kirchlich«, »gesittet, nicht barbarisch«, »privat, nicht öffentlich«, aber auch »öffentlich, nicht privat« – zum Beispiel beim Civilingenieur, der Brücken und Straßen und nicht Wohnhäuser baut. Die »Zivilcourage« fehlt noch, natürlich auch »ziviler Ungehorsam« oder gar »die Zivilgesellschaft«, die neuerlich aus dem Englischen oder Amerikanischen zu uns gekommen sind, nicht aus dem Latein, und die das Bürgerliche gegen das Staatliche absetzen. Und schon beginnen uns unsere eigenen Wörter »Bürger-«, »bürgerlich«, »zivil« undeutlich zu werden. Nicht im Einzelfall, da wissen wir meist, was wir damit meinen: Bürgermut (vor Königsthronen) und Bürgerschreck, Bürgerliches Gesetzbuch und bürgerliche Küche, Zivilschutz und Zivildienst. Aber was die Zivilgesellschaft oder die *civil society* von der Gesellschaft unterscheidet, die wir haben, was den zivilen Widerstand besser, nobler, wichtiger macht als bloßen Widerstand, warum Mut nicht genügt, sondern Zivilcourage her muß, das bleibt meist auch denen unklar, die diese Wörter mit Emphase benutzen – es sei denn, sie setzen das längere, fremdere, dunklere Wort bewußt ein, um dem Gemeinten mehr Gewicht zu verleihen. Natürlich gibt es kluge Leute, die es genauer wissen. Aber wenn sie es dann auch genauer sagen, versteht man die zunächst aufgebrachte Emphase nicht mehr. »Der Begriff der Zivilgesellschaft«, stellt da einer beispielsweise fest, meine eigentlich »die bürgerliche Gesellschaft mit liberalen Institutionen des Rechtsstaats auf marktwirtschaftlicher Grundlage«. (Ernst Vollrath, FAZ vom 5. Januar 1993) Das freilich hieße nur: »Zivil-« bedeutet »bürgerlich + «, wobei das, was man jeweils hinzutut, eine eigene Vorliebe, eine Forderung einer bestimmten Denktradition, eine durchaus schätzenswerte Feinheit sein kann, aber, wie man sieht, nichts mit dem *etymon*, nichts mit dem Begriff zu tun haben muß.

Und das ärgert mich. Ich wünsche mir etwas mehr Konsequenz. Ja, ich bin überzeugt, daß für unsere *civitas*, wenn sie denn noch eine sein will, sehr viel davon abhängt, ob wir ihr *etymon* richtig verstehen, ob wir wenigstens wissen, was sie in erster Linie ist oder was sie bestimmt nicht ist oder was sie nur auch ist – unvermeidlich, aber nicht bestimmend. Dann, nur dann können wir ihr zu Hilfe kommen. Mathematische und philosophische Verhältnisse haben rein zu sein; politische und pädagogische sind immer schmuddelig. Und das erträgt man, ja kann man nutzen, wenn und weil man eine Vorstellung davon hat, wie sie vernünftigerweise sein könnten. Ob die folgenden schulmäßigen Erinnerungen wohl dem Fassen einer solchen Vorstellung dienen?

Es gibt drei Grundtypen von Gemeinschaft: (1) die natürliche, die durch den Reproduktionsprozeß entsteht, (2) den Zusammenschluß solcher, die ähnliche oder gleiche Zwecke verfolgen, und (3) die Vertrags- oder Friedensgemeinschaft, die ihr Leben aus Notwendigkeit oder Einsicht gemeinsam zu führen und durch dauerhafte, verständliche und bejahte Ordnungen zu regeln beschlossen hat. (Neben diesen drei Grundtypen gibt es noch den des durch schiere Macht zusammengehaltenen Kollektivs, das Gemeinschaft genannt zu werden nicht verdient und darum hier übergangen wird – wie verbreitet auch immer es sei.)

Die Römer unterschieden die aufgezählten Gemeinschaften sprachlich ebenso mühelos wie gemeinverständlich. Die erste Gemeinschaft nannten sie *gens* = Familie, Sippe, Geschlecht, Stamm, Volk von *gignere* = entstehen; die zweite hieß *societas* = Gefolgschaft, Gesellschaft, Vereinigung zum Zwecke von ... hergeleitet von *socius* = Gefährte, was wiederum von *sequi* = folgen kommt; die dritte war die *civitas*, ein durch die Anerkennung des gemeinsamen Rechtes definiertes Gebilde. Dies unterschied sich eben dadurch von der griechischen *polis*, die eine – man möchte heute sagen – »ökologische« Einheit war. Platon läßt seine ideale *polis* aus der Arbeitsteilung hervorgehen: Da leben Menschen in einem bestimmten Gebiet und ergänzen sich in der Erarbeitung des Lebensunterhalts durch ihre unterschiedlichen Fähigkeiten; Aristoteles stellt die *polis* als ein erweitertes Hauswesen dar; für beide Philosophen ist sie eine politische Einheit nur, wenn in ihr ein einzelner Bürger zur Versammlung aller Bürger sprechen kann. Überschreitet die Zahl der Bürger dieses physische Maß, muß sich die *polis* teilen; man gründet eine Kolonie, die mit der Metropole befreundet, aber nicht von ihr abhängig ist. Nachbar-*poleis* waren allenfalls Verbündete. Sie vereinigten sich nicht. Außerhalb der eigenen *polis* war man ein Gast, ein durch die Götter geschützter rechtloser Fremder. Die römische *civitas*, womit zunächst die Eigenschaft, Bürger zu sein, bezeichnet wurde, konnte dagegen auf Beschluß anderen verliehen werden. An einer einheitlichen Abstammung der Bevölkerung Roms lassen sowohl die Gründungssagen wie die in geschichtlicher Zeit vorgefundenen Verhältnisse zweifeln, und die »Interessen« der Patrizier, Ritter und Plebejer standen oft hart gegeneinander; aber als *populus* = Heeresvolk hatten sie eine gemeinsame Grundord-

nung und sahen die Sicherung und Verwaltung des Gemeinwesens als gemeinsame Angelegenheit = *res publica* an, was
Cicero (De rep. I, 39) mit *res populi* = Sache des (ganzen) Volkes
übersetzt: *publicus = poplicus.* Ja, weil die Gemeinschaft sich
nicht nur gegen andere zu behaupten hatte, sondern vor allem
ihre inneren Spannungen bewältigen mußte, war das befriedende
Staatsrecht, war die Verfassung von größter Wichtigkeit. Die *civitas* hob die Wirklichkeit und Wirksamkeit der Familien- und
Interessenverbände nicht auf; diese wurden vielmehr von ihr geschützt und genutzt; aber sie blieben ihr nachgeordnet. Im Kon-
fliktfall hatte die *civitas* den absoluten Vorrang – wovon zahlreiche, uns barbarisch anmutende Geschichten zeugen.

Noch die Römer haben die *civitas* in der Realität der einzelnen
Städte und in der Idee des imperialen Staates aufgehen lassen.
Dem Reich wiederum entrangen sich später die *nationes* (von
nasci = geboren werden), völkische Einheiten, zu groß für eine
polis, zu homogen, um auf den abstrakten Vertragsgedanken
angewiesen zu sein, und in jedem Fall mehr durch Herrschaft
vereint als durch das die *civitas* ausmachende Rechts- oder Ord-
nungsprinzip. Als die moderne bürgerliche Gesellschaft sich politisch verfaßte, berief sie sich ausdrücklich auf das römisch-repu-
blikanische Vorbild. Eine *civitas* wurde daraus nicht. Die Idee
war den Verhältnissen nicht mehr gewachsen – den Ausmaßen
der Nationalstaaten nicht und den Lebensinteressen der wirt-
schaftenden Bourgeoisie nicht. Diese brach die Herrschaft des
Feudalstaates, machte sich aber dessen Apparat zunutze: Der
hatte hinfort für die Sicherheit von Handel und Wandel, für die
Infrastruktur und nicht zuletzt für Wissenschaft und Bildung zu
sorgen. Die gleichzeitige Überforderung des einzelnen durch die
republikanisch beanspruchte Politik und die Verachtung für den
(Nachtwächter-)Staat haben stillschweigend und unaufhaltsam
zu immer mehr Bürokratie und zu immer weniger *civitas* geführt,
was doch – im Verlust erkennt man es genau! – vor allem die Verantwortung des einzelnen Bürgers für das Gemeinwesen bezeichnet, in dem er nicht Untertan, aber auch nicht Privatmann ist.

Was ist zu tun? Gemeinschaften haben nicht nur Ursachen und
Funktionen, sondern auch Voraussetzungen und Wirkungen.
Vielleicht lassen sie sich – mit anderen Mitteln – erhalten, auch
wo die Gemeinschaft, die *civitas* selber nicht mehr Wirklichkeit

ist. Vielleicht kann *civilitas*, das Gebaren, die Ausdrucksformen, das Ergebnis des Bürgerseins, an die Stelle der *civitas*, der Bürgerschaft, treten, wenn sie uns denn wichtig ist.

Was Bürgerschaft hervorbringt, wozu sie die Menschen anhält, erkennt man am leichtesten im Vergleich mit den Vor- und Dreingaben der anderen Gemeinschaftsformen. Sie haben alle – um ihrer spezifischen Aufgaben willen, Vorteile für dies und Nachteile für jenes. Ein gerechtes Portrait wird man in der Kürze nicht von ihnen malen können, wohl aber ein deutliches:

– Der Familienverband ist von Natur alters- und geschlechtsgemischt; er ist auf nur wenige Zwecke festgelegt; er ist reich an inneren Beziehungen, geschützt und beständig. Aber eben das macht ihn auch konservativ; seinen Frieden stellt er durch die Autorität der Erfahrenen über die Unerfahrenen her; diese Autorität wiederum stützt er durch die Macht der Besitzenden über die Nichtbesitzenden; seine Geborgenheit gerät leicht zum Ausschluß der Kritik oder gar zum Hochmut: »Unserer Grete passiert so etwas nicht!« »Unser Fritz darf allemal ...«

– Der Zweckverband ist homogen; er kommt mit wenig inneren Beziehungen aus; er verhält sich unsentimental, rational, opportunistisch; er paßt sich den Verhältnissen – den Chancen und Gefahren – an; feste Hierarchien kann er sich um des Zweckes willen meist nicht leisten; sein Maßstab ist der Erfolg – der vermehrt seinen Zusammenhalt; andere Verbindungen interessieren ihn nicht, es sei denn, sie verfolgten den gleichen Zweck, dann bekämpft er sie; Wettbewerb ist sein Motor; Appelle an das Gemeinwohl tut er als unsachlich ab, ja, das Gemeinwohl auszubeuten zeigt er eine gleichsam natürliche Neigung – man muß es ihm ausdrücklich verwehren.

– Die Vertrags-, Friedens- und Rechtsgemeinschaft konkret zu fassen ist schwerer, weil sie ein idealistisches Konstrukt darstellt. Der Vertrag ist selber nur vorausgesetzt, die Wirkung des Friedens vor allem gewollt. Das Recht hält die Bedingungen dafür fest und bereit – sehr verschiedene für die einzelnen *civitates*, die Bürgerschaften. Aber das ist ihnen gemeinsam: Es gibt für sie ein Gemeinwohl; ihm – und nur ihm – dienen die Ordnungen; diese sind unspezifisch; sie sind *under the veil of ignorance* (John Rawls) erlassen: ohne Kenntnis der Anlässe und Personen, in denen sie angewendet werden; sie sind zugleich so angelegt, daß der Mißbrauch mit ihrer Hilfe abgewendet werden kann. Die *civitas* ist einerseits konservativ (wie alles Recht) und andererseits in der sich wandelnden Wirklichkeit auf intelligente Auslegung ihrer gleichbleibenden Mittel angewiesen; sie stürzte sonst von einer Revolution in die nächste; sie ist so vielseitigen Anforderungen ausgesetzt, daß sie die »richtige Form«, den *due process*, die *façon correcte* kultivieren muß.

Man erkennt unschwer, daß die *civitas* den Menschen eine hohe Zumutung macht. Dafür verspricht sie auch – und sie allein – die höchste Gabe: Frieden – Frieden in Freiheit und Gleichheit. Die beiden letzten Wörter stehen da nicht um des lieben politischen Reimes willen, sie bezeichnen die Bedingungen des politischen Friedens schlechthin: In der *civitas* sind alle Bürger freiwillige Partner des Vertrages, und alle sind gleichermaßen an seiner Erfüllung oder Gestaltung zu beteiligen. Das gehört zum Begriff des Gemein-Wohls, wenn denn die Bürger auch Personen sein wollen und nicht nur eine Bevölkerung, die man füttert, behütet und »in Ordnung« hält wie das Vieh.

Die schwierige *civitas* – eine Kunstform, wenn man sie mit den beiden anderen vergleicht, die sich von selbst herstellen und durch einen ursprünglichen Egoismus genährt werden – muß gelernt werden. In früheren Zeiten geschah dies, indem die jungen Menschen den alten zusahen, an deren Leben erkannten, was ihnen die *civitas* bedeutet, welche Anstrengungen man für sie machen muß, welche Segnungen sie dafür ausschüttet. Das war möglich, solange die *civitates* klein, die Verhältnisse einfach, die Abläufe langsam waren und sich wiederholten. In dem Maß, indem sich das alles änderte, mußte die *civitas* durch eine besondere Einrichtung dafür sorgen, daß die nachfolgende Generation die Prinzipien und Prozeduren dieser Gemeinschaftsform überhaupt erkennen, verstehen und befolgen kann. Das ist der Grund für die öffentliche Pflichtschule – und kein anderer. Die Familie muß für ihren Bestand, die Sozietäten müssen für ihren Bedarf selber sorgen. Wie man eine Geige spielt, am Barren turnt, den Computer bedient, einen Beruf wählt, sich im Verkehr verhält, französisch spricht – und glücklich wird, das sind für die einzelnen Menschen interessante und wichtige

Fertigkeiten, aber es ist nicht einzusehen, warum die *civitas* diese obendrein millionenfach verschiedenen Wünsche befriedigen soll. Sie kauft uns ja auch nicht unsere Schlipse, Autos und Bücher. Es kann sein, daß die aufgezählten Fertigkeiten der Bürger auf irgendwelchen verschlungenen Wegen dem Gemeinwohl dienen oder Voraussetzung für das *politeuein* sind, dafür, daß man seine Bürgerpflichten und Rechte wahrnimmt. Man müßte das dann wenigstens nachzuweisen versuchen. In Wahrheit macht niemand – auch nicht die zuständige Behörde oder die Zunft der Pädagogen – die geringste Anstrengung dazu. Kindergärten und Ganztagsschulen werden zur Entlastung der Mütter eingerichtet; an den Schulen lernt man »Kulturtechniken«, die Wichtigkeit von »Qualifikationen« und das Wählen der konjunkturell geeigneten »Laufbahn«; die hohen Schulen führen in die Besonderheiten bestimmter gehobener Berufe ein und verteilen die Berechtigungen oder Zutrittschancen – sie lehren nicht die Erforschung der Wahrheit, das Denken des Ganzen, das Prüfen der Erkenntnis. Der Gedanke der *civitas* wird schon dort an die anderen Vereinigungen verraten, wo er angelegt werden sollte. Diente die verordnete Schule des aufgeklärten Absolutismus noch dem Staat und damit dem, was man für das eigentliche Instrument des Gemeinwohls hielt, so dient die öffentliche Schule der modernen Demokratien unbefangen und unverhüllt der Behauptung des einzelnen auf dem Markt der gesellschaftlichen Tätigkeiten und damit eben diesen. Sie »dient« nicht, sie »bedient«, und zwar ein Gemenge von vitalen und rationalen Interessen, von egoistischen *gentes* und *societates*. In ihm gehen beide – das Gemeinwohl und die Person – unter, ja sogar das Verlangen nach ihnen. Aus dem schwer zu definierenden Gemeinwohl ist das überhaupt nicht zu definierende Wohl aller geworden, mithin die vorläufige Befriedigung möglichst vieler mit irgend etwas.

Rousseau hat diese Kritik schon vor fast zweieinhalb Jahrhunderten geübt. In den Naturzustand (*état naturel*), in dem der Mensch »frei, faul und einsam« war, kann er nicht zurück. Also muß er nach vorn durchbrechen in den bürgerlichen Zustand (*état civil*). In ihm ist er auf andere angewiesen, muß seinen Teil beitragen, also arbeiten, kann er nicht für sich sein; er muß vielmehr als Bürger über dem Gemeinwohl wachen, in dem der Rest seiner verlorenengegangenen Autonomie steckt.

In »Emile« beschreibt Rousseau, wie man erwachsen wird – fähig, in der Gesellschaft zu leben –, ohne der Welt zu erliegen. Das Ziel dieser Erziehung ist eine mit sich selbst einige, unverstümmelte Person, die – aus Einsicht und Freiheit – den *Contrat Social* schließen könnte, der allein die Vergesellschaftung unserer Existenz erträglich macht. Vernunft und Gesittung – die Mittel der Zivilität, der bürgerlichen Ordnung – widerstreiten der Natur nicht; das tun die Eitelkeiten, die Bequemlichkeiten, die Zügellosigkeit der gesellschaftlichen Vereinigungen, die unsere *civitates* zu sein behaupten.

Als der Mensch zum erstenmal an eine Rückkehr zur Natur dachte, war ihm diese schon versperrt. Allen ökologischen Er- und Verklärungen zum Trotz wäre sie ihm auch nicht zum Glück geraten. Vollends irreal war Rousseaus pädagogischer Ausweg. Aber die Wirkungsgeschichte seiner Utopie läßt die Hoffnung zu, daß man die Ideen nicht immer und gänzlich den Verhältnissen opfern muß, schon gar nicht die besseren Ideen den schlechteren Verhältnissen, ja, daß die Wirkungen, die vom Gedachten ausgehen, an die Stelle der verlorengegangenen Funktion treten können: *civilitas* an die Stelle von *civitas*.

Nehmen wir an, daß diese Behauptung stimmt. Was würde man wie zu lernen haben?

Die *civitas* forderte und förderte vor allem dreierlei: das Bewußtsein von *Verantwortung* für das Gemeinwohl, die Gewohnheit und Notwendigkeit einer fortgesetzten *Verständigung* über die Maßstäbe (über das Verhältnis des Vorteilhaften zum Guten) und eine Übung der Bürger im *Vertrauen*. Das ist eine unvollständige und – der Stabreim bestätigt es – für den Zweck getroffene Auswahl. An ihr jedoch kann ich das Gemeinte – die Wirkung der Wirkungen – erklären und zeigen, wie man sich ihrer versichert.

Das Lernen, genauer: die Übernahme der Merkmale von Civilität erfolgt in drei ungleich schwierigen Schritten. Man kann erstens nützliche Einsichten über die Notwendigkeit von Verantwortung, Verständigung und Vertrauen in Sätze bringen und dafür sorgen, daß alle Menschen sie kennen. Das geschieht auch im Unterricht der guten Schule und wird mit Anschauung aus der Geschichte, der Gegenwart, dem Alltag versehen. Freilich lernt man so noch nicht, wie man Verantwortung ausübt oder die Mühsal der Verständigung aushält oder die Großzügigkeit aufbringt, die zum Vertrauen führt und jedenfalls das nichtgelingende Vertrauen auffängt. Mit anderen Worten: Man braucht neben der Einsicht auch stützende Gewohnheit und ermöglichende Umstände. Verantwortung, zum Beispiel, nur zu wissen, kann die Verantwortungsfähigkeit geradezu lähmen. Wer hingegen Verantwortung hat, kann an ihr lernen, wie man ihr einigermaßen gerecht wird – und wo das seine Grenzen hat, warum man sie also aufteilen oder mehr Zeit für sie aufwenden oder den Anspruch zurücknehmen muß, kurz, in die Wirklichkeit eingreifen.

Ich gebe zuerst einige Beispiele für *stützende Gewohnheiten*, und zwar für jedes der drei genannten Merkmale von Civilität.

Verantwortung

Wenn Eltern mit ihren Kindern spazierengehen (oder auch allein!) und eine leere Zigarettenschachtel, eine herumflatternde Plastiktüte, eine zerbrochene Flasche aufheben – und dies immer und mit Selbstverständlichkeit tun, werden ihre Kinder sich dies merken; irgendwann folgen sie dem Beispiel und fragen nicht: Wieso eigentlich ich?

Wenn Lehrer ihren Stoff selber auswählen und vor allem ihre eigenen Fragen an ihn stellen, geben sie nicht nur vermutlich den besseren Unterricht, weil sie nur lehren, was auch ihnen wichtig ist, sondern zugleich ein Beispiel für das, wozu sie erziehen: ein nachdenkliches Interesse an der Sache und die Notwendigkeit, die eigene Entscheidung zu begründen.

Wenn Schüler ihrerseits zunächst über einen Teil ihrer Tätigkeit selber bestimmen, wenn sie gar ein Tier im Schulzoo halten dürfen oder ein Beet im Schulgarten versorgen oder einem anderen, jüngeren oder sonst schwächeren Schüler helfen, sein Pensum zu meistern, dann übernehmen sie Verantwortung und erfahren, wie befriedigend das ist. Befriedigend ist es vor allem, wenn man merkt: Hier werde ich gebraucht, hier bin ich so leicht nicht zu ersetzen; ja, wenn man weiß: ich muß nicht für alles einstehen, andere übernehmen anderes. Oft beginnt das Lernen der Verantwortung mit einer Begrenzung der Verantwortung.

Diese Wahrnehmungen haben eine weitere wichtige Wirkung für die *civitas*: Man geht nicht mehr leichtfertig mit Forderungen an andere um, mit Anklagen, mit dem eigenen Martyrium; man

hält vielmehr inne und fragt sich: Bessert das die Lage wirklich?
Und: Was wird man an mir auszusetzen haben? Wo man die
Pflichten an der Gemeinschaft zu bezahlten Jobs macht, lernt
man das Gegenteil. Der Einsatz von Reinigungsfirmen in Schulen
ist eine Vergeudung nicht nur von Geld, sondern von Chancen der
civilitas.

Verständigung

Verständigung fängt mit der Mühe um Verständlichkeit an, nicht
mit der Entfesselung von Kommunikation. Ja, oft erliegt die Verständigung dem unbegrenzten und darum undisziplinierten Ge-
rede. Eine nützliche, Verständigung fördernde Gewohnheit besteht darin, in eigenen Worten zusammenzufassen, was man als
die Äußerung des anderen wahrgenommen hat, und in einer Ge-
sprächsrunde immer anzugeben, auf wessen Argument man jetzt
gerade antwortet.

In einer Studiengesellschaft, der ich angehöre, wird bei Diskussionen ein »Oberlaie« eingesetzt, einer, der von Amts wegen die
Fragen stellt, die sich die anderen zu stellen nicht getrauen, um
nicht für unwissend zu gelten. Daß ein Streit über den *chairman*
und nicht direkt ausgetragen wird, ist leider bei uns noch nicht
üblich, obwohl als Mittel der Beherrschung von Emotionen allgemein bekannt und gelobt. Nicht weniger hilfreich ist die angel-
sächsische Aufforderung: Speak your mind! Sag, was du denkst!
Redlichkeit sollte eigentlich keinen Mut kosten. Und doch fällt
uns die Tugend, die Ingeborg Bachmann »Tapferkeit vor dem
Freund« genannt hat, schwer. Mit dem Feind hat man es eh schon
verdorben. Soll man sich nun auch noch mit den Freunden anlegen? Der Mut, das Unpopuläre zu sagen, ist der, der am ehesten
den Namen Zivilcourage verdient. Mit diesem Wort konterte Bismarck einen Verwandten, der ihm nach einer Landtagsdebatte
vorwarf: »Du hattest ja ganz recht, aber so etwas sagt man doch
nicht!« Bismarck: »Wenn du meiner Meinung warst, hättest du
mir beistehen sollen!«

Zu dieser Courage gehört Mäßigung. »Try to be civil, Marlow«, heißt es in »Herz der Finsternis« von Joseph Conrad. Die
beiden deutschen Übersetzungen, die ein Rezensent zitiert –
»Jetzt werd' mal nicht frech, Marlow« und »Reißen Sie sich am

Riemen, Marlow« (Frank Schirrmacher, FAZ, 24. Dezember 1992) – sind beide schlecht: »Versuche gerecht zu sein, Marlow« oder »Mäßige dich!« träfen den Gedanken besser. Zur Verständigung gehört Vernunft. Aber wozu gehört diese nicht?! Und: Man kann sehr unvernünftig darüber streiten, was vernünftig ist. Darum hier nichts über dieses (vierte) Grundmerkmal der *civilitas* – und etwas mehr über deren vorrationale Bedingung:

Vertrauen

Vertrauen hat zwei Komponenten: Glaubwürdigkeit und Zutrauen; die erste liegt im Objekt, die zweite im Subjekt des Vertrauens.

Im Autoverkehr bringen wir ein schwer faßliches Maß an Vertrauen auf, nämlich daß alle die Regeln kennen, nach denen er abläuft, und daß sie sich nach ihnen richten. Die Glaubwürdigkeit kommt von dem Bewußtsein, daß ein Verstoß auch für den, der ihn begeht, tödlich sein könnte.

Wenn die Autofahrer neben den Regeln auch Höflichkeit beachten, wenn sie beispielsweise den in der Seitenstraße festsitzenden Wagen vorlassen, dann kommt Zutrauen auf. Und das mit Recht, weil man annehmen kann, daß, wem dies häufiger widerfährt, sich selbst in ähnlicher Lage auch so verhalten werde. Ja, man erfährt: In dieser Stadt geht es auf den Straßen »zivilisiert« zu, in einer anderen vielleicht nicht.

Wenn Politiker nicht glaubwürdig sind, straft sich das in unseren Demokratien irgendwann selbst. Wenn Lehrer es nicht sind, auch; hier aber geht die Sache zunächst zu Lasten der Schüler, und darum muß sich der Lehrer doppelt bemühen. Die oben geforderte Selbstbestimmung der Schule dürfte ihm dabei helfen. Er ist nicht glaubwürdig, wenn er von den Schülern verlangt, für eine Klassenarbeit alles zu »wissen«, während er selbst sich auf alles vorbereiten und die Hilfsmittel benutzen kann. Der Lehrer hingegen, der sich einem ungelösten oder doch ihm unbekannten Problem stellt oder der sich als Mathematiker nicht vor geschichtlichen Fragen drückt, sondern auch im Unterricht der neugierige, prüfende, entscheidungsbereite Bürger ist, zu dem er die Schüler machen will, der gewinnt Glaubwürdigkeit. Er zeigt auf diese

Weise nicht nur, wie man Vertrauen erwirbt, sondern wie sehr wir es brauchen – angesichts so vieler Widersprüche und unbewältigter Schwierigkeiten. Wer zu allem Lösungen verlangt, erzieht zum Retuschieren.

Und hier einige Beispiele für *ermöglichende Umstände* – wieder für jedes der drei Merkmale von Civilität.

Verantwortung

Wenn eine *civitas* ein Gemeingut hat, eine Allmende, werden die Bürger an dieser ihre Verantwortung üben. Nicht jede Privatisierung führt zu mehr Verantwortlichkeit, indem nun nicht die anonyme Staatsverwaltung, sondern einzelne Personen zuständig sind. Das scheint oft nur so. Ob Staatsmanager oder Privatmanager – da haftet in großen Betrieben so recht niemand mehr. Die Sozietäten haben dafür die GmbH und die Haftversicherung erfunden. Die Gemeinde, an die mein Wohnsitz grenzt, hat noch einen ihr gehörigen Dorfanger, auf dem der Zirkus gastiert, die Kirmes abgehalten wird, die kleine örtliche Landmaschinenmesse stattfindet. Danach und davor spielen dort die Kinder, weiden dort die Kamele, stehen dort die Container für Glas, Papier und Kleider. Ich habe mir sagen lassen, daß die Erhaltung und Nutzung dieses Platzes den Ortsbewohnern soviel wert ist, daß sie keinen Aufräumdienst dafür einsetzen müssen. In Tokio gibt es ein einziges Rathaus für 13 Millionen Einwohner und für alle Funktionen einer Stadtverwaltung – das vermutlich größte Gebäude der Welt. Bürgersinn kann da nicht entstehen. Ergo: Jede Schulpolis schaffe sich eine Entsprechung zur Allmende!

Verständigung

Man sagt, die Verwaltungsaufgaben der modernen *civitates* seien zu schwierig, um verständlich zu sein. Um so mehr müßte man sich darum bemühen. Das spricht nicht gegen Fachleute, im Gegenteil, nur sie können ihre Sache richtig erklären. Aber sie müssen auch genötigt sein, es zu tun. In der Regel wappnen sich Behörden dem nachfragenden oder ordnungswidrigen oder sonst lästigen Bürger gegenüber mit Unverständlichkeit, dem »geharnischt Formular«, von dem Morgensterns Korf schon heimgesucht wurde. Die Einführung von Ombudsleuten, Anwälten des Publikums, Laien-Richtern, Laien-Steuerberatern, Laien-Gesundheitsdiensten, die zwischen dem Publikum und der Behörde vermitteln, würden die Verständlichkeit unserer *civitas* merklich erhöhen und nicht merklich verteuern. Denn das sind die typischen Ehrenämter für rüstige Pensionäre und auch andere Bürger, die hier ihre ja nicht von dir und mir, sondern von der Gesellschaft insgesamt erwirtschaftete Freizeit in das Gemeinwohl reinvestieren. Die Schulpolis öffne sich also den Bürgern – zunächst den Eltern und vor allem den Großeltern!

Vertrauen

Der größte Gegner des öffentlichen Vertrauens ist die Ökonomisierung und Rationalisierung aller Tätigkeiten. Es geht um die unbarmherzige Nutzung jeder Minute, die mörderisch genaue Kalkulierung der Preise, die Ersparnis auch der geringsten physischen und psychischen Mühe durch Tastendruck und Elektronik. Es fehlen Großmut, Spielraum, der Abstand zum Nachdenken, die Bereitschaft für den Sonderfall. An diesem Mangel stirbt die Idee der *civitas*. Umgekehrt zeugte es von *civilitas*, wenn wir uns dies gestatteten – menschliche Maße, Kleinheit, Verlangsamung, Unmittelbarkeit, Individualisierung.

In einem anderen kleinen Dorf, in dessen Nähe ich meine Ferien verbringe, wird der Bäckerladen geschlossen, in dem man auch sonst alles bekam: Milch und Gemüse, Glühbirnen und Schnürsenkel. Warum? Weil das Publikum auf die Preisschilder fixiert ist und im Großkaufhaus 15 Kilometer entfernt den Zucker für 1,89 DM das Kilo statt für 1,99 DM zu kaufen vorzieht. Nun hat es das Nachsehen – und weiß es vielleicht nicht einmal.

Sind das nicht alles hoffnungslos idealistische Überlegungen? Ich erinnere noch einmal an die Bedeutung des Wortes *civilitas*. In unseren Lexika wird es mit (a) Bürgereigenschaft und (b) Leutseligkeit übersetzt. Das letztere ist einfach falsch. Leutselig bezeichnet ein herablassendes Verhalten. Der Römer aber verstand darunter »Umgänglichkeit«, die Bereitschaft, sich einzulassen, hinzuhören, über alles mit allen zu reden. Mein englisches Lexi-

278

kon übersetzt »affability«, also Ansprechbarkeit. Der Römer Quintilian gab mit *civilitas* das griechische Wort *politike (techne)* wieder, das ist die Fähigkeit, in der *polis* als Bürger mitzuwirken. Die Menschheit hat heute die Wahl zwischen dem Dahinstrudeln in einem Strom, der durch Konjunktureinbrüche, Einschaltquoten, Migrationsbewegungen, Rationalisierungseffekte, Demoskopie und Zeitgeist bestimmt wird einerseits und der Besinnung auf und der Anstrengung für eine verstandene, gewollte, immer neu herzustellende Ordnung andererseits, die, weil sie wohl kaum mehr das sein kann, was man einst *civitas* genannt hat, wenigstens deren Merkmale hat: die der *civilitas*. Wir haben erlebt, daß aus der rücksichtslosen Ausbeutung der Natur durch die Industriegesellschaft Sorge um ihren Bestand geworden ist. Wir haben erlebt, wie die für notwendig gehaltene und mit äußerstem Aufwand und Raffinement betriebene Aufrüstung der Staaten inzwischen von deren Führung selbst als runiös angesehen und zurückgenommen wird. Ist die Hoffnung ganz unsinnig, die Menschen könnten so verständig sein, am Ende doch das maßvolle und selbstbestimmte Leben als Bürger dem der hastenden Produzenten und unbefriedigten Konsumenten, der geprüften Schüler und beamteten Lehrer, der Massenverkehrsteilnehmer, der Massentouristen, der Massenstudenten, der Massenwähler und der einsamen Neurotiker vorzuziehen?

Zitierte Literatur

Armbruster, Brigitte; Baacke, Dieter; Kübler, Hans-Dieter; Stoffers, Manfred: Neue Medien und Jugendhilfe. Analysen – Leitlinien – Maßnahmen. Neuwied/Darmstadt: Luchterhand, 1984

Bambach, Heide: Tageslauf statt Stundenplan. 15 Jahre Erfahrungen mit individualisierendem Unterricht in der Primarstufe der Bielefelder Laborschule. IMPULS (Informationen, Materialien, Projekte, Unterrichtseinheiten aus der Laborschule Bielefeld), Band 13, 1989

Bastian, Johannes; Köpke, Andreas; Oberliesen, Rolf: Zur Revision der Lehrerbildung in Hamburg. Dokumentation einer Tagung des Fachbereichs Erziehungswissenschaft und des Amtes für Erziehung. Hamburg: Fachbereich Erziehungswissenschaft der Universität, 1993

Baumert, Jürgen; Lehmann, Rainer u. a.: TIMSS – Mathematisch-naturwissenschaftlicher Unterricht im internationalen Vergleich. Deskriptive Befunde. Opladen: Leske + Budrich, 1997

Bauersfeld, Heinrich: Computer und Schule – Fragen zur humanen Dimension. In: Neue Sammlung 25. Jg (1985), H. 2

»Bildung und Unterricht« Beilage der SZ Nr. 141 vom 23.6.1993

Bork, Henrik: Kein Spaß am Lernen. Die überraschend positiven PISA-Ergebnisse kontrastieren mit der in Japan allgemein wahrgenommenen Bildungskrise. In: SZ vom 1.1.2002

Bremer, Christian: Die Evolution des Bewußtseins. Frankfurt am Main: Peter Lang, 1992

Brown, Claude: Manchild in the Promised Land. New York: Macmillan, 1965; dt.: Die Kinder von Harlem. Wien: Europa Verlag, 1978

Brügelmann, Hans; Bohnenkamp, Albrecht: Computer in der Lernwerkstatt. Bericht Nr. 53a, 3. Fassung, November 1989, Fachbereich 12 der Universität Bremen

Der Bundesminister für Bildung und Wissenschaft (Hg.): Informationen 10/1992; darin: »Computerisierung des Alltags – Wirkungen und Folgen für die Familie«, S. 131ff.

Coulmas, Florian: Furcht vor Tafel und Kreide. Wie gut Japans Schulen wirklich sind. In: SZ vom 22./23.12.2001

Conant, James B.: Slums and Suburbs. New York, Toronto, London: McGraw-Hill, 1961

Cornides, Wilhelm: Die Weltmächte und Deutschland. Geschichte der jüngsten Vergangenheit 1945–1955. Stuttgart: Metzler, 1957

Crowther-Report »15 to 18«: Die Ergebnisse dieses Berichts sind mit anderen zusammengefasst im »Newsom-Report«; siehe unter: Ministry of Education

Czerwenka, Kurt u. a.: Schülerurteile über Schule. Bericht über eine internationale Untersuchung. Frankfurt am Main: Peter Lang, 1990

Delbrück, Hans: Die gute alte Zeit (1893); wiederabgedruckt in: Neue Sammlung 33. Jg. (1993), H. 4

Delbrück, Hans: Erinnerungen, Aufsätze und Reden. Berlin: Stilke, 1902

Deutsches PISA-Konsortium (Hg.): PISA 2000. Basiskompetenzen von Schülerinnen und Schülern im internationalen Vergleich. Opladen: Leske + Budrich, 2001

Dewey, John: Demokratie und Erziehung. Weinheim, Basel, Berlin: Beltz, 1993/2000

Driftmann, Hans Heinrich: Forderungen der Wirtschaft an eine zukunftsorientierte Bildungspolitik. In: Lehrplanrevision in Schleswig-Holstein, herausgegeben von der Ministerin für Bildung, Wissenschaft, Kultur und Sport des Landes Schleswig-Holstein, November 1992

Freymann, Thelma von: Ein anderes Land, eine andere Schule. Zu den finnischen PISA-Ergebnissen. In: Neue Sammlung 43. Jg. (2003), H. 2

Friedenberg, Edgar Z.: Coming of Age in America. New York: Vintage Books, 1963

Fuhrmann, Manfred: Bildung und PISA. In: Latein und Griechisch in Baden-Württemberg. Mitteilungen des Deutschen Altphilologenverbandes, Landesverband Baden-Württemberg, Heft 1/2002, S. 15–25

Funke, Jürgen: Die Reise nach Damüls – ein Curriculum. In: Neue Sammlung 15. Jg. (1975), H. 6

Fuss, Alisa: Schulzoo als pädagogische Hilfe. In: Neue Sammlung 16. Jg. (1976), H. 6

Fyvel, T. R.: Troublemakers. Rebellious Youth in an Affluent Society. New York: Schocken, 1961

Galbraith, John Kenneth: The Affluent Society (1958); dt.: Gesellschaft im Überfluss. München/Zürich: Droemer Knaur, 1963/1970

Geulen, J.: Siehe: Landesinstitut

Goodman, Paul: Growing up absurd. Problems of Youth in the Organized Society. New York: Vintage Books, 1956

Griese, Hartmut M.: Probleme Jugendlicher oder »Jugend als Problem«. Thesen zur Vermittlung von Jugendtheorie und Theorie sozialer Probleme. In: Brusten, Manfred und Malinowski, Peter (Hg.): Jugend als soziales Problem? Opladen: Westdeutscher Verlag, 1983

Groeben, Annemarie von der: Fünfzehnjährig – sieben Tage. In: Neue Sammlung 30. Jg. (1990), H. 4

Hamm-Brücher, Hildegard: Aufbruch ins Jahr 2000 oder Erziehung im technischen Zeitalter. Ein bildungspolitischer Report aus 11 Ländern. Hamburg: Rowohlt, 1967

Heesen, Peter: Gute Schule ist gerade jetzt gefragt. In: Bildung aktuell (Zeitschrift des nordrhein-westfälischen Lehrerverbandes/Philologen-Verband Nordrhein-Westfalen) 43. Jg., H. 11/12

Heesen, Peter: Rede aus Anlass der Protestkundgebung von Philologenverband und Realschullehrerverband Rheinland-Pfalz am 29.1.1993. In: Die Höhere Schule, H. 3/93

Heitmeyer, Wilhelm: Weshalb ist diese Gesellschaft angesichts von Gewalt so paralysiert? In: Bielefelder Universitätszeitung Nr. 168 vom 18.12.1992

Hentig, Hartmut von (Hg.): Die Schule zwischen Bewahrung und Bewährung (Der »Rockefeller-Report« von 1958). Stuttgart: Ernst Klett, 1960

Hentig, Hartmut von: Systemzwang und Selbstbestimmung. Über die Bedingungen der Gesamtschule in der Industriegesellschaft. Stuttgart: Ernst Klett, 1968 (3. erw. Aufl. 1970)

Hentig, Hartmut von: Ein Gesamtplan für die Schule? Die

Aufhebung der Prognose durch das Lernen. In: Grossner, Claus (Hg.): Das 198. Jahrzehnt. Eine Teamprognose für 1970 bis 1980. Hamburg: Christian Wegner, 1969

Hentig, Hartmut von: Freizeit als Befreiungszeit. In: MERKUR 255 und 256 (Juli und August 1969)

Hentig, Hartmut von: Die Wiederherstellung der Politik. Cuernavaca revisited. München und Stuttgart: Kösel und Ernst Klett, 1973

Hentig, Hartmut von: Aufgeräumte Erfahrung. München: Carl Hanser, 1983

Hentig, Hartmut von: Was ist eine humane Schule? (1976). München/Wien: Carl Hanser, 1987

Hentig, Hartmut von: Das allmähliche Verschwinden der Wirklichkeit – Ein Pädagoge ermutigt zum Nachdenken über die Neuen Medien (1984). Erw. Aufl.: München/Wien: Carl Hanser, 1987

Hentig, Hartmut von: Sokrates hatte keine Sklaven. Eine Stellungnahme zu Claus Eurich: Computerkultur – ein Begriff macht Karriere. In: Bildschirm, Faszination oder Information (= Friedrich Jahresheft 3). Seelze: Friedrich Verlag, 1985

Hentig, Hartmut von: Werden wir die Sprache der Computer sprechen? In: Neue Sammlung 27. Jg. (1987), H. 1

Hartmut von Hentig: Werte in der Erziehung. In: Neue Sammlung 28. Jg. (1988), H. 3

Hentig, Hartmut von: Wir brauchen Leser. Wirklich? Konstanz: Faude, 1990

Hentig, Hartmut von: Vorwort zu: Annemarie von der Groeben et. al.: Ein Zipfel der besseren Welt. Leben und Lernen an der Bielefelder Laborschule. Essen: Verlag Neue Deutsche Schule, 1991

Hentig, Hartmut von: Vorwort zu: David Gribble: Auf der Seite der Kinder. Weinheim, Basel, Berlin: Beltz, 1991

Hentig, Hartmut von: Glaube. Fluchten aus der Aufklärung. Essen: Patmos, 1992

Hentig, Hartmut von: Rückblick nach vorn. Pädagogische Hoffnungen der Gegenwart auf dem Prüfstand der Erfahrung. Seelze: Kallmeyersche Verlagsbuchhandlung, 1999

Hentig, Hartmut von: Der technischen Zivilisation gewachsen bleiben. Nachdenken über die Neuen Medien und das gar nicht mehr allmähliche Verschwinden der Wirklichkeit. München/Wien: Carl Hanser, 2002; Weinheim, Basel, Berlin: Beltz, 2002

Hentig, Hartmut von; Kätsch, Siegfried; Kosiek, Wolfgang: Kalteiche – Wenn Schule aufhört, Schule zu sein (Videofilm). Bielefeld: Audiovisuelles Zentrum der Universität, 1989

Herndon, James: How to Survive in Your Native Land. New York: Simon and Schuster, 1971; deutsche Ausgabe: Die Schule überleben. Stuttgart: Ernst Klett, 1972

Hoppstädter, Uwe: Reise in den Winter. In: Schmerbitz, Helmut et al. (Hg.): Bewegungen. IMPULS (Informationen, Materialien, Projekte, Unterrichtseinheiten aus der Laborschule Bielefeld), Band 22, 1992

Hurrelmann, Klaus: Eine ganze Industrie lebt von Leistungskrisen. Jeder 5. Schüler erhält Nachhilfeunterricht. In: Bielefelder Universitätszeitung 20. Jg. Nr. 162 (12. Juni 1991)

Jugendwerk der Deutschen Shell (Hg.): Jugend '92. Lebenslagen, Orientierungen und Entwicklungsperspektiven im vereinigten Deutschland (= 11. Shell-Jugendstudie) 4 Bde. Opladen: Leske + Budrich, 1992

Jugend 2002 – Zwischen pragmatischem Idealismus und robustem Materialismus. Die 14. Shell-Jugendstudie. Frankfurt am Main: Fischer Taschenbuch Verlag, 2002

Kahl, Reinhard: Lustvolles Lernen im Futurum. Schweden erprobt die Schule der Zukunft. (Darin auch das Zitat von Hans-Günther Rolff.) In: DIE ZEIT vom 7.2.2002

Kenniston, Kenneth: The Uncommited. Alienated Youth in American Society. New York: Dell Publishing Co., 1960

Kienbaum-Unternehmensberatung: Management Summary zur Organisationsuntersuchung im Schulbereich. Im Auftrag des Kultusministers des Landes NRW. Düsseldorf 9. September 1991

Köller, Olaf und Trautwein, Ulrich: Schulqualität und Schülerleistung. Evaluationsstudie über innovative Entwicklungsprozesse an fünf hessischen Gesamtschulen. Weinheim und München: Juventa, 2003

Kozol, Jonathan: Death at an Early Age. Boston, Mass.: Houghton Mifflin, 1967 (später mehrere Aufl. als Bantam-Pocketbook)

Der Kultusminister des Landes Nordrhein-Westfalen (Hg.): Rahmenkonzept Neue Informations- und Kommunikationstechnologien in der Schule – Zielvorstellungen, Maßnahmen und Entwicklungsstand (= Heft 43 der Schriftenreihe »Strukturförderung im Bildungswesen des Landes Nordrhein-Westfalen«). Düsseldorf: Verlagsgesellschaft Ritterbach, 1985

Kursbuch Nr. 113. »Deutsche Jugend«. Berlin (Rowohlt) 1993

Landesinstitut für Schule und Weiterbildung (Hg.): Computereinsatz in der Grundschule? Ein Symposion am 13. und 14. März 1989. Soest: Soester Verlagskontor, 1989

Langenbuch, Gerda; Bauer, Karl-Oswald; Rolff, Hans-Günter; Runte, Petra: Computer in der Grundschule? Ergebnisse einer qualitativen Feldstudie an einer Dortmunder Grundschule (= Werkheft 31 des Dormunder Instituts für Schulentwicklungsforschung). Dortmund 1989

Lehmann, Rainer und Peek, Rainer: Aspekte der Lernausgangslage von Schülerinnen und Schülern der fünften Klasse an Hamburger Schulen, hg. von der Behörde für Schule, Jugend und Berufsbildung. Hamburg: Amt für Schule, 1997

Lehrplanrevision in Schleswig-Holstein, herausgegeben von der Ministerin für Bildung, Wissenschaft, Kultur und Sport des Landes Schleswig-Holstein, November 1992

Mann, Thomas: Die Buddenbrooks. Verfall einer Familie. Frankfurt am Main: S. Fischer, 1981

Mannes, Marya: They. New York: Doubleday, 1968

Marty, Martin; Appleby, R. Scott (eds.): Fundamentalisms Observed. Chicago 1991 (1. von 6 Bänden)

Marty, Martin; Appleby, R. Scott: The Fundamentalist Challenge to the Modern World. Boston: Beacon Press, 1992

Mau, Hermann und Krausnick, Helmut: Deutsche Geschichte der jüngsten Vergangenheit 1933–1945. Stuttgart: Metzler, 1953

Mead, Margaret: Culture and Commitment. A Study of the Generation Gap. Garden City, N. Y.: Doubleday, 1970; dt.: Konflikt der Generationen. Jugend ohne Vorbild. Freiburg: Walter, 1971

Metzner, Joachim: Der Computer – eine sozialpädagogische

Herausforderung? In: Fritz, Jürgen (Hg.): Computer in der Jugendarbeit. Mainz: Matthias Grünewald, 1987, S. 144ff.

Ministry of Education: Half our Future. A Report of the Central Advisory Council for Education in England. (Wird nach dem Chairman dieses Councils auch als »Newsom-Report« zitiert.) London: H. M. Stationery Office, 1963

Mohr, Joachim: Jeden Tag Theater. Eine Reformschule in Wiesbaden macht fast alles anders als die meisten Lehranstalten – und stößt damit in die internationale PISA-Spitze vor. In: DER SPIEGEL Nr. 45/2002, S. 74 u. 76

Newsom-Report »Half Our Future«, siehe unter: Ministry of Education

Nilshon, Ilse: Eureka – Ich hab's gefunden! Zur Arbeit mit einer Lernsoftware im Mathematikunterricht. In: Die Grundschulzeitschrift 47/1991, S. 25f.

Oelkers, Jürgen: Die eine Schule, die gleich schlecht für alle ist. Warum die Bildung weder dem Staat noch dem Markt überlassen werden darf. In: FAZ vom 8. März 1993

Perelman, Lewis J. und Postman, Neil im Gespräch. (1993) Siehe: »Bildung und Unterricht«

Platon: Apologie. In: Platon: Sämtliche Werke. Hamburg: Rowohlt, 1957, Bd. 1

Praktisches Lernen – Ein Memorandum. Weinheim, Basel, Berlin: Beltz, 1993

Rolff, Hans-Günther, siehe unter: Kahl, Reinhard

Rosenstock-Huessy, Eugen: Dienst auf dem Planeten. Kurzweil und Langeweile im 3. Jahrtausend. Stuttgart: Kohlhammer, 1965

Schiller, Friedrich: Über die ästhetische Erziehung des Menschen in einer Reihe von Briefen. In: Schiller, Friedrich: Sämtliche Werke. München: Carl Hanser, 1959, 5. Bd.

Schlaffke, Winfried: Gefragt sind nicht mehr Einzelkenntnisse, sondern mehr Bildung. Wünsche der Wirtschaft an die Schulen. In: Deutsche Lehrer-Zeitung (DLZ) 52/92, 4. Dezemberausgabe

Schlaffke, Winfried: Selbst der alte Einstein war noch ein Rebell. In: Junge Berufswelt (Beilage zu DIE WELT), Sommersemester 1993

Schleicher, Andreas: »Neun Prozent Rendite« Interview mit Andreas Schleicher. In: SZ vom 30.10.2002

Schlesinger Jr., Arthur M.: The Disuniting of America. Reflections on a Multicultural Society. New York: W. W. Norton, 1992

Schneider, Peter: Erziehung nach Mölln. In: »Deutsche Jugend« (= Kursbuch Nr. 113). Berlin (Rowohlt) 1993

Schultz-Hector, Marianne: Vielfalt in der Einheit wahren. In: Deutsche Lehrerzeitung (DLZ) vom 1.5.1993

Shellstudie 92, siehe unter: Jugendwerk

Shellstudie 2002, siehe unter: Jugend 2002

Theobald, Robert: The Guaranteed Income, Next Step in Socioeconomic Evolution? Garden City, N. Y.: Doubleday Anchor Books, 1967

Thurn, Susanne: Alexander – zweimal fünf Jahre Laborschule. In: Neue Sammlung 24. Jg. (1984), H. 6

Tillmann, Klaus-Jürgen: Staatlicher Zusammenbruch und schulischer Wandel. Schultheoretische Reflexionen zum deutsch-deutschen Einigungsprozess. In: Transformationen der deutschen Bildungslandschaft (= 30. Beiheft der Zeitschrift für Pädagogik) hrsg. von P. Dudek und H. E. Tenorth. Weinheim, Basel, Berlin: Beltz, 1993

Tillmann, Klaus-Jürgen: Schulentwicklung in einem neuen Reformdialog zwischen Schule und Wirtschaft? In: Neue Sammlung 34. Jg. (1994), H. 1

Walser, Martin: Deutsche Sorgen. In DER SPIEGEL Nr. 26/1993, S. 40ff.

Walter, H. K. G. und Schäfer, J.: Information als Bestandteil von Bildung. Typoskript des Instituts für Theoretische Informatik der Technischen Hochschule Darmstadt, o. J.

Weihe, Thomas: Zum Abitur 1993. In: Neue Sammlung 33. Jg. (1993), H. 4

Weizenbaum, Joseph: Computer Power and Human Reason. San Francisco: W. H. Freeman and Company, 1976; dt. Ausgabe: Die Macht der Computer und die Ohnmacht der Vernunft. Frankfurt am Main: Suhrkamp, 1978

Weizsäcker, Ernst Ulrich von: Erdpolitik. Ökologische Realpolitik an der Schwelle zum Jahrhundert der Umwelt. Darmstadt: Wiss. Buchgesellschaft, 1992

Williams, Nigel: Klassen Feind (1967); Text der deutschen Aufführung (Regie Peter Stein) in: Theater heute 22 Jg, H. 6,
Hannover 1981